U0821107

高等职业教育"十四五"规划教材

果树生产技术

杨　俊　李斌斌　伏晓科　主编

中国农业大学出版社
·北京·

内容简介

本教材由学校教师和基层农技人员共同开发编写，为农业高等职业技术院校园艺、现代农业技术等专业“果树生产技术”课程的专用教材。教材按照“院社合作、四接四融”的人才培养模式，以“项目为导向、工作任务为驱动”，使“教、学、做”相结合，充分体现职业教育特色，努力做到“校内教室与田间地头对接，实现人才培养场所融通；教学安排与生产季节对接，实现教学时段与季节融通；教学过程与生产过程对接，实现教学与生产任务融通；考核评价与增收效果对接，实现师生与农技员身份融通”。

教材共分为两个部分，第一部分7个模块，包括果树生产入门、果树树体结构与控制、果树的生命周期和年生长周期、果树花果管理、果实品质形成与提高、果树与环境条件的关系、果树育苗与果园建设；第二部分7个模块，包括柑橘标准化生产技术、葡萄标准化生产技术、桃标准化生产技术、梨标准化生产技术、猕猴桃标准化生产技术、枇杷标准化生产技术和草莓标准化生产技术。每个模块下设模块介绍、模块目标、任务描述、课前思考、基础知识等环节。为了达到更好的学习效果特别制作了计划单、决策单、实施单、作业单、检查单、评价单和学习小结，辅助学习者学习。

本教材图文并茂，易教易学，适合高等职业院校果树生产技术课程教学使用。教材配套二维码，配有省级精品在线开放课程资源，与课程任务内容相匹配，方便学习者学习使用。

图书在版编目(CIP)数据

果树生产技术 / 杨俊，李斌斌，伏晓科主编. -- 北京：中国农业大学出版社，2024.6
ISBN 978-7-5655-3160-6

Ⅰ.①果… Ⅱ.①杨…②李…③伏… Ⅲ.①果树园艺-高等职业教育-教材 Ⅳ.①S66

中国国家版本馆CIP数据核字(2024)第030799号

书　　名　果树生产技术
作　　者　杨　俊　李斌斌　伏晓科　主编

策划编辑　康昊婷　　**责任编辑**　康昊婷
封面设计　郑　川　李尘工作室
出版发行　中国农业大学出版社
社　　址　北京市海淀区圆明园西路2号　　**邮政编码**　100193
电　　话　发行部 010-62733489，1190　　编辑部 010-62732617，2618
出版部 010-62733440　　读者服务部 010-62732336
网　　址　http://www.caupress.cn　　**E-mail**　cbsszs@cau.edu.cn
经　　销　新华书店
印　　刷　运河(唐山)印务有限公司
版　　次　2024年6月第1版　2024年6月第1次印刷
规　　格　185 mm×260 mm　16开本　28印张　699千字
定　　价　79.00元

编审人员

主　编　杨　俊（眉山职业技术学院）

李斌斌（眉山职业技术学院）

伏晓科（眉山职业技术学院）

副主编　张世姣（眉山职业技术学院）

孙海高（眉山职业技术学院）

陈　航（眉山职业技术学院）

何　斌（眉山职业技术学院）

参　编　周文英（仁寿县农业农村局）

张微慧（仁寿县农业农村局）

杨剑锋（湖北科技学院）

黄仁权（贵州农业职业学院）

李　珂（河北工程大学）

刘小杰（宁夏大学）

主　审　马建英（眉山职业技术学院）

前言 Preface

党的二十大报告强调："教育、科技、人才是全面建设社会主义现代化国家的基础性、战略性支撑""我们要坚持教育优先发展、科技自立自强、人才引领驱动，加快建设教育强国、科技强国、人才强国"。这些重要论述深刻阐明了新时代实施科教兴国战略、强化现代化建设人才支撑的总体要求和重点任务，明确了加快建设教育强国、科技强国、人才强国的出发点，具有重大的战略意义。本教材根据《关于加强高职高专教育教材建设的若干意见》《国家职业教育改革实施方案》和《职业教育提质培优行动计划（2020—2030 年）》等文件精神和要求，在中国农业大学出版社的精心策划和组织下，由院校教师和行业、企业一线专家等共同编写，可供高等职业教育院校的现代农业技术、园艺等涉农专业学生使用，也可作为农民朋友及农业工作者学习、培训教材和参考书籍。

党的二十大报告指出，统筹职业教育、高等教育、继续教育协同创新，推进职普融通、产教融合、科教融汇，优化职业教育类型定位。再次明确了职业教育的发展方向。本教材内容按照"院社合作、四接四融"的人才培养模式，以"项目为导向、工作任务为驱动"，使"教、学、做"相结合，充分体现职业教育特色，努力做到"校内教室与田间地头对接，实现人才培养场所融通；教学安排与生产季节对接，实现教学时段与季节融通；教学过程与生产过程对接，实现教学与生产任务融通；考核评价与增收效果对接，实现师生与农技员身份融通"。

果树生产技术具有很强的实践性、季节性和地域性，本教材按照果园生产管理的季节顺序，围绕果树综合生产技术组织教学，做到学中干、干中学，使学生能熟练掌握果树生产的专业理论和专业技能，形成综合能力。教学安排上应尽量采用现场讲授、观察辨认、问题讨论、典型案例、顶岗实践等教学方法，并运用多媒体课件、影像资料、网络信息等现代化教学手段，优化教学内容，提高教学效果。

本教材共分为两个部分，第一部分 7 个模块，包括果树生产入门、果树树体结构与控制、果树的生命周期和年生长周期、果树花果管理、果实品质形成与提高、果树与环境条件的关系、果树育苗与果园建设；第二部分7个模块，包括柑橘标准化生产技术、葡萄标准化生产技术、桃标准化生产技术、梨标准化生产技术、猕猴桃标准化生产技术、枇杷标准化生产技术和草莓标准化生产技术。每个模块下设模块介绍、模块目标、任务描述、课前思考、基础知识等环节。为了达到更好的学习效果，特别制作了计划单、决策单、实施单、作业单、检查单、评价单和学习小结辅助学习者学习。

本书由杨俊、李斌斌、伏晓科任主编，由张世姣、孙海高、陈航、何斌任副主编，马建英主审。具体编写分工如下：杨俊负责教材总体设计；伏晓科负责本教材配套数字资源的开发；杨俊编写模块一、模块三；李斌斌、李珂编写模块二、模块四；伏晓科、杨剑锋编写模块六、模块七；孙海高编写模块五；涉及果树病虫害防治的内容由张世姣、陈航负责编写完成；杨俊、伏晓科编写模块八、模块九；李斌斌、刘小杰、何斌编写模块十、模块十一；李斌斌、黄仁权编写模块十二、模块十三；周文英、张微慧编写模块十四；最后由李斌斌负责统稿。

为了便于学习者能更直观地学习，本书配有四川省精品在线开放课程资源，凡使用者都可以在学银在线中加入"果树生产技术"课程进行线上学习，一年开设2次，第一次为3月1日至8月31日，第二次为9月1日至翌年2月28日。

本书编写参考了有关单位和学者的文献资料，在此一并致谢。由于编者水平有限，加之时间仓促，书中疏漏和不妥之处在所难免，望读者批评指正，以便进一步修改。

编　者

2023年8月

目录

Contents

数字资源索引

模块一

果树生产入门

模块导读

模块介绍

果树是用来生产可供人们食用的果实或种子的多年生结实植物，是品种本身及其砧木的总称，也是一种具有生产、生态、生活功能的高效园艺作物。本模块主要包括三个子任务：学习和掌握果树生产概论、果树种类及其分类、果树种质资源理论知识和技能。以任务驱动的方式引导学生对我国果树生产现状、存在的问题及实现可持续发展的策略等进行思考，进而要求学生了解我国果树栽培的概况，重点了解我国果树生产技术推广的现状及服务乡村振兴的必要性和现实意义。

模块目标

知识目标

1. 了解我国果树生产的现状及发展趋势。
2. 了解果树生产在国民经济中的意义。
3. 了解果树的含义及特点。
4. 了解我国果树的分布规律。
5. 掌握常见果树的分类方法。

技能目标

1. 依据果树的分类方法能正确识别常见的果树树种、品种并正确进行分类。
2. 依据果树分布规律及发展趋势正确选择树种、品种，做到适地适栽。

素质目标

1. 培养学生热爱果树生产、投身果树产业发展的信念。
2. 培养学生的团队合作精神，在分组学习中能够相互配合，有效地完成学习任务。
3. 引导学生树立食品安全意识和生态文明持续发展理念，不盲目选择不适宜的栽培树种、品种。

任务描述

了解果树的含义及特点，熟悉常见的果树树种与品种，掌握常见果树的分类方法，了解果树在我国的分布情况及果树生产在国民经济中的重要意义。具体任务要求如下。

1. 利用在线平台学习，了解什么是果树，掌握果树与其他作物的区别。
2. 通过互联网相关资料，了解果树生产在国民经济中的重要意义。
3. 分组对本地果树资源进行调查，掌握本地生产中常见的果树树种、品种，并对常见果树进行正确分类。
4. 通过互联网资料查询，了解我国果树的分布。

任务一　果树生产概论

课前思考

1. 什么是果树，果树有何特点？
2. 什么是果树生产？
3. 果树生产在国民经济中有何意义？

果树生产概论

基础知识

一、果树和果树生产

（一）果树

果是指植物所产生的果实或种子，树是木本植物，单从字面意思理解，果树应当是生产供人们食用的果实或种子的木本植物，如苹果、梨、桃等。但是，我们习惯把生产供人们食用的果实或种子的多年生草本植物也纳入果树的范畴。因此，所谓果树是指能够生产供人们食用的果实、种子及其衍生物的多年生木本或草本植物。果树的含义随时代和地区的变化而发展，一些野生的植物也可被归为果树，如刺梨、桑葚，美国把啤酒花也列入果树，日本把西瓜、甜瓜划归果树。

果树具有以下特点：

（1）多年生　与1～2年生作物区别开，既包括木本植物，也包括草本植物，木本植物，如苹果、梨、桃等，草本植物如草莓、香蕉、菠萝等。

（2）产生能食用的果实、种子　苹果、梨等吃的是果实；核桃、板栗等吃的是种子。

（3）生产砧木　如嫁接苹果用的海棠，嫁接梨用的杜梨，嫁接桃用的山桃、毛桃等。

（二）果树生产

果树生产包括果树种类、品种的选择，从育苗、建园、栽植、管理直至采收各生产环节的基本理论知识和技术。

果树生产的任务是生产优质、高产、低耗的多种果品，充分满足消费者对于鲜果品及其加工制品的需要，并为食品工业（罐头、果酒、饮料）、医药工业（果丹皮、银杏叶）、化工工业（核桃、石榴的果皮提取单宁，柑橘皮提取香精油等）及外销等提供原料。

果树生产的特点有以下几个方面：

(1)种类多　与粮食作物相比，果树种类较多，通常为乔木或小乔木，但也有灌木、藤本或草本。由于种类多，它们的生物学特性、对环境条件的要求相差也较大，因此生产技术差异也较大。

(2)周期长　一般果树要栽后2～4年进入结果期，俗语说“桃三杏四梨五年”。因此，要求建园时园地选择要适宜，果树种类、品种搭配要得当，市场供需判断要正确。

(3)集约经营　即高投入、高产出。古语有：一亩园十亩田。目前，我国大田作物与果树的产值比为：小麦∶水稻∶苹果＝1.4∶1∶27.4。

(4)鲜食是主要利用形式　我国水果以鲜食为主，鲜食比例较高，果品加工率仅有5%左右。

二、果树在国民经济发展中的意义

(一)作用

(1)改善生态环境　在粮食安全的背景下，果树生产的发展方针必然是“上山下滩”，不与粮棉争田，不仅绿化了荒山、荒坡和荒滩，也保持了水土，改善了生态环境。

(2)果品含有丰富的营养物质　如杏仁、榛子蛋白质含量为20%～25%，荔枝、猕猴桃、枣等维生素C含量为40～100 mg/100 g，食用果品对人类健康有利。可以以果代粮，也可以以果酿酒等。

(3)果品的药用价值　各种果品都有其药用价值，有“一天三枣，永不显老”的说法。枣补脾胃，梨清热，香蕉润肠、降压，银杏对脑血管有软化作用。

(4)为食品加工业及化工业提供原材料　如加工成果干、果脯、果冻、果酒，提取单宁、精油等。

(5)农民脱贫致富的帮手　许多地区因栽种果树而脱贫致富，如河北省迁西县年产板栗1 000多万kg，产值1.5亿元，迁西县杨家峪村人均板栗收入8 000元以上。

(二)意义

果树种植对振兴农村经济、繁荣市场、促进乡村振兴具有重要意义。尤其是在乡村振兴战略背景下，对促进农村产业振兴，建设农业强国，意义更为重大。

任务二　果树种类及其分类

课前思考

1.果树如何进行分类？

2.果树的园艺学分类有哪些？

3. 如何区分果树栽培种和栽培品种？

基础知识 〉〉〉

果树种类繁多，分布广泛，全世界约有 2 792 种果树，分布在 132 个科、659 个属中，我国约有 670 余种，分布在 59 个科、158 个属中。

一、果树的分类

果树的分类有两种：一种是植物学分类法，另一种是园艺学分类法。

果树的分类

(一)植物学分类法

植物界、门、纲、目、科、属、种、品种。

果树种是植物学分类的基本单位。一个树种是指形态结构基本相同，个体间能够进行有性生殖，遗传特性相对稳定，在一定的生态环境条件下生存的群果树亲体的总称，如苹果、桃、葡萄、香蕉、菠萝、荔枝等。

(二)园艺学分类法

1. 野生果树和栽培果树

野生果树是指仍然在自然环境下生长，未经驯化改良栽培的果树植物，如酸枣、君迁子、山定子。

野生果树可以作为种质资源用于培育新品种，也可作为砧木。

栽培果树是指经过人类驯化，具有一定的经济价值和相对稳定遗传性状，并在生产上广泛栽培的果树植物，如苹果、梨等。

2. 落叶果树和常绿果树

落叶果树是指每年秋季和冬季叶片全部脱落的果树，如苹果、梨、桃等。

常绿果树是指终年具绿叶的果树，其特点是老叶在新叶长出之后脱落，如柑橘、荔枝等。

3. 果树按果实结构分类

(1)仁果类果树(图 1-2-1)　如苹果、梨、山楂、枇杷等，绝大多数为子房下位花，其果实由花托及萼筒等部分膨大发育而成，其子房壁与心室形成果心。因人们食用的部分非子房而是花托，故又称假果。

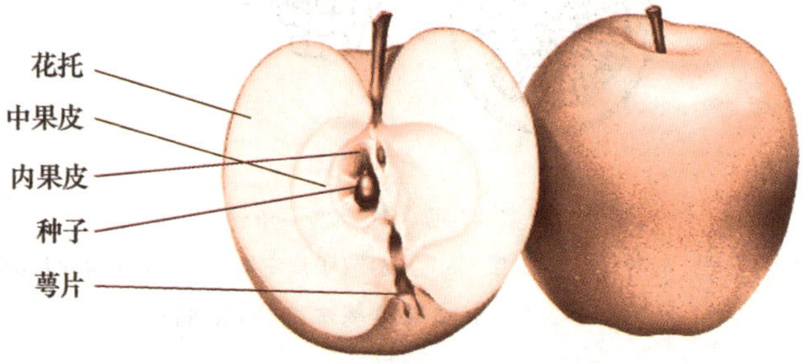

图 1-2-1　仁果类基本结构(苹果)

(2)核果类果树(图 1-2-2) 多为子房上位花,食用部分由子房中果皮发育而成,内果皮硬化为坚硬的核,故为核果,如桃、李、杏、樱桃、枣等。

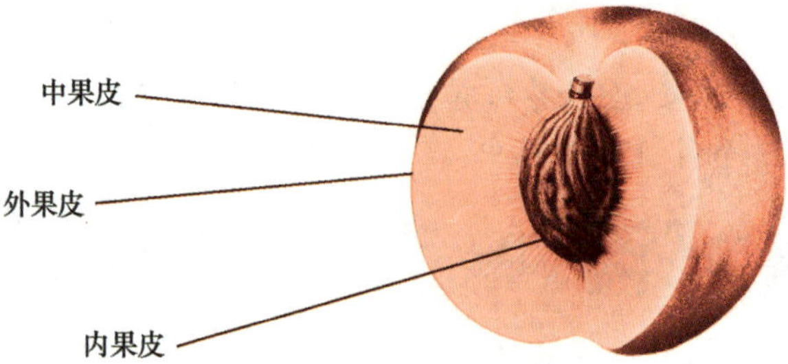

图 1-2-2 核果类基本结构(桃)

(3)浆果类果树(图 1-2-3) 果实具有丰富的浆液,种子小,藏于果实内,如葡萄、柿子、猕猴桃等。

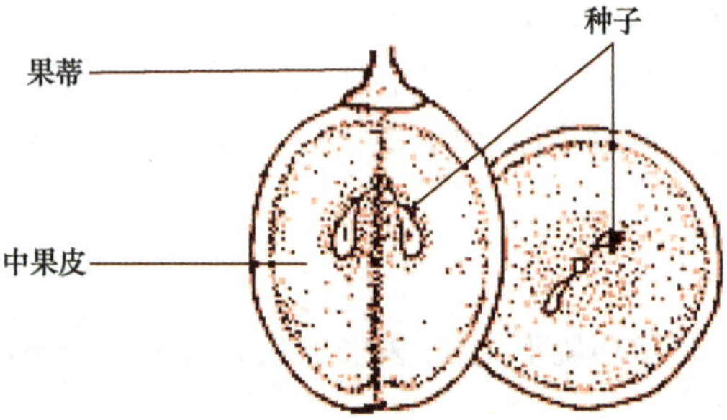

图 1-2-3 浆果类基本结构(葡萄)

(4)柑橘果类果树(图 1-2-4) 如橘、甜橙、柚、柠檬等。

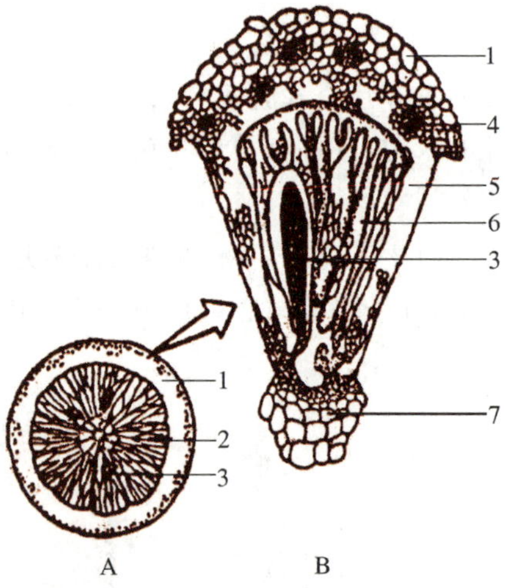

A. 果实的切面 B. 果实一角放大

1. 果皮 2. 子房室 3. 种子 4. 油腺 5. 心皮壁(子房室隔) 6. 含汁的丝状细胞 7. 中轴

图 1-2-4 柑橘果类基本结构(柑橘)

(5)坚果类果树(图 1-2-5) 如核桃、板栗、椰子等。

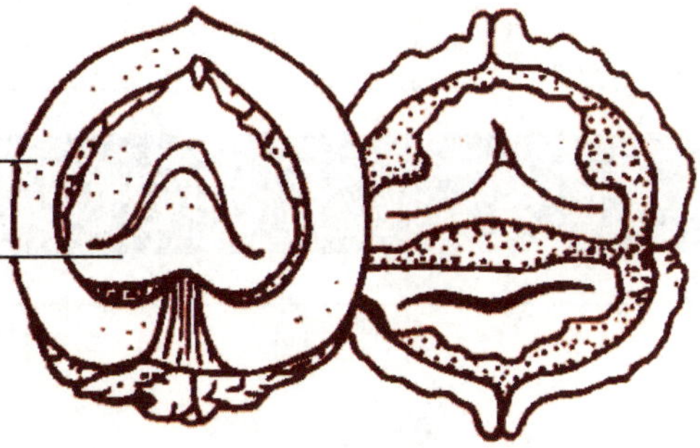

图 1-2-5　坚果类基本结构(核桃)

(6)荔枝果类果树　如荔枝、龙眼等。

(7)聚复果类果树　如菠萝、桑葚、草莓、番荔枝等。

4. 多年生草本果树和木本果树

(1)多年生草本果树　茎内木质部不发达,一般地上部分在生长季结束后死亡,如草莓、香蕉、菠萝等。

(2)木本果树　可分为乔木果树、灌木果树和藤本果树。

乔木果树:主干明显而直立,树体高大或较高大,如苹果、梨等。

灌木果树:主干矮小不明显,枝干丛生,如醋栗、无花果、树莓等。

藤本果树:茎具缠绕攀缘特性,树不能直立,如葡萄、猕猴桃等。

5. 寒带、温带、亚热带和热带果树

寒带果树是指能耐−40 ℃以下的低温,适宜在寒带地区栽培的果树,如树莓、榛子、秋子梨、山葡萄等。

温带果树是指适宜在温带地区栽培,一般秋冬落叶的果树,如苹果、梨、桃等。

亚热带果树是指通常需要短时间的冷凉气候(10～13 ℃,1～2 个月)以促进开花结果,适宜在亚热带地区栽培的常绿果树,如柑橘、荔枝等。

热带果树是指适宜在热带地区栽培的常绿果树,如香蕉、菠萝等。

从以上可以看出,一种果树可以分在几个类群内,如苹果,属于温带落叶乔木仁果类果树。

二、果树的栽培种和栽培品种

(一)栽培种

栽培种是指为具有经济价值、遗传性状稳定,在生产中广泛栽培的果树种。

(二)栽培品种

栽培品种是指人们为了满足生活需要培育出来的果树群体,具有一定的经济价值,生物学特性相对一致,遗传性状也比较稳定。

栽培品种可分为无性系品种和有性系品种,无性系品种通过无性繁殖产生新植株,有性系品种通过种子繁殖产生新个体。

任务三　果树的种质资源

课前思考

1. 果树有哪些种质资源？
2. 我国现有果树资源如何分布？
3. 阐述各果树带的环境特征。

果树的种质资源

基础知识

果树种质是指可将果树遗传信息传给后代的物质。凡是携带这种物质的材料都是果树种质资源，如种子、接穗、细胞、DNA等。

一、世界果树起源中心

《栽培植物及其分化中心词典》介绍了12个起源中心。中国和日本中心、印度尼西亚和印度支那中心、澳大利亚中心、印度和巴基斯坦中心、中亚细亚中心、西亚细亚中心、地中海中心、非洲中心、欧洲和西伯利亚中心、南美洲中心、中美洲中心、北美洲中心。

二、我国现有果树资源分布

1. 核果类果树

全国均有分布，主要分布在河北、山东、陕西、甘肃、江苏、浙江等地。

2. 仁果类果树

苹果主产区为山东、河北、陕西、辽宁、河南等地；梨主产区为河北、山东、河南、山西等地。

3. 浆果类果树

重点产区在新疆、河北、山东、山西、辽宁、甘肃等地。

4. 柑橘果类果树

主要分布在长江以南和秦岭以南地区。

5. 坚果类果树

板栗主要分布在河北、北京，核桃在全国各地均有分布。

6. 其他亚热带和热带果树

主要分布在长江以南。

三、我国果树带的划分

（一）果树带

根据果树自然分布与环境条件的一致性规律可以将我国划分为多个果树自然分布地带，这些地带简称为果树带。

果树带反映果树分布与自然环境条件的关系。如苹果，在温带较多，表明经过自然选择，它已经适应了温带的环境条件，包括温度、湿度、光照、土壤等。

果树带可以作为制订果树发展规划、建立果树生产基地、制订果树增产措施以及引种和育种的理论依据，这一点非常重要。比如引种要想成功，就必须研究引种地环境条件及原产地环境条件，还有品种特性，这些差距越小，引种成功可能性就越大。目前果树生产中存在着许多盲目性，造成了一些损失。

当然，自然环境条件和果树本身都在不断变化，因此果树带的划分只能说明现在的果树种类与环境条件的统一关系，不能理解为不可逾越的永久界限。实践证明，通过人工改变遗传特性培育新的品种、改进栽培技术、利用有利的小气候条件或刻意创造优良的生态条件，均可能使原有果树突破其原分布区域，如利用区域小气候、温室栽培等。

（二）果树带的划分

根据我国各地的自然环境条件及果树的分布，可以将我国果树划分为 8 个果树带。

1. 热带常绿果树带

位于北纬 24°以南。主要栽培的热带果树有香蕉、菠萝、椰子等。

2. 亚热带常绿果树带

位于热带常绿果树带以北，云贵高原常绿落叶混交带以东，主要栽培的果树有柑橘、杨梅、枇杷等，其次还有柿子、板栗、桃等。

3. 云贵高原常绿落叶混交带

位于热带常绿果树带以北、亚热带常绿果树带以西。由于自然地理及生态条件的作用，本带果树种类繁多，常绿、落叶果树混交分布，主要栽培的果树有柑橘、梨、苹果、桃、李、核桃、板栗、龙眼等，其次还有香蕉、枇杷等。

4. 温带落叶果树带

位于亚热带常绿果树带和云贵高原常绿落叶混交带以北，本带主要为落叶果树，如苹果、梨、桃等。

5. 旱温落叶果树带

位于云贵高原常绿落叶混交带和温带落叶果树带以北，所属地区海拔较高，气候干燥（平均降水量约为温带落叶果树带的 56%，平均相对湿度 11%），年平均气温约为 2.6 ℃，平均无霜期 18 d，日照较充足，平均日照 2 600 h，最高可达 3 400 h，主要栽培的果树有苹果、梨、葡萄、核桃、桃、柿、杏等，其次有枣、李、扁桃、阿月浑子、槟子、海棠等。

6. 干寒落叶果树带

此带海拔较高，气候干燥且较为寒冷，适于耐干燥寒冷的落叶果树栽培，主要栽培的果树有苹果、葡萄、秋子梨、新疆梨、海棠果等，其次有李、桃、草莓、树莓等。

7.耐寒落叶果树带

此带是我国果树栽培纬度最高、气候最寒冷的地区。气候特点是生长期内的气温及降水能满足一般落叶果树生长结果的要求，但生长期短，休眠期气温及湿度较低，对果树越冬不利。一般仅耐寒落叶果树可以栽培，主要栽培果树有苹果、海棠果、秋子梨、杏、李、葡萄等，其次有树莓、草莓、醋栗、穗状醋栗、毛樱桃等。

8.青藏高原落叶果树带

此带海拔多在3 000 m以上（西藏4 000 m以上）。年平均气温－2.0～3.0 ℃，绝对低温－42.0～－24.0 ℃。气温低，降水较少，气候较干燥。此带内青海高原山地，虽然海拔在3 000 m左右，温度也较低，但仍有少量李、杏分布。目前，对此果树带内的果树情况了解仍很少，有待进一步考察。

计　划　单

学习领域	情　景　篇
模　块　一	果树生产入门
计划方式	小组讨论、成员之间团结合作，共同制订计划

序号	实施步骤	使用资源

制订计划说明	

计划评价	班　　级		第　　组	组长签字	
	教师签字			日　　期	
	评语：				

决　策　单

<table>
<tr><td>学习领域</td><td colspan="8">情　景　篇</td></tr>
<tr><td>模 块 一</td><td colspan="8">果树生产入门</td></tr>
<tr><td colspan="9">方案讨论</td></tr>
<tr><td rowspan="7">方案对比</td><td>组号</td><td>任务耗时</td><td>任务耗材</td><td>实现功能</td><td>实施难度</td><td>安全可靠性</td><td>环保性</td><td>综合评价</td></tr>
<tr><td>1</td><td></td><td></td><td></td><td></td><td></td><td></td><td></td></tr>
<tr><td>2</td><td></td><td></td><td></td><td></td><td></td><td></td><td></td></tr>
<tr><td>3</td><td></td><td></td><td></td><td></td><td></td><td></td><td></td></tr>
<tr><td>4</td><td></td><td></td><td></td><td></td><td></td><td></td><td></td></tr>
<tr><td>5</td><td></td><td></td><td></td><td></td><td></td><td></td><td></td></tr>
<tr><td>6</td><td></td><td></td><td></td><td></td><td></td><td></td><td></td></tr>
<tr><td>方案评价</td><td colspan="8">评语：</td></tr>
<tr><td>班　　级</td><td></td><td colspan="2">组长签字</td><td colspan="2"></td><td>教师签字</td><td></td><td>月　　日</td></tr>
</table>

实 施 单

学习领域	情 景 篇	
模 块 一	果树生产入门	
实施方式		
序号	实施步骤	使用资源
1	基本理论讲授	多媒体
2	在线视频学习	配套在线开放课程
3	常见果树树种、品种调查	田间调研
4	果园生产情况调查	田间调研
5	地方特色果树种质资源调查	田间调研、查阅文献
6		
7		
8		
9		
10		

实施说明：

利用在线开放平台和多媒体教室对理论知识的讲解，进行理论学习，了解果树和果树生产的要领及其特点，了解果树生产及果树生产技术的内涵，掌握果树分类的方法及常见分类，掌握我国果树带的分布规律。

进行常见果树树种、品种调查，并对果树树种、品种进行正确分类。

通过果园生产情况调查，了解目前果树生产的一般情况，为下一步学习打下基础。

对地方特色果树种质资源进行调查、查阅，掌握特色果树产业的种植发展历程及技术改进方法。

班　　级		组长签字		教师签字		月　　日

作 业 单

学习领域	情 景 篇
模 块 一	果树生产入门
作业方式	

1. 果树生产在国民经济中有何意义？

2. 果树生产具有哪些特点？

3. 举例说明果树按照果实构造进行分类可以分为哪几类？

4. 举例说明果树按照生态适应性分类可以分为哪几类？并说明自然分布带。

<table>
<tr><td rowspan="3">作业评价</td><td>班　　级</td><td></td><td>组长签字</td><td></td><td>月　　日</td></tr>
<tr><td>教师签字</td><td></td><td>教师评分</td><td colspan="2"></td></tr>
<tr><td colspan="5">评语：</td></tr>
</table>

检 查 单

<table>
<tr><td>学习领域</td><td colspan="4">情 景 篇</td></tr>
<tr><td>模 块 一</td><td colspan="4">果树生产入门</td></tr>
<tr><td>检查项目</td><td colspan="2">检查内容</td><td>学生自查</td><td>教师检查</td></tr>
<tr><td rowspan="4">思政素养</td><td colspan="2"></td><td></td><td></td></tr>
<tr><td colspan="2"></td><td></td><td></td></tr>
<tr><td colspan="2"></td><td></td><td></td></tr>
<tr><td colspan="2"></td><td></td><td></td></tr>
<tr><td rowspan="4">技能素养</td><td colspan="2"></td><td></td><td></td></tr>
<tr><td colspan="2"></td><td></td><td></td></tr>
<tr><td colspan="2"></td><td></td><td></td></tr>
<tr><td colspan="2"></td><td></td><td></td></tr>
<tr><td rowspan="4">理论素养</td><td colspan="2"></td><td></td><td></td></tr>
<tr><td colspan="2"></td><td></td><td></td></tr>
<tr><td colspan="2"></td><td></td><td></td></tr>
<tr><td colspan="2"></td><td></td><td></td></tr>
<tr><td rowspan="3">检查评价</td><td>班 级</td><td></td><td>组长签字</td><td></td></tr>
<tr><td>教师签字</td><td></td><td>日 期</td><td></td></tr>
<tr><td colspan="4">评语：</td></tr>
</table>

评 价 单

<table>
<tr><td>学习领域</td><td colspan="5">情 景 篇</td></tr>
<tr><td>模 块 一</td><td colspan="5">果树生产入门</td></tr>
<tr><td>评价类别</td><td>项目</td><td>子项目</td><td>个人评价</td><td>组内互评</td><td>教师评价</td></tr>
<tr><td rowspan="11">专业能力（60%）</td><td rowspan="2">咨询（10%）</td><td>搜集信息（5%）</td><td></td><td></td><td></td></tr>
<tr><td>引导问题回答（5%）</td><td></td><td></td><td></td></tr>
<tr><td rowspan="3">计划（10%）</td><td>计划可执行度（4%）</td><td></td><td></td><td></td></tr>
<tr><td>调查方案设计（3%）</td><td></td><td></td><td></td></tr>
<tr><td>方案合理度（3%）</td><td></td><td></td><td></td></tr>
<tr><td rowspan="2">实施（15%）</td><td>常见树种品种调查（10%）</td><td></td><td></td><td></td></tr>
<tr><td>正确进行分类（5%）</td><td></td><td></td><td></td></tr>
<tr><td rowspan="2">检查（10%）</td><td>识别准确度（5%）</td><td></td><td></td><td></td></tr>
<tr><td>分类准确度（5%）</td><td></td><td></td><td></td></tr>
<tr><td>过程（5%）</td><td>认真程度（5%）</td><td></td><td></td><td></td></tr>
<tr><td>结果（10%）</td><td>常见树种品种识别（10%）</td><td></td><td></td><td></td></tr>
<tr><td rowspan="4">思政能力（20%）</td><td rowspan="2">团队协作（10%）</td><td>小组成员合作良好（5%）</td><td></td><td></td><td></td></tr>
<tr><td>对小组的贡献（5%）</td><td></td><td></td><td></td></tr>
<tr><td rowspan="2">敬业精神（10%）</td><td>学习纪律性（5%）</td><td></td><td></td><td></td></tr>
<tr><td>爱岗敬业、吃苦耐劳（5%）</td><td></td><td></td><td></td></tr>
<tr><td rowspan="2">方法能力（20%）</td><td>计划能力（10%）</td><td>考虑全面（10%）</td><td></td><td></td><td></td></tr>
<tr><td>决策能力（10%）</td><td>决策果断（10%）</td><td></td><td></td><td></td></tr>
<tr><td rowspan="3">评价评语</td><td>班 级</td><td></td><td>组长签字</td><td>总 评</td><td></td></tr>
<tr><td>教师签字</td><td></td><td>日 期</td><td></td><td></td></tr>
<tr><td colspan="5">评语：</td></tr>
</table>

学习小结

<table>
<tr><td>学习领域</td><td colspan="4">情　景　篇</td></tr>
<tr><td>模 块 一</td><td colspan="4">果树生产入门</td></tr>
<tr><td>学习小结</td><td colspan="4"></td></tr>
<tr><td rowspan="3">教师评价</td><td>班　　级</td><td></td><td>组长签字</td><td></td></tr>
<tr><td>教师签字</td><td></td><td>教师评分</td><td></td></tr>
<tr><td colspan="4">评语：</td></tr>
</table>

学习笔记

模块二

果树树体结构与控制

模块导读

模块介绍

果树种类繁多，树体结构组成也有所不同。一般来说，果树树体结构分为地上部和地下部两部分。地上部包括主干和树冠，地下部为根系，地上部和地下部的交界处称为根颈。而在树体结构的控制上，主要通过整形修剪对整体树形进行控制。本模块主要包括四个子任务，学习了解、掌握果树根系、芽枝叶的生长发育、果树的树形控制、果树的修剪理论和技能。以任务驱动的方式引导学生对果树根系、芽、枝、叶、影响树形的因子、整形修剪的方式方法等进行系统的理论学习，进而要求学生思考地上部和地下部的联系，整形修剪在树形结构塑造中的重要性以及生产优质果实中如何科学地管理树体结构。

模块目标

知识目标

1. 了解果树的常见树形结构。
2. 了解果树根系的类型与分布。
3. 掌握果树根系生长规律及其影响因素。
4. 掌握果树芽、叶、枝的生长发育规律。
5. 掌握果树常见的整形修剪方法。

技能目标

1. 依据果树的常见树形结构及生长发育规律，能够准确判断果树的生长状态是否正常。
2. 依据果树常见树形及整形修剪方法，能正确进行果树整形修剪。

素质目标

1. 培养学生热爱果树生产、投身果树产业发展的信念。
2. 培养学生的团队合作精神，在分组学习中能够相互配合，有效地完成学习任务。
3. 引导学生树立食品安全意识和生态文明持续发展理念，在学习过程中不出现任何安全事件。

任务描述

掌握果树根系的类型与分布，根系生长规律及其影响因素；掌握果树芽、枝、叶的生长发育规律；掌握常见果树的树形结构及常见的修剪方法。具体任务要求如下：

1. 利用在线平台学习，掌握果树根系的类型与分布，根系生长规律及其影响因素；掌握果树芽、叶、枝的生长发育规律。掌握果树地上部与地下部生长发育的关系。
2. 通过互联网相关资料，了解常见果树的树形结构。
3. 分组对本地常见果树树形进行调查，掌握生产中常见的果树树形结构。
4. 通过互联网资料查询，了解常见的果树修剪方法。

任务一　果树的根系

课前思考

1. 果树根系有哪些类型，根系的结构如何？
2. 影响果树根系分布的因素有哪些？
3. 果树根系的生长受哪些因素影响？
4. 果树根系的生命周期和年生长周期的变化情况如何？

果树的根系

基础知识

果树根系的功能：固定植株、吸收水分和矿质养分、运输营养物质、贮藏养分、生物合成等。

一、果树根系的结构

果树根系主要由骨干根、须根、生长根和吸收根组成（图 2-1-1）。

1. 骨干根

一般来说，种子的胚根向下垂直生长先形成主根。主根分生出的侧根，称为一级根，依次再分生出各级侧根，构成全部根系。主根和各级大侧根构成根系的骨架部分，称为骨干根。骨干根粗且长，色泽较深，寿命长，主要起固定、输导和贮藏作用。

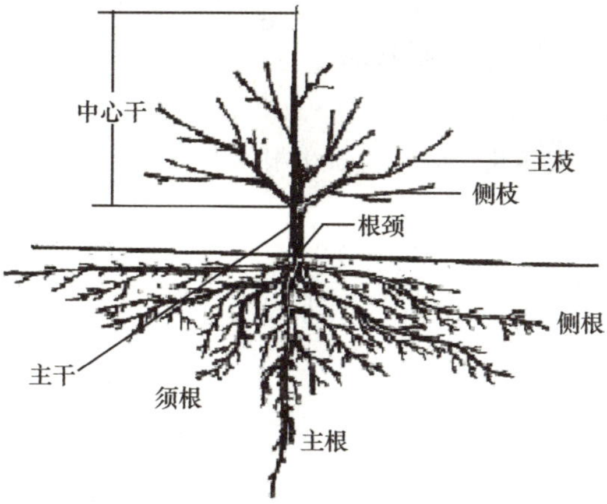

图 2-1-1　果树树体结构

2. 须根

主根和各级侧根上着生的细根统称为须根。须根细而短，大多在营养期末死亡，未死亡的进一步发育成骨干根。须根起生长、输导、合成和吸收的作用。

3. 生长根和吸收根

根系群体先端的初生根依形态、构造和功能的不同分为生长根和吸收根两类。生长根为白色，在土壤中不断向前伸展，并能继续分生新的生长根和吸收根，同时也具备一定的吸收作用。吸收根也为白色，主要起吸收水分、矿质元素和合成作用。吸收根数量多，生理活性强，在根系生长旺季可达总根量的 90%以上。生长根和吸收根主要利用先端密生的根毛从土壤中获取矿质元素和水分。

二、根系的类型和结构

(一)按发生及来源分类

根系按发生及来源可分为实生根系、茎源根系和根蘖根系(图 2-1-2)。

1. 实生根系

由种子的胚根发育而来。主根发达，分布较深，适应力强，个体间差异大。

2. 茎源根系

根系起源于茎上的不定根。主根不发达，分布较浅，个体间差异小。扦插、压条等容易形成。

3. 根蘖根系

在水平根段上形成不定芽而发育成完整植株，这种根系为根蘖根系。特点同茎源根系。

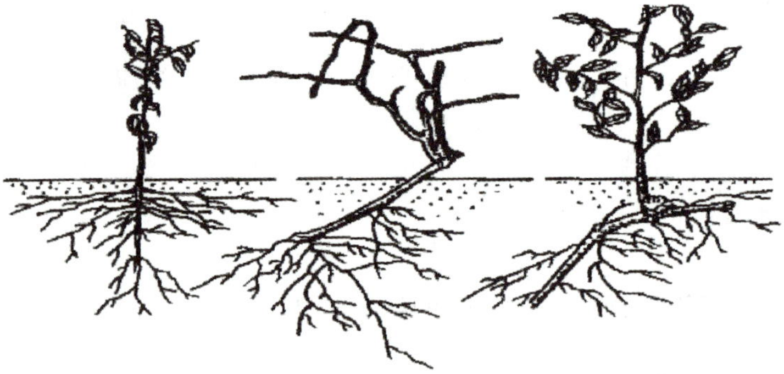

图 2-1-2　果树根系类型

(二)按功能分类

根系按功能分类可分为固定、贮藏和输导功能及吸收、合成功能。

1. 固定、贮藏和输导功能

有次生结构的褐色或黄褐色的根系，更新死亡或转化为多年生次生根。

2. 吸收、合成功能

初生结构的白色根，死亡或转化为次生根。

三、果树根系的分布

(一)根系的分布

果树根系在土壤中的分布有明显的层次，一般为 2～3 层，上层的根群角度较大，分枝性强，易受环境条件影响；下层的根群角度较小，分枝性弱，受环境条件影响较小。

与地面近于平行生长的根称为水平根，与地面近于垂直生长的根称为垂直根，水平根与垂直根的综合配置构成根系外貌。水平根的分布范围一般为树冠冠幅的 1.5～3.0 倍，有的甚至可达 6 倍；垂直根的分布深度一般小于树高，多数果树根系垂直分布在 20～100 cm 的土层内。在土壤管理较好的果园，根群的分布主要集中在地表以下 10～40 cm，所以耕作层和树盘管理至为重要。果树根系的分布因树种、品种、繁殖方法、土壤条件及栽培措施而异。

(二)影响根系分布因子

1. 果树种类

桃、杏、李、葡萄、枣等根系较浅，苹果、梨、柿、核桃等根系较深。嫁接果树与砧木种类及繁殖方式有关。如杜梨种子或根蘖繁殖，苹果 M 系的矮化砧木根系较浅，固地性差，需立支柱。

2. 土壤类型与结构

按土壤质地分类，土壤一般分为三大类：沙质土、黏质土、壤土。

沙质土：含沙量多，颗粒粗糙，渗水速度快，保水性差，通气性好。沙质土壤水分流失快，根系容易受到损伤。

黏质土：含沙量少，颗粒细腻，渗水速度慢，保水性好，通气性差。黏质中，空气和水分的流动性较差，根系难以生长。

壤土：含沙量、颗粒大小、渗水速度适中，保水性和通气性良好。果树根系生长良好。

3. 繁殖方法

实生果树的根系分布深，压条、扦插繁殖的果树根系分布较浅。

4. 栽培方式

栽培方式不同，果树根系的分布情况也不同。目前，结合土壤管理，常见的栽培方式有清耕、果园间作、果园覆盖等，其中果园覆盖根据覆盖材料可分为有机覆盖、地膜覆盖和果园生草覆盖(图 2-1-3，图 2-1-4)。果园生草覆盖，因温、湿度关系，会造成根系上翻。

图 2-1-3　果园地膜覆盖

图 2-1-4　果园生草覆盖

四、根系生长及其影响因子

1. 环剥

果树地上部分有机养分的供应超过 50％的光合产物用于果树的根系，主要是用于新根生长。常用环剥技术控制养分的输送，环剥即环状剥皮，即把树干剥去一圈皮后，树干上的养分就不会在秋冬时节回流到树根（图 2-1-5）。环剥是一项技术性很强的工作，操作不当、配套措施不到位，均会导致果树落叶、枯枝、死树、树势早衰。

图 2-1-5　果树环剥技术

2. 土壤温度

土壤的适宜温度范围为 20～25 ℃。生长速度随温度变化而不同，若从适宜温度至极限温度，则最终生长速度低于初始生长速度，否则高于初始生长速度。

3. 土壤的三相组成

由于成土母岩不同、土壤质粒大小与比例的差异，果树根系生长要求的固相率也不同，大体都在 50%左右；土壤水分为最大持水量的 60%～80%时适宜果树根系生长。过高则通气不良，根际有害还原物质（如 H_2S、CH_4、乳酸等）增加。如苹果根系正常生长要求 10%以上的 O_2，桃需 O_2 12%，葡萄需 O_2 14%，柿需 O_2 15%以上。CO_2 的含量常与根系呼吸、土壤微生物及有机物含量有关。土壤 CO_2 含量大于 5%时，根的生长就会受到抑制。果树根系过密或果园间作物以及杂草的根系过密，也会造成土壤中 CO_2 含量过高，造成根系死亡。

4. 土壤营养

肥沃的土壤根系发育良好，吸收根多，持续活动时间长。矿质元素影响土壤 pH，不同果树种类或品种要求土壤 pH 不同。

五、根系在生命周期和年生长周期中的变化

（一）根系的生命周期

根系的生命周期是指根系经历发生、发展、衰老、更新与死亡的过程。幼树期根系垂直生长旺盛，开始结果后即可达到最大深度。此后以水平伸展为主，同时在水平骨干根上再发生垂直根和斜生根，根系占有空间呈波浪式扩大，在结果盛期根系占有空间达到最大。果树根系局部自疏与更新贯穿整个生命周期。结果后期骨干根等向心更新。

不同种类果树根系更新能力不同。葡萄根系再生能力和伤口愈合能力强，苹果根断根后再生能力较强，但当根的直径在 2 cm 时，不易愈合。梨的根系不论粗细，断根后都不易愈合，但伤口以上仍可发生新根。板栗根的再生能力较弱。

（二）根系的年生长周期变化

果树根系没有自然休眠期，但由于果树地上部的影响、环境条件的变化以及果树种类、品种、树龄差异，果树根系生长在一年中表现出周期性的变化。

任务二　芽、枝、叶的生长与发育

课前思考

1. 芽的生长发育过程及特性。
2. 枝的生长发育过程、特性及影响枝梢生长的因子。
3. 叶的生长发育过程及叶面积指数和叶幕的形成。

果树的枝芽特征

基础知识

植物新器官的出现源于植物的顶端分生组织，它具有胚芽生长点，可分化各种器官。

一、芽的生长与发育

芽是由枝、叶、花的原始体以及生长点、过渡叶、苞片、鳞片构成的。只含叶原基的称为叶芽。只含花原基的称为纯花芽。叶原基与花原基存在于同一芽体中称为混合芽。

(一)芽的种类

1.按照芽的性质

芽分为叶芽和花芽。芽内只具有雏梢和叶原基，萌发后只形成枝叶的芽称为叶芽；花芽是芽内具有雏梢、叶原基及花原基的芽，又分为纯花芽和混合花芽。纯花芽只具有花原基，萌发后只开花结果，不抽枝长叶，如核果类果树的花芽；混合花芽内除了花原基还具有雏梢、叶原基，萌发后先长一段新梢，再在新梢上开花结果，如仁果类果树、柿枣类果树等。顶芽是花芽的称为顶花芽，侧芽是花芽的称为腋花芽。

2.按照着生位置

芽分为顶芽和侧芽。着生在枝条顶端的芽称为顶芽。但柿、杏和板栗等枝梢的顶芽常自行枯死，以侧芽代替顶芽位置生长，这种顶芽称为伪顶芽。着生在枝条叶腋间的芽称为侧芽，也称为腋芽。

3.按照芽在叶腋间的着生位置

芽分为主芽和副芽。位于叶腋中央，芽体较大且发芽充实的芽称为主芽；位于主芽上方或两侧的芽称为副芽。副芽的大小、形状和数目因树种而异。如核果类果树的副芽在主芽的两侧；仁果类果树的副芽则隐藏在主芽基部的芽鳞内，呈休眠状态；核桃的副芽着生在主芽的下方。

4.按照同一节上芽的着生数量

芽分为单芽和复芽。在一个节位上只着生一个明显芽的称为单芽，如仁果类果树；在同一节上着生两个或两个以上明显芽的称为复芽，如核果类果树。

5. 按照芽的萌发特点

芽分为早熟性芽、晚熟性芽和潜伏芽 3 类。当年形成、当年萌发的芽称为早熟性芽；当年形成、第二年适时萌发的芽称为晚熟性芽；当年形成，在第二年甚至以后连续多年不萌发的芽称为潜伏芽。生产上可以利用此特点来加快整形和进行更新复壮。

6. 按照有无鳞片

芽分为鳞芽和裸芽。有鳞片包被的芽称为鳞芽，多数多年生木本植物的越冬芽就属于鳞芽；而没有鳞片包被，幼叶或芽内器官裸露的芽称为裸芽，如葡萄的夏芽。

7. 按芽发育的程度

芽分饱满芽和瘪芽。发育大而充实的芽称为饱满芽，小而不充实的芽称为瘪芽。

（二）芽的特性

1. 芽鳞痕与潜伏芽

芽鳞片随枝轴的延长而脱落所留下的痕迹称为芽鳞痕，或称外年轮和假年轮，可依此判断枝龄。每个芽鳞痕和过渡性叶的腋间都含有一个弱分化的芽原基，从枝的外部看不到它的形态，不能正常萌发，称其为潜伏芽（隐芽）。此外在春秋梢交界处即秋梢基部 1～3 节的叶腋中有隐芽称为盲节。不同果树种类、品种潜伏芽寿命和萌发能力不同。如柿、梨潜伏芽寿命长，桃较短（图 2-2-1）。

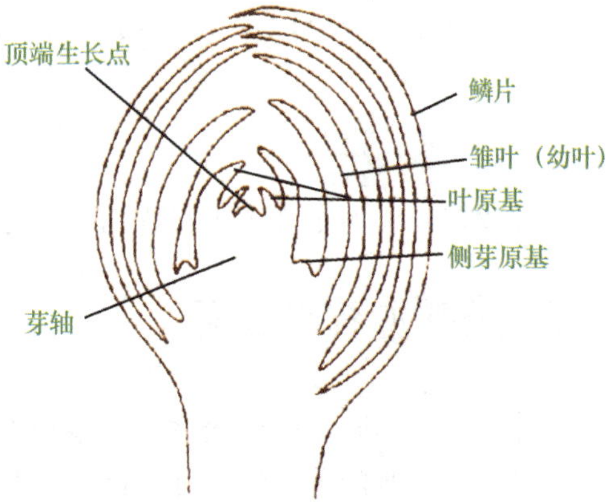

图 2-2-1　芽的结构示意图

芽的潜伏力是果树进入衰老期后，能由潜伏芽发生新梢的能力，潜伏力强则易更新复壮。芽的潜伏力与树种有关，如梨强，桃弱。受营养条件和栽培管理的影响较大，条件好隐芽寿命长。

2. 芽的异质性

同一枝条上不同部位的芽在发育过程中由于所处的环境条件不同以及枝条内部营养状况的差异，造成芽的生长势以及其他特性的差别。这种枝条不同部位的芽体由于形成期不同，其营养状况、激素供应及外界环境条件也不同，这就造成了它们在质量上的差异，称为芽的异质性（图 2-2-2）。

如枝条基部的芽发生在早春，此时正处于生长开始阶段，叶面积小，气温低，质量较差。枝条如能及时停长，顶芽质量最好。腋芽质量主要取决于该节叶片的大小和提供养分的能力，因为芽形成的养分和能量主要来自该节上的叶片，所以一般枝条基部和先端芽的质量较差。在选择修剪剪口芽时主要利用芽的异质性。

图 2-2-2　芽的异质性示意图

3. 芽的早熟性和晚熟性

芽当年形成当年萌发的特性称为芽的早熟性，如桃副梢、葡萄夏芽、苹果二次枝。

第一年形成的芽一般情况下当年不萌发，多于第二年春萌发，称为芽的晚熟性，或晚熟性芽或正常芽。

4. 萌芽率与成枝力

一年生枝上所萌发的芽数占总芽数的百分率称为萌芽率。发育枝抽生长枝的能力为成枝力，以抽生长枝的个数表示。

二、枝的生长与发育

果树枝条分为新梢、叶丛枝、一年生枝和二年生枝。

新梢是指当年抽生，带有叶片，并能明显区分出节和节间的枝条。叶丛枝是指不易区分节间的当年生枝，或称为缩短枝。新梢秋季落叶后称为一年生枝，着生一年生枝的枝条称为二年生枝。

果树的枝 1

(一)枝条生长的年周期规律

1. 开始生长期

从萌芽至第一片真叶分离，依赖贮藏养分，生长时间长短与气温高低有关。苹果、梨持续9～14 d。生长状况与上一年积累养分有关。

2. 旺长期

所需养分主要由当年叶片所制造。持续时间取决于雏梢节数，长短是决定枝条生长势强弱的关键。短枝没有明显的旺盛生长期。

3. 缓慢生长期和停止生长期

伴随外界条件如温、湿度和光周期的变化和果实、花芽、根系发育的影响，芽内部抑制物质的积累，顶端分生组织内细胞分裂变慢或停止，细胞增大也逐渐停止，枝生长速度减缓进而顶芽形成，生长停止。

新梢生长强度和次数在树种间差异较大，有的可以多次发生副梢、二次生长。这与气候条件，栽培管理条件和树负载(即生殖生长)有关。

(二)顶端优势与层性

1. 顶端优势

顶端优势是指活跃的顶部分生组织、生长点或枝条对下部的腋芽或侧枝生长的抑制现象。表现为枝条上部芽萌发，生长势强，角度小，沿母枝枝轴方向延伸(图 2-2-3)。

2. 形成因素

生长点产生的生长素下运，浓度高会抑制生长。根系中产生的细胞分裂素向生长活跃部位运输。

3. 层性

层性是指树冠中大枝呈层状结构分布的特性，是顶端优势和芽的异质性共同作用的结果，

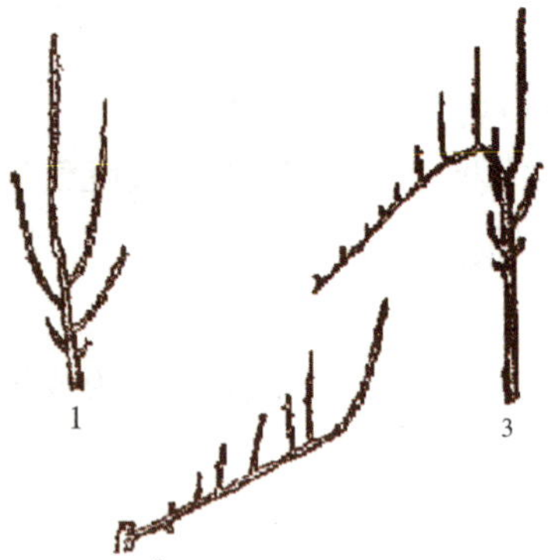

1. 直立枝顶端萌发多数直立旺枝；2. 倾斜枝顶端优势分散，多萌发中短枝；3. 向下弯曲枝新梢顶端优势转向

图 2-2-3　顶端优势的各种表现

与果树树种和品种有关。

(三)枝的生长势与分枝角度

1. 枝条生长势

枝条生长势是指在果树年生长周期中，所抽生枝条的长短和壮旺程度。

生长势可以用生长速率表示。遗传因子是决定生长势的主要因子，砧木种类、新梢姿势、着生位置、叶功能、环境条件(温度、水分、光照)、生长调节剂的应用等也会影响生长势。

2. 分枝角度

分枝角度是指枝条与着生母枝的夹角。若母枝是直立的，则枝条的分枝角度越大，枝生长势越弱。

3. 垂直优势

因枝条着生方位不同而出现生长强弱变化的现象，形成原因除与外界环境条件有关外，与激素含量的差别也有关系。依此特点可通过改变枝芽生长方向来调节枝条的生长势。

果树的枝 2

(四)激素与枝条生长

影响枝梢生长的因素主要有以下 4 种。

1. 品种和砧木

不同品种因基因型的差别，新梢生长强度有很大变化。有的生长势强，枝梢生长强度大；有的生长缓慢，枝短而粗，即所谓短枝型；还有介于上述两者之间的，称为半短枝型。砧木对地上部枝梢生长量影响也很明显。通常砧木可分为 3 类，即乔化砧、半矮化砧、矮化砧。同一品种嫁接在不同类型的砧木上，生长即表现出明显的差别。

2. 有机养分

果树体内贮藏养分对枝梢萌发、伸长有显著的影响，贮藏养分不足时，新梢短小而纤细。树体挂果多少对当年枝梢生长也有明显影响，结果过多，当年大部分同化物质被果实消耗，枝条伸长便受到抑制，反之则可能出现旺长。柑橘等常绿果树除果实影响枝梢生长外，秋冬保叶情况与翌年春季春梢数量及生长势也密切相关，落叶多则春梢细而短，这主要是由于柑橘有 40%左右的营养物质是贮藏在叶片中的。

3. 内源激素和生长调节剂应用

植物体内五大类激素都影响枝条的生长，生长素(IAA)、赤霉素(GA)、细胞分裂素(CTK)等多表现为刺激生长，脱落酸(ABA)及乙烯多表现为抑制生长。

4. 环境条件

环境条件中的水、肥条件和温度对果树生长起主要作用。在保证土壤通气的前提下，水分供应充足能促进新梢迅速伸长，水多肥少则新梢生长纤弱，过分干旱也会显著削弱新梢的生长。温度是新梢生长的制约因素，新梢生长对温度的要求因树种而异，过高或过低对新梢生长都不利。光照也影响新梢生长，一般认为光照度大、短光波比例高，有利于抑制徒长，新梢生长健壮;光照度小,则枝梢易徒长,但不充实,难以成花。矿质元素中氨对枝梢的发芽和伸长具有显著的影响,磷、钾过多对枝梢生长有抑制作用,但可促使枝梢充实。

三、叶的生长与发育

(一)叶片的生长发育

单叶叶面积开始增长缓慢,以后迅速生长,当达到一定值后又逐渐变慢。新梢基部和上部叶片停止生长早,叶面积小。上部叶片主要受环境(低温、干燥)影响,基部叶片受贮藏养分影响较大。

果树的叶

(二)叶面积指数与叶幕的形成

叶面积指数是指单位面积上所有果树叶面积总和与所占土地面积的比值。多数果树的叶面积指数以 4～6 为宜。

叶幕是指叶片在树冠内的集中分布区。幼年树,由于分枝尚少,内膛小枝存在,内外见光,叶片充满树冠;其树冠的形状和体积也就是叶幕的形状和体积。自然生长无中心干的成年树,叶幕与树冠体积并不一致,其枝叶一般集中在树冠表面,叶幕往往仅限冠表较薄的一层,多呈弯月形叶幕。有中心干的成年树,多呈圆头形叶幕;老年树多呈钟形叶幕。具体依树种而异。

任务三　果树的树形控制

课前思考 〉〉〉

1. 如何合理控制果树的树形？需要考虑哪些方面？
2. 正确认识树体的结构。
3. 如何提高果树营养面积利用率？
4. 如何很好地控制群体结构和树体结构？

果树的树形控制

基础知识 〉〉〉

果树整形修剪的目的是培养丰产优质的树体结构和群体结构。在长期的生产实践中广大果农积累的经验认为"没有不丰产的树形,只有不丰产的结构",说明树形的选择,只要结构合理,就能丰产。有俗语称"树满园,枝满冠",形象地描述了果树丰产群体结构和树体结构的特征,说明了丰产结构必须有充足的枝量,这是丰产的基础(图 2-3-1)。

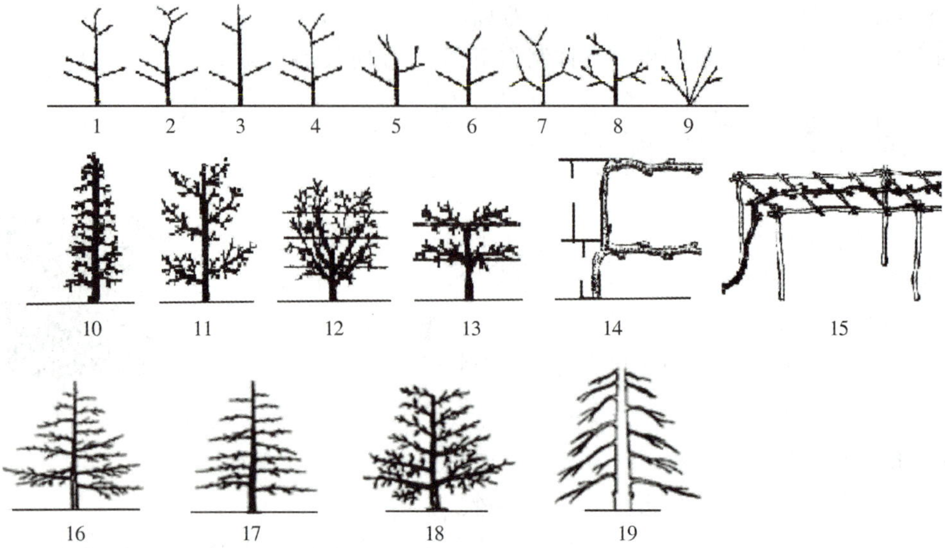

1.疏散分层形;2.三主枝半圆形;3.十字形;4.自然圆头形;5.三主枝开心圆头形;6.多主枝自然形;7.自然杯状形;8.自然开心形;9.丛状形;10.圆柱形;11.自然扇形;12.棕榈叶形;13.双层栅篱形;14.F形;15.倾斜棚架形;16.自由纺锤形;17.细长纺锤形;18.改良纺锤形;19.主干形。

图 2-3-1 常见果树结构示意图

一、群体结构

1.群体结构的形成动态

从生命周期来看,幼龄果园植株间隙大,光能利用率低,一般生长较旺,不易结果,此期修剪的主要目的是轻剪、多留枝,迅速扩大树冠,增加枝量、覆盖率和叶面积系数,促进枝类转化,迅速建成丰产的群体结构。

成龄阶段重点是精细修剪,稳定结构,控制树高、冠径,保证行间适当的间隔和合理的覆盖率,稳定枝类组成和花果留量,适时更新,维持较长的盛果期年限。

从年周期来看,落叶果树在一年内随着叶片的增长和脱落,群体结构发生变化。从春到秋,随着枝梢和叶片的生长,叶幕形成,果树群体的截光量加大。据 Faust(1984)对美国一个苹果园的研究,苹果优质生产的截光量在 60%左右为宜。由此可见,叶幕形成越早越好,当叶幕达到最佳效果后,要加强夏剪,调节光照,保持叶幕稳定。

叶幕形成与中短枝比例和停止生长的早晚密切相关,因此通过合理修剪,增加中短枝比例,促进营养积累和中短枝提早停长的意义重大。

2.营养面积利用率(树冠覆盖率)

树冠垂直投影面积之和与营养面积(栽培面积)之比,称为营养面积利用率。

适宜的营养面积利用率是丰产、优质的基础。若树冠过高,相邻植株互相遮阳,通风透光不良,将降低产量和品质。于绍夫等(1991)研究表明,无病毒乔纳金/M26 密植园,营养面积利用率为 25.9%时,亩产可达 1 064.26 kg,同时指出营养面积利用率 75%左右是适宜指标。久米靖穗在日本秋田县南部,调查了红富士营养面积利用率与果实品质的关系,认为生产优质、着色和风味佳的红富士苹果，营养面积利用率最宜为 60%左右，透光空间应达到 40%左右。张宗坤等（1991）在烟台研究红富士苹果营养面积利用率与果实品质的关系，认为营养面积利用率在 65%左右，树冠直射光透光率 30%左右，邻树枝头间距 1.2 m 左右为宜。大面积丰产示范研究结果认为覆盖率以 65%～75%为宜。平地宜低，山地高些。

营养面积利用率的高低与树冠间隔、邻树交接率以及确形角有关，利用率低则树冠间隔大，邻树交接率低（幼树期）；利用率过高，树冠间隔小，邻树交接多（盛果期应控制）。盛果期丰产优质果园应保证行间树冠枝头 80～150 cm 的间距，株间交接率小于 10%。

确形角是指在任一冠间距条件下，一行树冠顶部与其相邻行树冠基部连线与水平面之间的夹角（图 2-3-2）。确形角与冠高、冠径、冠间距、冠型有关，也与覆盖率有关。可作为鉴定营养面积利用率和群体遮阳状况的指标。在同一地区，确形角是不变的，可通过冠高、冠径、冠间距、冠型调节。

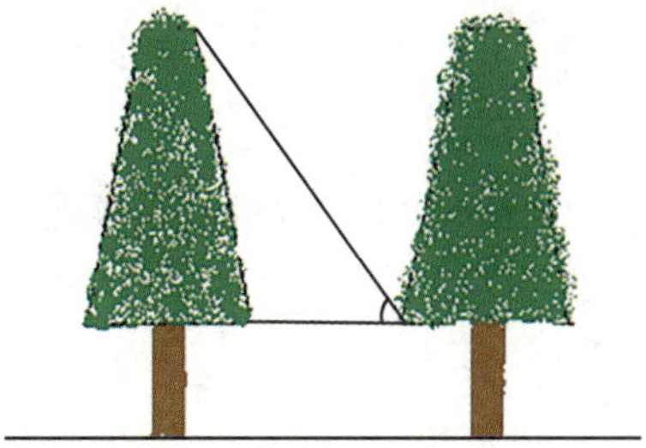

图 2-3-2　确形角示意图

3. 群体整齐度

构成群体的植株类型和整齐度决定着产量和质量水平，"树满园"就是对园貌整齐度的最直观描述。

4. 单位面积总枝量与枝类比

单位面积总枝量是指单位土地面积上一年生枝的总量，常用亩枝量、公顷枝量表示，是反映群体生产力高低的一个重要指标。枝量不足，树体容易旺长，树势不稳定，产量低，大小年严重。枝量过多，树体养分分散，生长势弱，通透性差，果实品质差，也易产生大小年。

合理的总枝量可维持树势健壮，稳定树势，丰产优质盛果期苹果修剪后亩留枝量 7 万～9 万个为宜，（新梢量 9 万～14 万）产量在 2 000～3 000 kg/亩。短枝型与普通型相比，短枝型稍高的大冠与小冠，大冠稍高。鸭梨亩产 3 000～3 500 kg，留枝量 4 万～6 万条，大冠多留。

适宜的枝量还必须有适宜的枝类比，即各类长中短枝的比例。长枝是衡量树势的重要指标，而中短枝则是主要结果的枝类，不同枝类结果状况不同，因此枝类合理与否，直接影响树势、产量和品质。优质红富士苹果枝类比为 10∶20∶70，优质短枝达 70%以上，鸭梨枝类比为 10∶（5～10）∶（75～80）。

5. 单位面积的总叶量和叶面积指数（LAI）

单位面积的总叶量是群体光合生产力的基础。据山东平地上中冠型苹果资料显示，亩叶量超过 210 万片，叶面积指数高于 6 时，树冠郁闭，中下部光照不良，叶片枯黄脱落，果品表面品质差。研究结果显示，苹果 LAI 以 3～5 为宜，大冠型果园大些，矮化小冠型宜小，如三优园为 2.5～3，鸭梨叶面积系数 3～4 为宜。

6. 单位面积花果数量

产量＝花量×坐果率×平均单果重。

对于同一个品种，其优质果的单果重是相对稳定的，因此在适宜枝量的前提下，保证适宜的花枝率和适宜的坐果率，即可实现优质丰产。

单位面积上的花枝率和花果数量的适宜范围，因果树树种、品种、树龄以及栽培管理水平而不同。苹果园，一般认为花枝率 30%左右，坐果率为 20%时，即具备丰产的群体结构条件。

二、树体结构

果树的树体结构

果树分为地上和地下两部分，整形修剪主要针对地上部，近年也提出了根系修剪问题。地上部包括主干和树冠；树冠由中心干、主枝、侧枝和枝组组成，其中中心干、主枝、侧枝构成树冠的骨架，称为骨干枝。

（一）主干

地面至第一层主枝之间的树干部分称为主干。主干高度对树体影响很大。

1. 高干

根、冠间距大，树冠成形晚，体积小，干的无效消耗增多。易上强，便于地下管理，过高增加树上管理难度，下部通透性好。

2. 矮干

成形快，树冠体积大，生长势强，早期丰产。易下强，便于树冠管理，不利于地下管理，结果易下垂托地，通风不良，下部难以生产优质果。

3. 干高的确定

树种品种：干性强，树形直立，枝条硬，干宜矮；树形开张，枝条软垂，干宜高。

栽植密度及整形方式：稀植大冠宜矮，矮化密植宜高，疏散分层形宜矮，开心形、纺锤形宜高，三挺身形宜矮。

主枝角度：角度大，干宜高；角度小，干宜矮。

气候：大陆性气候，高纬度，干宜矮；海洋性气候，低纬度，干宜高。

立地条件：山地、丘陵地、贫瘠土壤、高海拔，干宜矮；平地、低洼地、肥沃土壤、低海拔，干宜高。

干高一般选择在 50～90 cm。

（二）树冠

1. 树冠体积

树冠体积由冠高、冠径决定。树高冠大（大冠），可充分利用空间，立体结果，经济寿命长，适应性、抗性较强，但成形慢，早期光能和土地利用率低，结果晚，早期产量低，树冠形成后分枝级次多，枝干增多，运输距离大，无效消耗多，管理不便，同时无效空间增大。

从营养消耗来看，苹果（旭）矮化树在生长期用于果实以外的同化营养占总合成量的 20%，而大冠型则高达 50%以上。

2. 冠高、冠径和间隔

果树主要树形

主要影响光能利用和劳动效率。机械化程度高，行间树冠间隔宜大，以方便管理为宜。

从光能利用来看，主要考虑树冠基部的光照条件，在生长季能得到满足。在夏季每天树冠下部应保证 3～3.5 h 的直射光。确形角是衡量树冠是否合理的重要指标（群体结构）。在华北地区，确形角 49°左右，冠高不超过行距的 2/3。冠高与冠径密切相关,冠高,则冠径宜小,如纺锤形、圆柱形;冠矮,则冠径宜大,如半圆形,开心形。

3. 冠形

冠形主要分为自然形、扁平形(篱架形、树篱形)、水平形(棚架、盘形、匍匐形)3 类。

自然形多用于大冠。无效空间较大,产量高,但品质较差。

扁平形的群体有效体积、树冠有效面积大,操作方便,产量高,品质好,是密植的主要树形。

水平形光照好,但产量低。

4. 树冠结构和叶幕配置

树冠分层,单位枝群(呈圆锥形)叶片立体分布,形成立体叶幕则光能利用率高。

(三)中心干

中心干又称中心(央)领导干,中心干有无与树形、树种、品种特性有关。

有中心干的树形主枝与中心干结合牢固,主枝可上下分层或错落排布,保持明显的主从关系,有利于树体结果和提高光能利用。但有中心干的大冠树形易出现上强下弱,下部通风透光不良影响产量和品质,因此应采取分层形,以改善光照条件。

有中心干树形,在结果后也可改造成开心形(无主干形),但会出现背上垂直优势强,应加以控制。

无中心干树形主要有开心形和棚架形。结果容易平面化,背上生长势强。

有无中心干,主要取决于果树树种、品种的干性强弱,苹果、梨、柿、枣等树种有中心干,核果类、葡萄等无中心干。中心干有直线延伸和弯曲延伸两种类型,用于平衡上下生长势。

(四)骨干枝(数目和级次)

骨干枝构成树冠的骨架,肩负着树冠扩大、水分、养分运输和负载果实的任务。

骨干枝为非生产性枝条,因此在能占满空间的条件下,骨干枝越少越好,级次越低越好。一般中大型树冠,骨干枝可多些,分枝级次可高些,如疏散分层形主枝有 5～7 个,侧枝 13～15 个(2 级以上);小型树冠骨干枝可少些,如自由纺锤形,主枝 8～12 个,分枝级次 1 级;成枝力弱的品种骨干枝宜多些,以占满空间,否则易少些。幼树期宜多些,成年树宜少些。骨干枝延伸,同样存在直线和弯曲两种。

(五)骨干枝分枝角度

骨干枝分枝角度直接影响树冠内光线分布,影响骨架的坚固性,结果早晚,产量高低,品质好坏,是整形的关键环节之一。

角度过小则树冠郁闭,光照不良,树体长势不稳,成花难,产量低,无效区大,易造成内膛光秃,结果表面化。角度过大,树冠开张,冠内光线好,但生长优势转为背上,先端易衰老。生产中常依靠角度调整树冠大小来控制树冠,平衡生长势。

(六)尖削度

尖削度是指枝条基部的光端粗度变化,可用粗度差长度比值表示。

骨干枝尖削度适宜,则骨架牢固;尖削度小,则骨干枝坚硬度差,果实负载能力小,结果后易下垂;尖削度过大,则易出现后强前弱,下强上弱现象。

骨干枝分枝的强弱和多少直接影响尖削度，分枝大而多，则尖削度大，分枝大而集中，会形成掐脖。

大中型树冠，为保持较大尖削度，则每年要对骨干枝延长枝短截，促生分枝，保持适当配置侧枝间隔。密植小冠型为防止尖削度过大，则缓放，且分散发枝（刻芽）并疏除过大分枝。

（七）从层分明与树势均衡

1. 从层分明

从层分明即各级分枝之间必须保持良好的主从关系，一般要求是中心干强于主枝，主枝强于侧枝，侧枝强于枝组。只有从层分明才能保持结构牢固，树势稳定均衡。

2. 树势均衡

树势均衡是指各级骨干枝之间保持生长势相对平衡，同级骨干枝之间生长势接近，疏散分层形，同层主枝一致，不同层有强弱之分。

保持树势均衡是修剪的重要内容，如弱枝多留分枝，少留掐角壮枝，少留枝，多留果，开角疏壮枝。

（八）辅养枝

辅养枝保留能促进全树生长，起到平衡树势、增加树冠有效容积、早成形早丰产的作用。

幼树扩冠期枝量小，覆盖率和光能利用率低，应适当多留辅养枝扩大树冠。盛果期适当控制疏除辅养枝，结果部位的转移，结果初期以辅养枝为主，盛果期以骨干枝上的枝组为主。因此，辅养枝利用的合理与否，与早期产量密切相关，即使进入盛果期以后也要适当利用辅养枝辅助生长和遮阳，如层间防日烧。

（九）枝组（单位枝枝群、结果枝组）

枝组是着生在骨干枝上的基本结果单位，由两个以上的结果枝和营养枝组成。各种类型结果枝组生长结果能力不同，在树体丰产中所起的作用也有差异。

小型枝组分枝数和有效结果枝数量较少，有间歇结果和不易更新的缺点。中型枝组分枝较多，有效结果数量也多，生长健旺，产量高，连续结果能力强。大型枝组分枝数量多，有填补树冠大空间和连续结果的优点，但大枝组枝条稀疏，有效结果枝数量少，产量较低。

由此可以看出各类枝组有其各自的优缺点，合理配备是树体丰产的重要基础。盛果期果树修剪重点是枝组的更新，枝组培养方法是先放后缩，先截后缩，连续短截。

（十）枝量充足，枝类花枝率合理

枝类还包括叶花枝比例，花枝率为30%左右即可。

任务四　果树的修剪

课前思考

1. 整形修剪的操作技术要点。
2. 修剪的原则和依据。
3. 修剪的作用，如何把控修剪的时间？
4. 常见的修剪方法有哪些？

果树的整形修剪历史和变化

基础知识

一、修剪的原则和依据

（一）原则

1. 因树修剪，随枝做形

由于果树树种、品种、砧木、树龄、树势及立地条件的差异，即使在同一片果园内，果树单株间生长状况也不相同，因此在果树整形修剪时，既要有树形的要求，又要根据单株的生长状况，灵活掌握，随枝就势，因势利导，诱导成形，以免造成修剪过重，延迟结果。

2. 统筹兼顾，长远规划

果树幼树期既要整好形，又要有利于早结果，生长结果两不误。对于盛果期果树，也要兼顾生长与结果，做到结果适量，防止早衰。

3. 以轻为主，轻重结合

尽可能减少修剪量，减轻修剪对果树整体的抑制作用，尤其是幼树，适当轻剪，有利于扩大树冠，增加枝量，缓和树势，达到早结果、早丰产的目的。但是修剪量过轻，会减少分枝和长枝比例，不利于整形，骨干枝不牢固。

4. 平衡树势，从属分明

保持各级骨干枝及同级间生长势的均衡，做到树势均衡，从属分明，才能建成稳定的树体结构，为丰产、优质打下基础。

（二）依据

修剪必须依据果树的生长结果特性、自然条件、经济要求和栽培管理水平而定，不能千篇一律，生搬硬套，否则达不到修剪的目的。

1. 依据生长发育特性

利用芽的异质性、早熟性、潜伏芽的寿命与更新、萌芽率和成枝力等，以及枝的顶端优势和垂直优势进行合理的整形修剪。

2. 依据结果习性

根据结果枝类型，合理去留结果枝。为保证果树的连续结果能力，要使结果母枝年龄和姿势处在最佳结果生长状态。

3. 依据树冠与根系之间的生长发育关系

做到及时控制树冠生长，保证根系的适量生长。确保不同生长时期，地上地下的生长达到最适状态。采取有针对性的整形修剪方法，进行科学、合理的修剪。

4. 依据果树的年龄时期和物候期

果树的不同年龄时期修剪要求不同，要做到适时修剪。如幼树期离心生长旺盛，就要顺应这一特点轻剪缓放，迅速扩大树冠。盛果期就要精细修剪，调整营养生长和结果之间的矛盾，克服大小年。而更新期营养生长弱则要适时更新，增多壮枝。

根据不同物候期进行修剪，在一年中，不同物候期修剪的方法和程度也有所区别。如花期，幼果期要进行疏花疏果、保花保果，花芽分化期要促进花芽分化等。

5. 依据自然条件及栽培技术措施

因地制宜。同一果树在不同自然条件和栽培技术下，应采取不同的修剪方法，如种植在土质较差的地上的果树，生长势往往较弱，很难长成大冠树，因此要整成小冠形，适度重剪，少留枝，多短截回缩。而平地上则要高干大冠，与不同的坡向也有关，如阳坡光照强，可多留枝叶，而阴坡要少留。角度开张、肥水条件好的要轻剪密留，少截多放。对于栽培技术较好的采用密植栽培的树，则要按照密植树进行修剪，即因密度修剪。

6. 依据经济要求和机械化程度

对于经济条件好和机械化程度较高的果园要简化修剪，主要利用疏枝，开角等措施，控制树高和冠幅，以便于机械作业（喷药，采收，除草等）。

7. 依据树势和修剪反应

“读树”修剪，看树势和修剪反应确定修剪手法和程度。其实就是生长发育规律前面几条都包括，这里提出来是要引起重视。

二、修剪的作用

1. 修剪的双重作用

在一定的修剪程度内，从局部结果看，修剪可使被剪枝条的生长势增强，但从整体来看，则对整个树体的生长有抑制作用。这种局部促，整体抑的辩证关系就是修剪的双重作用。一般局部促越强，整体受抑制越明显。

2. 调节果树与环境的关系

整形修剪可以调整果树个体与群体结构，提高光能和土地利用率，改善单株或群体的通透条件。

3. 调节生长与结果的关系

调节枝条生长势，促进花芽形成，协调生长与结果之间的关系是修剪的主要目的之一。

4. 调节果树各局部的关系

果树正常的生长结果必须保持树体各部分的相对平衡。

5. 调节树体的营养状况

修剪可以调整植株的叶面积，从而改善光照条件，增强光合作用，改变树体的营养状况。修剪通过调节地上部分与地下部分的相对平衡，影响根系的生长，进一步影响无机营养的吸收与有机营养的积累和代谢水平。修剪能够调节营养器官和生殖器官的数量、比例和类型，从而影响树体的营养积累和代谢状况。通过修剪控制无效叶和调节花果数量，减少营养的无效消耗。除此以外，修剪还可以调节枝条的角度、器官数量、疏导养分运输的通路，调节养分的分配，定向运送和分配营养物质。

三、修剪的时期

果树修剪时期分为休眠期修剪和生长期修剪，即冬剪、春剪、夏剪和秋剪。

1. 冬剪

冬季修剪一般从冬季落叶到春季萌芽前进行。休眠期树体养分回流到根系，因此修剪损失养分很少，所以大量修剪（动剪子，锯）都是在冬季进行，需要注意的是核桃树的修剪是在春秋两季进行，即春季萌芽以后和秋季落叶前进行，一般不进行冬剪（因冬剪会引起伤流而导致死树）。冬剪最佳时期为严冬期至树液流动前，节约和集中营养。

2. 春剪

春季修剪是在果树萌芽后到花期前后，又分花前复剪和晚剪。春剪的目的是疏剪花芽（花前复剪）调整花叶芽比例，疏花疏果，保花保果，除萌促进发枝，开张角度等。花前复剪是冬剪的复查，补充调整生长势和花量；晚剪是萌芽后再修剪，剪除已萌芽部分可提高萌芽率增加枝量。

3. 夏剪

夏季修剪在生长季随时可进行，主要目的是开张角度，调整生长与结果的关系，控制旺长，改善光照。提高品质修剪，常用摘心、剪梢、拿枝、扭捎、环剥、环割等伤变技术，也可疏枝，但营养损失大。

4. 秋剪

秋季修剪是在落叶前生长后期，新梢基本停止时进行，重点是调整树体光照条件，疏除徒长枝，背上直立枝。夏季修剪和秋季修剪主要在幼树上应用。

四、修剪方法

修剪方法多种多样，概括起来可分为 6 类方法，即截、缩、疏、放、伤、变。

果树整形修剪的方法和作用

1. 截

截又称为短截，即剪去枝梢的一部分。依据剪去的程度分为轻截、中截、重截、极重截、摘心和剪稍等(图 2-4-1)。

(1)轻截　只剪掉枝条上部的少部分枝段(1/4 左右)。在枝条上部弱芽外剪。剪后形成中短枝较多，单枝生长势较弱，可缓和树势，但枝条萌芽率高。

(2)中截　在春、秋梢中上部饱满芽外剪截，剪去枝长的 1/3～1/2。中截后萌芽率提高，形成长枝、中枝较多，成枝力高，单枝生长势强，有利于扩大树冠和枝条生长，增加尖削度。一般多用于延长枝和培养骨干枝。

(3)重截　在春梢中下部弱芽(饱满芽)处截，一般剪口下只抽生 1～2 个旺枝或中枝，生长量较小，树势较缓和，一般多用于培养结果枝组。

(4)极重截　在春梢基部 1～2 个瘪芽处截，截后一般萌发 1～2 个中庸枝，可降低枝位，缓和枝势，一般在生长中等的树应用较好，多用于竞争枝的处理和小枝组培养。

(5)摘心和剪梢　摘心是生长季摘除新梢顶端幼嫩部分，剪梢是对当年新梢短截(多在半木质化部位进行)。摘心和剪梢可抑制新梢生长，促进萌芽分枝，利于花芽形成和提高坐果率。

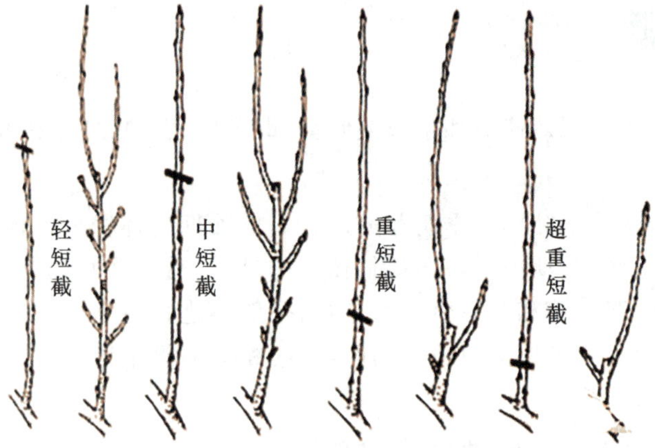

图 2-4-1　一年生枝不同部位短截反应示意图

2. 缩

缩剪又叫回缩，即在多年生枝上短截(图 2-4-2)。

回缩的作用因回缩部位的不同而异，一是复壮作用，二是抑制作用。复壮作用常用在两个方面，一是局部复壮，如回缩结果枝组，多年冗长枝等；二是全树复壮，主要是衰老树回缩更新骨干枝。抑制作用主要用在控制强旺辅养枝、过旺骨干枝。缩剪对生长的促进作用，其反应与缩剪程度、留枝强弱、留枝角度和伤口大小有关，如缩剪留壮枝壮芽，角度小，剪锯口小则促进作用强，多用于骨干枝，结果枝组的培养和更新，是更新复状的主要方法。在两年生交界处回缩叫留环痕，可起到缓和枝势的作用。

3. 疏

疏即疏剪，就是把枝条从基部剪去或锯掉(图 2-4-3)。

疏枝后可改善树体的通透条件，对全树或被疏枝的大枝起削弱生长作用。一般疏枝能够削弱伤口以上部位的生长势，增强伤口以下部位的生长势。疏枝要注意分期分批进行，不可一次疏除过多。

图 2-4-2　回缩反应示意图

图 2-4-3　疏剪示意图

4.放(甩放或长放)

放也就是不剪,是利用单枝生长势逐年减弱的特性,放任不剪,避免修剪刺激旺长的一种方法,甩放具有缓和枝条长势,促生中短枝和叶丛枝,易于成花结果的作用。

甩放因留下的枝叶多,因此增粗显著,特别是背上旺枝极性显著,容易越放越旺,出现树上长树现象,所以甩放一般甩放中庸的枝条,旺枝特别是背上旺枝不甩放,若甩放必须配合有改变方向、刻伤,环剥等措施,从而有利于削弱枝势,促进花芽形成(图 2-4-4)。

缓放对于有些品种需要几年才能成花,如元帅,需 3 年才能成花,而祝光等当年即可成花(图 2-4-5)。

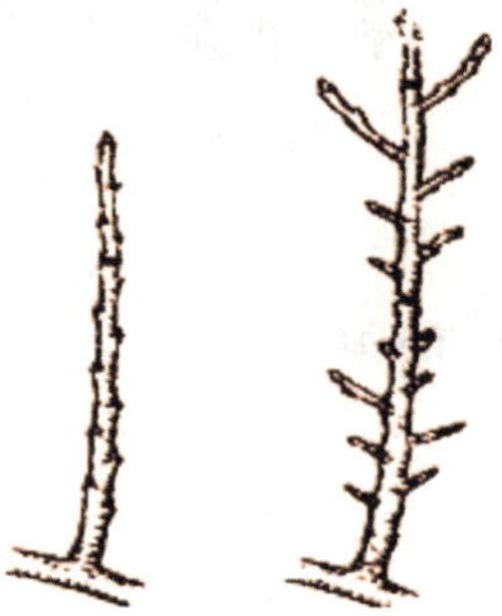

图 2-4-4　甩放示意图

图 2-4-5　缓放示意图

5.伤

伤就是破伤枝条以削弱或缓和枝条生长促进成花的措施,包括刻伤、环剥、拧枝、扭梢、拿枝软化等。

(1)刻伤　包括目伤和环刻。目伤就是用刀或钢锯在芽的上方横割枝条皮层,深达木质部半圈左右。环割就是在芽的上方环切一圈,深达木质部。刻伤一般在萌芽前进行,其作用是促发枝促成花,缓和生长势(图 2-4-6)。

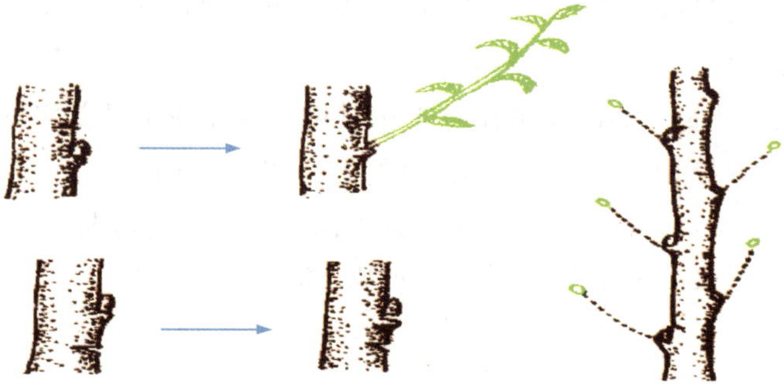

图 2-4-6　刻芽反应示意图

(2)环剥　就是剥去枝干上一圈树皮，主要作用是调节营养物质分配，使营养物质在环剥口上部积累，从而达到促进成花，提高坐果率，缓和树势的效果(图 2-4-7，图 2-4-8)。

环剥是幼旺树转化结果的最重要的手段之一。对幼旺树在新梢迅速生长期进行环剥可缓和树势促进花芽分化。

提高坐果率宜在花期，或花前进行，如枣树开甲，老农就有枣树不甲不结果的说法。环剥宽度要依生长势而定，生长势旺的树可宽些，弱的树要窄些，一般为枝条直径的 1/10～1/8，以剥后 20～30 d 能部分愈合为宜。

对于幼旺树促长，环剥效果 1 次不明显的可连续剥 3～4 次，剥到叶片变色为宜。

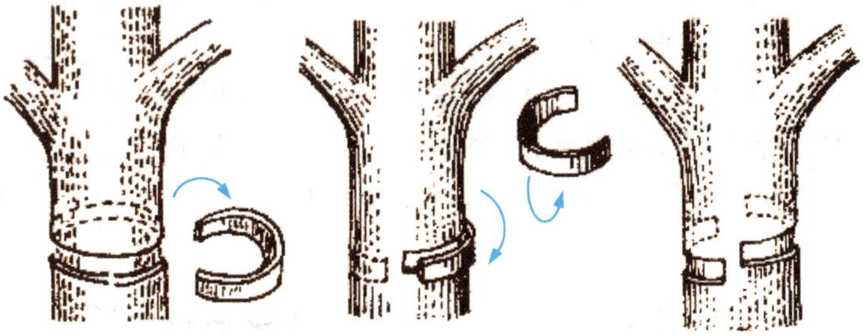

图 2-4-7　主枝环剥示意图

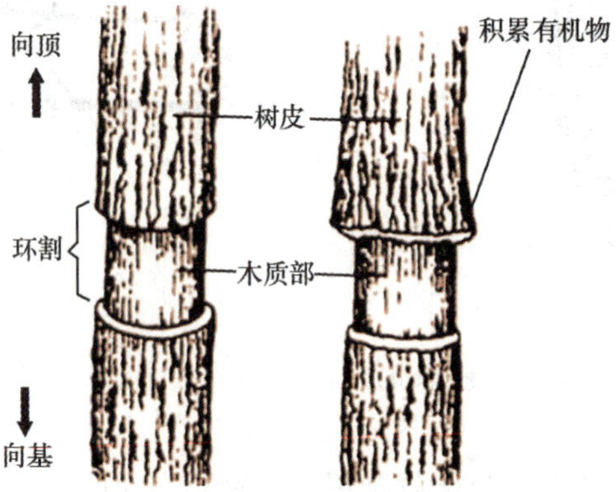

图 2-4-8　主枝环剥结构示意图

(3)拧枝　就是握住枝条像拧绳一样拧几圈，做到伤筋动骨，在 1～3 年生枝上进行拧枝可缓和树势，促进花芽形成。

(4)扭梢　就是对生长旺盛的新梢在木质化时用手捏住新梢基部将其扭转 180°，可抑制旺长，促生花芽，是有效控制背上旺长新梢的良好方法(图 2-4-9)。

(5)拿枝软化　就是对旺枝或旺枝自基部到顶部一节一节的弯曲折伤，做到响而不折，伤骨不伤皮，可缓和生长，提高萌芽率，促进花芽形成(图 2-4-10)。

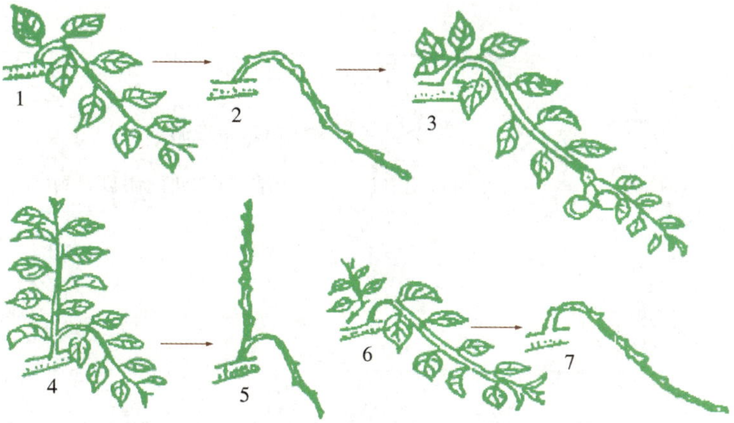

图 2-4-9　扭梢过程示意图

图 2-4-10　拿枝软化示意图

6. 变

变就是改变枝条生长方向，缓和生长势，合理利用空间的修剪方法，包括曲枝、圈枝、拉枝、别枝等。

变枝修剪能够控制枝条旺长，增加萌芽率，改变顶端优势，防止后扣光秃，还可以合理利用空间，是幼树时早结果多结果的重要修剪方法。

以上我们介绍的截、缩、疏、放、伤、变 6 类修剪方法各具特点，但它们能起的作用并不是孤立的，而是相互影响的，在整形修剪中我们要根据树种、品种、树龄和不同的枝类，依据修剪的目的，灵活运用各种修剪方法。如苹果幼旺树常因修剪较重而徒长，不易成花，结果晚，所以常采用轻剪、缓放为主，尽量少短截，少疏枝，对长旺枝条采用曲枝、拉枝、圈枝、刻伤、环剥等措施，促进树势缓和，以达到早结果、早丰产的目的。而对老弱树则应以短截和回缩为主，抬高枝头，以复壮树势。

需提出的是果树修剪只起到调节作用，只有在良好的土肥水管理的基础上才能发挥作用，否则各种修剪方法都不会有明显反应，也就是说修剪并不能代替土肥水管理。

计 划 单

学习领域	情 景 篇	
模 块 二	果树树体结构与控制	
计划方式	小组讨论、成员之间团结合作，共同制订计划	
序号	实施步骤	使用资源
制订计划说明		

计划评价	班 级		第 组	组长签字	
	教师签字			日 期	
	评语：				

决　策　单

<table>
<tr><td>学习领域</td><td colspan="8">情　景　篇</td></tr>
<tr><td>模 块 二</td><td colspan="8">果树树体结构与控制</td></tr>
<tr><td colspan="9">方案讨论</td></tr>
<tr><td rowspan="7">方案对比</td><td>组号</td><td>任务
耗时</td><td>任务
耗材</td><td>实现
功能</td><td>实施
难度</td><td>安全
可靠性</td><td>环保性</td><td>综合
评价</td></tr>
<tr><td>1</td><td></td><td></td><td></td><td></td><td></td><td></td><td></td></tr>
<tr><td>2</td><td></td><td></td><td></td><td></td><td></td><td></td><td></td></tr>
<tr><td>3</td><td></td><td></td><td></td><td></td><td></td><td></td><td></td></tr>
<tr><td>4</td><td></td><td></td><td></td><td></td><td></td><td></td><td></td></tr>
<tr><td>5</td><td></td><td></td><td></td><td></td><td></td><td></td><td></td></tr>
<tr><td>6</td><td></td><td></td><td></td><td></td><td></td><td></td><td></td></tr>
<tr><td>方案评价</td><td colspan="8">评语：</td></tr>
<tr><td>班　　级</td><td></td><td>组长签字</td><td></td><td>教师签字</td><td></td><td>月　　日</td></tr>
</table>

材料工具清单

学习领域	情景篇						
模块二	果树树体结构与控制						
项目	序号	名称	作用	数量	型号	使用前	使用后
所用仪器仪表							
所用材料							
所用工具							
班级		组长签字		教师签字		月　日	

实　施　单

学习领域	情　景　篇	
模　块　二	果树树体结构与控制	
作业方式		
序号	实施步骤	使用资源
1	基本理论讲授	在线平台、多媒体
2	地方常见果树根系生长情况调查	校内外实训基地
3	任选一种果树芽、枝、叶生长情况观察分析	校内外实训基地
4	常见果树树形调查	校外实训基地
5	果园不同树形生产情况调查	校内外实训基地
6	果树整形修剪技术观摩	校内外实训基地
7	果树整形修剪技术实训	校内实训基地
8		
9		
10		

实施说明：

利用在线开放平台和多媒体资源，进行理论学习，了解果树的根系、芽、枝、叶的生长发育规律，并通过调研、观察总结其生长发育规律和田间实施细节；了解常见果树树形的类型，并对不同树形的果树产量调查分析；掌握果树整形修剪的常用方法及运用技术要点，能够完成果树整形修剪技术的运用。

进行常见果树树形的调查，并对果树各种树形的优缺点进行正确分析。

通过果园不同树形生产情况调查，从树形控制方面分析不同树形影响产量的主要原因。

通过果树整形修剪技术的观摩和实训，能够完成不同阶段不同果树的整形修剪任务。

班　　级		组长签字		教师签字		月　　日

作　业　单

学习领域	情　景　篇
模 块 二	果树树体结构与控制
作业方式	

1. 简述果树根系类型和结构。

2. 分别简要说明根、枝、芽的特性。

3. 举例说明影响根、芽、枝正常生长的因子。

4. 简述常见果树的树体结构及树形。

5. 说明修剪的操作技术要点及修剪原则和依据，并简述常见的修剪方法和修剪的作用。

作业评价	班　　级		组长签字		月　　日
	教师签字		教师评分		
	评语：				

检　查　单

学习领域	情　景　篇		
模 块 二	果树树体结构与控制		
检查项目	检查内容	学生自查	教师检查
思政素养			
技能素养			
理论素养			
检查评价	班　　级		组长签字	
	教师签字		日　　期	
	评语：			

评　价　单

学习领域	情　景　篇				
模 块 二	果树树体结构与控制				
评价类别	项目	子项目	个人评价	组内互评	教师评价
专业能力（60%）	咨询（10%）	搜集信息（5%）			
		引导问题回答（5%）			
	计划（10%）	计划可执行度（4%）			
		调查方案设计（3%）			
		方案合理度（3%）			
	实施（15%）	常见果树树型调查（10%）			
		整形修剪原则的掌握（5%）			
	检查（10%）	根系生长发育规律的掌握（5%）			
		芽、枝、叶生长规律掌握（5%）			
	过程（5%）	认真程度（5%）			
	结果（10%）	整形修剪技能考核（10%）			
思政能力（20%）	团队协作（10%）	小组成员合作良好（5%）			
		对小组的贡献（5%）			
	敬业精神（10%）	学习纪律性（5%）			
		爱岗敬业、吃苦耐劳（5%）			
方法能力（20%）	计划能力（10%）	考虑全面（10%）			
	决策能力（10%）	决策果断（10%）			
评价评语	班　　级		组长签字		总　　评
	教师签字		日　　期		
	评语：				

学习小结

<table>
<tr><td>学习领域</td><td colspan="4">情　景　篇</td></tr>
<tr><td>模 块 二</td><td colspan="4">果树树体结构与控制</td></tr>
<tr><td>学习小结</td><td colspan="4"></td></tr>
<tr><td rowspan="3">教师评价</td><td>班　　级</td><td></td><td>组长签字</td><td></td></tr>
<tr><td>教师签字</td><td></td><td>教师评分</td><td></td></tr>
<tr><td colspan="4">评语：</td></tr>
</table>

学习笔记

模块三

果树的生命周期和年生长周期

模块导读

模块介绍

果树的生命周期是指果树一生经历萌芽、生长、结实、衰老、死亡的过程。本模块主要包括两个子任务，学习、了解、掌握果树生命周期和年生长周期。以任务驱动的方式引导学生对果树生命周期的意义进行思考，以及理解和掌握实生苗和营养苗各自生命周期的不同。要求学生了解果树年生长周期和物候期，以及如何科学合理的调控果树的年生长周期，掌握影响物候期进程的因子。

模块目标

知识目标

1. 了解果树生命周期的意义。
2. 掌握实生苗和营养苗各自的生命周期过程。
3. 掌握物候期的特点及影响物候期进程的因子。

技能目标

1. 能根据实生苗和营养苗各自的生命周期特点指导实际生产。
2. 能根据果树的物候期特点进行生产调控。

素质目标

1. 培养学生热爱果树生产、投身果树产业发展的信念，能够全身心投入本课程学习。
2. 培养学生的团队合作精神，在分组学习中能够相互配合，有效地完成学习任务。
3. 引导学生树立食品安全意识和生态文明持续发展理念，能够依据果树生长发育规律进行管理方案的制订。

任务描述

了解果树生命周期的意义；掌握实生苗和营养苗各自的生命周期；了解果树的年生长周期和物候期，特别是落叶果树的年生长周期及其调控；掌握物候期的特点及影响物候期进程的因子。具体任务要求如下。

1. 利用在线平台学习，掌握果树生命周期的意义；掌握实生苗和营养苗各自的生命周期；了解果树的年生长周期和物候期。
2. 通过互联网相关资料，了解常见果树的物候期。
3. 分组对本地常见果树物候期进行调查，掌握本地果树生产中常见的果树物候期。

任务一　果树的生命周期

课前思考

1. 什么是果树的生命周期，有何意义？
2. 简述实生果树的生命周期。
3. 简述营养繁殖果树生命周期及其调控。
4. 如何延长果树生命周期中的挂果年限？

果树的生命周期

基础知识

一、果树生命周期及其意义

（一）果树生命周期

1. 果树生命周期

果树一生经历萌芽、生长、结实、衰老、死亡的过程，称之为果树生命周期。

2. 类型

根据果树的不同来源，其生命周期可分为 2 类。

（1）实生繁殖果树的生命周期　这类果树经历从胚胎形成到种子成熟、幼年阶段、成年阶段、衰老、死亡（图 3-1-1）。从幼年阶段转向成年阶段，称为阶段转化，有些学者认为成年阶段后期树势明显衰退到最终死亡这个时期应为衰老阶段，所以实生果树的生命周期又可划分为胚胎阶段、幼年阶段、成年阶段、衰老阶段。

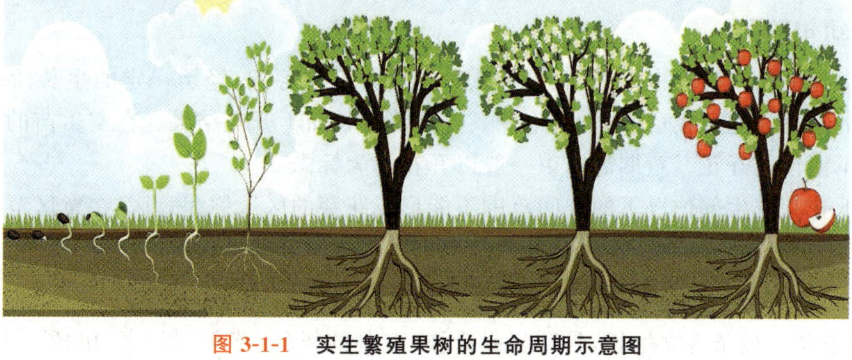

图 3-1-1　实生繁殖果树的生命周期示意图

必须明确实生繁殖果树的生命周期和1～2年生作物的明显区别，表现在以下几个方面。

第一，果树的幼年阶段比较长，1～2年生作物当年或第二年开花，而果树一般则需要多年。

第二，果树结果后，能继续结果多年，1～2年生作物仅一年。

第三，果树生命周期长，如桃、李为20～30年，柿、枣、板栗可达200年，核桃为300～400年，荔枝、银杏可达500年以上。

(2)营养繁殖果树的生命周期　营养繁殖即通过嫁接、扦插、压条、组织培养等方法获得的树体。它繁殖时所用的接穗一般取自已经开花结果的树上，是成熟母体的延续，因此它们的生命周期中没有真正的幼年阶段，只有以营养生长为主的幼年阶段。

(二)果树生命周期的意义

了解和研究果树生命周期，具有以下重要意义。

1.缩短幼树期

研究实生果树和营养繁殖果树的幼树期的特性，尽量缩短幼树期，使之提早结果，有利于品种选育进程和及早获得经济效益。

2.尽量延长成年阶段

成年阶段是果树产量和质量最好的时期，因此也是效益最高的时期，延长成年阶段，有利于果树生产。

3.推迟衰老期

成年阶段结果后期推迟果树衰老期，可以延长果树的挂果时间，对栽培者极为有利。

4.有利于制订生产技术方案

了解果树在各个时期的变化，有针对性地制订管理技术方案，如营养繁殖树幼树期枝量少，应尽快增加枝量，自然生长的盛果树枝量太大，应使其维持在一定范围。

二、实生果树的生命周期

实生果树的生命周期分为胚胎、幼年、成年、衰老四个阶段，从栽培实际出发，将实生果树的生命周期划分为胚胎阶段、幼年阶段、成年阶段、衰老阶段，各阶段在树体上的表现不同。实生果树到成年阶段时，只有树干上部处于成年阶段，树干茎部仍保持在幼年阶段，存在一个过渡阶段，在一株树上，树冠上部的枝、芽、叶表现出栽培性状，而下部的枝、芽、叶则表现幼年和野生性状。下面重点介绍实生果树的幼年阶段、成年阶段和衰老阶段。

(一)幼年阶段

实生果树的幼年阶段也称童期，是指从种子播种后萌芽起，经历一定的生长阶段，到具备开花潜能的这段时间。在这段时间，植株只有营养生长而不开花结果。在实生苗的童期中，任何措施均不能使其开花。童期的结束一般以开花作为标志。

把最低花芽着生部位以下的空间范围不能形成花芽的区域称为童区，在童区范围内，果树的枝、叶、芽表现出童稚特征，实生苗始果点至根茎部之间的枝干长度叫童程。

1.童期的特征

(1)形态学　枝条直立生长，具针刺或针枝(有刺的树种：苹果、梨、枣、柑橘。无刺：桃、葡萄、柿子、板栗、核桃），密集而分枝角度大，芽小，叶小而薄。

（2）解剖学　木质部发达，导管少，叶片表皮细胞大，单位面积气孔少，叶肉细胞发育差，栅栏组织和叶脉不发达。

（3）生长特点　生长迅速，树冠和根的离心生长旺盛；光合面积逐渐增大，同化物质逐渐增多；树体逐渐具备形成性器官的生理基础和能力，童期的这一动态过程称为性成熟过程。

（4）生理生化特点　童期内枝条内还原糖、淀粉、蛋白质、果胶物质比成年期少。童期内易于繁殖，如扦插易生根、组培容易、抗逆性较强等。

2. 缩短童期的措施

童期长短是植物的遗传属性，通常以播种到开花结果所需年份表示。各种果树童期长短不同，如早实核桃1～2年，晚实核桃8～10年，红橘5.81年，椪柑6.62年，甜橙9.2年以上，故缩短童期是研究者非常关注的。

（1）环状剥皮　这是缩短童期的有效方法，如对苹果实生苗试验，5年生实生苗，开花株率为0，环剥后为1.3%，6年生，对照为3.3%，环剥后为32.9%。

（2）扭枝、拉枝、摘心等均可提早开花。

（3）加强施肥管理。

（4）应用生长调节剂。PP333、B9、乙烯利、矮壮素等均可抑制生长，提早结果。

（5）嫁接　从实生苗上剪取接穗，接于矮化砧上，可提早结果。

（二）成年阶段

实生果树进入性成熟阶段以后，在适宜的外界条件下可随时开花结果，这个阶段称为成年阶段。根据结果的数量和状况可分为结果初期、结果盛期和结果后期三个阶段。

1. 结果初期

（1）标志　部分枝条先端开始形成少量花芽，花芽质量较差，部分花芽发育不全，坐果率低，果实品质差、皮厚、肉粗、味酸。

（2）特点　树冠和根系仍快速扩展，叶片同化面积增大，结果部位的叶面积逐渐达到定型的大小，但结果部位以下的枝条仍处于童年阶段。

2. 结果盛期

（1）标志　花芽多，质量好，果实品质佳。

（2）特点　树冠达到最大限度，年生长量逐渐稳定，花多果多，树冠下部仍表现出童性。

3. 结果后期

（1）标志　大小年现象明显，果实小，品质差。

（2）特点　树势逐渐衰退，先端枝条及根系开始回枯，出现自然向心更新并逐年增强。

（三）衰老阶段

（1）特征　新生枝条的年生长量大量减少，且新生枝条细而弱；骨干枝和骨干根开始枯死，无力更新；结果枝越来越少，结果数量少，果实质量差；易受病虫危害。

（2）特点　骨干枝、骨干根逐步死亡，枝条生长量小，结果少，果实品质差。

三、营养繁殖果树的生命周期及其调控

营养繁殖的果树，已经度过了幼年阶段，随时可以开花结果，但在生产实践中，幼树营养生长旺盛，甚至在某些形态特征上与实生果树的幼年阶段相似，如枝条徒长，叶片薄、小等，但并不意味着营养繁殖果树也具有童期和需要度过幼年阶段。

生产上根据果树一生中的生长发育规律变化，可将栽培的果树分为 3 个年龄时期，即幼树期、结果期和衰老期。根据各个时期的特点，采取相应的技术措施，以促进、控制其生长和发育的进程，达到栽培的目的。

(一)幼树期

从苗木定植到开始开花结果这段时期称为幼树期。

1. 特点

(1)地上部和根系的离心生长旺盛，生长量大。

(2)长枝所占比例高，短枝少。

(3)枝条多趋向直立，树冠往往呈圆锥形或长圆形，由于生长旺盛而生长期长。

(4)树体各部组织不充实，影响越冬能力。

这一时期的长短因树种、品种、栽培形式及管理技术措施等不同而有明显差异，一般苹果和梨 3～6 年，桃、枣、葡萄等 1～3 年，杏和李子 2～4 年。

2. 技术措施

(1)为根系的扩大创造条件　在栽植前和建园后的最初几年内要进行土壤改良和提高土壤肥力，采取的技术措施包括：深翻扩穴，供应肥水等。

(2)做好整形工作，尽快成形和形成牢固的骨架　这一阶段，实行轻剪多留枝，增加枝量。

(3)缩短生长期，提早结果　在轻剪长放多留枝的基础上，采取系列技术措施如摘心、环割、环剥、扭梢等配合生长调节剂的应用，可以缩短生长期，提早结果。目前幼树提早结果的实例很多，如杏第二年结果、苹果第四年结果，亩产可达 3 000 kg。

(二)结果期

结果期又可分为 3 个时期，初果期(生长结果期)、盛果期(结果盛期)和结果后期。

1. 初果期

开始结果到大量结果以前为初果期。

(1)特点　根系和树冠的离心生长加速，可能达到或接近最大的营养面积；枝类比发生变化，长枝比例减少，中短枝比例增加；随结果量的增加，树冠逐渐开张；花芽形成容易，产量逐渐上升，果实逐渐表现出固有品质。

这一时期的栽培任务是在保证树体健康生长的基础上，迅速提高产量，争取早期丰产。

(2)技术措施　合理供应肥水，保证根系和地上部的正常生长，继续扩大树冠，并增加结果部位；继续完成整形工作，并不断培养结果枝组；做好花果管理；授粉不良的果园(授粉树配置不合理、授粉树花少等)应搞好人工授粉、花期喷硼、花期环剥等工作。

2. 盛果期

盛果期是指大量结果的时期，从果树开始大量结果到产量开始下降为止。

(1)特点　离心生长逐渐减弱直至停止,树冠达到最大体积;新梢生长缓和,全树形成大量花芽;短果枝和中果枝比例大,长枝量少;产量高,质量好;骨干枝开张角度大,下垂枝多,同时背上直立枝增多;由于树冠内膛光照不良,致使枝条枯死,引起光秃,造成结果部位外移。随着枝组的衰老死亡,内膛光秃。

(2)技术措施　为延长盛果期,生产中常采用以下技术措施。

加强土肥水管理,使树势健壮。增施有机肥,在此基础上平衡施肥。

合理修剪。首先,解决光照,落头开天窗,解决上光,疏枝解决侧光,回缩解决下光;其次,要合理调配结果枝组的更新与复壮,对结果枝组应进行细致修剪,调整营养枝与结果枝的比例;最后,还要注意大小年修剪问题,大年时多留花芽,小年时少留花芽。

精细花果管理。包括人工授粉、疏花疏果、果实套袋等。

加强病虫害防治。此时是生产出的果实品质最佳的时期,一定要加强病虫害的防治,以免高产不高效。总之,通过以上措施,尽量延长盛果期。

3.结果后期

从高产稳产开始出现大小年直至产量明显下降。

(1)特点　主枝、根开始衰枯并相继死亡;新梢生长量小;果实小、品质差。

(2)技术措施　加强肥水管理;合理修剪;适当回缩刺激发枝;花果管理;注意疏花疏果。

(三)衰老期

从产量明显降低到植株生命终结为止。

1.特点

(1)新梢生长量极小,几乎不发生健壮营养枝。

(2)落花落果严重,产量急剧下降。

(3)主枝末端和小侧枝开始枯死,枯死范围越来越大,最后部分侧枝和主枝开始枯死。

(4)主枝上出现大更新枝。

2.栽培技术

主要是培养和利用更新枝尽快恢复树冠,达到一定的产量。当更新后的树冠再度衰老时,已失去栽培经济价值,应伐树。

任务二　果树的年生长周期

课前思考

1.什么是果树的年生长周期,有何意义?

2.什么是物候期?物候期有哪些类型?

3. 物候期的特点及影响物候期进程的因子有哪些？

4. 什么是休眠，休眠有哪些类型，分别如何在生产中调控？

基础知识 〉〉〉

一、年生长周期

果树的年生长周期

1. 概念

一年中季节有春夏秋冬，果树有春华秋实，一年中气候有夏热冬寒，果树有夏长冬眠。果树随一年中气候变化而变化的生命活动过程称为年生长周期。

落叶果树春季随着气温升高，果树萌芽展叶，开花坐果，随着秋季的到来，叶片逐渐老化，进入冬季低温期落叶休眠，从而完成一个年生长周期；常绿果树，冬季不落叶，没有明显的休眠期，但冬季的干旱及低温会减弱或停止其营养生长，一般认为这属于相对休眠性质。因此，年生长周期明显可分为生长期和休眠期。

2. 意义

研究果树的年生长周期，可以为调控果树的生长发育提供依据，如苹果枝条生长最快时期在 7—8 月份，对树体生长结果会产生不良影响，因此应采取措施控制其生长，可施用 PP333、拉枝等；不同地区，立地条件不同，果树的生长发育也有差异，指导生产时必须因地制宜。

二、物候期

1. 概念

与季节性气候变化相适应的果树器官的动态变化时期，称为生物气候学时期，简称物候期。

2. 物候期的类型

果树器官动态变化可以范围较大，如开花坐果，也可以范围较小，因此果树物候期有大物候期和小物候期之分。一个大物候期可以分为几个小物候期，如开花期，可以分为初花期、盛花期、落花期等。

从大物候期来看，可以分为以下几个物候期：根系生长物候期、萌芽展叶物候期、新梢生长物候期、果实生长物候期、花芽分化物候期、落叶休眠物候期、开花物候期等。

3. 物候期的特点

(1)顺序性　在年生长周期中，每一物候期都是在前一物候期通过的基础上才能进行，同时又为下一物候期奠定基础。如萌芽是在芽分化基础上进行的，又为抽枝、展叶做准备；坐果是在开花基础上进行的，又为果实发育做准备。

(2)重演性　在一定条件下物候期可以重演，如苹果一般在 4 月份开花，由于病虫害造成

6—7 月份大量落叶，落叶后又可开二次花。

(3)重叠性　表现为同一时间和同一树上可同时表现多个物候期，如春季，地下部根系生长，地上部萌芽、展叶，夏季要进行果实生长，又要进行花芽分化、枝条生长等。

4. 影响物候期进程的因子

(1)树种、品种特性　树种、品种不同，物候期进程也不同，如开花物候期，苹果、梨、桃在春季，而枇杷则在冬季开花，金橘在夏秋季多次开花；果实成熟苹果在秋季，而樱桃则在初夏。同一树种，品种不同物候期也不同，如红富士苹果在 10 月下旬至 11 月初成熟，而藤牧一号苹果则在 7 月初成熟；如桃春蕾在 6 月初成熟，绿化 9 号在 8 月底 9 月初成熟。

(2)气候条件　气候条件改变影响物候期的进程，如早春低温，延迟开花；花期干燥高温，开花物候期进程快；干旱影响枝条生长和果实生长等。

(3)立地条件　立地条件通过影响气候而影响物候期。纬度每向北推进 1°，温度降低 1 ℃左右，物候期推迟几天。海拔每升高 100 m，温度降低 1 ℃左右，物候期推迟几天。

(4)生物影响　包括技术措施等。如喷施生长调节剂、设施栽培、病虫危害等。

物候期特性产生的原因是在原产地长期生长发育过程中所产生的适应性，因此，在引种时必须掌握各品种原产地的土壤气候条件，物候特性以及引种地的气候土壤状况等资料。

计 划 单

<table>
<tr><td>学习领域</td><td colspan="6">情 景 篇</td></tr>
<tr><td>模 块 三</td><td colspan="6">果树的生命周期和年生长周期</td></tr>
<tr><td>计划方式</td><td colspan="6">小组讨论、成员之间团结合作，共同制订计划</td></tr>
<tr><td>序号</td><td colspan="4">实施步骤</td><td colspan="2">使用资源</td></tr>
<tr><td></td><td colspan="4"></td><td colspan="2"></td></tr>
<tr><td></td><td colspan="4"></td><td colspan="2"></td></tr>
<tr><td></td><td colspan="4"></td><td colspan="2"></td></tr>
<tr><td></td><td colspan="4"></td><td colspan="2"></td></tr>
<tr><td></td><td colspan="4"></td><td colspan="2"></td></tr>
<tr><td></td><td colspan="4"></td><td colspan="2"></td></tr>
<tr><td></td><td colspan="4"></td><td colspan="2"></td></tr>
<tr><td></td><td colspan="4"></td><td colspan="2"></td></tr>
<tr><td></td><td colspan="4"></td><td colspan="2"></td></tr>
<tr><td></td><td colspan="4"></td><td colspan="2"></td></tr>
<tr><td></td><td colspan="4"></td><td colspan="2"></td></tr>
<tr><td></td><td colspan="4"></td><td colspan="2"></td></tr>
<tr><td></td><td colspan="4"></td><td colspan="2"></td></tr>
<tr><td>制订计划说明</td><td colspan="6"></td></tr>
<tr><td rowspan="3">计划评价</td><td>班 级</td><td></td><td>第 组</td><td>组长签字</td><td colspan="2"></td></tr>
<tr><td>教师签字</td><td colspan="2"></td><td>日 期</td><td colspan="2"></td></tr>
<tr><td colspan="6">评语：</td></tr>
</table>

决　策　单

<table>
<tr><td>学习领域</td><td colspan="8">情　景　篇</td></tr>
<tr><td>模 块 三</td><td colspan="8">果树的生命周期和年生长周期</td></tr>
<tr><td colspan="9">方案讨论</td></tr>
<tr><td rowspan="7">方案对比</td><td>组号</td><td>任务耗时</td><td>任务耗材</td><td>实现功能</td><td>实施难度</td><td>安全可靠性</td><td>环保性</td><td>综合评价</td></tr>
<tr><td>1</td><td></td><td></td><td></td><td></td><td></td><td></td><td></td></tr>
<tr><td>2</td><td></td><td></td><td></td><td></td><td></td><td></td><td></td></tr>
<tr><td>3</td><td></td><td></td><td></td><td></td><td></td><td></td><td></td></tr>
<tr><td>4</td><td></td><td></td><td></td><td></td><td></td><td></td><td></td></tr>
<tr><td>5</td><td></td><td></td><td></td><td></td><td></td><td></td><td></td></tr>
<tr><td>6</td><td></td><td></td><td></td><td></td><td></td><td></td><td></td></tr>
<tr><td>方案评价</td><td colspan="8">评语：</td></tr>
<tr><td>班　　级</td><td></td><td>组长签字</td><td></td><td>教师签字</td><td></td><td colspan="3">月　　日</td></tr>
</table>

材料工具清单

学习领域	情　景　篇						
模　块　三	果树的生命周期和年生长周期						
项　　目	序号	名称	作用	数量	型号	使用前	使用后
所用仪器仪表							
所用材料							
所用工具							
班　　级		组长签字		教师签字		月　　日	

实　施　单

学习领域	情　景　篇	
模 块 三	果树的生命周期和年生长周期	
作业方式		
序号	实施步骤	使用资源
1	基本理论讲授	在线开放平台、多媒体
2	常见果树生命周期的观察比较	校内外实训基地
3	地方特色果树年生长周期观察	校内外实训基地
4	物候期的调查	校内外实训基地
5	落叶果树控制休眠技术运用	校内外实训基地
6		
7		
8		
9		
10		

实施说明：

利用在线开放平台和多媒体资源，进行理论学习，了解果树的生命周期及意义，掌握实生苗和营养苗生命周期的不同管理技术；了解果树的年生长周期及物候期，根据物候期掌握控制果树休眠技术措施。

进行常见果树生命周期的调查，并对不同果树进行比较。

通过对果树年生长周期的观察，了解目前果树生产的一些生产管理问题，为下一步学习打下基础。

通过对物候期的调查，能实际操作运用控制休眠的技术方法。

班　　级		组长签字		教师签字		月　　日

作 业 单

<table>
<tr><td>学习领域</td><td colspan="5">情 景 篇</td></tr>
<tr><td>模 块 三</td><td colspan="5">果树的生命周期和年生长周期</td></tr>
<tr><td>作业方式</td><td colspan="5"></td></tr>
<tr><td colspan="6">1.什么是果树生命周期？有何意义？

2.简述实生果树和营养繁殖果树的生命周期及其调控要点。

3.思考在生产中如何延长果树的挂果年限。

4.简述物候期的类型、特点及影响物候期进程的因子。

5.说明果树休眠的意义，简述如何在生产中合理调控应用果树休眠。</td></tr>
<tr><td rowspan="3">作业评价</td><td>班　　级</td><td></td><td>组长签字</td><td></td><td>月　日</td></tr>
<tr><td>教师签字</td><td></td><td>教师评分</td><td colspan="2"></td></tr>
<tr><td colspan="5">评语：</td></tr>
</table>

检　查　单

学习领域	情　景　篇		
模　块　三	果树的生命周期和年生长周期		
检查项目	检查内容	学生自查	教师检查
思政素养			
技能素养			
理论素养			

检查评价	班　　级		组长签字	
	教师签字		日　　期	
	评语：			

评　价　单

学习领域	情　景　篇				
模　块　三	果树的生命周期和年生长周期				
评价类别	项目	子项目	个人评价	组内互评	教师评价
专业能力（60%）	咨询（10%）	搜集信息（5%）			
		引导问题回答（5%）			
	计划（10%）	计划可执行度（4%）			
		调查方案设计（3%）			
		方案合理度（3%）			
	实施（15%）	常见果树生命周期调查（10%）			
		地方物候期的调查（5%）			
	检查（10%）	控制休眠技术运用（5%）			
		掌握地方特色果树年生长周期（5%）			
	过程（5%）	认真程度（5%）			
	结果（10%）	年生长周期在果园管理中的运用（10%）			
思政能力（20%）	团队协作（10%）	小组成员合作良好（5%）			
		对小组的贡献（5%）			
	敬业精神（10%）	学习纪律性（5%）			
		爱岗敬业、吃苦耐劳（5%）			
方法能力（20%）	计划能力（10%）	考虑全面（10%）			
	决策能力（10%）	决策果断（10%）			

评价评语	班　级		组长签字		总　评	
	教师签字		日　期			
	评语：					

学习小结

<table>
<tr><td>学习领域</td><td colspan="4">情　景　篇</td></tr>
<tr><td>模 块 三</td><td colspan="4">果树的生命周期和年生长周期</td></tr>
<tr><td>学习小结</td><td colspan="4"></td></tr>
<tr><td rowspan="3">教师评价</td><td>班　　级</td><td></td><td>组长签字</td><td></td></tr>
<tr><td>教师签字</td><td></td><td>教师评分</td><td></td></tr>
<tr><td colspan="4">评语：</td></tr>
</table>

学习笔记

模块四

果树花果管理

模块导读

模块介绍

果树的花果管理，是根据果树自身树体树势、树龄、品种和果树负载量等，科学合理的及时促进花芽分化，疏除过量花果，保持合理留果量，以稳定树势，实现稳产、高产、优质。本模块主要包括四个子任务，学习、了解和掌握果树花芽分化与促进、开花、坐果与果实发育、保花保果、疏花疏果的理论知识和技术措施。以任务驱动的方式引导学生对果树花芽分化类型及影响因素、坐果与果实发育的过程进行学习思考，进而要求学生掌握促花、保花、保果、疏花、疏果的意义，重点掌握生产中运用促花、保花、保果和疏花、疏果的技术措施。

模块目标

知识目标

1. 理解常见果树花芽分化的类型及时期。
2. 理解果树花芽分化的影响因素。
3. 理解果树开花坐果的类型及其影响因素。
4. 掌握促进果树花芽分化的措施。
5. 掌握果树保花保果的基本措施。
6. 掌握果树疏花疏果的基本措施。

技能目标

1. 依据果树花芽分化的类型及时期正确判断果树花芽分化的状态。
2. 依据影响果树花芽分化的因素及调控措施正确促进果树花芽分化。
3. 依据果树保花保果的基本措施，正确进行果树保花保果。
4. 依据果树疏花疏果的基本措施，正确进行果树疏花疏果。

素质目标

1. 培养学生热爱果树生产、投身果树产业发展的信念，能够全身心投入本课程学习。
2. 培养学生的团队合作精神，在分组学习中能够相互配合，有效地完成学习任务。
3. 引导学生树立食品安全意识和生态文明持续发展理念，在促花、保花、保果、疏花、疏果过程中，不违规选用农业投入品。

任务描述

了解果树花芽分化的概念及意义；掌握常见果树花芽分化的类型及时期；了解果树花芽分化的影响因素；了解果树开花坐果的类型；了解影响果树果实坐果的因素；掌握果树保花保果、疏花疏果的基本措施。具体任务要求如下：

1. 利用在线平台学习，掌握果树花芽分化的含义、常见果树花芽分化的时期以及影响果树花芽分化的因素；了解果树开花坐果的类型；了解影响果树果实坐果的因素。

2. 通过互联网相关资料，了解常见果树花芽分化的各种假说；了解常见果树开花坐果的生理基础。

3. 分组对本地常见果树花果管理措施进行调查，掌握本地生产中常见的果树花果管理的措施。

4. 通过互联网资料查询和实地调查，掌握促进果树花果管理的措施。

任务一　果树花芽分化与促进

课前思考

1. 什么是果树花芽分化？果树花芽分化有何意义？
2. 果树花芽分化的类型有哪些？各种类型有哪些常见果树？
3. 影响果树花芽分化的因素有哪些？
4. 如何促进果树的花芽分化？

果树的花芽分化

基础知识

一、花芽分化的意义

花芽分化是指植物茎生长点由分生出叶片、腋芽转变为分化出花序或花朵的过程。花芽分化是由营养生长向生殖生长转变的生理和形态标志，是植物由营养生长向生殖生长转化的过程。这一全过程由花芽分化前的诱导阶段及之后的花序与花分化的具体进程组成，一般花芽分化可分为生理分化、形态分化两个阶段。芽内生长点在生理状态上向花芽转化的过程，称为生理分化。花芽生理分化完成的状态，称为花发端。此后，便开始花芽发育的形态变化过程，称为形态分化。

(一)花芽分化的共同规律

1. 长期性

花芽分化分期分批陆续进行，与果树着生花芽的新梢在不同时间分期分批停长，以及停长后各类新梢处于不同的内外条件有密切关系。

2. 相对集中性和相对稳定性

各种果树花芽分化的开始期和盛期在北半球不同年份有差别，但不悬殊。如苹果和梨大都集中在6—9月，桃在7—8月。这与稳定的气候条件和物候期有关。一般多数果树在每次新梢停长后和采果后各有一个分化高峰。

3. 花芽分化临界期

花芽分化临界期即生理分化期。此期生长点原生质处于不稳定状态，对内外因素有高度敏感性，是易于改变代谢方向的时期，也是控制花芽分化的关键时期。苹果短枝在花后2～6周是临界期，桃取决于枝条长度和芽在枝条上的位置，枝条越短分化越早，临界期由基部向枝顶逐渐发展(图 4-1-1)。

苹果树花芽　　梨树花芽　　桃树花芽

图 4-1-1　果树开花

4.花芽分化的不可逆性

形态分化一旦开始就是不可逆转的。

形成一个花芽所需的时间,苹果从生理分化到雌蕊形成需 1.5～4 个月,从形态分化开始到雌蕊形成只要 1 个月或 1 个多月的时间。而枣形成 1 朵花需 5～8 d。

花芽分化的变化规律与各种植物品种的特性及其活动状况有关,还与外界环境条件以及农业技术措施有密切的关系;因此,掌握其规律,并在适当的农业技术措施下,充分满足花芽分化对内外条件的要求,使每年有数量足够和质量好的花芽形成,对提高产量具有重要的意义。

(二)花芽分化生理分化期

花芽分化分为生理分化期和形态分化期,生理分化期先于形态分化期 1 个月左右。花芽生理分化主要是积累组建花芽的营养物质以及激素调节物质、遗传物质等共同协调作用的过程和结果,是各种物质在生长点细胞群中,从量变到质变的过程,这是为形态分化奠定的物质基础。但是这时的叶芽生长点组织尚未发生形态变化。

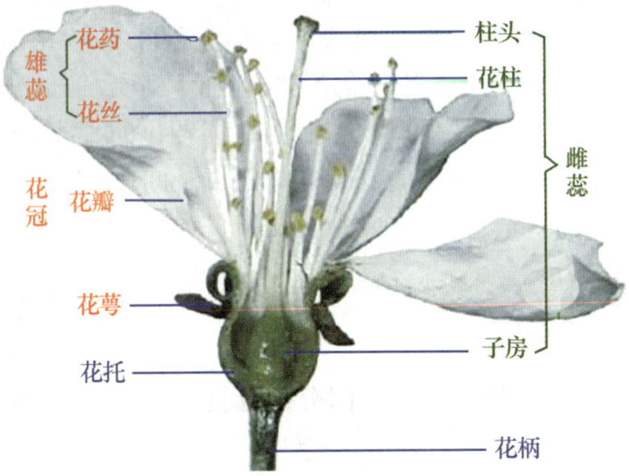

图 4-1-2　花的结构示意图

(三)花芽分化形态分化期

生理分化完成后,在植株体内的激素和外界条件调节影响下,叶原基的物质代谢及生长点组织形态开始发生变化,逐渐可区分出花芽和叶芽,这就进入了花芽的形态分化期,并逐渐发育形成花萼、花瓣、雄蕊、雌蕊,直到开花前才完成整个花器的发育(图 4-1-2)。

花芽分化首先取决于植物体内的营养水平,具体来说就是取决于芽生长点细胞液的浓度,细胞液浓度又取决于体内物质的代谢过程,同时又受体内内源调节物质(如脱落酸、赤霉素、细胞激动素等)和外源调节物质(如多效唑、维生素 B9、乙烯利、矮壮素等)的制约。相反激素的多少与运转方向又受体内物质代谢、营养水平及外界自然条件、栽培技术措施的影响。任何单一的因素都不能全面地反映果树花芽形成的本质。

二、花芽分化的类型

根据花芽开始分化的时间及完成分化全过程所需时间的长短不同(随果树种类、品种、地区、年份及多变的外界环境条件而异),可分为以下几个类型。

1. 夏秋分化类型

花芽分化一年进行一次,在6—9月进行,正值一年中的高温期,秋末分化完成后进入休眠期,必须经过低温才能完成性细胞的分化,翌年春季开花,包括大部分仁果类、核果类等温带落叶果树,如桃、苹果等属于这一类型。

2. 冬春分化类型

原产温带地区的一些常绿果树,如柑橘是冬春进行分化,并连续进行花器官各部分的分化与发育,不需要进行休眠就能开花,花芽开始分化至开花通常只需要1.5～3个月。

3. 多次分化类型

一年能多次开花结果,并且一年能进行多次花芽分化,均为常绿果树。常见的如四季橘、杨桃,随着一次新梢的生长,就开一次花,因此一年可开3～4次花并结果。

4. 不定期分化类型

每年只分化一次花芽,但无固定时期,只要达到一定的叶面积就能开花,主要视植物体自身养分的积累程度而异,如凤梨科和芭蕉科的某些种类。

三、影响花芽分化的环境因素

1. 温度与花芽分化

早在1918年Gassner就温度影响作物栽培品种开花问题进行了研究。在低温下,花原基并不发生,只有将植物转移到有利于生产的较高温度下,花原基才发生,即低温的作用是诱导性的。

不同品系植物对低温有不同的需要。绝对需要低温的植物必须经过一段时间的低温才能开花,包括2年生及多年生植物如黑麦草、石竹、紫罗兰、花园菊等;兼性需低温的植物开花受低温促进,但在没有低温情况下也能开花,如莴苣、菠菜、豌豆等;还有不需低温的类型。

许多植物在花芽分化过程中对温度有特殊的要求,如石榴花芽分化需要较高的温湿条件。最适温度为月均温(20±5)℃。低温是石榴花芽分化的限制因素,月均温低于10℃时,花芽分化逐渐减弱直至停止。

2. 光照与花芽分化

一般认为叶子是日长的感受部位,已在菠菜、紫苏等植物中得到证实。大量研究表明,光在植物由营养生长向生殖生长转变过程中的作用与两种光受体有关,即光敏色素和隐花色素,它们在光形态发生中有重要作用。

光照强度和光质也影响植物的光周期开花反应。天竺葵植株暴露在高强光下时,能够加速花的发端和花器官的形成;冬季温室内自然光强度不够时唐菖蒲花芽大部或全部败育,开花率极低。蓝光光质利于菊花茎叶生长和侧枝产生,可以使花期提前。

四、花芽分化的调控

1. 培养健壮的结果母枝，防治病虫害

主要是培养健壮的1～2年生春梢，每年也可适量少留健壮的夏秋梢。防治病虫害可使果树免受病虫的危害，实现正常生长。

2. 适时水肥供应

秋冬季适当控制水分的供应，降低土壤含水量，以土壤含水率20%～25%为宜。秋梢转绿老熟后不施或少施速效氮肥，防止抽吐冬梢，抑制有机营养物质的消耗，从而促进花芽分化。

3. 露根、晒根或断根

幼年树或成年空怀树在秋冬季对根系进行露根、晒根或断根处理，可起到抑制水分吸收，促进花芽分化的作用。但受天气和根系生长状态的影响较大，如遇秋冬季降雨较多或主根过于强大而深扎，垂直根过多，水平根不发达等情况应特别注意(图4-1-3)。

图4-1-3　果树露根、晒根、断根示意图

4. 环割促花

(1)环割促花的原理　在果树花芽分化机理研究中，存在激素学说和营养学说两种意见。从激素学说观点来看，环割处理后，可以降低促进柑橘生长、抑制花芽分化的内源激素，包括赤霉素(GA)、细胞分裂素(CTK)、吲哚乙酸(IAA)的含量；提高抑制营养生长、促进花芽分化的内源激素脱落酸(ABA)的含量，可起到促进花芽分化的作用。从营养学说观点来看，环割处理后，切断了韧皮部筛管的通路，造成碳水化合物向地下根系转移受阻，抑制了根系的生长和活动，影响了根系正常的水分吸收，起到控制水分供应的作用。增加了环割(环扎、环剥)口上部树冠或枝组碳水化合物的含量，提高了树体内树液的浓度和碳氮比(C/N)，从而促进了花芽分化。

(2)环割的对象　可以是进入结果期而没有花的幼年树和成年空怀树。

(3)环割的时间　不同的品种、地区、气候环境条件以及同一植株的不同生长点，果树花芽生理分化期均存在一定的差异。因此，对于初结果树及徒长性很强的空怀树，可在9月下旬至10月上旬及11月下旬至12月上旬分别环割1次，如此环割2次，对保证足够花量较有把握。

(4)环割工具的选择　环割工具的刀口过厚，会引起伤口间隔过大，不容易愈合，且愈合时间延长，根系长期得不到营养供应，吸收能力转弱，而地上部分较长时间水分及无机元素营养供应不足，容易引起大量落叶，树势衰弱，翌年虽花多，但坐果率不高，影响产量的提高。如果选用环割工具的刀口过薄，则伤口容易愈合，不过促花效果不好。一般选用大号电工刀作环割工具最佳，使用电工刀前不宜磨得过薄或过快，以把刀口原有的棱角磨去为适度。

(5)环割的部位　环割的部位必须根据不同的树龄选择不同的部位。开始进入结果的幼年树选在主干与主枝交接口下方比较光滑平整的主干上。成年壮旺树以选在主枝的光滑平整部位上环割为佳。随着树龄的增加,环割部位可以逐渐向上移。为防止因环割造成根的有机营养缺乏,导致大量落叶,成年树可留 1～2 条低位的小主枝或侧枝不割,让其输送光合产物养根。

(6)环割的操作方法　环割时使用臂力,按压刀身至刀口刚进入本质部的深度为宜。抓刀的手需保持稳定,刀身与地面保持平行。刀身不能上下摇摆,刀身不稳会造成进刀口上下皮层与木质部离位,造成伤口过大,愈合时间过长。环割时切忌重复往返地割,这样伤口也会过大;进行闭圈全环,必须将皮层全切断;不能留下部分韧皮部筛管通道不割,以免削弱环割的效果。

环割后 15 d 内必须经常在果园检查有无引起落叶的现象。如发现有落叶过多的树,必须及时防止继续落叶,可用 0.3%～0.5%的尿素或硫酸铵水,淋在吸收根生长较集中的范围内,可防止大量落叶,在环割后 5 个月内切忌使用容易引起落叶的农药,如石硫合剂、松脂合剂和柴油乳剂等。环割 20 d 以后检查环割的效果,叶片如果由浓绿转变为微黄绿色为有效,叶片一直不褪绿则需考虑再环割 1 次,直至叶色褪绿,促花才能见效。

环割技术

5. 环剥促花

环剥促花与环割促花的原理、时间、工具、部位以及处理后的管理均相同。只是环剥的对象和操作方法不同。

环剥的对象是特别壮旺的成年空怀树,长期不开花结果、过于徒长的树,可进行环剥促花。但由于环剥处理后,伤口过大,不容易愈合,翌年又开花结果过多,严重损伤树势,不易恢复。因此,能采用环割的方法达到预期促花效果的果树,一般不采用环剥促花处理。环剥的方法是用刀在皮层上下距离 2～4 mm 中间环割两刀,把两刀口中间的皮层剥去。环剥促花不宜采用全环剥,必须留一定宽度的范围不环剥,可根据树干干围的大小来增减不环剥的宽度,一般留下 2～4 cm 宽的皮层不环剥为宜,或留下 1～2 条低位的小主枝不环剥以养根系。

6. 环扎促花

环扎促花与环割促花的原理、对象、部位和处理后的管理一样,但与环割的时间和操作方法不同。环扎时间必须比环割的时间提前,在 9 月中旬左右为宜。因为环扎时用人力收紧铁线,不能立即切断韧皮部的通道,必须经过一段时间,随着树干粗度的生长增大,铁线才能扎紧树干,抑制有机营养向扎线以下运输,起到环扎促花的作用。一般环扎 50 d 左右才能解去铁线。过早解去铁线会影响环扎促花的效果。过迟解去铁线常使根系受到过分抑制,叶片过度变黄及落叶过多,使树势过分削弱,花量虽多,但坐果率不高。环扎促花及时解扎的标准以叶色已从浓绿转变为微黄绿色时解扎为佳。全果园不必机械地规定统一时间解扎,而是哪一株,哪一枝条达到解扎标准,就及时解扎哪一株,哪一枝条。同样需要留下 1～2 条低位的小主枝不环扎,以养根系(图 4-1-4)。

图 4-1-4　果树环扎示意图

任务二　开花、坐果与果实发育

课前思考

1. 果树开花坐果的类型有哪些？
2. 影响果树开花坐果的因素有哪些？
3. 果树授粉受精受哪些因素影响？

果树授粉受精

基础知识

一、果树开花坐果的几种情况

单性结实：未经授粉受精而形成果实的现象。

自发单性结实：不需要任何刺激就可以单性结实的，如香蕉、菠萝、无花果、柿、柑橘（温州蜜柑、华盛顿脐橙）。

刺激性单性结实：要有花粉或其他刺激才能单性结实，如洋梨中的 Seckel 品种，用黄魁苹果花粉可使之单性结实。洋梨子房受冻，在南非和美国暖地或可出现单性结实。

单性结实的果实大都无种子，但无种子果实并不一定是单性结实，如无核白葡萄可以受精，但因内珠被发育不正常，未能形成种子，称为种子败育型无核果。

无融合生殖：不受精也能产生有发芽力的胚（种子）的现象，如核桃的孤雌生殖（幼树先成雌花，有结实）。

自花授粉：同一品种内的授粉。

自花结实：具有自花亲和性的品种，在自花授粉后能得到满足生产要求的产量（不管所结果实有无种子）。自花结实的品种，异花授粉后往往产量更高。

自花能孕：自花结实产生具有生活力的种子称为自花能孕。若不能则为自花不孕。葡萄无核自花结实，但没有种子。

自花不实：自花授粉后不能得到满足生产要求的产量的称为自花不实。

闭花授粉：有的树种如葡萄，在花冠脱落之前在同一朵花内已进行了授粉。

异花授粉：不同品种间进行授粉。异花授粉后能得到满足生产要求的产量的称为异花结实。在异花授粉中，如果雄配子和雌配子都具有生活力，但授粉后不能结实或结实很少，这种特性称为异花不亲和性，这种结实状态称为异花不实。

供给花粉的品种叫授粉品种，这些品种的植株叫授粉树。

二、影响坐果的因子

1. 遗传特性与倍性

二倍体品种大部分可以形成良好的花粉。多倍体，尤其是单数多倍体的品种，都不能产生大量有生活力的花粉。苹果乔纳金三倍体，不能作授粉树。香蕉多为三倍体，发育正常的花粉很少。柿为六倍体，发育正常的花粉虽比三倍体、五倍体的品种多，但还有相当高比例的败育花粉，只是由于这个树种有单性结实能力，所以不影响产量。

2. 营养物质

如果花粉粒内营养物质不足，花粉粒就不能充分发育，生活力低、发芽率下降。衰弱树或弱枝上的花，花粉少，发芽率也低，这与供花粉发育的营养物质少有关。干旱、土壤瘠薄、结果过多，都会导致雌蕊发育不全。部分地区的杏树，雌蕊退化的现象较为普遍。除与品种有关外，与树势和营养状况也有着密切关系。

3. 环境条件

冬季低温不足，休眠不好，早春低温，花芽开放期遇到 −1.7 ℃ 以下的低温，均可引起苹果花粉或胚囊发育不良或中途死亡。

三、授粉和受精

授粉是指花粉从花药传到柱头的过程。精核与卵核的融合称为受精。

营养条件对授粉受精有较大影响。要求花粉管生长快，胚囊寿命长，柱头接受花粉的时期长。氮素不足，花粉管生长慢，胚囊寿命短，需要加强秋季氮素管理，提高氮贮藏水平，花期喷尿素。硼对花粉萌发和受精有良好作用。花粉含硼不多，因此需要为柱头和花柱补充硼，硼可增加糖的吸收、运输、代谢以及氧的吸收，有利于花粉管的生长。可在发芽前喷 1%硼砂，或花期喷 0.1%硼砂。钙有利于花粉管的生长，有人认为花粉管向胚珠方向的向性生长是对从柱头到胚珠钙浓度梯度的反应。

花粉的集体效应。多量的花粉有利于花粉发芽和花粉管的生长，这是由于花粉本身供应的刺激物增多。

环境条件对授粉受精的影响。温度是重要因素，过低温可能造成花粉或胚囊伤害，花粉管生长慢。低温阴雨影响授粉昆虫活动，一般蜜蜂活动要 15 ℃以上。大风（17 m/s 以上）不利于昆虫活动，会使柱头干燥，不利花粉发芽。

空气污染会影响花粉发芽和花粉管生长，如空气中氟含量增加使甜樱桃花粉管生长下降，降低坐果率。

任务三　保花保果

课前思考

1. 提高坐果率的措施有哪些？
2. 如何科学合理地保花保果？
3. 授粉的方式有哪些？
4. 如何科学地运用植物生长调节剂？

花果数量的调节

基础知识

坐果率是产量构成的重要因子。提高坐果率，尤其是在花量少的年份提高坐果率，使有限的花得到充分的利用，在保证果树丰产稳产上具有极其重要的意义。绝大多数果树的自然花朵坐果率很低，如苹果、梨的最终花朵坐果率为15%左右，桃、杏为5%～10%，柑橘类为1%～4%，枣最低，仅有0.13%～0.4%。因此，即使是花量较多，如不采取保花保果措施，也常会出现“满树花，半树果”的情况。

果树落花落果主要有两方面的原因：树体因素和环境因素。树体因素除取决于树种、品种自身的遗传特性以外，还取决于树体的贮藏养分，花芽的质量，授粉受精的质量，花器官的发育情况等。环境因素主要包括花期梅雨、晚霜、低温、空气湿度过低和土壤过于干旱等。因此，要提高坐果率，应根据具体情况，采取相应的措施。提高坐果率的措施主要包括：提高树体贮藏营养水平、保证授粉质量、应用植物生长调节剂和改善环境条件4个方面。

一、提高树体贮藏营养水平

1. 增加果树贮藏培养

树体的营养水平，特别是贮藏营养水平，对花芽质量有很大影响。许多落叶果树的花粉和胚囊是在萌芽前后形成的，此时树体叶幕尚未形成，光合产物很少，花芽的发育及开花坐果主要依赖于贮藏营养。贮藏营养水平的高低直接影响果树花芽形成的质量、胚囊寿命及有效授粉期的长短等。因此，凡是能增加果树贮藏营养的措施，如秋季促使树体及时停止生长，尽量延长秋季叶片寿命和光合时间等，都有利于提高坐果率。

2. 合理调整养分分配

合理调整养分分配方向也是提高坐果率的有效措施。果树花量过大、坐果期新梢生长过旺等都会消耗贮藏养分，从而降低坐果率。采用花期摘心、环剥、疏花等措施，能使养分分配向有利于坐果的方面转化，对提高坐果率具有显著的效果。

3. 外施速效肥

贮藏养分不足的树，在早春施速效肥，如在花期喷施尿素、硼酸、磷酸二氢钾等，也是提高坐果率的有效措施。

二、保证授粉质量

1. 人工授粉

人工授粉是借助人力辅助授粉以提高果树坐果率的技术措施。果树花期遇到阴雨、大风、低温天气时，蜜蜂等昆虫活动受阻，或因果园品种单一，授粉品种不足，或花期不遇等都会影响自然授粉。即使在正常的环境和气候条件下，进行人工辅助授粉，对于促进果个增大，端正果形及提高品质等方面仍具有显著效果。

授粉用的花粉应在授粉前（2～3 d）采集。选择与授粉品种亲和力强，花粉量大且生活力高的品种，于大蕾期（气球期）采花蕾，人工或机具搓揉花朵、过筛，收集花药，摊放在通风避光处阴干，温度维持在 20～25 ℃，相对湿度 60%～80%，一般经 24～48 h，花药裂开，即可收集花粉，干燥后放入玻璃瓶中，并在低温、避光、干燥条件下保存备用。需长期保存时，应将花粉充分干燥，封于玻璃瓶或塑料袋内，避光保存在 0～4 ℃的干燥环境中，最好放于有干燥剂的干燥器中。

授粉是在初花期开始，并随花期的进程及时授粉。授粉方法有人工点授、机械喷粉、液体授粉等。生产中应用最多的是人工点授，节约花粉，授粉效果好，但效率低。为提高效率，可采用机械喷粉和液体授粉（图 4-3-1）。

人工授粉

壁蜂授粉

机械授粉

图 4-3-1　不同授粉方式

（1）人工点授　是用授粉工具将花粉直接点放在柱头上的授粉技术，生产中应用最普遍的人工辅助授粉方式。人工点授节省花粉，对点授花有选择性，授粉效果好。授粉时期从初花期开始，随花期的进程多次授粉，当天开放的花朵授粉效果最好，以后随花朵开放时间的延长，授粉效果逐渐降低，因此，人工点授在整个花期中至少应进行 2～3 遍。点授时，对坐果率高的品种，每个花序只授 1～2 朵花或间隔花序授粉，而对坐果率低的树种、品种或花量少的年份，应多花、多次授粉。为了节约花粉，可将花粉与滑石粉或淀粉按 1∶(5～10)的比例混合后使用。授粉常用工具有细毛笔、橡皮头、棉签、纸捻、香烟过滤嘴等。授粉时蘸一次花粉可以点授 5～10 朵花。

(2)机械授粉　借助喷粉机器于花期喷洒花粉的辅助授粉技术。机械喷粉劳动效率高,但花粉用量大,为节省花粉,一般将花粉混合一定比例的填充剂。具体方法是在花粉中加入100～300倍的滑石粉或淀粉,混匀后装入农用喷粉器,均匀喷洒在花器上。如果只进行1次喷粉,则应在盛花期进行。填充剂易吸水,造成花粉破裂,因此应现用现混合,混合后应在4 h内喷完。

(3)液体授粉　将花粉制成花粉混合液进行喷雾授粉的方式。一般是将花粉配成5%～10%的蔗糖溶液,用喷雾器于盛花期喷洒花的柱头,每树用花粉溶液0.1～0.15 kg。糖溶液可防止花粉在溶液中破裂(如混后立即喷,可减少糖量或不加糖),为增加花粉活力,可在溶液中加0.1%的硼酸或硼砂。常用花粉溶液配制比例为:水10 kg、蔗糖(或砂糖)1 kg、硼酸10～20 g、纯花粉100 mg;或水500 g、砂糖25 g、46%尿素1.5 g、硼砂1.5 g、纯花粉1 g;硼酸或硼砂在用前再混入。因混后2～4 h花粉便可以发芽,因此,溶液配好后应在2 h内喷完。

2.果园放蜂

果树花期在果园内放养一定量的蜜蜂,通过蜜蜂传粉实现辅助授粉。对于虫媒花果树(如苹果、梨、桃等),在果园内放养蜜蜂是常用的辅助授粉方法。一般每0.3～0.5 hm^2放一箱蜂即可达到良好的效果。果园放蜂应注意,蜂箱要在开花前3～5 d搬到果园中,以保证蜜蜂顺利适应新环境,在盛花期到来时能够正常出箱活动;在果园放蜂期间,切忌喷施农药,以防蜜蜂受毒害;当花期遇阴雨、大风或低温天气时,蜜蜂不出箱活动,影响授粉效果,应配合人工辅助授粉。

3.壁蜂授粉

利用人工饲养的野生蜂(壁蜂)进行辅助授粉的技术。我国用于授粉的壁蜂有角额壁蜂、凹唇壁蜂、紫壁蜂等,它们属膜翅目,切叶蜂科,壁蜂属,为群聚独栖昆虫。

壁蜂授粉要注意控制其出巢活动时间。在自然条件下,4月上旬壁蜂出巢活动。为使其能在果树花期出巢活动,应在4月初将有蜂的蜂管放于温度为0～5 ℃的冷藏箱中保存。一般每公顷果园需放壁蜂1 500～2 000只。

三、应用植物生长调节剂

施用植物生长调节剂可以提高果树坐果率。目前应用较多的有赤霉素、萘乙酸、尿素等。赤霉素对山楂、枣、葡萄等都有促进坐果的作用(图4-3-2)。玫瑰香葡萄在花前用矮壮素200 mg/L液沾果穗,可明显提高坐果率。近年来,研制出许多新型的提高坐果率的药剂,其中很多为植物

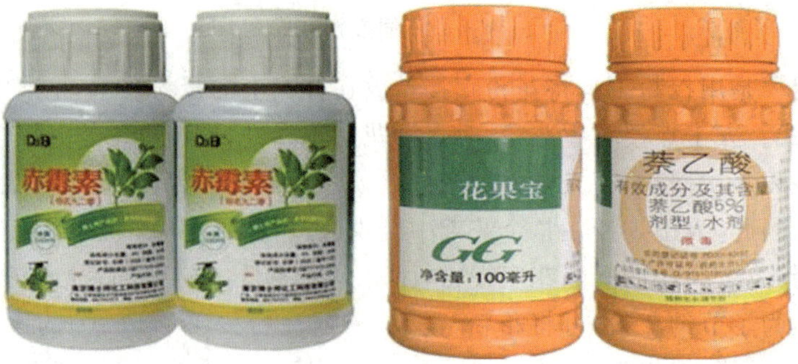

图4-3-2　植物生长调节剂

生长调节剂与其他物质如氨基酸、生物碱、微量元素等的混合物，对提高果树的坐果率具有良好的效果。

在应用生长调节剂时要注意，不同的调节剂，或同一种调节剂在不同树种上使用，其作用反差很大，第一次使用新的生长调节剂时，必须进行小面积试验，以免造成损失。

四、改善环境条件

花期是果树对气候条件最敏感的时期，如遇恶劣天气，往往会造成大幅度减产。果园种植防风林地是改善果园小气候的有效措施。此外，通过早春灌水，可推迟果树开花的时间，躲过晚霜的危害，减少损失。但应注意在花期尽量不要灌水，以免降低坐果率。

任务四　疏花疏果

课前思考

1. 疏花疏果的作用是什么？有什么意义？
2. 如何确定疏花疏果的量？留果标准的参考指标有哪些？
3. 如何选择疏花疏果的时期？
4. 常用的疏花疏果的方法有哪些？
5. 影响化学疏花疏果效果的因素有哪些？

提高果树品质的技术措施

基础知识

一、疏花疏果的意义及作用

（一）疏花疏果的意义

疏花疏果是人为及时疏除过量花果，保持合理留果量，以保持树势稳定，实现稳产、高产、优质的一项技术措施。

果树开花坐果过量，会消耗大量贮藏营养，加剧幼果之间的竞争，导致大量落花落果；幼果过多，树体的赤霉素水平提高，抑制花芽的形成，造成大小年结果现象；果实过多，造成营养生长不良，光合产物供不应求，影响果实正常发育，降低果实品质，削弱树势，降低果实抵抗逆境的能力。

(二)疏花疏果的作用

(1)保花保果,提高坐果率。

(2)保证树体稳产丰产　疏花疏果可以有效地克服大小年,保证果树稳产丰产。果实在生长过程中养分的竞争十分激烈,有限的养分被过多的果实发育所消耗,树体内的养分积累不能达到花芽分化所需水平。此外,幼果会产生大量的赤霉素,较高水平的赤霉素对花芽分化有较强的抑制作用。因此,过大的负载量往往会造成第二年花量不足,产量降低,出现大小年。

(3)提高果实品质　疏除过多的果实,使留下的果实能正常的生长发育,采收时果大,整齐度一致。此外,在疏果时,重点疏除弱花弱果及位置不好、发育不良的果、病虫果、畸形果等,从而减少残次果率。

(4)保证树体健壮生长　频繁和严重的大小年,对树体发育影响很大。在大年,过大的负载量会导致树体的贮藏养分积累不足,树势衰弱,抗性降低。疏除过多的花果,有利于枝叶及根系的生长发育,使树体贮藏营养水平得到提高,进而保证树体的健壮生长。

二、合理负载量的确定

(一)确定合理负载量的原则

确定合理的果实负载量是正确应用疏果技术的前提。不同的树种、品种,其结果能力有很大的差别。即使相同的品种,处在不同的土壤肥力及气候条件下,其树势及结果能力也不相同。在生产上确定果树负载量,主要依据以下几项原则:

第一,保证良好的果品质量。

第二,保证当年能形成足够的花芽量,生产中不出现大小年。

第三,保证果树具有正常的生长势,树体不衰弱。

(二)确定合理负载量的方法

疏花疏果的关键是根据树种、品种、树势、树龄及管理水平,确定获得最佳质量标准果品的适宜负载量,不同树种、品种及在栽培管理条件下成花和坐果能力差异很大,因此很难确定统一的留果标准。目前确定适宜留果标准的参考指标主要有历年留果经验、干周和干截面积、叶果比和枝果比、果实间距等。这些参考指标在实际应用中,需结合当地的实际情况做出必要的调整,使负载量更加符合实际,达到连年优质丰产。

1.经验法

这是目前大多数果园所采用的方法。通常根据树势强弱和树冠大小,结合常年的生产实践经验来确定果实保留数量。树势强和树冠大的多留果,反之少留果。经验法简便易行,但操作中没有固定的标准,灵活性强,如判断失误,易造成不良后果。

2.枝果比

枝果比是枝梢数与果实数的比值,是用来确定留果量的一项参数,是苹果、梨等果树确定留果量普遍参考的指标之一。枝果比通常有两种表示方法,一种是修剪后留枝量与留果量的比值,即通常所说的枝果比;另一种表示方法是结果年新梢量与留果量的比值,又叫梢果比。梢果比一般比枝果比大 1/4～1/3,应注意区分二者,以确定合理留果量。

适宜的枝果比，有助于形成花芽，增进果实品质，稳定树势，克服大小年。枝果比与叶果比在一定范围内是基本对应的，因此应用枝果比确定留果量时可参考叶果比指标。

枝果比因果树树种、品种、砧木、树势以及立地条件和管理水平的不同而异，因此在确定留果量时应综合考虑，灵活运用。

3. 叶果比

叶果比是指总叶片数与总果数之比，是确定留果量主要指标之一。每个果实都以其邻近叶片供应营养为主，所以每个果必须要有一定数量的叶片生产出光合产物来保证其正常的生长发育，即一定量的果实，需要足够的叶片供应营养。对同一种果树、同一品种，在良好管理的条件下，叶果比是相对稳定的。如苹果的叶果比为：乔砧树、大型果品种为40～60；矮砧树、中小型果品种为20～40；鸭梨叶果比为30～40；西洋梨叶果比为40～50；柑橘中温州蜜柑叶果比为20～30；甜橙叶果比为45～55；桃叶果比为30～40。根据叶果比来确定负载量，是相对准确的方法，但在生产实践中，由于疏果时叶幕尚未完全形成，叶果比的应用有一定困难，可参考枝果比、果间距及经验指标，灵活运用。

4. 干周留果法

干周留果法是根据果树的干周来确定果树负载量的方法。具体方法是在疏果前，用软尺测量树干距地面20～30 cm处的周长，通过公式计算单株负载量。

$$y=0.08AC^2$$

式中：y为单株负载量(kg)；A为每平方厘米干截面积应负载产量；C为干周长(cm)。

5. 干截面留果法

干截面留果法是依据果树的干截面积确定负载量的方法，一般用每平方厘米干截面积的留果量表示。生长正常的果树的干粗能反映树体的枝量和生长状况，与负载量直接相关，但是树种、品种、树势、立地条件及管理水平等都影响单位干截面积的负载量。运用该方法确定留果量，一般先量取果树的干周，求出干截面积后，再根据树种、品种、树势、立地条件及果园管理水平等，确定适宜负载量，再乘以每千克果实的个数，即为该枝干的留果数。对于某一品种，在树势中庸、树冠完整的条件下，单位干截面积的留果量是相对稳定的，偏弱的树留果量应适当少一些，偏强的树留果量应适当多一些。

三、疏花疏果的时期和方法

(一)时期

理论上讲，疏花疏果进行得越早，节约贮藏养分就越多，对树体及果实生长越有利。但在实际生产中，应根据花量、气候、树种、品种及疏除方法等具体情况来确定疏除时期，以保证足够的坐果为原则，适时进行疏花疏果。通常，生产上疏花疏果可进行3～4次，最终实现保留合适的树体负载量。结合冬剪及春季花前复剪，疏除一部分花序，开花时疏花，坐果后进行1～2次疏果可减轻树体负载量。在应用疏花疏果技术时，有关时期的确定，应掌握以下几项原则。

(1)花量大的年份早进行。即使是树体花量大的年份，也可分几次进行疏花疏果，切忌一次到位。

(2)自然坐果率高的树种、品种早进行，自然坐果率低的晚进行。对于自然坐果率低的树种和品种，一般只疏果不疏花，如苹果中的红星品种自然坐果率低，应在6月落果结束后再定果。

(3)早熟品种宜早定果，中晚熟品种可适当推迟。

(4)花期经常发生灾害性气候的地区或气候不良的年份应晚进行。

(5)采用化学方法进行疏花疏果时，应根据所用化学药剂的种类及作用原理，选择疏除效果最好、药效最稳定的时期施用。

(二)疏花疏果的方法

疏花疏果的方法分为人工疏花疏果和化学疏花疏果两种。

1.人工疏花疏果

人工疏花疏果是目前生产上常用的方法。优点是能够准确掌握疏除程度，选择性强，留果均匀，可调整果实分布。缺点是费时费工，增加生产成本，不能在短时期完成(图4-4-1)。

图 4-4-1　人工疏花疏果

人工疏花疏果一般在了解成花规律和结果习性的基础上进行，为了节约贮藏营养，减少“花而不实”，以早疏为宜，“疏果不如疏花，疏花不如疏花芽”，所以人工疏花疏果一般分三步进行。

(1)疏花芽　即在冬剪时，对花芽形成过量的树进行重剪，着重疏除弱花枝、过密花枝，回缩串花枝，对中、长果枝破除顶花芽。在萌动后至开花前，再根据花量进行花前复剪，调整花枝和叶芽枝的比例。

(2)疏花　在花序伸出至花期，疏除过多的花序和花序中不易坐优质果的次生花。疏花一般是按间距疏除过多、过密的瘦弱花序，保留一定间距的健壮花序。对坐果率高的树种和品种可以进一步保留健壮花序，同时只保留1～2个健壮花蕾，疏去其余花蕾。

(3)疏果　在落花后至生理落果结束之前，疏除过多的幼果(见定果)。

定果是在幼果期，依据树体负载量指标，人工调整果实在树冠内的留果量和分布的技术措施，是疏花疏果的最后程序。定果的依据是树体的负载量，即依据负载量指标(枝果比、叶果比、距离法、干周及干截面积法等)，确定单株留果量，以树定产。一般实际留果量比定产留果量需多留10%～20%，以防后期落果和病虫害造成减产。定果时先疏除病虫果、畸形果、梢头果、纵径短的小果、背上及枝杈卡夹果，选留纵大果、下垂果或斜生果。依据枝势、新梢生长量和果间距，合理调整果实分布，枝势强，新梢生长量大，应多留果，果间距宜小些；枝势弱，新梢生长量小，应少留果，果间距宜大。对于生理落果轻的树种品种定果可在花后1周至生理落果前进行。定果越早，越有利于果实的发育和花芽分化。否则，应在生理落果结束后进行定果。

2.化学疏花疏果

化学疏花疏果是在花期或幼果期喷洒化学疏除剂，使一部分花或幼果不能结实而脱落的方法。优点是省时省工，成本低，疏除及时。缺点是因疏除效果受诸多因素（影响药效的因素多）的影响，或疏除不足，或疏除过量，从而致使这项技术的实际应用有一定的局限性。

化学疏花疏果分为化学疏花和化学疏果。

（1）化学疏花　化学疏花是在花期喷洒化学疏除剂，使一部分花不能结实而脱落的方法。化学疏花常用药剂有二硝基邻甲苯酚及其盐类、石硫合剂等。化学疏花可以灼伤花粉和柱头，抑制花粉发芽和花粉管伸长，使花不能受精而脱落。化学疏花由于影响药效的因素较多，有时难以达到稳定的疏除效果。

（2）化学疏果　化学疏果是在幼果期喷洒疏果剂，使一部分幼果脱落的疏果方法。化学疏果省时省工，成本低，但药效影响因素较多，难以达到稳定的疏除效果，一般配合人工疏果。化学疏果常用药剂有西维因、萘乙酸和萘乙酰胺、敌百虫、乙烯利等。在化学疏果时，施用浓度不宜过大，并应结合人工疏果措施。

疏花疏果剂的作用机制有以下几个方面：抑制落在柱头上的花粉发芽和花粉管的生长；腐蚀或灼伤柱头；干扰幼果维管系统的运输作用，减少幼果发育所需的营养物质和激素；改变内源激素平衡，促进脱落的激素水平提高。

四、影响化学疏除效果的因素

1.时期

由于疏除剂的疏除原理及作用时期不同，不同疏除剂适宜的使用时期有较大差异。有些疏除剂需要在盛花期施用，还有一些应在盛花后乃至在幼果期施用。此外，同一种疏除剂，由于施用时气候条件、使用浓度的不同，最佳适用时期也有所差异。

2.气候

喷药前后的气候条件对化学疏除效果的影响较大。喷药后空气湿度大或遇小雨，会增加药剂的溶解量，使树体吸收量加大，疏除程度增强。在晴朗温暖的天气喷药，疏除效果比较缓和，很少出现疏除过量的危险。

3.树势和树龄

不同的树势，对疏除的效果有较大影响。一般在相同的用药条件下，树势健壮，花芽质量好的疏除难度大，反之，疏除较易。另外，结果初期的树和成年树相比，其营养生长旺盛，与生殖生长间易发生养分竞争，因此容易疏除。在实际生产中，对结果初期的树进行疏果时，药剂用量应减少 1/3～1/2。

4.品种

不同树种和品种，对同一疏除剂的反应存在差异。一般自然坐果率高的品种，疏除较难，但不易造成疏除过量大面积减产的危险。

化学疏花疏果中应注意的问题是药效受多种因素的影响，化学疏花疏果的稳定性欠佳，应用不当会导致过量疏除，造成减产。原则上施用浓度不宜过大，并应结合人工疏果措施，即先应用疏花疏果剂疏去大部分过多花果，再进行人工调整。这样既发挥了疏花疏果剂化学疏除高效省工的优点，又防止了过量疏除的危险。

计 划 单

学习领域	情　景　篇
模 块 四	果树花果管理
计划方式	小组讨论、成员之间团结合作，共同制订计划

序号	实施步骤	使用资源

<table>
<tr><td>制订计划说明</td><td colspan="4"></td></tr>
<tr><td rowspan="3">计划评价</td><td>班　　级</td><td></td><td>第　　组</td><td>组长签字</td><td></td></tr>
<tr><td>教师签字</td><td colspan="2"></td><td>日　　期</td><td></td></tr>
<tr><td colspan="5">评语：</td></tr>
</table>

决　策　单

<table>
<tr><td>学习领域</td><td colspan="8">情　景　篇</td></tr>
<tr><td>模 块 四</td><td colspan="8">果树花果管理</td></tr>
<tr><td colspan="9">方案讨论</td></tr>
<tr><td rowspan="7">方案对比</td><td>组号</td><td>任务耗时</td><td>任务耗材</td><td>实现功能</td><td>实施难度</td><td>安全可靠性</td><td>环保性</td><td>综合评价</td></tr>
<tr><td>1</td><td></td><td></td><td></td><td></td><td></td><td></td><td></td></tr>
<tr><td>2</td><td></td><td></td><td></td><td></td><td></td><td></td><td></td></tr>
<tr><td>3</td><td></td><td></td><td></td><td></td><td></td><td></td><td></td></tr>
<tr><td>4</td><td></td><td></td><td></td><td></td><td></td><td></td><td></td></tr>
<tr><td>5</td><td></td><td></td><td></td><td></td><td></td><td></td><td></td></tr>
<tr><td>6</td><td></td><td></td><td></td><td></td><td></td><td></td><td></td></tr>
<tr><td>方案评价</td><td colspan="8">评语：</td></tr>
<tr><td>班　　级</td><td></td><td>组长签字</td><td></td><td>教师签字</td><td></td><td colspan="3">月　　日</td></tr>
</table>

材料工具清单

学习领域	情景篇						
模块四	果树花果管理						
项目	序号	名称	作用	数量	型号	使用前	使用后
所用仪器仪表							
所用材料							
所用工具							
班级		组长签字		教师签字		月　日	

实 施 单

学习领域	情 景 篇	
模 块 四	果树花果管理	
实施方式		
序号	实施步骤	使用资源
1	基本理论讲授	在线开放平台、多媒体
2	常见果树环割技术操作	校内实训基地
3	常见果树环剥技术操作	校内实训基地
4	常见果树环扎技术操作	校内实训基地
5	常见果树开花坐果过程观察	校内实训基地
6	保花保果技术措施运用	校内外实训基地
7	疏花疏果技术措施运用	校内外实训基地
8		
9		
10		

实施说明：

利用在线开放平台和多媒体资源，进行理论学习，了解果树花芽分化的意义，掌握花芽分化的类型，了解影响花芽分化的环境因素，掌握调控花芽分化的技术措施，尤其要掌握环割、环剥、环扎的技术运用要点。了解果树开花坐果的类型和生理过程，了解果树保花保果和疏花疏果的内涵，掌握果树保花保果和疏花疏果的技术要点。

进行常见果树花芽分化规律调查，并对花芽分化的类型进行正确分类。进行常见果树开花坐果类型的调查，并掌握开花坐果的生理过程。

通过对调控花芽分化的技术措施的学习和实训，了解调控花芽分化的技术措施，能运用环剥、环割等技术，通过果园保花保果和疏花疏果技术的运用，解决目前果树生产中一些引种品种坐果难的问题，也为提高果园管理技术水平打下基础。

班 级		组长签字		教师签字		月 日

作 业 单

学习领域	情 景 篇
模 块 四	果树花果管理
作业方式	

1. 简述果树花芽分化的类型,并对各种类型举例说明。

2. 简述影响果树花芽分化的因素,简要说明促进果树花芽分化的技术措施。

3. 简述果树开花坐果的类型,并说明影响开花坐果的因素有哪些。

4. 简述果树授粉的方式,并说明授粉受精受哪些因素的影响。

5. 生产中如何提高坐果率?如何科学合理地保花保果?

6. 如何选择疏花疏果的时期及确定疏花疏果的量?常用疏花疏果的方法有哪些?

作业评价	班 级		组长签字		月 日
	教师签字		教师评分		
	评语:				

检　查　单

<table>
<tr><td>学习领域</td><td colspan="4">情　景　篇</td></tr>
<tr><td>模　块　四</td><td colspan="4">果树花果管理</td></tr>
<tr><td>检查项目</td><td colspan="2">检查内容</td><td>学生自查</td><td>教师检查</td></tr>
<tr><td rowspan="4">思政素养</td><td colspan="2"></td><td></td><td></td></tr>
<tr><td colspan="2"></td><td></td><td></td></tr>
<tr><td colspan="2"></td><td></td><td></td></tr>
<tr><td colspan="2"></td><td></td><td></td></tr>
<tr><td rowspan="4">技能素养</td><td colspan="2"></td><td></td><td></td></tr>
<tr><td colspan="2"></td><td></td><td></td></tr>
<tr><td colspan="2"></td><td></td><td></td></tr>
<tr><td colspan="2"></td><td></td><td></td></tr>
<tr><td rowspan="4">理论素养</td><td colspan="2"></td><td></td><td></td></tr>
<tr><td colspan="2"></td><td></td><td></td></tr>
<tr><td colspan="2"></td><td></td><td></td></tr>
<tr><td colspan="2"></td><td></td><td></td></tr>
<tr><td rowspan="3">检查评价</td><td>班　　级</td><td></td><td>组长签字</td><td></td></tr>
<tr><td>教师签字</td><td></td><td>日　　期</td><td></td></tr>
<tr><td colspan="4">评语：</td></tr>
</table>

评 价 单

<table>
<tr><td>学习领域</td><td colspan="6">情 景 篇</td></tr>
<tr><td>模 块 四</td><td colspan="6">果树花果管理</td></tr>
<tr><td>评价类别</td><td>项目</td><td colspan="2">子项目</td><td>个人评价</td><td>组内互评</td><td>教师评价</td></tr>
<tr><td rowspan="12">专业能力（60%）</td><td rowspan="2">咨询（10%）</td><td colspan="2">搜集信息（5%）</td><td></td><td></td><td></td></tr>
<tr><td colspan="2">引导问题回答（5%）</td><td></td><td></td><td></td></tr>
<tr><td rowspan="3">计划（10%）</td><td colspan="2">计划可执行度（4%）</td><td></td><td></td><td></td></tr>
<tr><td colspan="2">调查方案设计（3%）</td><td></td><td></td><td></td></tr>
<tr><td colspan="2">方案合理度（3%）</td><td></td><td></td><td></td></tr>
<tr><td rowspan="2">实施（15%）</td><td colspan="2">常见果树花芽分化类型的调查（5%）</td><td></td><td></td><td></td></tr>
<tr><td colspan="2">常见果树开花坐果类型的调查（5%）</td><td></td><td></td><td></td></tr>
<tr><td rowspan="2">检查（10%）</td><td colspan="2">开花坐果过程观察（5%）</td><td></td><td></td><td></td></tr>
<tr><td colspan="2">果树促花技术掌握（5%）</td><td></td><td></td><td></td></tr>
<tr><td>过程（5%）</td><td colspan="2">保花保果技术掌握（5%）</td><td></td><td></td><td></td></tr>
<tr><td>结果（10%）</td><td colspan="2">疏花疏果技术掌握（10%）</td><td></td><td></td><td></td></tr>
<tr style="display:none"></tr>
<tr><td rowspan="4">思政能力（20%）</td><td rowspan="2">团队协作（10%）</td><td colspan="2">小组成员合作良好（5%）</td><td></td><td></td><td></td></tr>
<tr><td colspan="2">对小组的贡献（5%）</td><td></td><td></td><td></td></tr>
<tr><td rowspan="2">敬业精神（10%）</td><td colspan="2">学习纪律性（5%）</td><td></td><td></td><td></td></tr>
<tr><td colspan="2">爱岗敬业、吃苦耐劳（5%）</td><td></td><td></td><td></td></tr>
<tr><td rowspan="2">方法能力（20%）</td><td>计划能力（10%）</td><td colspan="2">考虑全面（10%）</td><td></td><td></td><td></td></tr>
<tr><td>决策能力（10%）</td><td colspan="2">决策果断（10%）</td><td></td><td></td><td></td></tr>
<tr><td rowspan="3">评价评语</td><td>班 级</td><td></td><td>组长签字</td><td></td><td>总 评</td><td></td></tr>
<tr><td>教师签字</td><td></td><td>日 期</td><td></td><td></td><td></td></tr>
<tr><td colspan="6">评语：</td></tr>
</table>

学习小结

<table>
<tr><td>学习领域</td><td colspan="4">情　景　篇</td></tr>
<tr><td>模 块 四</td><td colspan="4">果树花果管理</td></tr>
<tr><td>学习小结</td><td colspan="4"></td></tr>
<tr><td rowspan="3">教师评价</td><td>班　　级</td><td></td><td>组长签字</td><td></td></tr>
<tr><td>教师签字</td><td></td><td>教师评分</td><td></td></tr>
<tr><td colspan="4">评语：</td></tr>
</table>

学习笔记

模块五

果实品质形成与提高

模块导读

模块介绍

果实品质直接影响果实的商品价值，是长期以来我国果树生产者高度关注的领域。根据不同用途，果品品质可分为鲜食品质、加工品质、内部品质、外部品质、营养品质、销售品质、运输品质和桌面品质等。对不同种类或品种的果品均有具体的品质要求或标准，因此品质要求有其共同性，也有其差异性。本模块主要包括五个子任务，学习果实的生长与发育、果形调控与果穗整形、提高果实外观质量、防止采前落果、果实采收与采后处理的理论和技术。以任务驱动的方式引导学生对果实生长与发育过程的学习进行思考，进而要求学生了解果形调控与果穗整形的必要性，重点了解提高果实外观质量、防止采前落果、果实采收与采后处理等技术措施，助力生产一线提高果实的内外品质和商品性，提高生产效率和增大生产效益。

模块目标

知识目标

1. 了解果树果实生长发育的过程。
2. 了解影响果树果实生长发育的因素。
3. 掌握提高果实品质的措施。
4. 掌握防止采前落果的基本措施。
5. 掌握果实采收与采后管理的基本措施。

技能目标

1. 依据果实生长发育的过程及影响因素正确判断果实生长发育是否正常。
2. 依据提高果实品质的措施能够熟练开展果实品质调控工作。
3. 依据防止采前落果的措施能够有效地防止果实采前落果。
4. 依据果实采收与采后管理措施能够熟练地把控果实采收与采后管理。

素质目标

1. 培养学生热爱果树生产、投身果树产业发展信念，能够全身心投入本课程学习。
2. 培养学生的团队合作精神，在分组学习中能够相互配合，有效地完成学习任务。
3. 引导学生树立食品安全意识和生态文明持续发展理念，在果实品质提高过程中，不违规选用农业投入品。

任务描述

了解果树果实生长发育的过程及影响因素，掌握提高果实品质的措施，掌握如何防止采前落果，掌握果实采收及采后管理的基本措施。具体任务要求如下：

1. 利用在线平台学习，了解果树果实生长发育的过程及影响因素。
2. 通过互联网相关资料，了解果实生长发育的生理基础。
3. 分组对本地常见果树果实采收及采后管理进行调查，掌握本地果实采收及采后的管理措施。
4. 通过互联网资料查询和实地调查，掌握提高果实品质的基本措施。

任务一　果实的生长与发育

课前思考

1. 影响果实生长的因素有哪些？
2. 影响果实糖酸比的因子有哪些？
3. 决定果实的色泽发育的色素有哪些？

果实的硬度

基础知识

一、影响果实生长的因素

1. 细胞数和细胞体积

果实体积的增大，决定于细胞数目、细胞体积和细胞间隙的增大，以前两个因素为主。

细胞数目的多少与细胞分裂时期的长短和分裂速度有关。果实细胞分裂始于花原始体形成后，到开花时暂时停止，以后视果树种类而异。有的花后不再分裂，只有细胞增大，如黑醋栗的食用部分；有的树种一直分裂到果实成熟，如草莓的细胞分裂到成熟。大多数果实介于二者之间，花前有细胞分裂，开花时中止，经授粉受精后继续分裂。

花后细胞旺盛分裂时，细胞体积即同时开始增大，在细胞停止分裂后，细胞体积继续增大。从栽培的要求来看，首先要促进果实细胞的分裂，重视头一年夏秋季节的树体管理。

2. 有机营养

果实细胞分裂主要是原生质的增长过程，称为蛋白质营养时期。需要有氮、磷和碳水化合物的供应。树体贮藏碳水化合物的多少及其早春分配情况，是果实蛋白质营养期（细胞分裂期）的限制因子。

果实发育中后期，即果肉细胞体积增大期，最初原生质稍有增长，随后主要是液泡增大，除水分绝对量大大增加外，碳水化合物的绝对量也直线上升，称为碳水化合物营养期。果实增重主要在此期，要有适宜的叶果比，保证叶片光合作用。叶片对果实主要是就近供应营养。

3. 无机营养

矿质元素在果实中的含量很少，不到1%，除一部分构成果实躯体外，主要影响有机物质的运转和代谢，如缺磷会使果肉细胞数减少。

钾对果实的增大和果肉干重的增加有明显促进作用。钾可以提高原生质活性，促进糖的运转流入，增加干重；钾多时果实鲜重中水分百分比增加。

钙与果实细胞膜结构的稳定性和降低呼吸强度有关。缺钙会引起果实生理病害，如苹果的苦痘病、木塞斑点病、内部坏死、红玉斑点病和水心病。钙进入果实主要在前期（花后 4～5 周），后期随果实增大，钙浓度被稀释，因此大果易出现缺钙的生理病。钙只能由根部经木质部供应，不能从叶经韧皮部向果实供应。旺盛生长的新梢顶端也需要钙，会与果实竞争，所以徒长树和修剪过重的树，果实易出现缺钙的生理病。头一年秋季树体吸收的钙，第二年可供果实初期发育用。

4. 水分

果实内 80%～90% 为水分。

5. 温度和光照

适温条件下果实个大。幼果期温度为限制因子，因主要利用贮藏营养，后期光照为限制因子。果实生长主要在夜间，夜温影响较大。温度影响光合作用和呼吸作用，影响碳水化合物的积累，所以昼夜温差影响较大。

6. 种子

果实内种子的数目和分布影响果实的大小和形状。

二、果实的色泽发育

决定果实色泽发育的色素主要有叶绿素、胡萝卜素、花青素及黄酮素等。夜温低，有利于糖分积累，紫外光易促进着色，因其诱导乙烯合成，乙烯既可增加膜透性，使糖分易于移动，又可诱导 PAL 活性。

三、果实的风味

糖酸含量和比例。果实中所含的糖主要有葡萄糖、果糖和蔗糖，果糖最甜，蔗糖次之，葡萄糖更次之。但葡萄糖风味好，苹果、梨、柿含有 3 种糖，但葡萄糖和果糖大大高于蔗糖。而桃、杏以及部分李品种，蔗糖占优势。葡萄以葡萄糖最多，次为果糖，无蔗糖。

果实在成熟时，酸通过呼吸氧化分解，酸的含量减少，果实增大，水分增加，游离酸变成盐，如葡萄中钾与酒石酸形成酒石酸钾盐。

影响果实糖酸比的因子有以下几方面。

（1）温度　气温高，糖酸比高。酸分解要求一定的温度，酒石酸分解要求的温度比苹果酸高。

（2）光照　直接影响光合作用。

（3）叶果比　适宜的叶果比，可以保证果实的糖酸比。

（4）矿质营养　如氮、磷、钾等。

果实芳香物质：含量少，影响大，主要是醇、醛、酮、酯和萜烯类物质。

果实的品质由外观品质（大小、果形整齐度和色泽等）和内在品质（风味、质地等）构成。

四、果实成熟度

可采成熟度:大小已定,未完全成熟,未充分香味,肉硬,用于贮运和加工。

食用成熟度:适于当地销售或制作果汁、酿酒,果已成熟,有固有的香味。

生理成熟度:生理上充分成熟,果肉松绵,种子充分成熟,果无味,用于采种。以种子为果的宜此时采,如核桃和板栗。

任务二　果形调控与果穗整形

课前思考 〉〉〉

1. 影响果形的因素有哪些及如何调整果形?
2. 如何进行果穗整形?
3. 如何进行疏粒?疏粒的前期工作需要做什么?

基础知识 〉〉〉

果实的形状和大小是重要的外观品质,它直接影响果实的商品价值。不同品种,有其特殊的形状,如鸭梨在果梗处有"鸭头状突起",元帅系苹果要求高桩、五棱突出等。有些果树如葡萄、枇杷等,其果穗的大小、形状、果粒大小、整齐度等也各不相同。消费者不但要求果实风味好,而且要求果实具有良好的外观。努力提高果实的外观品质,使之适应目前竞争日益激烈的市场,是提高果树生产效益的重要措施之一。

一、影响果形的因素及果形调整

果形除取决于品种自身的遗传性外,还会受砧木、气候、果实着生位置和树体营养状况等因素影响而产生较大的变化。

1. 树种、品种

果实形状首先受到遗传特性的影响。不同的树种、品种,其果形相对稳定。

2. 砧木

相同的品种嫁接在生长势强的砧木上,比嫁接在生长势弱的砧木上所结的果实果形指数大。果形指数是果实的纵径与横径之比。对有些果树,果形指数是反映其品质好坏的重要指标,果形指数大的果实商品性较好。

3. 气候

对许多果树的研究表明，春末夏初冷凉气候条件有利于果形指数的增加，如在我国西北地区红星苹果果形指数较大。

4. 着果位置

鸭梨花序基部序位的果实，具有典型鸭梨果形的果实比例较高，随着序位的增加，其比例降低。富士苹果中，着生在中长果枝上的下垂果，果形指数较大，果实端正。反之，着生在靠近大枝上的侧生果，果形指数较小，易发生偏果。因此，在疏花疏果时，鸭梨应尽量保留下垂果。

5. 树体营养状况

大部分果树在花期前后要进行果实细胞分裂，此时果树贮藏营养的状况对果实的大小和形状有较大影响。苹果在大年时，不但果个小，而且果实扁。大量的研究结果证明，凡是能够增加树体营养的措施，特别是增加贮藏养分水平的措施，都有利于果实果形指数的提高。

果实的发育受多种内源激素的调节，应用生长调节剂可以在很大程度上改变某些果树果实的果形。

二、果穗整形

鲜食葡萄、枇杷、荔枝等果实的外观品质不但和果粒的大小、形状有关，与果穗的大小、形状紧密度也有着密切关系。果穗整形，对提高葡萄的品质和商品价值有十分重要的作用。以葡萄巨峰系大粒品种为例，果穗整形主要通过疏序（或疏穗）、整穗和疏粒三个步骤来完成。

1. 花序疏除

和其他树种一样，葡萄产量过高，会造成果实品质下降，如着色不良、含糖量降低等。在花量过多时，适当疏除花序或果穗，有利于果实品质的提高和保证来年的产量。原则上花穗疏除进行得越早越好，但为保证不因疏穗而影响产量，最好在坐果基本稳定后（盛花后 15～20 d）完成（先疏一部分花序，坐果后再疏果穗）。

疏穗时应掌握以下原则：一是过弱枝不留果穗。结果母枝过弱，即使留果，也不能很好的发育，而且会影响枝条的生长。一般情况下，疏穗时结果枝长度小于 50 cm 的不留果穗。二是疏除无籽果或坐果不足果穗。三是疏除形状不好的果穗。有些果穗由于发育不良会造成偏穗、畸形穗。四是疏除果粒过多的穗。果穗中果粒过多，会造成果穗过分紧密，果粒相互挤压变形，内部果粒着色不良。

最终留穗数的多少应根据树体生长状况和土壤肥力决定。日本制订的巨峰系大粒葡萄的留穗标准为：每穗 400 g，每亩 2 400～6 000 穗（图 5-2-1）。

图 5-2-1　葡萄留穗

2. 整穗

为使保留的果穗生长整齐，穗形良好，一般在开花前数天对花序进行修整。以巨峰葡萄为例，花序修整时，首先应去掉最上部 4～5 个支穗(包括副穗)。因为上部支穗大小不齐，另外，也可防止穗梗过短。留下的支穗梗长度为 2 cm 左右，然后留下 15 个小穗掐尖，穗轴长度为 14～15 cm。

3. 疏粒

花序或果穗整形后，果穗的大小和形状能够基本一致，但果穗中的果粒大小和整齐度也应在坐果后进行调整。疏粒能保证果粒大小均匀，果穗松紧度适当。留果数量应根据该品种的果粒大小和要求的穗重来决定，如巨峰葡萄每穗果重 400 g，果粒重 12～13 g，则每穗保留果粒 30～35 粒。

疏粒时首先应疏除无粒果和小果，保留个大、均匀一致的果粒。对个别特别大的果粒，为保持果穗整齐，也应疏去。果个调整后，应进一步调整果穗密度和果粒排列。支穗果实过多时，应疏去一部分，支穗上的留果数应根据位置的不同有所差异。从穗梗处算，第 1～2 支穗留果 4 个，第 3～6 支穗留果 3 个，第 7～10 支穗留果 2 个，第 11～15 支穗留果 1 个。

任务三　提高果实外观质量的技术措施

课前思考

1. 提高果实外观质量的技术措施。
2. 如何对果实进行规范套袋？套袋应注意哪些问题？
3. 如何提高果面洁净度？

基础知识

一、促进果实着色的技术

果实着色程度是外观品质的一个重要指标，它关系到果实的商品价值。

果实着色状况受多种因素的影响，如品种、光照、温度、施肥状况、树体营养状况等。在生产实际中，要根据具体情况，对果实色素发育加以调控。

1. 改善树体光照条件

大量研究证明,光是影响果实着色的重要因素。要改善果实的着色状况,首先要有一个合理的树体结构,保证树冠内部的光照充足。以苹果为例,我国传统的树形主要是疏散分层形,此树形树冠过大,且留枝量过多,会造成树冠郁蔽,冠内光照不良。目前,大量应用的纺锤形或细长纺锤形的树形,可以有效改善冠内的光照,提高优质果的比例。研究表明,光照与果实中糖分和花青素的含量有直接关系。

2. 果实套袋

果实套袋最初是为防止果实病害而采取的一项技术管理措施。果农在应用中发现,套袋除可防止果实产生病害外,在成熟前摘取袋子,还可促进果实的着色。这个现象一经发现,以促进果实着色为目的的果实套袋技术便开始被广泛运用。近年来,我国在苹果、梨、桃、葡萄等果树生产上,越来越多地应用套袋技术,对改善果实着色起到了重要的作用。

果实套袋对提高果实外观品质效果显著,除了可促进果实着色、减轻果实病虫害外,还具有提高果面光洁度、减轻果实中农药残留等作用。此外,在雹灾频繁发生的地区,还具有避免或减轻雹害的效果。但套袋也有不利的一面,首先,套袋降低果实中可溶性固形物的含量,果实口味变淡,贮藏性能降低。其次,近年来发现,在夏季降水量大的年份,由于袋内高温高湿,在果实萼部周围常发生黑褐色斑点,严重时遍布整个果实。另外,在苹果上套袋有时会加重果实日烧。我国现阶段果实品质的主要问题是外观品质差,着色不良。因此,目前套袋对提高果实外观品质和果园经济效益是切实可行的有效措施。

果实套袋技术对果袋的质量、套袋及摘袋的时期、摘袋后的管理等都有较严格的要求,如果掌握不好,会给生产造成一定的损失。以苹果为例,套袋技术要点如下:

(1)果袋质量　果袋用纸应是木浆纸,要求具有较强的耐水性和耐日晒能力,在长时期野外条件下,不变形、不破裂。纸袋的大小应根据所套果实大小确定。纸袋多数为双层,也有单层和三层。双层袋外袋的外表面为灰色或黄绿色,内表面为黑色,内袋为红色或深蓝色半透明纸袋。单层袋与双层袋的外袋相同,可为黄色半透明纸袋。三层袋在双层袋的外袋与内袋间加一层双面黑色的纸袋。双层袋增加果实色泽的作用强于单层袋,但成本较高。对于梨和葡萄,使用报纸做成的专用果袋应用也很普遍。

(2)套袋时间及要求　套袋在定果后进行,套袋前应对果实全面喷施一次杀菌剂及杀虫剂,以清除果实上的病虫。套袋前将果袋撑开,套袋时应注意避免损伤果柄。袋口封闭要严,以防害虫进入袋内。

(3)除袋　对于梨等非红色果皮,通常套袋果实至采收时也不除袋,但对于以获得红色果实为主要目的的套袋果实,必须在采收前除袋。除袋时间一般在果实采收前一个月左右。为防止日烧的发生,除单层袋时,先把外袋除去,待果面呈现黄色或有淡红晕后(2～3 d)再除去内袋。除内袋应在晴天中午(10 时至 14 时)进行。除袋后数天的日照状况对果实着色十分重要,因此应尽量选择连续晴天时除袋。

3. 摘叶和转果

摘叶和转果的目的是使果实全面着色。摘叶一般分几次进行,套袋果在除外袋的同时进行第一次摘叶,非套袋果在采收前 30～40 d 开始,此次摘叶主要是摘掉贴在果实上或紧靠果实的叶片，数天后再进行第二次摘叶。第二次主要是摘除遮挡果实采光的叶片。摘叶时期不可过早，否则会降低果实含糖量并影响果实增大，同时还应注意不可一次摘叶过量，特别是套袋果第一次摘叶时，如果摘叶过多，会造成果实日烧。

转果在果实成熟过程中应进行数次，以实现果实全面均匀着色。方法是轻轻转动果实，使原来的阴面转向阳面，转动时要轻，以免果实脱落。为防止果实回转，可将果实倚靠在枝杈处。对于无处可依又极易回转的果实，可用橡皮筋拉在小枝之间，然后把果实靠在橡皮筋上，也可用透明胶带固定。

结合摘叶和转果，应采用支、拉等方法改变小枝的角度和位置，使树冠内所有部位充分采光。

4. 树下铺反光膜

摘叶和转果只能解决果实正面和侧面的光照条件，果实下部的光照很难解决。在树下铺反光膜，可显著改善树冠内部和果实下部的光照条件，生产全红果实。铺反光膜一定要和摘叶结合使用，在果实进入着色期开始铺膜。

5. 应用植物生长调节剂

应用生长调节剂促进果实着色，是果树工作者长期努力研究的课题之一，并取得了较大的成效。目前生产上已应用的生长调节剂主要有乙烯利等，如苹果、葡萄等在成熟前喷施乙烯利200～1 000 mg/L，可明显促进果实的着色。

近年来，不少科学家对一些新的植物生长调节剂在果实着色上所起的作用进行了大量的研究与探索。其中被认为比较有效的主要有：MGC-140（氯化胆）：在樱桃采收前1～2周，喷施300～600倍液，可有效地促进果实着色，同时提高糖含量。GR-58（2-甲基-4-氯丁酸钠，MCPB）在采收前20～30 d喷施3 000～4 000倍液，可明显促进苹果着色。

二、提高果面洁净度的措施

除果实着色状况外，果面的洁净度也是影响果实外观品质的重要指标。在生产中，因农药、气候、降雨、病虫危害、机械伤等原因，常造成果面出现裂口、锈斑、煤烟黑、果皮粗糙等现象，多发的年份会严重影响果实的商品性，造成经济效益下降。由于影响因素很多，所以克服难度较大。目前在生产上能够提高果实洁净度的措施主要有以下几个方面。

（1）果实套袋使果实处于完全被保护的状态，能有效地提高果面的光洁度。

（2）合理使用农药。许多研究证明，农药使用的时期及浓度不当会造成果锈，影响果面洁净度。在幼果期喷施保护剂，一定程度上可减轻果锈的发生。

（3）加强植物保护，防止果面病虫害。

（4）使用植物生长调节剂，如普洛马林对苹果锈的防治具有明显的效果。

任务四　防止采前落果

课前思考

1. 采前落果是由哪些因素造成的？
2. 如何防止采前落果？

基础知识

一、防止由于品种造成的采前落果

采前落果是指在果实成熟前不久，由于品种特性使枝条与果柄间或果柄与果实间形成离层、导致果实非正常脱落的现象。采前落果对产量和经济效益都有影响，严重时可造成经济收益的大幅度降低。

采前落果主要是由品种特性造成的。苹果、梨、柑橘等多种果树中的许多品种具有采前落果的习性。目前对采前落果唯一有效的防治方法是施用植物生长调节剂。早在20世纪40年代，欧美国家就开始了应用萘乙酸防止苹果采前落果的研究，并已经应用于生产中，目前我国也在生产上广泛应用萘乙酸。萘乙酸防止苹果采前落果的适宜浓度为30～50 mg/L，适用时期为采前30 d及15 d各喷施一次。萘乙酸除对苹果有效外，对防止梨的采前落果也有较好效果，其施用时期与苹果相同，但施用浓度低于苹果，为20～30 mg/L。目前在生产上应用的防止柑橘采前落果最有效的植物生长调节剂是2,4-D，施用2,4-D 50～60 mg/L两次，对防止夏橙的采前落果有明显效果。多效唑是目前被广泛应用的生长延缓剂，它对苹果的采前落果具有较好的作用。

二、防止由于灾害造成的采前落果

采收前经常会发生灾害性落果。灾害性落果主要是指在果实成熟前由于大风、干旱、病虫等灾害造成的果实脱落。对灾害性落果的预防，应针对具体情况，采取相应措施。

1. 防风

大风是造成灾害性落果的最主要原因。往往一场大风过后，落果遍地，严重时产量全无。因此生产上应加强防风管理，特别是在采收前经常发生大风的地区要加强风灾的预防。防风的措施主要有：

果实加固。对果实及枝条采用支、吊等方法进行加固，是减轻由于风害造成落果的最有效方法。如日本梨树栽培采用水平棚架绑缚栽培可大幅度减轻风的危害。

降低风速。采用有效防护措施，可降低风速，主要方法有建立防风林，设立防风网和防风障等。

2. 合理灌溉

目的是减轻干旱造成落果的有效方法。

3. 加强植保

加强后期植物保护工作。这项工作可防止因病虫害造成的落果。

任务五　果实采收与采后处理

课前思考

1. 果实采摘前要做哪些准备工作？
2. 如何确定果实的采收期？
3. 果实的采收方式有哪些？如何规范采收果实？
4. 果实采收后，如何进行采后处理？

果实采收和采收管理

基础知识

采收是果园生产的最后工作，同时又是果品贮藏的开始，因此采收有承上启下的作用，是果树生产的重要环节。如果管理不善，会使产量降低、品质下降，还会影响果实的贮藏性能，大幅度降低果园的经济效益。

一、采收前的准备

1. 估产

果实采收是时间性很强的工作，特别是对一些核果类果树，其果实成熟速度快，适采时间短，必须及时完成，否则会造成不应有的损失。因此，在采收前需对果园的产量进行估测。之后根据估产的结果，合理安排劳动力，准备采收前用具和包装材料等。

估产一般在全年进行 2 次，即 6 月落果后和采前 1 个月，后一次尤为重要。估产的方法是根据果园的大小，按对角线方式随机抽取一定数量的果树，调查其产量情况，再换算成全园的产量。抽样时应注意，所调查的树应具有代表性，要避开边行和病虫害严重危害的树，调查时一般按每公顷 10 株抽样。

2. 采收工具的准备

估产后，应根据劳动力状况合理安排采收进程，并准备采收用具。我国采收多用果筐，筐内应用柔软材料垫衬，以防止果实碰伤。

除采收工具外，还必须根据估产结果，准备包装容器，包装容器不可有锐利边角，我国现在主要用纸箱。

二、采收期的确定

采收期的早晚对果实的产量、品质及耐贮性都有很大影响。采收过早，果实个小，着色差，可溶性固形物含量低，贮藏过程中易发生皱皮萎缩；采收过晚，果实硬度下降，贮藏性能降低，树体养分损失大。

1. 果实成熟度

根据用途，果实成熟度分为可采成熟度、食用成熟度和生理成熟度 3 种。

(1)可采成熟度　此时果实体积已达到可采收的标准，但并未完全成熟，其应有的风味还未充分表现出来，果肉硬度大，不适宜立即鲜食。需要远途运输、贮藏和加工成蜜饯的果实在此时采收。

(2)食用成熟度　此时果肉已充分成熟，并表现出该品种特有的色、香、味。果实内可溶性固形物含量达到最高，食用品质最佳。此时采收适用于当地销售，加工果酒、果酱、果汁等，但不适于长途运输和贮藏。

(3)生理成熟度　此时不但果实充分成熟，种子在生理上也达到充分成熟。此时果肉内有机物已开始水解，硬度下降，风味变淡，食用品质降低。但达到生理成熟度后，果实的种子饱满，贮藏营养充足。以种子为可食部位或育种时采种的果树，应在此时采收。

2. 成熟度的确定与果实采收

对于有些果实上述 3 种成熟度是一致的，有些则相差甚远。如就地销售的晚熟品种桃，采收时种胚已充分发育成熟，如西洋梨的绝大部分品种，采收后必须经过一段时间的后熟才可食用。在生产中应根据具体需要，在不同的成熟期采收果实。果实成熟的确定主要有以下几种方法：

(1)果实的色泽　大部分果实在成熟过程中果皮的色泽会发生明显的变化。如果皮中叶绿素逐渐分解，底色中绿色减退，黄色增加，红色品种逐渐显现出其特有的色泽。对大多数品种来说底色由绿转黄是果实成熟的重要标志。目前我国大部分果园采用这种方法。此法的优点是简便易行，容易掌握。缺点是判断准确性差，缺少具体指标，主要靠经验。

(2)根据盛花期后的天数　果实从坐果至成熟所需的发育天数在一定的条件下是相对稳定的。因此可根据某一品种的果实盛花期后发育期的天数，来推算其成熟期。

(3)糖量(或可溶性固形物含量)　果实的含糖量也是果实成熟的标准之一。酿酒葡萄在采收时要求可溶性固形物含量达到 17%～18%，红津轻苹果要求达到 12%以上。

(4)硬度　随着果实成熟，果实的硬度逐渐降低，因此根据果实的硬度可判断其是否成熟。金冠苹果适采时的果肉硬度约为 6.8 kgf/cm^2，元帅系为 6.4～17.3 kgf/cm^2。

(5)碘-淀粉反应　一些树种的果实(如苹果)在成熟前,含有较多的淀粉。成熟后,果实中的淀粉被分解为糖。利用碘化钾与果实中的淀粉反应生成紫色的程度,可判断果实的成熟度。测定时将苹果横切两半,用5%的碘化钾溶液涂抹切面。根据染色的面积,将其分为六级。

采收期的确定除要考虑果实的成熟度外,更重要的是要根据果实的具体用途和市场情况来确定。如不耐贮运的鲜食果应适当早采,在当地销售的果实要等到接近食用成熟度时再采收。如果市场价格高,经济效益好,应及时采收上市。相反,以食用种子为主的干果及酿造用果,应适当晚采,使果实充分成熟。有些果树的果实需经后熟后才可食用,如西洋梨、涩柿、香蕉等,这些果实在确定采收期时,主要依据是果实发育期,果实大小等指标。

三、采收方法

果实采收的方法,因树种不同而有很大差别。根据是否使用机械可分为人工采收和机械采收两类。

1.人工采收

(1)采收的要求　果树的种类很多,果实形状千差万别,其采收的方法也各不相同,但采收的要求原则上是相同的。采收时应尽量避免损伤果实,如压伤、指甲伤、碰伤、擦伤等,果实受伤后,病菌容易侵染果实,导致果实腐烂。受伤的果实即使不腐烂其贮藏性也会降低,为减轻果实伤害,采收时最好戴手套,做到轻拿轻放。

一株树采收时应按先下后上,先外后内的顺序进行,以免碰伤和碰落果实。采收时还要注意避免碰伤枝芽,造成来年产量损失。

对成熟度不一致的树种或品种应分期采摘,以提高果实的品质和产量。国外为了提高果实品质,对许多树种均采用分期采收。

(2)采收方法　对果柄与果枝易分离的树种,如核果类和仁果类果树可用手直接采摘,对于柑橘、葡萄、龙眼、荔枝等果柄不易脱离的果实,应用剪刀剪取果实或果穗,仁果类采收时用手轻握果实,食指压住果柄基部(靠近枝条处),向上侧翻转果实,使果柄从基部脱离。采收果实时注意要保留果柄,以免果实等级降低,造成经济损失。核果类中的桃、杏等果实果柄短,采收时不保留果柄,采收时应用手轻握果实,并均匀用力转动果实,使果实脱落。樱桃采收时应保留果柄。有些品种的桃果柄很短但梗洼较深,如部分蟠桃以及圣桃等,在采收时近果柄处极易损伤,最好用剪刀带结果枝剪取果实。

2.机械采收

机械采收效率高,可大幅度降低劳动强度与生产成本,是将来果树生产的发展方向。但现在采收机械还不十分完善,完全的机械采收还主要用于加工果实,而鲜食果实仍以人工采收为主。

机械采收主要有以下方式:

(1)机械振动　这是目前使用最多的方法,对于大多数加工用果实,均可采用震动采收。震动采收机有很多种,但主要由振荡器和接果架两部分组成。振荡器上带有一个装着钳子的长臂,采收时振荡器伸出长臂,用钳子夹住树的主干摇动,把果实震动下来。下面用倒伞形的接果盘接住被震落的果实,然后用传送带将果实送到果箱中。采收机振动的频率因果实的种类而不同,苹果的震动频率为400次/min,樱桃为1 000～2 000次/min。

(2)机械辅助采收　发达国家在鲜食果实采收时虽未实现完全机械化，但采用了较多的辅助机械。应用最多的是可移动式升降采收台，采收时人站在采收台上，可根据果实的部位调节采收台的高低。

四、采后处理

1. 果实清洗与消毒

许多果实采收后，果面上沾有许多尘土、残留农药、病虫污垢等，严重影响果实的外观品质。如不清洗，会降低果实的商品性，也会加大在贮运过程中的果实腐烂程度。常用的清洗剂主要有稀盐酸、高锰酸钾、氯化钠、硼酸等的水溶液。有时为了洗掉果面上的有机污垢，可在无机清洗剂中加入少量的肥皂液或石油。总之，果实清洗消毒剂的种类很多，应根据果实种类和主要清洗物进行筛选。但无论是何种清洗剂，必须满足以下条件：可溶于水，具有广谱性，对果实无药害且不影响果实风味，对人体无害并在果实中无残留，对环境无污染，价格低廉。

2. 果实涂蜡

为了进一步提高果品的质量，需要对果实涂蜡。涂蜡可增加果实的光泽，减少在贮运过程中果实的水分损失，防止病害的侵入。果实涂蜡的成分主要是天然或合成的树脂类物质，并在其中加入一些杀菌剂和植物生长调节剂。果实涂蜡的方法主要有沾蜡、刷蜡、喷蜡。涂蜡要求蜡层薄厚均匀。此外应特别注意果实涂蜡不能过厚，否则会阻碍果实的正常呼吸作用，在贮运过程中产生异味，导致果实风味迅速变劣。

3. 分级

果实在包装前要根据国家规定的销售分级标准或市场要求进行挑选和分级。果实分级后，同一包装中果实大小整齐、质量一致，利于销售中以质论价。同时，在分级中应剔除病虫果和机械损伤果，减少在贮运中病菌的传播和果实的损失。筛选出来的果实可用作加工原料或及时降价处理，减少浪费。

果实的分级以果实品质和大小两项内容为主要依据，通常在品质分级的基础上，再按果实的大小进行分级。品质分级主要以果实的外观色泽、果面洁净度、果实形状、有无病虫危害及损伤、果实可溶性固形物含量、果实成熟度等为依据，果实大小分级因树种、品种而异。果形较大的可分为 4～5 级，如苹果、梨、桃等。果形较小的如草莓、樱桃等一般只分 2～3 级。此外，果实分级有时还因果实的用途而有差别，如酿酒用葡萄主要是依据可溶性固形物含量和酸含量分级，而鲜食葡萄主要是根据果穗和果粒的大小、果实的颜色分级。各国对果实的分级制定了指导性的标准。

4. 包装

包装可减少果实在运输、贮藏、销售中由于摩擦、挤压、碰撞等造成的果实伤害，使果实易搬运、码放。作为包装的容器应具备一定的强度，保护果实不受伤害，材质轻便，便于搬运，容器的形状应便于码放，适应现代运输方式，价格便宜。我国过去的包装材料主要采用筐篓，随着经济的发展，包装材料有了很大变化，目前的包装材料主要为纸箱、木箱、塑料箱等。包装的大小应根据果实的种类、运输的距离、销售方式而定。易破损果实的包装要小，如草莓、葡萄等。苹果、梨等可适当大些，但为了搬运方便，一般以每箱装入 10～15 kg 果实为宜。

国外一些发达国家果实的采后处理已全部实现机械化，即把果实清洗、消毒、涂蜡、分级、包装、入冷库等程序在一条现代化流水线上全部完成。

计　划　单

学习领域	情　景　篇
模 块 五	果实品质形成与提高
计划方式	小组讨论、成员之间团结合作，共同制订计划

序号	实施步骤	使用资源

制订计划说明	

<table>
<tr><td rowspan="3">计划评价</td><td>班　　级</td><td></td><td>第　　组</td><td>组长签字</td><td></td></tr>
<tr><td>教师签字</td><td colspan="2"></td><td>日　　期</td><td></td></tr>
<tr><td colspan="5">评语：</td></tr>
</table>

决　策　单

<table>
<tr><td>学习领域</td><td colspan="8">情　景　篇</td></tr>
<tr><td>模 块 五</td><td colspan="8">果实品质形成与提高</td></tr>
<tr><td colspan="9">方案讨论</td></tr>
<tr><td rowspan="7">方案对比</td><td>组号</td><td>任务耗时</td><td>任务耗材</td><td>实现功能</td><td>实施难度</td><td>安全可靠性</td><td>环保性</td><td>综合评价</td></tr>
<tr><td>1</td><td></td><td></td><td></td><td></td><td></td><td></td><td></td></tr>
<tr><td>2</td><td></td><td></td><td></td><td></td><td></td><td></td><td></td></tr>
<tr><td>3</td><td></td><td></td><td></td><td></td><td></td><td></td><td></td></tr>
<tr><td>4</td><td></td><td></td><td></td><td></td><td></td><td></td><td></td></tr>
<tr><td>5</td><td></td><td></td><td></td><td></td><td></td><td></td><td></td></tr>
<tr><td>6</td><td></td><td></td><td></td><td></td><td></td><td></td><td></td></tr>
<tr><td>方案评价</td><td colspan="8">评语：</td></tr>
<tr><td>班　　级</td><td></td><td>组长签字</td><td></td><td>教师签字</td><td></td><td colspan="3">月　　日</td></tr>
</table>

材料工具清单

学习领域	情　景　篇						
模 块 五	果实品质形成与提高						
项　目	序号	名称	作用	数量	型号	使用前	使用后
所用仪器仪表							
所用材料							
所用工具							
班　　级		组长签字		教师签字		月　　日	

实 施 单

学习领域	情 景 篇	
模 块 五	果实品质形成与提高	
实施方式		
序号	实施步骤	使用资源
1	基本理论讲授	在线开放平台、多媒体
2	常见果树果实生长与发育过程调查	校内外实训基地
3	果形调控与果穗整形实训	校内外实训基地
4	促进果实着色技术应用	校内外实训基地
5	提高果面洁净度技术应用	校内外实训基地
6	防止采前落果技术应用	校内外实训基地
7	果实采收实践	校内外实训基地
8	果实采后处理技术应用	校内外实训基地
9		
10		

实施说明：

利用在线开放平台和多媒体资源，进行理论学习，了解果实生长与发育过程，进而思考如何提高果实的品质。通过对果形调控与果穗整形，观察果实的生长变化。结合提高果实外观质量技术措施的学习与实训，掌握促进果实着色技术和提高果面洁净度的措施。应用好防止果实采前落果技术，科学合理规范果实采收标准，做好果实采后处理。

进行常见果树果实生长与发育过程观察，并对如何提高果实的品质进行思考。

通过果形调控与果穗整形，了解常用的技术手段和进行此操作的必要性。

通过应用促进果实着色技术和提高果面洁净度技术，进行处理与未处理差别的比较。

通过应用果实标准化采收与采后处理，对比处理前后果实的差异。

合理有效的运用防止采前落果技术，提高生产经济效益。

班 级		组长签字		教师签字		月 日

作　业　单

学习领域	情　景　篇
模　块　五	果实品质形成与提高
作业方式	

1. 简述果树果实生长发育的过程，并说出影响果树果实生长发育的因素。

2. 简述如何提高果实的外观品质，并以葡萄为例，说明如何进行果穗整形。

3. 影响果形的因素有哪些？如何调整果形？

4. 造成采前落果的因素有哪些？如何防止采前落果？

5. 如何高效采收果实？说出做好采后处理需要注意的问题。

<table>
<tr><td rowspan="3">作业评价</td><td>班　　级</td><td></td><td>组长签字</td><td></td><td>月　　日</td></tr>
<tr><td>教师签字</td><td></td><td>教师评分</td><td colspan="2"></td></tr>
<tr><td colspan="5">评语：</td></tr>
</table>

检 查 单

<table>
<tr><td>学习领域</td><td colspan="4">情 景 篇</td></tr>
<tr><td>模 块 五</td><td colspan="4">果实品质形成与提高</td></tr>
<tr><td>检查项目</td><td colspan="2">检查内容</td><td>学生自查</td><td>教师检查</td></tr>
<tr><td rowspan="4">思政素养</td><td colspan="2"></td><td></td><td></td></tr>
<tr><td colspan="2"></td><td></td><td></td></tr>
<tr><td colspan="2"></td><td></td><td></td></tr>
<tr><td colspan="2"></td><td></td><td></td></tr>
<tr><td rowspan="4">技能素养</td><td colspan="2"></td><td></td><td></td></tr>
<tr><td colspan="2"></td><td></td><td></td></tr>
<tr><td colspan="2"></td><td></td><td></td></tr>
<tr><td colspan="2"></td><td></td><td></td></tr>
<tr><td rowspan="4">理论素养</td><td colspan="2"></td><td></td><td></td></tr>
<tr><td colspan="2"></td><td></td><td></td></tr>
<tr><td colspan="2"></td><td></td><td></td></tr>
<tr><td colspan="2"></td><td></td><td></td></tr>
<tr><td rowspan="3">检查评价</td><td>班　　级</td><td></td><td>组长签字</td><td></td></tr>
<tr><td>教师签字</td><td></td><td>日　　期</td><td></td></tr>
<tr><td colspan="4">评语：</td></tr>
</table>

评　价　单

<table>
<tr><td>学习领域</td><td colspan="5">情　景　篇</td></tr>
<tr><td>模 块 五</td><td colspan="5">果实品质形成与提高</td></tr>
<tr><td>评价类别</td><td>项目</td><td>子项目</td><td>个人评价</td><td>组内互评</td><td>教师评价</td></tr>
<tr><td rowspan="11">专业能力（60%）</td><td rowspan="2">咨询（10%）</td><td>搜集信息（5%）</td><td></td><td></td><td></td></tr>
<tr><td>引导问题回答（5%）</td><td></td><td></td><td></td></tr>
<tr><td rowspan="3">计划（10%）</td><td>计划可执行度（4%）</td><td></td><td></td><td></td></tr>
<tr><td>调查方案设计（3%）</td><td></td><td></td><td></td></tr>
<tr><td>方案合理度（3%）</td><td></td><td></td><td></td></tr>
<tr><td rowspan="2">实施（15%）</td><td>果形调控与果穗整形实训（10%）</td><td></td><td></td><td></td></tr>
<tr><td>防止采前落果技术应用（5%）</td><td></td><td></td><td></td></tr>
<tr><td rowspan="2">检查（10%）</td><td>促进果实着色技术应用（5%）</td><td></td><td></td><td></td></tr>
<tr><td>提高果面洁净度技术应用（5%）</td><td></td><td></td><td></td></tr>
<tr><td>过程（5%）</td><td>认真程度（5%）</td><td></td><td></td><td></td></tr>
<tr><td>结果（10%）</td><td>采收标准与采后处理应用（10%）</td><td></td><td></td><td></td></tr>
<tr><td rowspan="4">思政能力（20%）</td><td rowspan="2">团队协作（10%）</td><td>小组成员合作良好（5%）</td><td></td><td></td><td></td></tr>
<tr><td>对小组的贡献（5%）</td><td></td><td></td><td></td></tr>
<tr><td rowspan="2">敬业精神（10%）</td><td>学习纪律性（5%）</td><td></td><td></td><td></td></tr>
<tr><td>爱岗敬业、吃苦耐劳（5%）</td><td></td><td></td><td></td></tr>
<tr><td rowspan="2">方法能力（20%）</td><td>计划能力（10%）</td><td>考虑全面（10%）</td><td></td><td></td><td></td></tr>
<tr><td>决策能力（10%）</td><td>决策果断（10%）</td><td></td><td></td><td></td></tr>
<tr><td rowspan="3">评价评语</td><td>班　　级</td><td></td><td>组长签字</td><td></td><td>总　　评</td></tr>
<tr><td>教师签字</td><td></td><td>日　　期</td><td></td><td></td></tr>
<tr><td colspan="5">评语：</td></tr>
</table>

学习小结

<table>
<tr><td>学习领域</td><td colspan="4">情　景　篇</td></tr>
<tr><td>模 块 五</td><td colspan="4">果实品质形成与提高</td></tr>
<tr><td>学习小结</td><td colspan="4"></td></tr>
<tr><td rowspan="3">教师评价</td><td>班　　级</td><td></td><td>组长签字</td><td></td></tr>
<tr><td>教师签字</td><td></td><td>教师评分</td><td></td></tr>
<tr><td colspan="4">评语：</td></tr>
</table>

模块六

果树与环境条件的关系

模块导读

模块介绍

果树在其生长发育过程中，形成了与环境相互联系、相互制约的统一体。环境条件直接影响果树的生长、发育和分布，反之果树的生长也能影响环境。本模块主要包括四个子任务，学习、了解、掌握果树生长对温度、光照、水分及土壤条件的要求。以任务驱动的方式引导学生掌握果树在生长过程中对温度、光照、水分和土壤条件的需求，能够深入理解果树生长发育过程中与温度、光照、水分和土壤条件的相互关系，在生产中能够根据环境条件进行科学合理的调控，助力生产。

模块目标

果树对环境条件的要求

知识目标

1. 了解温度与果树分布的关系。
2. 了解温度、光照、水分与果树生长发育的关系。
3. 了解土壤理化性质对果树的影响。
4. 掌握不同树种各阶段对温度、光照、水分的要求。
5. 掌握土壤不良理化性质改良的技术措施。

技能目标

1. 依据果树对温度、光照、水分、土壤的要求，能够适地适栽。
2. 根据温度、光照、水分与果树生长发育的关系，能够科学的安排果树周年生长周期所采取的农艺措施，减少甚至避免不良环境因素对果树的影响，从而达到果树生产安全、优质、高产、稳产的目标。
3. 依据土壤理化性质对果树的影响，能够科学的制订土壤改良的技术措施。

素质目标

1. 培养学生热爱果树生产、投身果树产业发展的信念，能够全身心投入本课程学习。
2. 培养学生的团队合作精神，在分组学习中能够相互配合，有效地完成学习任务。
3. 引导学生树立食品安全意识和生态文明持续发展理念，能够做到果树适地适栽，不乱用农业投入品。

任务描述

果树的环境是指其生存地点周围空间的一切因素的总和。就单株果树而言，它们相互之间也互为环境。果树的生长与发育和产品器官的形成，都要在一定的环境条件下才能进行。

在环境因子中对果树起作用的称为生态因子，其中包括：(1)气候因子：温度、水分、光、空气、雷电、风、雨和霜雪等。(2)土壤因子：土壤质地、温度、水分、通气性和 pH 等。(3)生物因子：动物、植物、微生物等，从广义来说人类社会也包括在内。(4)地形因子：地形类型(山地、平原、洼地)、坡度、坡向和海拔等。

任务一　温　　度

课前思考

1.“橘生淮南则为橘，橘生淮北则为枳”，为什么？

2. 高温、低温对果树有哪些影响？

3. 北果南移时应选择哪些品种栽培？

温度对果树的影响

基础知识

一、温度对果树分布的影响

温度是果树自然分布的主导因素，在限制果树分布的诸多因子中，主要因子是年平均温度、生长期积温、冬季最低温度和休眠。

（一）年平均温度

果树的分布在一定的年平均温度范围内才能正常生长形成商品生产，年平均温度是果树适栽的前提（表 6-1-1）。

表 6-1-1　主栽果树适栽的年平均温度　℃

树种	年平均温度	树种	年平均温度
苹果	7～14	大樱桃	7～12
秋子梨	5～7	中国樱桃	15～16
白梨	7～15	李	3～22
砂梨	15～20	核桃	8～15
桃（南方）	12～17	枇杷	16～17
葡萄	5～18	柑橘	16～18

（二）生长期积温

1. 积温

积温是指日平均温度的累积值，分为活动积温和有效积温。

活动积温是指果树整个生长期或者某个发育期的活动温度之和（活动温度指大于生物学零度的日均温）。生物学零度是指果树有效生长的下限温度。有效积温是指生长期中生物学有效温度的累积值。落叶果树萌芽的日平均温度为 6～10 ℃，常绿果树为 10～15 ℃（生物学有效温度起点）。

$$K=(x-x_0)Y$$

式中：K 为有效积温；x 为生长期（或某生育期的）平均温度；x_0 为生物学零度；Y 为生长期（或某生育期）的初日至终日所经历的天数。

2. 积温的生物学意义

果树在一定温度下开始生长发育，为完成全部生长期或某一生育期的生长发育过程，要求一定的积温。如果生长期内温度低，则生长期延长；如温度高，则生长期缩短（表 6-1-2）。

表 6-1-2　果树从萌芽到果实成熟所需的积温　℃

树种	积温	树种	积温
甜樱桃	446	板栗	1 327～2 383
杏	649	葡萄	2 100～3 700
西洋梨	867	石榴	3 000
桃	1 083	柑橘	3 000～3 500
苹果	1 099～2 500	无花果	4 800
榛子	1 500	猕猴桃	4 000～6 114

果树的生长发育过程，是果树体内物质同化作用的过程，通过同化过程进行合成和积累，又通过异化过程进行分解和消耗，从而促进果树的生长发育。不同的温度对果树同化和异化过程的效果是不同的，各有其最适点、最低点和最高点。最适点则表现生长发育正常，过高或过低都会出现异常现象。

同化和异化过程对温度的要求不同，二者要求的温度因树种、品种、发育阶段和地理条件的不同而有差异。但一般植物光合作用适宜温度为 20～30 ℃，最低为 5 ℃，最高为 50 ℃。呼吸作用的适宜温度为 30～40 ℃，最低为 0 ℃左右，最高为 50 ℃。由此看来，光合作用的适宜温度低于呼吸作用的适宜温度。当温度超过光合作用适宜温度时，则光合作用减弱，而呼吸作用增强，不利于有机营养的大量积累。而温度在 20～30 ℃时，光合作用增强，有利于有机营养积累。

早春气温对萌芽、开花有较大的影响。温度上升快，开花提早，花期缩短。如遇春季气温回升慢，花期延迟，有些果树畸形花会增多。花粉发芽一般以 20～25 ℃为宜，过低发芽受到抑制，高于 27 ℃时花粉发芽率显著下降。果树花芽分化与温度也有关系，落叶果树花芽分化需要高温、干燥和日照充足。如苹果在平均温度在 20～27 ℃时，有利于花芽分化。而柑橘的花芽分化则要求低温和干旱，多在冬春季节进行。

温度对果实品质、色泽和成熟期有较大的影响。一般温度较高，果实含糖量高，成熟较早，但色泽稍差，含酸量低。温度低则含糖量少，含酸量高，色泽艳丽，成熟期推迟。

（三）冬季最低温度

一种果树能否抵抗某地区冬季最低温度的寒冷或冻害，是决定该果树能否在该地生存或进行商品栽培的重要条件，因此冬季最低温度是决定某种果树分布北限的重要条件。果树的不同树种和品种，具有不同的抗寒力。生长期果树器官低温冻害的临界低温和突然低温对果树的危害比高温更严重（图 6-1-3）。其表现为：

1. 冻害

受 0 ℃以下低温侵袭，组织发生冰冻所造成的伤害，果树冻害一般表现在地上部各个器官，有的树种也表现为冻根茎和根系。

2. 寒伤

温度稍高于 0 ℃，组织未冻结成冰所造成的伤害。(抽条、抽干)主要易发生在高寒干旱地区。

3. 冻旱

冻旱又称冷冻，是低温与生理干旱的综合表现。

4. 霜害

霜害是指早霜、晚霜的为害。

表 6-1-3　生长期果树器官低温冻害的临界温度　℃

树种	花蕾现色	开放花朵	幼果
葡萄	−0.6～−1.0	−0.5～6.0	−0.5～−1.0
李	−1.1～−5.0	−0.6～2.5	−0.6～−1.0
桃	−1.7～−4.0	−1.1～2.5	−0.6～−1.0
樱桃	−1.7～−5.5	−1.1～−2.8	−1.1～−2.8
梨	−2.2～−4.0	−1.7～−2.0	−1.0～−1.7
苹果	−2.8～−4.0	−1.7～−2.0	−1.1～−1.5

(四)休眠

落叶果树有自然休眠的特性。在冬季(12 月至翌年 2 月)进入自然休眠后，需要一定的低温才能度过休眠期。

需冷量是指解除果树自然休眠所需低温(≤7.2 ℃)的小时数总和，多以低于 7.2 ℃的小时数为标准(表 6-1-4)。

如果冬季温暖，平均温度过高，不能满足需冷量，则会出现各种生长发育异常现象。最常见的是芽发育不良，春季发芽、开花延迟而且不整齐，花期延长、落花落蕾严重，甚至花芽大量枯落造成减产。

因此，冬季的温度在北半球是限制落叶果树栽培的南限。不同果树的需冷量不同。同一树种不同品种的需冷量不同。大多数果树树种、品种其花芽的需冷量高于叶芽。

表 6-1-4　几种果树自然休眠的需冷量　h

树种	积温(低于 7.2 ℃的小时数)	树种	积温(低于 7.2 ℃的小时数)
苹果	250～1700	无花果	0～300
梨	200～1 500	草莓	200～300
葡萄	100～1 500	柿	100～400
桃	50～1 200	长山核桃	300～1 000
杏	300～900	扁桃	100～400

二、温度对果树生长结果的影响

1. 果树的三基点温度

果树维持生命与生长发育皆要求一定的温度范围，不同温度的生物学效应有所不同，有最低温度、最适温度与最高温度，即称为三基点温度（表 6-1-5）。

最适温度下果树表现生长发育正常，生长速率最快，效率最高。最低温度与最高温度常常成为果树生命活动与生长发育终止的下限与上限温度。

过低与过高的温度对果树是不利的，甚至是有害的。在此温度范围内表现为生长发育出现异常，生长受到抑制或完全停止。

果树的三基点温度因树种、品种、器官、发育时期、生理过程及其他环境因子的影响有异。

表 6-1-5　不同的果树种类三基点温度　℃

果树种类	最低温度	最适温度	最高温度
苹果	5	13～25	40
葡萄	10	20～28	41
桃	10	21～28	43
柑橘	12.5	23～29	45
荔枝	16	24～30	46

2. 温度对果树生长的影响

适宜温度条件下，果树生长量明显大于低温和高温。

3. 温度对果实生长和品质的影响

气温影响果实的内在品质和风味，如含糖量、含酸量、维生素 C 含量等。在一定范围内，随气温升高，果实品质变佳。

4. 温度对果树开花坐果的影响

果树春季开花期的早晚，主要与早春气温高低有关。开花期间的温度与花粉发芽、花粉管生长、受精及坐果情况密切相关。

三、果树忍受高温的能力

果树生长期温度高达 30～35 ℃时，一般落叶果树的生理过程受到抑制；温度升高到 50～55 ℃时，则蛋白质凝固，使果树受到严重伤害（表 6-1-6）。

1. 高温对光合作用和呼吸作用的影响

高温破坏光合作用和呼吸作用的平衡关系，气孔不闭，促进蒸腾，从而使树体出现饥饿失水状态。

2. 高温对果实的影响

夏季热量过多，果实成熟推迟，果实小，着色差，香味亦差，耐储性低。秋冬季温度过高，落叶果树不能及时进入休眠或按时结束休眠。

3. 高温对果树病害的影响

夏季高温会导致日灼的危害，冬春季节太阳直射，树体局部也会发生日灼。日灼导致果树腐烂病的发生。

表 6-1-6　果树忍受高温的能力　℃

树种	忍受高温	树种	忍受高温
猕猴桃	43.4	杏	43.9
柑橘	40.0	枣	43.3
草莓	30.0	葡萄	40.0
苹果	40.0	核桃	40.0

任务二　光　照

课前思考

1. “光照越高越好”，这句话是否正确？
2. 日灼果是如何产生的，与光照有无关系？

光照对果树生长的影响

基础知识

光照是果树的生存因素之一，是果树光合作用的能量来源。果树生长发育与产量形成都需要来自光合作用形成的有机物质，提高果园的光能利用率是实现丰产优质的主要途径。

一、果园的光照状况

果园中作用于果树的光有两种形式，即直射光和散射光。直射光是指太阳辐射以平行光的光束直接投射到地面的太阳辐射，散射光是指经过大气与微粒散射作用而到达地面的太阳辐射。直射光的强度比散射光的强度高，散射光的强度只有直射光的 1/4～1/3。

果园所接受的光随纬度、海拔高度、季节及云量等因素的变化而不同。通常散射光随纬度增高，对果树的作用呈正相关关系；直射光随海拔高度的增加而增强，垂直距离每升高 100 m，光的强度平均增加 4.5%，紫外线（<380 nm）强度增加 3%～4%。紫外线能抑制枝梢生长，促进花青素的生成，所以山地果树表现矮化和花色艳丽即与此有关。

果园受光的类型可分为 4 种：上光、前光、下光和后光。

上光和前光：太阳照射到树冠上方和侧方的直射光和散射光，是果树正常生长发育的主要光源。下光和后光:照射到土壤、路面、水面或周围其他物体所反射出的散射光。

果树对下光和后光的利用不如上光和前光,但可增进树冠下部的生长与果实品质,因此在建园和采取管理措施时不能忽视,对提高果树产量、增进果实品质起较大的作用。

二、果树的需光度(对光的需要程度)

除果树种类不同,需光程度不同外,同一树种不同的品种需光程度也有差异,温州蜜柑较甜橙需光,而甜橙又比柚类需光(表 6-2-1)。

表 6-2-1 不同果树对光的需要程度

喜光程度	落叶果树	常绿果树
最喜光	桃、扁桃、杏、枣、阿月浑子	椰子、香蕉
较喜光	苹果、梨、沙果(花红)、李、樱桃、葡萄、柿、板栗	荔枝、龙眼
不喜光	核桃、山楂、猕猴桃	杨梅、柑橘、枇杷

对于不同果树要判断其需光的程度,可根据测定其光补偿点和饱和点高低来判断,光补偿点与光饱和点高的果树较喜光。反之,一般在较低光照下能达到最大光合作用,而且光补偿点也低,是耐荫树种。

三、果树的受光量

果树的受光量取决于光的辐射强度;树冠形状、大小、结构;叶面积指数、叶片的向性都对果树受光量具有一定的影响(表 6-2-2)。

(1)光的辐射强度因纬度、海拔、季节而不同。

(2)树冠的形状、大小、结构与受光量　扁形比圆形好,扁形树积累光合产物比疏层形多 50%。

表 6-2-2 不同树形受光量不同

树形	不能获得日光的阴面占树冠体积的分数
圆锥形	3/5
半圆形	1/4
扁圆形	1/10

(3)叶幕状况与受光量　叶面积系数大的受光量大,所以提倡密植。但要有一定的限度,叶片不要相互重叠。2～3 片叶重叠,下部光强仅为 0.1%～1%。

叶片向性:叶片较直立的树种比叶片倾斜角较大的树种受光量大。

四、光照对果树生长发育的影响

1. 光照强度

光照弱表现为枝长且细,直立生长势强,徒长,干物质少,水分多。光照不足,根系生长及发根量减少，连续 3～4 d 阴雨，根的生长显著减弱。

光照强时易形成短枝密集，削弱顶芽枝向上生长而增强侧芽分枝生长，树姿表现为开张。若光照过强会引起日灼（叶和枝经强光照射后，叶片温度可提高 5～10 ℃，树皮温度提高 10～15 ℃，当树干温度为 40 ℃持续 2 h 或 50 ℃以上时即会发生日灼）。光照强根系生长好（图 6-2-1）。

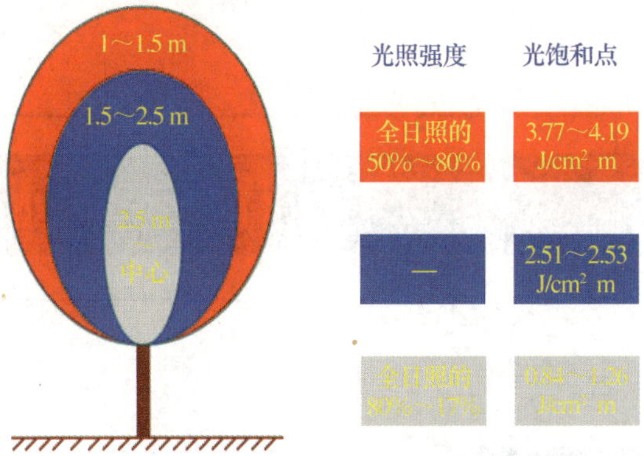

图 6-2-1　苹果不同冠层叶片所受光照强度与光饱合点

因此在树体管理时增强树势，利用自身枝叶保护树干降低树温是防止日灼发生的重要方法。

2. 光质

太阳辐射的波长变化在 150～3 000 μm，太阳的可见光部分占全部太阳辐射的 52%，不可见的红外线占 43%，而紫外线只占 5%。

叶片吸收的光以可见光和紫外线为主，即同化太阳光谱 380～710 μm 区间的能量。太阳光中被叶绿素吸收最多的是红光，作用也最大，黄光次之，蓝紫光的同化作用效率仅为红光的 14%。

作用于植物的光有两种：直射光、散射光。散射光强度低，但有较多的红、黄光（可达 50%～60%），可被植物完全吸收利用；直射光最多只有 37% 的红、黄光。光质随着季节的变化而变化。光质影响植物的生长发育，与果园产品的品质有关。

3. 需光度

果树对光的需要程度，与果树的种类、品种的原产地的地理位置和长期适应的自然条件有关。原产于低纬度、多雨地区的热带、亚热带植物，对光的需求略低于原产于高纬度的植物。原生在森林边缘和空旷山地的植物绝大部分都是喜光植物，光照强度减弱生产率会显著下降。同一种果树的不同器官需光度不同，不同的生育时期需光度也不相同。

4. 光照对果树生殖生长的影响

光照与果树花芽分化及果实产量密切相关。光照不良，同化养分积累少，花芽分化数量少，花器发育不良，花质低，授粉受精不良，坐果率低，落果多。开花后一个月光照不良，抑制果实生长，并促进落果，产量低。

5. 光照与品质

光照好，着色好（花青素形成多）。在全光照 70% 以上着色最好。光照好，糖分高，香味好，维生素 C 含量高，有机酸含量低，果皮紧，耐贮，果实较大、较重。

任务三　水　分

课前思考

1. 水对果树有哪些作用？
2. 水分胁迫会造成果树出现哪些现象？

果园灌溉与排水

基础知识

水是果树生存的重要生态因素，是组成树体的重要成分，果树枝叶含水量为50%～70%，果实的含水量高达80%～90%。水是果树生命活动中不可缺少的重要介质，营养物质的吸收、转化、运输与分配，光合作用、呼吸作用等重要生理过程，都必须在有水的条件下才能正常进行。因此，果园合理的水分管理是实现优质高产的重要保证。

一、水的作用

水是果树体内的组成部分，是各种营养物质的吸收、转化、运输介质；水参与各种生理活动；水能够调节树体与环境间的温度变动，保护树体免受或减轻灾害。

二、果树的需水量

果树需水量是果树形成一定的干物质所需要的水量，即果树在生长期或某一物候期所蒸腾消耗的水分总量与同一时期生产的干物质总量的比值（表6-3-1）。

表6-3-1　主要果树的需水量及耐旱、耐涝能力　m^3

树种	需水量	耐旱、耐涝力
苹果	146～415	较耐旱
桃	369	较耐旱、极不耐涝
葡萄	113～502	较耐旱、较耐涝
柑橘	392	较耐涝

果园需水量是土壤蒸发与树体蒸腾耗水之和。

三、水分胁迫对果树生长发育的影响

1. 水分胁迫

水分胁迫广义上包括水分过多(水涝)和水分亏缺,但从狭义上讲指的是干旱胁迫,即干旱、缺水所引起的对植物正常生理功能的干扰(现在绝大多数研究论文指的水分胁迫就是干旱胁迫)。

2. 水分胁迫(干旱胁迫)对果树的影响

水分胁迫对果树的影响非常广泛。果树的形态结构、生理生化过程(渗透调节、光合和呼吸代谢、蒸腾作用、氮代谢、气孔反应、活性氧代谢、核酸代谢以及内源激素等)都受水分胁迫的影响,通过对这些生理生化过程的影响,从而影响果树的生长发育。

3. 果树的抗旱力

干旱对果树有许多不良影响,但另一方面果树对干旱具有多种适应能力,果树本身具有旱生植物形态,根系深而且发达,冠/根比小是果树适应干旱的特性之一,如香蕉的根为肉质根,可以贮藏大量的水分。叶片小而厚,叶肉细胞小而且排列紧密,气孔小而下陷(表 6-3-2)。

表 6-3-2　不同果树抗旱力情况

抗旱力情况	树　种
抗旱力强	桃、杏、石榴、枣、核桃、菠萝等
抗旱力中等	苹果、梨、樱桃、李、柑橘等
抗旱力弱	香蕉、枇杷、杨梅

4. 果树的抗涝力

果树能适应土壤水分过多的能力。各种果树对水涝的反应不同(表 6-3-3)。

表 6-3-3　不同果树抗涝力情况

抗涝力情况	树　种
耐涝力强	葡萄、枣、柿、龙眼、荔枝、椰子、香蕉
耐涝力中等	柑橘、李、梅、苹果、枳
耐涝力弱	桃、无花果、凤梨

四、空气湿度

空气湿度对果树的影响是多方面的。不同的树种和品种对空气湿度的要求和反应不同,扁桃、苹果、欧洲葡萄适应较低的空气湿度,而猕猴桃、杨梅、香蕉、枇杷、柑橘适应较高的空气湿度。

任务四　土壤条件

课前思考

1. 土壤厚度与果树生长发育的关系。
2. 最适果树种植的土壤类型是什么？

土壤及其他条件对果树生长的影响

基础知识

一、土层厚度

土层厚度是指适宜根系生长的活跃土壤层次。土层厚度直接影响果树根系垂直分布的深度(图 6-4-1)。土层深厚，根系分布深，吸收养分与水分的有效容积大，果树通过根系吸收的水分与养分就多，有利于果树树体的生长和抵抗环境胁迫(表 6-4-1)。

图 6-4-1　不同土层厚度对果树根系的影响

表 6-4-1　不同土层厚度对 11 年生锦橙(红橘砧)树体和产量的影响

土层厚/cm	树高/cm	冠幅/cm	干周/cm	产量/kg
＞100	280	314/310	41	98
20～30	150	168/170	24	13.5

二、土壤质地和结构

土壤质地是指组成土壤矿质颗粒的各粒级组成含量的百分率(表 6-4-2,表 6-4-3)。

表 6-4-2　各种类型土壤的质粒组成及其主要特性

土壤类型	沙粒、粉粒和黏粒含量	主要特征
沙质土	沙粒＞50％	土壤疏松,通透性强,保水保肥能力差,有机质分解快,土壤易干旱、漏水。热容量小,增温和降温幅度大,属“暖性土”。
壤质土	三者大致相等或黏粒＜30％	通透性好,保水保肥性好,养分含量较多,有机质分解较快。土性温暖。
黏质土	黏粒＞30％	土壤通气性差,透水性差但保水力强,易积水,湿时泥泞、干时坚硬。矿物质含量高,有机质分解慢,腐殖质多,含氮量较沙土高。热容量大,昼夜温差小,春季温度上升慢,属“冷性土”。
砾质土	—	和沙土特征相似,但含沙砾较多

表 6-4-3　各种类型土壤上果树生长特点、管理方法及适栽果树

土壤类型	果树生长特性	管理方法	宜栽果树
沙质土	根系分布深而广,植株生长快而高大,容易早期丰产优质,土壤管理方便	多施有机肥、强化肥水管理、少量多次施肥、注意防旱、防冻、防过热	桃、枣、梨、杏、山楂、扁桃、李、柑橘、龙眼
壤质土	栽培果树的理想土壤	—	苹果、香蕉、荔枝、核桃、樱桃、酸樱桃
黏质土	根系入土不深,易受环境胁迫	深耕改土、增施有机质、掺沙等	苹果、酸樱桃、李、柚
砾质土	根系深而广,适应性强,易栽培,有利于丰产优质	同沙质土	梨、石榴、板栗、葡萄、杨梅、核桃

三、土壤理化特性对果树的影响

1. 土壤温度

果树根系生长和吸收水分、养分都需适当的土壤温度。柑橘大多数品种在温度达 12.8 ℃时开始生长,在 20～25 ℃时对根系的生长最为有利,吸收水分、养分的能力较强。在 30～37 ℃时根系生长减弱,当＞37 ℃时根系的生长极微弱以至不能生长,在进行土壤管理时可以采取土壤覆盖的方法控制温度,冬季可增加温度,夏季可降低温度。

2. 土壤水分

一般果树根系适应田间持水量 60％～80％的土壤水分环境。当土壤含水量降低,果树根系吸收水分和养分的能力会降低,造成干旱和营养胁迫。

3. 土壤通气性

果树的正常生长要求有良好的土壤通透性,不同的果树对含氧量要求不同,桃对低氧最敏感，缺氧时首先死亡；苹果、梨反应中等；柑橘对缺氧反应不敏感（柑橘能维持生长的含氧量为3%～4%，最有利于生长则要求含氧量达8%，土壤有机质含量为3%～4%）。

4. 土壤 pH

果树生长要求不同的土壤 pH，主要是由于土壤中有机质、矿质元素的分解和利用以及微生物的活动，都受土壤 pH 影响。

当 pH 6.5～7.5 时，硼、铜、铁、锰、钼、锌的有效性最高；当 pH 低于 6.5 或高于 7.5，它们的有效性都降低。

在进行园地选择时应该注意考虑土壤的 pH，因为不同果树所要求的土壤 pH 不同。

四、几种常见土壤质地对果树的影响

1. 沙质土

特点：土壤疏松，通透性强，保肥保水力差，有机质分解快，昼夜温差大，属热性土。

果树生长状况：根系深而广，植株生长快而高大，易早期丰产优质，适宜桃、枣、梨、杏、山楂、扁桃、李、柑橘、龙眼等。

管理要点：生草种绿肥，多施有机肥，肥水应少量多次，防旱、防冻、防热（图 6-4-2）。

1. 沙质土；2. 壤质土；3. 黏质土；4. 砾质土

图 6-4-2　常见 4 种土壤质地示意图

2. 壤质土

特点：松黏适度，通透性好，保肥保水力较好，有机质分解较快，土性温暖。

果树生长状况是栽培果树的理想土壤，尤其是苹果、香蕉、荔枝、核桃、樱桃、酸樱桃等比较适宜。

3. 黏质土

特点：质地黏重，通透性差，有机质分解慢，昼夜温差小，属冷性土。

果树生长状况：根系入土不深，易受胁迫，适宜栽培苹果、酸樱桃、李、柚等。

管理要点：深耕，掺沙土，增施有机肥。

4. 砾质土

特点：通气透水，保肥保水力差，热容量小，昼夜温差大。

果树生长状况：根系深而广，适应性强，易栽培，有利于丰产优质，可栽培梨、石榴、板栗、葡萄、杨梅、核桃等。

计　划　单

学习领域	情　景　篇
模　块　六	果树与环境条件的关系
计划方式	小组讨论、成员之间团结合作，共同制订计划

序号	实施步骤	使用资源

制订计划说明	

<table>
<tr><td rowspan="3">计划评价</td><td>班　　级</td><td></td><td>第　　组</td><td>组长签字</td><td></td></tr>
<tr><td>教师签字</td><td colspan="2"></td><td>日　　期</td><td></td></tr>
<tr><td colspan="5">评语：</td></tr>
</table>

决　策　单

<table>
<tr><td>学习领域</td><td colspan="8">情　景　篇</td></tr>
<tr><td>模 块 六</td><td colspan="8">果树与环境条件的关系</td></tr>
<tr><td colspan="9">方案讨论</td></tr>
<tr><td rowspan="7">方案对比</td><td>组号</td><td>任务耗时</td><td>任务耗材</td><td>实现功能</td><td>实施难度</td><td>安全可靠性</td><td>环保性</td><td>综合评价</td></tr>
<tr><td>1</td><td></td><td></td><td></td><td></td><td></td><td></td><td></td></tr>
<tr><td>2</td><td></td><td></td><td></td><td></td><td></td><td></td><td></td></tr>
<tr><td>3</td><td></td><td></td><td></td><td></td><td></td><td></td><td></td></tr>
<tr><td>4</td><td></td><td></td><td></td><td></td><td></td><td></td><td></td></tr>
<tr><td>5</td><td></td><td></td><td></td><td></td><td></td><td></td><td></td></tr>
<tr><td>6</td><td></td><td></td><td></td><td></td><td></td><td></td><td></td></tr>
<tr><td>方案评价</td><td colspan="8">评语：</td></tr>
</table>

班　级		组长签字		教师签字		月　日

实　施　单

学习领域	情　景　篇	
模　块　六	果树与环境条件的关系	
实施方式		
序号	实施步骤	使用资源
1	基本理论讲授	多媒体
2	在线视频学习	配套在线开放课程
3	果树对光照、温度、水分需求调查	田间调研、查阅文献
4	果园土壤类型的调查	田间调研
5		
6		
7		
8		
9		
10		

实施说明：

利用在线开放平台和多媒体教室对理论知识的讲解，进行系统学习，了解温度与果树分布之间的关系，了解温度、光照、水分与果树生长发育的关系，了解土壤理化性质对果树的影响，掌握不同树种各阶段对温度、光照、水分的要求，掌握土壤不良理化性质改良的技术措施。

进行对果树光照、温度、水分需求和果园土壤类型的调查。

通过果树对光照、温度、水分需求和果园土壤类型的调查，大体掌握各种果树在周年生长各阶段所需的光照、温度、水分，以及会识别不同的土壤类型，并了解其特性，能够进行土壤改良，为下一步学习打下基础。

班　级		组长签字		教师签字		月　日

作 业 单

学习领域	情 景 篇
模 块 六	果树与环境条件的关系
作业方式	

1. 总结果树花芽分化规律。

2. 总结果树营养器官发育规律。

3. 观测比较 1～2 种果树品种周年生长周期各器官的变化情况，并总结有何特点。

4. 请描述三种环境对果树不友好的情况。

作业评价	班 级		组长签字		月 日
	教师签字		教师评分		
	评语：				

检 查 单

<table>
<tr><td>学习领域</td><td colspan="4">情 景 篇</td></tr>
<tr><td>模 块 六</td><td colspan="4">果树与环境条件的关系</td></tr>
<tr><td>检查项目</td><td colspan="2">检查内容</td><td>学生自查</td><td>教师检查</td></tr>
<tr><td rowspan="4">思政素养</td><td colspan="2"></td><td></td><td></td></tr>
<tr><td colspan="2"></td><td></td><td></td></tr>
<tr><td colspan="2"></td><td></td><td></td></tr>
<tr><td colspan="2"></td><td></td><td></td></tr>
<tr><td rowspan="4">技能素养</td><td colspan="2"></td><td></td><td></td></tr>
<tr><td colspan="2"></td><td></td><td></td></tr>
<tr><td colspan="2"></td><td></td><td></td></tr>
<tr><td colspan="2"></td><td></td><td></td></tr>
<tr><td rowspan="4">理论素养</td><td colspan="2"></td><td></td><td></td></tr>
<tr><td colspan="2"></td><td></td><td></td></tr>
<tr><td colspan="2"></td><td></td><td></td></tr>
<tr><td colspan="2"></td><td></td><td></td></tr>
<tr><td rowspan="3">检查评价</td><td>班 级</td><td></td><td>组长签字</td><td></td></tr>
<tr><td>教师签字</td><td></td><td>日 期</td><td></td></tr>
<tr><td colspan="4">评语：</td></tr>
</table>

评　价　单

学习领域	情　景　篇				
模 块 六	果树与环境条件的关系				
评价类别	项目	子项目	个人评价	组内互评	教师评价
专业能力（60%）	咨询（10%）	搜集信息（5%）			
		引导问题回答（5%）			
	计划（10%）	计划可执行度（4%）			
		调查方案设计（3%）			
		方案合理度（3%）			
	实施（15%）	常见树种对温、光、水、土壤要求的调查（10%）			
		正确进行土质分类的识别（5%）			
	检查（10%）	识别准确度（5%）			
		分类准确度（5%）			
	过程（5%）	认真程度（5%）			
	结果（10%）	常见树种与环境关系的分析（10%）			
思政能力（20%）	团队协作（10%）	小组成员合作良好（5%）			
		对小组的贡献（5%）			
	敬业精神（10%）	学习纪律性（5%）			
		爱岗敬业、吃苦耐劳（5%）			
方法能力（20%）	计划能力（10%）	考虑全面（10%）			
	决策能力（10%）	决策果断（10%）			
评价评语	班　　级		组长签字		总　　评	
	教师签字		日　　期			
	评语：					

学习小结

<table>
<tr><td>学习领域</td><td colspan="4">情　景　篇</td></tr>
<tr><td>模 块 六</td><td colspan="4">果树与环境条件的关系</td></tr>
<tr><td>学习小结</td><td colspan="4"></td></tr>
<tr><td rowspan="3">教师评价</td><td>班　　级</td><td></td><td>组长签字</td><td></td></tr>
<tr><td>教师签字</td><td></td><td>教师评分</td><td></td></tr>
<tr><td colspan="4">评语：</td></tr>
</table>

学习笔记

模块七

果树育苗与果园建设

模块导读

模块介绍

果园有专业性果园、果农兼作果园和以观赏为主要目的的庭院式果园等类型。无论是哪一类型的果园,在建设新园时都要做好目标果树的育苗和果园建设的规划设计。因此,果树育苗和果园建设都应慎重进行。本模块主要包括六个子任务,学习、了解、掌握果树繁殖方法及原理、果树苗木培育技术、果树苗木出圃、适地适栽、果园的规划和设计、果树栽植理论知识与技术。以任务驱动的方式引导学生对果树繁殖方法及原理、果树苗木培育技术等进行学习思考,进而要求学生了解苗木出圃的要求及适地适栽的必要性,重点了解果园规划和设计的重要内容和注意事项,最终要求学生能单独完成新建果园的规划设计及果树栽植,建立新果园。

模块目标

知识目标

1. 了解果树育苗常用的方法。
2. 了解无病毒苗木的意义及方法。
3. 了解果树适地适栽的意义与方法。
4. 掌握果树嫁接育苗的方法。
5. 掌握果树扦插育苗的方法。
6. 掌握果园设计和规划的方法。
7. 掌握果树栽植的方法。

技能目标

1. 能够完成果树的实生繁殖、自根繁殖和嫁接繁殖。
2. 能够掌握嫁接育苗、扦插育苗和无病毒苗繁育技术。
3. 能够进行果园规划和设计,建立新果园。

素质目标

1. 培养学生热爱果树生产、投身果树产业发展的信念,能够全身心投入本课程学习。
2. 培养学生的团队合作精神,在分组学习中能够相互配合,有效地完成学习任务。
3. 引导学生树立食品安全意识和生态文明持续发展理念,在教学实训过程不出现任何安全事件,在苗木繁育及建园过程中不违规选用农业投入品。

任务描述

了解果树育苗常见的方法,特别是嫁接育苗和扦插育苗;了解无病毒苗木的意义及繁育方法;了解果树适地适栽原则下的果园规划与设计,掌握果树栽植的方法。具体任务要求如下:

1. 利用在线学习平台,学习果树育苗常见的方法,特别是嫁接育苗和扦插育苗,了解无病毒苗木的意义及繁殖方法。
2. 通过互联网相关资料,了解扦插、嫁接育苗的理论知识。
3. 分组对本地果树育苗方法进行调查,掌握本地果园育苗技术。
4. 制订本地果园规划设计方案并能进行果园建立、果树栽植。

任务一　果树繁殖方法及原理

课前思考

1. 果树的繁殖方法有哪些？
2. 实生繁殖的特点及运用是什么？
3. 自根繁殖的特点及繁殖方法有哪些？
4. 嫁接繁殖的特点、方法及意义是什么？
5. 影响嫁接成活的因子有哪些？

基础知识

果树繁殖方法大体可分为：实生繁殖（实生苗）、自根繁殖、嫁接繁殖。自根繁殖又分为扦插繁殖、压条繁殖、分株繁殖、匍匐茎繁殖、吸芽繁殖。

一、实生繁殖

（一）实生苗的特点

由种子播种长成的苗木称为实生苗，是最原始的繁殖方法。实生苗有以下特点：

（1）繁殖方法简便，易于掌握。

（2）种子来源广，便于大量繁殖。

（3）实生苗根系发达，生理年龄轻，活性高，适应性强，抗性强，寿命长。

（4）种子不带病毒，在隔离的条件下可育成无毒苗。

（5）缺点是实生苗后代变异性大，表现型差异大。优良性状难以保存（异花授粉，后代分离），有童期，结果晚。

（二）实生苗的利用

（1）用作栽培苗，如核桃、板栗、榛子等。

（2）用于砧木繁殖。

（3）培育优良品种，杂交苗培育，育种。

二、自根繁殖

自根繁殖主要是利用果树营养器官的再生能力（细胞全能性），发新根或新芽而长成一个独立的植株。

能否进行自根繁殖的关键是茎上是否易发不定根，根上是否易发生不定芽。这种能力与树种在系统发育过程中形成的遗传特性有关。自根繁殖主要包括扦插、压条、分株、组织培养等。

(一)自根苗的特点

(1)变异小，能保持母株优良性状，遗传稳定。

(2)无童期。

(3)缺点是根系浅，抗性差，适应性差，寿命短，繁殖系数较小。

(4)自根苗用于果苗繁殖和砧木繁殖。

(二)自根繁殖方法

1. 扦插

扦插是指将枝条、叶片和根等营养器官从母株上切取后，插于苗床内使其发生不定根或不定芽而获得独立的新个体的繁殖方法。根据所用材料的不同，分为枝插、叶插和根插，一般以枝插为主。枝插又分为硬枝扦插(图 7-1-1)和嫩枝扦插(图 7-1-2)。实行扦插繁殖的果树常见的有无花果、石榴、菠萝、香蕉、越橘、葡萄、猕猴桃等。此外对一些难生根的果树，采用嫩枝扦插可能获得成功。

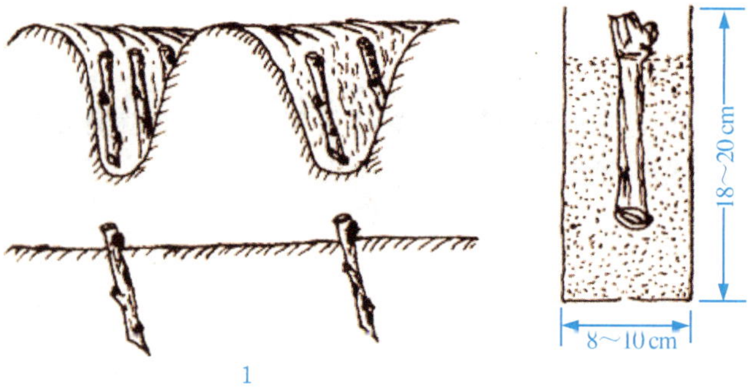

图 7-1-1　硬枝扦插

图 7-1-2　嫩枝扦插

影响扦插生根的因素有内部因素和环境因素。

(1)内部因素(基因型，树种、品种)　树种不同，发不定根的难易程度不同，山定子、秋子梨、李、核桃、柿发生不定根能力弱，葡萄、石榴扦插易生根。同属不同种的果树，发根难易也不同，如欧洲葡萄、美洲葡萄比山葡萄、圆叶葡萄发根易。

树龄、枝龄、枝位的影响：生理年龄小，易发根，枝龄小、梢尖，易发根。

营养物质的影响：碳水化合物多、IAA 多易发根(环剥、绞缢)。

生长调节剂的影响：主要与生长素有关，细胞分裂素也有促进作用。

维生素 B_1、B_2、B_6 以及维生素 C 也对生根有影响。

(2)环境因素　温度(气温 21～25 ℃，夜温 15 ℃，地温 15～20 ℃。地温高于气温 3～5 ℃有利于生根)、空气湿度(生根前饱和湿度)、基质含水量(50%～60%)、光照(发根前遮阳减少水分蒸发)、通气(葡萄氧气 15%以上，低于 2%不发根)、基质(沙壤土、蛭石、锯末等通气条件好的基质有利于生根)对扦插都有一定的影响。

2. 压条

压条是将枝条在不与母株分离的状态下包埋于生根介质中，待不定根产生后与母株分离而成为独立新植株的营养繁殖方法。通常用于扦插不易生根的树种和品种。压条一般分为地面压条和空中压条两大类(图 7-1-3)。

图 7-1-3　地面压条和空中压条

(1)地面压条　地面压条常分为垂直压条(图 7-1-4)和曲枝压条(图 7-1-5),其中曲枝压条又因曲枝部位不同分为水平压条和先端压条。

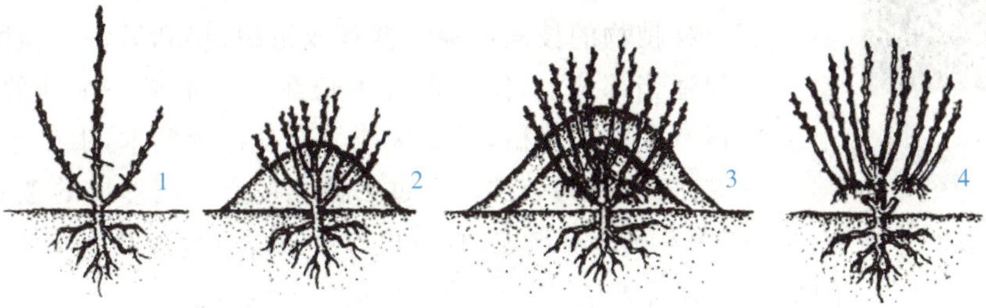

1.短截促萌;2.第一次培土;3.第二次培土;4.扒土分株。

图 7-1-4　垂直压条

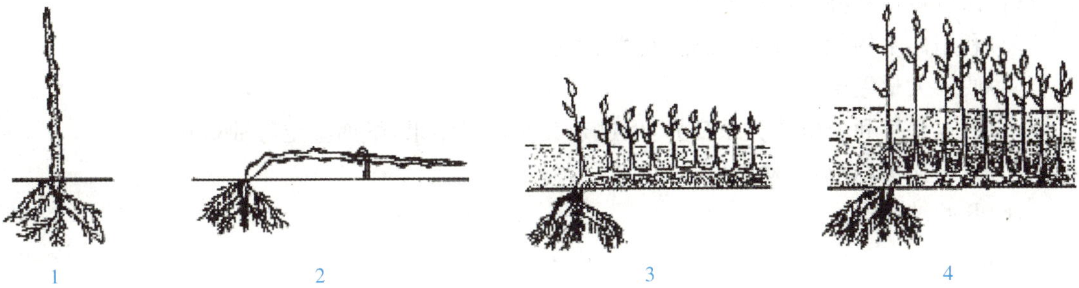

1.待压枝条;2.枝条拉平;3.第一次培土;4.第二次培土。

图 7-1-5　曲枝压条

(2)空中压条　将枝条裹上保湿生根材料,待其生根后剪离母体,称为空中压条(图 7-1-6),该法繁殖系数小,对母株损伤较大,近代应用较少。

3.分株

分株是指利用母株的根蘖、匍匐茎、吸芽生芽或生根后,与母株分离而繁殖成独立新植株的营养繁殖方法。

(1)根蘖繁殖法　枣、石榴、银杏等果树易生根蘖,采用断根方式促发根蘖苗,脱离母体即可成为新个体。

(2)吸芽繁殖法　香蕉地下茎的吸芽长成幼苗后将其带根切离母体即可成为新的植株;菠萝地上茎叶腋间抽生的吸芽,带根切离母体也可成为新植株。

(3)匍匐茎繁殖法　草莓等的长匍匐茎自然着地后,可在基部生根,上部发芽,切离母体可成为新的植株。

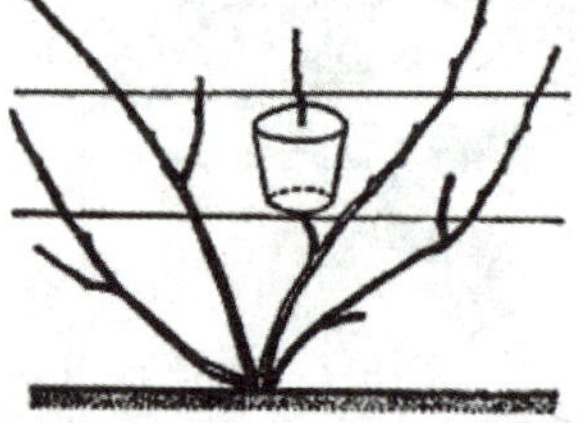
空中花盘压条

压条苗剪离母体

图 7-1-6　空中压条

三、嫁接繁殖

果树嫁接的概念及意义

(一)嫁接

嫁接是以增殖为主要目的的一种营养繁殖技术,它是指人们将一株植物的枝段或芽等器官或组织,接到另一株植物的枝、干或根等适当部位上,使之愈合生长在一起形成一个新的植株。这个枝段或芽称为接穗,承受接穗的部分称为砧木,由砧木和接穗构成的共生体,称为砧穗。经过砧穗嫁接愈合而形成的独立植株,称为嫁接苗。一般的嫁接植株仅由砧木和接穗组成,有时也有由三部分构成共生体的情况,此时在砧、穗间的部分称为“中间砧”。嫁接繁殖是生产中应用最广泛的方法。

(二)嫁接苗的特点

1. 优点

(1)保持接穗品种的优良性状。

(2)利用砧木的优良特性(矮化、抗性、适应性等)。

(3)便于大量繁殖。

(4)可以保持和繁殖营养系变异,促进杂交幼苗早结果,早期鉴定育种材料。

(5)高接换优,救治病株。

(6)开始结果早。

2. 缺点

(1)有些嫁接组合不亲和。

(2)对技术要求较高。

(3)易传播病毒病。

3. 利用

(1)苗木繁殖。

(2)品种更新。

(3)树势恢复。

(三)果树嫁接方法

果树主要的嫁接方法

果树嫁接主要分为芽接和枝接两类。

1. 芽接

芽接是指在砧木上嫁接单个芽片的嫁接方法。最常见的芽接方法是“T”形芽接(图 7-1-7),此外还有嵌芽接(图 7-1-8)、方块芽接、套管芽接等。芽接法操作简便、快速、伤口小、宜接期长,省接穗,成活率高。不成活的可以补接,还适宜分段芽接。

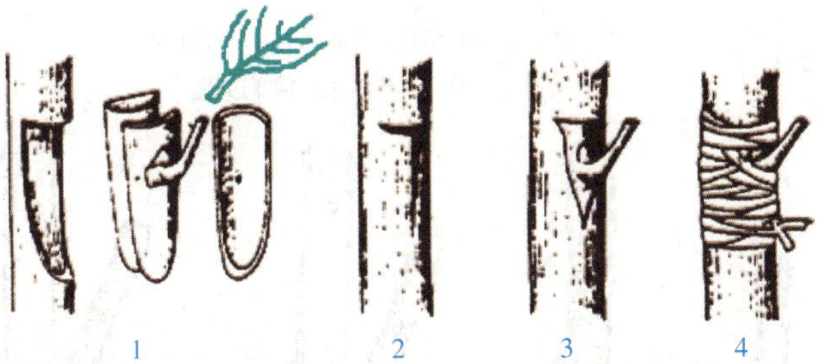

1. 接穗芽片切法;2. 砧木切口;3. 插入接芽;4. 捆绑。

图 7-1-7　“T”形芽接过程

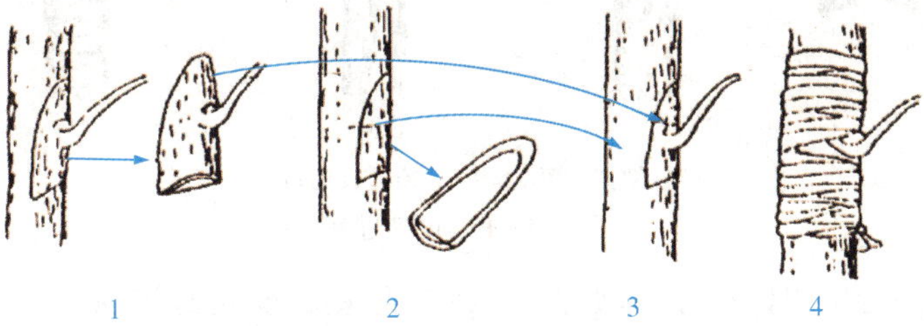

1. 接穗芽片切法;2. 砧木切口;3. 插入接芽;4. 捆绑。

图 7-1-8　嵌芽接过程

2. 枝接

枝接是指在砧木上嫁接接穗枝段(含 1 个或 1 个以上芽眼)的嫁接方法。其中应用较多的方法是切接和劈接(图 7-1-9)、皮下接(插皮接)(图 7-1-10),此外,还有腹接(图 7-1-11)、舌接、靠接、桥接等。枝接便于机械化操作,嫁接时间长,枝接分为嫩枝嫁接和硬枝嫁接。

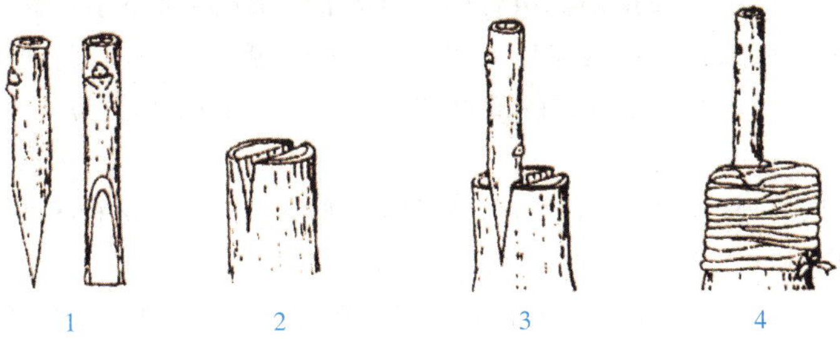

1. 接穗削法;2. 砧木劈法;3. 插入接穗;4. 捆绑。

图 7-1-9　劈接过程

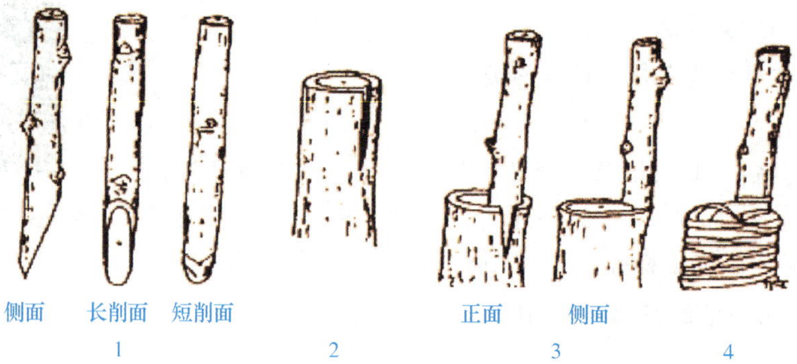

1. 接穗削法;2. 砧木切法;3. 插入接穗;4. 捆绑。

图 7-1-10　皮下接(插皮接)过程

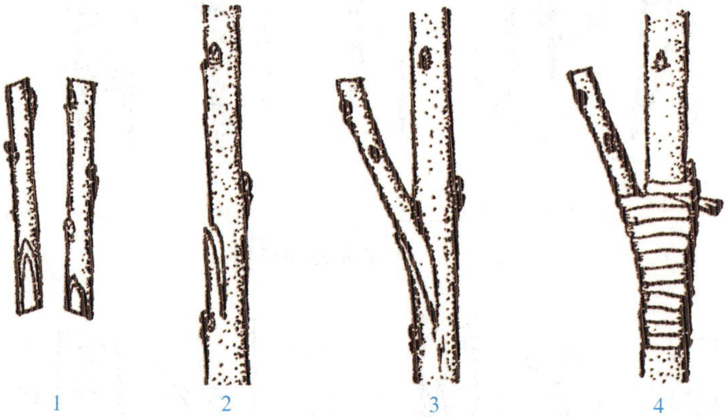

1. 削接穗;2. 切砧木法;3. 插入接穗;4. 捆绑。

图 7-1-11　腹接过程

此外,还有一些特殊的嫁接方法,如根接、微茎尖嫁接、芽苗嫁接等。

果树嫁接成活的原理与因素

(四)嫁接繁殖的基本原理

1. 嫁接亲和性

(1)嫁接亲和性的概念　一般认为,嫁接以后砧木与接穗完全愈合而成为共生体,并能够长期正常生长和结果的砧穗组合是亲和的组合,否则是不亲和的,这种嫁接能否愈合成活和正常生长结果的能力称为嫁接亲和性(力)。

(2)嫁接不亲和性类型　根据砧穗组合的外部特征,可将嫁接不亲和性分为 3 种。

后期不亲和:指嫁接数年后出现树体衰弱、死亡现象,接口整齐断裂。

半亲和:指接口愈合不好,有明显的瘤状物,或接口上下的生长势不一致,出现大、小脚现象。

不亲和:指接口、接穗迅速或逐渐干枯,有的虽暂时不干枯,但接穗不发芽,或发芽后生长势很弱,并逐渐黄化、死亡。

实际上亲和与不亲和之间并没有明显的界限。例如苹果的矮化砧木多数在嫁接苹果品种后存在着“大脚”和“小脚”现象,这应该是一种不亲和的表现,但是仍能正常生长结果,因此在生产中被认为是亲和的组合。此外,一些早期被认为是不亲和的组合,随着嫁接技术和工具的改进，而表现亲和现象，说明其本质上是亲和的；有些组合早期表现亲和，而后期则表现不亲和现象，说明其本质上是不亲和的。这种后期不亲和，往往给生产带来很大损失。因此研究嫁接不亲和机理，进行亲和性的早期预测及克服不亲和的技术具有重要意义。

(3)克服不亲和的途径 利用中间砧。此外作为后期不亲和的补救措施，采用桥接、靠接等。

2.影响嫁接成活的因子

(1)亲和力。

(2)砧、穗质量。营养水平、含水量、生活力。

(3)嫁接技术。平、齐(准)、严、紧、快。

(4)环境条件。温度：一般 20～28 ℃较适宜愈伤组织的形成。湿度：接穗保湿。

(5)嫁接时期。

(6)嫁接极性。

(7)伤流、树胶、单宁物质。

(五)砧木的选择和利用

1.砧木的分类

依据繁殖方法分为实生砧木、无性系砧木。

依据对树体生长的影响分为乔化砧木、半矮化砧木、矮化砧木、极矮化砧木。

依据砧木利用方式分共砧(同种)、自根砧、中间砧、基砧。

2.砧木区域化

确定适宜某一地区的砧木种类是培育优良苗木，建立规范化、高标准、高效益果园的关键。不同气候、不同土壤类型，对砧木有适应范围的要求。不同的砧木对气候、土壤等环境条件的适应能力也不同。因此发展果树生产时应根据当地的生态环境条件，选择适宜的果树砧木，才能充分发挥果树的潜能，实现高产、优质、高效、低耗的效益。

任务二 果树苗木培育技术

课前思考

1.苗圃地的选择与规划。

2.育苗的方式有哪些？

3.嫁接苗培育的过程及影响成活的因子。

4.扦插苗培育的过程及影响成活的因子。

5.如何进行无病毒苗的培育？

果树育苗 1

基础知识 〉〉〉

一、苗圃地选择与规划

(一)苗圃地选择

因地制宜建立苗圃,选择园地应考虑的主要因素主要有以下多个方面。

1. 地点

需用苗木的地区交通方便,苗木对当地适应性强,栽植成活率高。

2. 地势

背风向阳、日照充足,稍有坡度的缓坡地更适于育苗,平地地下水位宜在 1 m 以下。低洼和谷地不宜育苗。

3. 土壤

沙壤土、轻黏壤土为宜,土层宜深厚、肥沃。

4. 土壤 pH

不同树种对 pH 适应不同,板栗、山楂喜酸性,葡萄、枣、无花果较耐盐碱,北方多数树种适宜 pH 为微酸至微碱。

5. 灌溉条件

注意水质。

6. 病虫害

检疫性病虫害、病毒病,如立枯病、根癌、美国白蛾等。

7. 忌地

重茬、轮作。

(二)苗圃地的规划

为培育优质苗木,应建立不同级别的专业苗圃,严禁不法商贩繁育、运卖苗木,专业苗圃应严格管理,发放生产许可证、合格证、检疫证、挂牌销售等。专业苗圃规划包括下述内容,即建立三圃一制。

1. 母本保存圃

保存原种(包括品种、砧木)。主管部门或指定单位。

2. 母本扩繁圃

采穗圃、采种圃、压条圃,行业主管部门指定的大型苗圃。

3. 苗木繁殖圃

繁育苗木的基层单位,应受主管部门的监督和管理。

4. 档案制度

立地条件及变化档案、树种品种、砧木引种及繁殖档案、分布档案、轮作档案、管理技术档案(包括育苗技术、肥水管理、病虫害发生和防治等)等。

专业苗圃还必须规划道路、排灌系统、防风林、办公及工具用房等建筑物。

（三）育苗方式

1.露地育苗

果苗的整个培育过程或大部分培育过程都是在露地进行的育苗方法，是当前主要的育苗方式，分为坐地苗和圃地育苗。设备简单、生产成本低、适用于大量育苗，应用普遍，受环境影响大。

2.保护地育苗

利用保护设施，在人工控制的环境的条件下培育苗木的方法。可调控温度、湿度、光照，提高成苗率和苗木质量，提高繁殖速度。保护设施可用于整个育苗周期，也可用于某个生育期。

保护设施类型有以下 3 种：

增加地温的设施，如地热装置、酿热物、地热线、地膜覆盖等。

增加地温和气温设施，如塑料拱棚、温床、温室、大棚等。

降温、遮光设施，如地下式棚窖、阳棚、迷雾等。

3.组织培养（工厂化育苗）

组织培养是在无菌条件下，在培养基中接种果树的组织和器官，经培养增殖形成完整植株的繁殖方法。组织培养能够做到品种纯正、繁殖速度快、繁殖系数高，工厂化育苗，技术性强。

二、嫁接苗培育

根据砧木的来源，将果树砧木分为实生砧木和自根砧木两类。

果树育苗 2

（一）实生砧木的培育

1.种子的采集和处理

种子质量影响实生苗的长势和质量，采种的总要求是，选择品种或类型一致、生长健壮、丰产、优质、抗逆性强、无病虫害的树做采种树，采集充分成熟的种子。

2.种子的休眠

种子休眠是长期系统发育过程中形成的特性和抵御不良外界条件的适应能力。

（1）概念　种子休眠是指有生活力的种子，即使吸水并给予适宜的温度和通气条件，也不能发芽的现象。落叶果树大都会自然休眠，常绿果树则无明显休眠或休眠期很短。

自然休眠。种子成熟后内部存在妨碍发芽的因素，使其不能正常萌发，是长期系统发育形成的抵御寒冷气候的特性，有利于生存和繁殖。利于贮存，但育苗难。

被迫休眠。通过后熟的种子，由于不良的环境条件使其不能正常萌发，称为被迫休眠或二次休眠。

（2）影响种子休眠的因素　影响种子休眠的自身因素有以下几个方面。

种胚发育不全。有些果树的种子外观已成熟，并已脱离母体（采果），但是胚处于幼小阶段或发育不全，幼胚还需经一段时间发育（吸收胚乳）。如银杏，种胚只有 1/3 左右，需经 4～5 个月的生长。桃、杏早熟品种也有此现象。

种皮或果皮的结构障碍。坚硬、致密、蜡质、革质化，通透性差，如山楂、桃、杏、葡萄、枣等。

机械磨伤、冻融交替、鸟等动物消化道软化可解除。

种胚未通过后熟过程。发生一系列生理、生化变化，完成后熟过程，复杂有机物的水解过程。

3. 解除休眠的措施

(1)层积处理　使种子完成生理后熟，打破休眠的一项措施，即在果树种子播种前的一段时间，将种子与河沙分层堆积在一起，并保持一定的低温、湿润、通气条件。使种子后熟并通过低温阶段的措施，又称沙藏。层积温度 2～7 ℃，有效最低温－5 ℃，最高温 17 ℃，湿度 50%～60%，通气(氧气充足，后熟快，高温下进入二次休眠与氧气不足有关)。层积天数与砧木种类有关(表 7-2-1)。

表 7-2-1　主要果树砧木种子层积天数　天

砧木种类	层积天数	砧木种类	层积天数
山丁子	30～90	秋子梨	40～60
楸子	40～50	杜梨	60～80
西府海棠	40～60	豆梨	10～30
塞威氏苹果	60～100	山桃、毛桃	80～100
湖北海棠	30～35	欧洲酸樱桃	150～180
沙果	60～80	中国酸樱桃	90～150
猕猴桃	60～90	枣、酸枣	60～90
山葡萄	90～120	君迁子	30
核桃	60～80	板栗	100～150

(2)机械处理　即通过碾压、敲壳等机械磨伤措施，使种皮破裂或出现深凹点，以便气体和水分进入。

(3)化学处理　即通过生长调节剂(赤霉素、细胞分裂素等)或化学药剂(石灰氮、硫脲、生石灰、碳酸氢钠、浓硫酸等)处理，以促进种子萌发。

4. 生活力鉴定

(1)目测法　直接观察种子的外部形态，有生活力，饱满、种皮有光泽、粒重、有弹性、胚和胚乳乳白色。

(2)染色法　0.5%四氮唑，液温为 25～30 ℃处理 3～24 h，红墨水染色。

(3)发芽试验。

5. 播种

播种时期为春播和秋播。

(二)自根砧木的培育

由自身器官、组织的体细胞形成根性的砧木，称为自根砧。扦插、压条、分株、组织培养等方法繁殖自根砧。自根砧其遗传组成与亲本相同，可以保持苗木整齐。砧木品种化是现代果树生产的重要方向之一。

自根砧繁殖需要建立自根砧母本园或母本繁殖圃，从母本园、母本圃获取繁殖材料。

1. 接穗的采集和贮运

在确定发展品种后，应从良种母本圃采集接穗，或从鉴定的优良品种的营养系成年母株上采集，采集外围发育枝或新梢。采穗母株必须品种纯正、丰产、稳产、优质、无检疫对象或特殊病虫害(枣疯病、病毒)。枝条充实、芽体饱满。

根据嫁接时期、方法的不同,采集的接穗不同。秋季嫁接(芽接),采集当年的春梢,随采随用;春季枝接,一般在休眠期结合修剪,采集一年生枝;夏季嫁接,采集当年新梢或贮存的一年生枝。

用新梢作接穗,最好随采随用,采后立即去叶片,保留 1 cm 叶柄,便于操作和检查成活,储存于阴凉、湿润、透气的条件下,一般温度 4～13 ℃,湿度 80%～90%,适当透气。运输接穗要注意保湿透气,温度适宜。

一年生枝作接穗,可埋藏。预防早春发芽,运输注意保湿、通气、降温。

2. 嫁接

一般采用秋季芽接,第二年春季枝接(补接)。嫁接方法如下:

芽接。用一个芽片作接穗的嫁接方法。春、夏、秋形成层活跃时均可进行,北方 7—9 月进行,速生苗提早到 6 月。常用方法:"T"形芽接、嵌芽接、方块接、套管接、带木质部芽接。

枝接。用具有一个或一个以上芽的一段枝作接穗。一般在春季树液流动后至展叶期。常用方法:切接、劈接、腹接、插皮接、舌接、插皮舌接等。

此外,还有根接、茎尖微型嫁接、靠接、贴接、桥接等其他嫁接方法。

3. 嫁接后管理

检查成活和补接。芽接 10～15 d 检查成活率。未成活的应进行补接。

解绑,剪砧或折砧。成活后及时解绑,剪砧或折砧。一般春季剪砧,速生苗成活后及时解绑、剪砧或折砧。

埋土防寒。严寒地区冬季应进行防寒,萌芽后去萌蘖。立支柱,浇水施肥,防治病虫。

三、扦插苗的培育

(一)硬枝扦插

1. 插条采集和贮存

用生长充实的 1～2 年生木质化的枝条进行扦插为硬枝扦插。落叶果树插条在落叶后至翌年早春树液流动前采集,沙藏贮存,50～100 根 1 捆,挂标签,贮藏期间温度为 1～5 ℃。插条剪成 10～20 cm(1～4 芽)长,上端平剪,剪口距芽 0.5～1 cm,下端斜剪。

2. 催根

一般生根较困难的树种或品种,扦插前应进行催根。多在扦插前 25 d 左右进行。多用温床(电热温床、薯炕),当床内温度达到 20～25 ℃时,将剪好的插穗浸水 24 h,打捆后,下端插于温床的湿沙中,只露出上部芽眼,气温应低于床内温度,约 20 d 即可长出愈伤组织和根原基。

3. 扦插

扦插可以采用平畦插(图 7-2-1)和垄插。一般密度为行距 20～40 cm,株距 10～15 cm。苗床育苗(速生绿苗)密度应加大。斜插,只露出上部芽眼,覆地膜,盖土。成活的关键是地温高、气温低。

4. 促进生根的方法

(1)机械处理。

剥皮：木栓层较发达的果树，剥去木栓层减少障碍。

纵刻伤：基部 3～5 cm，纵刻 5～6 道，深达木质部。

环状剥皮(3～5 mm)：取插穗前 15～20 d 进行，待伤口长出愈伤组织，尚未完全愈合时进行扦插。

图 7-2-1 平畦扦插

(2)黄化处理　黄化处理是促进插条生根的一种措施。用黑布、黑纸等将枝梢的基部裹罩，遮住光线一定时间后剪下扦插。多数原来不易用扦插繁殖的苹果品种经处理后都能生根成活。枝条经黄化处理后使叶绿素消失、组织黄化、皮层增厚、薄壁细胞增多，有利于根原体的分化和生根。其原因是黄化部位增加了内源 IAA，减少了被认为有抑制生根作用的物质产生。处理时间须在扦插前 21 d 进行。

(3)加温催根　木本植物适宜生根的温度是 20～25 ℃，早春扦插时的地温较低，一般开始时达不到适温要求，往往需要加温催根。夏季扦插和秋季扦插，地温较高，气温更高，需通过遮阳降温、喷水降温等使扦插温度达到适宜状态。冬季扦插时气温和地温都很低，需要在保护地内进行。

(4)药剂处理　常用药剂有吲哚丁酸(IBA)、吲哚乙酸(IAA)、萘乙酸(NAA)、生根粉 1-3 号、维生素、0.1%～0.5%高锰酸钾等。常用 100～200 mg/L 萘乙酸，吲哚丁酸浸泡下端 1/3 处 12～24 h。

(二)绿枝扦插

绿枝扦插是指利用当年生尚未木质化或半木质化的新梢在生长期进行扦插的方法。为提高成活率，保证当年形成一段发育充实的苗干，一般在 6 月底前进行扦插。扦插过早，枝条幼嫩不易成活；扦插过迟，生根不好，遇高温季节成活率低，且新梢生长期短，成熟度差。采用半木质化新梢，在生长季进行带叶扦插。通常采用弥雾扦插法。

1. 插条处理

选择生长健壮的幼年母树，在早晨或阴天采集当年生尚未木质化或半木质化的粗壮枝条，随采随用，不宜久置。将采下的嫩枝剪成长 5～20 cm 的枝段。上剪口于芽上 1 cm 左右处剪截，剪口平滑，下剪口稍斜或剪平。为减少蒸腾耗水，应除去插条的部分叶片，仅留上端 1～2 片叶，如果叶片是大叶型可将叶片剪去 1/2。插条下端可用吲哚丁酸、吲哚乙酸、ABT 生根粉等激素处理，使用浓度一般为 5～25 mg/kg，浸 12～24 h 以利于生根。

2. 扦插

绿枝扦插宜用河沙、蛭石等通透性能好的材料作基质。一般先在温室或塑料大棚内集中培养生根，然后移至大田继续培育。将插条按一定的株距、行距插入整好的苗床内，可适当密插，有利于保持苗床的小气候。采用直插宜浅不宜深，插入部分约为穗长的 1/3。插后要灌足水，使插条和基质充分接触。

3. 扦插后管理

绿枝扦插必须搭建遮阳设施，避免强光直射。扦插后注意对光照和湿度的控制，勤喷水或浇水，保持空气湿度达到饱和，勿使叶片萎蔫，以便叶片进行光合作用，制造养分和生长素，保证生根、发芽和生长使用。生根后逐渐撤去遮阳网，增加光照。温度过高时喷水降温，及时排除多余水分。有条件者利用全光照自动间歇喷雾设备，效果更佳。

扦插成活后，一般仅留 1 个健壮新梢，其余抹除。为保证苗木健壮充实，生长期要加强肥水管理。

四、无病毒苗繁育

(一)意义

侵染果树的病毒和类菌原体种类很多，根据感染后的表现和特点，一般将病毒分为潜隐性病毒和非潜隐性病毒两类。潜隐性病毒在砧木和接穗都抗病时，感病植株无明显外观症状，表现为慢性危害，使树势衰退，树体不整齐，果实产量、质量、耐贮性降低，肥水利用率(用于果实生产)下降，氮肥利用率降低 40%～60%，减产 20%～60%。非潜隐性病毒在感病植株上有明显外观症状，一般容易识别(刨除)。由于迄今为止对病毒病还没有理想的治疗方法和有效药剂，果树一经感染，就终生带毒。据对我国苹果产区多数品种普查，普遍有病毒病危害，带毒率为 30%～95%，给果树生产造成巨大损失。目前危害我国苹果的病毒主要有 6 种，其中锈果病毒、花叶病毒、绿皱果病毒为非潜隐性病毒；褪绿叶斑、茎痘、茎沟病毒为潜隐性病毒。生产中只能通过培育无病毒苗和控制病毒传播两条途径来减少病毒的危害和扩散。

(二)无病毒苗木繁育体系

1. 无病毒苗

无病毒苗是指经过脱毒处理和病毒检测，证明确已不带指定病毒的苗木。严格讲为脱毒苗。

2. 无病毒原种的来源

(1)国内外引进——检测——原种——保存。

(2)选择优良母株——脱毒——检测——原种——保存。

3. 原种的培育和保存

脱毒常用方法有：热处理、微茎尖培养、热处理与茎尖培养结合及茎尖嫁接。

(1)热处理　38 ℃左右的高温不仅能延缓病毒的扩散，而且可使器官和组织的生长速度超过病毒的繁殖速度，对病毒有钝化作用。经在 37～38 ℃高温，60%～80%湿度，处理 4 周以上(长好)，取顶端长出的 10～20 cm 作接穗(旺盛的生长点不带毒)，过程为嫁接后——检测——原种。

(2)微茎尖培养　病毒感染后，在植株内的分布并不均匀，生长点附近的分生组织(0.1～0.2 mm)多不含病毒。进行微茎尖培养可获得无毒原种。

(3)热处理与茎尖培养结合　热处理通常与茎尖培养相结合脱毒，对于单用茎尖或热疗法难以脱除的病毒，可先进行热力处理，使植株茎尖无毒化，再采用茎尖组织培养法，这样可以提高脱毒成功的概率。

(4)茎尖嫁接　微体嫁接法是木本植物培养无病毒苗使用的方法。具体做法是将极小的茎尖(0.14～1.0 mm)作为接穗嫁接到不带病毒的种子实生苗砧木上，然后将砧木、接穗一起在培养基上培养。接穗在砧木上易成活，且去除病毒概率大，故有可能获得无病毒苗。

（三）繁殖圃的建立

在“三圃一制”建立的基础上，增加检测制度，建成“三圃二制”。

（1）原种保存圃　保存原种（包括品种、砧木）。主管部门或指定单位。

（2）母本繁殖圃　包括采穗圃、压条圃、采种圃。行业主管部门指定的大型苗圃。

（3）果苗繁殖圃　繁育苗木的基层单位，应受主管部门的监督和管理。

（4）检测制　用于检测新育苗木带有病毒情况，证明确已不带指定病毒的苗木。

（5）档案制　建立立地条件及变化档案。树种、品种、砧木引种及繁殖档案、分布档案、轮作档案、管理技术档案（包括育苗技术、肥水管理、病虫害发生和防治等）。

任务三　果树苗木出圃

课前思考

1. 出苗前要做好哪些准备？
2. 如何进行苗木分级和检疫？
3. 如何进行苗木包装、运输及保存？

基础知识

苗木出圃是果树育苗工作的最后环节，也是建园工作的开始。苗木质量的好坏、定植后成活率的高低都与出圃过程有很大的关系，因此一定要做好充分的准备以保证出圃苗木的质量。

一、出苗前的准备

为了掌握苗木生产的产量和质量，做出苗木的生产计划和出圃计划，出圃前必须进行苗木调查工作。对出圃的苗木种类、数量、规格等进行调查，以便安排出圃计划，制订操作规程，做到数量准确，品种不乱。另外，还要根据市场需求及时合理地安排好运输工作，保证及时装运、转运，缩短运输时间，保证苗木质量。

二、起苗

（一）起苗时期

苗木起挖的时期要依据树种及地区不同而异。落叶果树起苗原则上在苗木休眠期进行，即秋季落叶后或春季萌芽前起苗。

1.秋季起苗

利用苗圃秋耕作业结合起苗，一般在苗木停止生长后至土壤解冻前进行，有利于土壤改良、消灭病虫害以及减轻春季作业的繁忙。同一苗圃可根据不同苗木停止生长的早晚、栽植时间、运输距离的远近等情况合理安排。生长季节短的地区，苗木的成熟较差，应适当提早挖苗，成熟良好的苗木可以在第一次霜降后挖苗。桃、梨等苗木停止生长较早，可先挖，苹果、葡萄等苗木停止生长较晚，可后挖。急需栽种或远运的苗木也可以先挖，就地栽植或翌年春栽植的可后挖。秋季起苗可避免苗木冬季在田间受冻及鼠害。

2.春季起苗

各类果树苗木均适宜在春季芽萌动前起苗移栽，芽萌动后起苗则影响苗木的栽植成活率。因此春季起苗要早，最好随起随栽。

(二)起苗方法

起苗的方法有人工起苗和机械起苗两种。人工起苗多适用于小型苗圃，裸根挖出的苗木，若需要长距离运输，必须蘸泥浆护根。机械起苗多用于大、中型苗圃，具有工作效率高，劳动强度低，节省开支，苗木质量好的优点。

起苗时需要注意对苗木挂牌，标明品种、砧木类型、来源、苗龄等。在起苗前 2～3 d 灌水，使土壤湿润，以减少起苗时损伤根系。不要在大风天起苗，否则苗木会因失水过多降低成活率。起苗时要特别注意不要伤害苗木根系，保证苗木有一定长度和较多的根系。挖出的苗木要集中放在阴凉处，用浸水的草帘或麻袋等覆盖，以免苗木失水。

三、苗木分级

苗木质量的好坏直接影响栽植成活率以及生长结果的整齐性，所以在外运或贮藏前需根据国家或当地的苗木出圃规定对苗木进行分级。出圃的苗木规格因树种、地区和用途不同而有差异，一般优质苗木的基本要求是品种纯正、砧木类型一致；根系发达，主根不弯曲，侧根须根多，断根少；地上部枝条壮且充实，并有一定的高度和粗度；芽体饱满，无病虫害及机械损伤；嫁接苗的接合部位愈合良好。

四、苗木检疫与消毒

1.苗木检疫

出圃的苗木，特别是调往不同地区的苗木，根据国家规定应进行检疫，凡带有国家规定检疫对象的苗木均不得出圃，以防止病害及恶性有害植物的传播。苗圃经营者要主动到国家植物检疫部门进行检疫，取得合格证明并经批准，方可调运苗木。发现检疫对象应立即停止调运，听从检疫部门处理。育苗单位和苗木调运人员，必须严格遵守植物检疫条例，做到从疫区不输出，新区不引入。

我国对内检疫的病虫害有苹果棉蚜、苹果蠹蛾、葡萄根瘤蚜、美国白蛾等。列入全国对外检疫的病虫害有地中海实蝇、苹果蠹蛾、苹果实蝇、葡萄根瘤蚜、美国白蛾、栗疫病、梨火疫病等。

2. 苗木消毒

除严格控制检疫性病虫害传播外，也应防止一般的病虫害传播。因此，苗木出圃时最好对苗木进行消毒，可用3～5 °Be的石硫合剂、1∶1∶100倍波尔多液、甲基托布津等对地上部分喷洒消毒，对根系浸根处理10～20 min，再用清水冲洗根部。李属植物应慎用波尔多液，以免造成药害。也可在密闭的条件下，利用熏蒸剂汽化后的有毒气体杀灭种子、苗木等繁殖材料以及土壤、包装物等非繁殖材料中的害虫。熏蒸剂的种类很多，通常用于苗木消毒的有溴甲烷(MB)和氢氰酸(HCN)。

五、苗木包装运输与保存(假植)

1. 包装运输

苗木经检疫和消毒后才能包装外运，包装的材料可就地取材，一般用草帘、草袋、蒲包和麻袋等。包装时大苗根部可向一侧，小苗则可根对根摆放，并在根部填充湿锯末或浸湿的碎稻草以保持根部湿润状态，也可以采用根部浸蘸泥浆，包裹之后用绳捆紧，把根包严。每包株数根据苗木大小而定，一般50～100株，包好后挂上标签，注明树种、品种、数量、等级，包装好的苗木即可发运，运输途中要注意检查湿度和温度，以防苗木抽干或温度过高。

2. 假植

苗木不能及时外运和定植时必须进行假植，假植分为临时假值和越冬假植。因苗木不能及时外运或栽植而进行的短期埋植称为临时假植。如果需要第二年冬季处理的，则要进行越冬假植，短期假植可挖浅沟，将根部埋在沟内即可；越冬假植则应选择地势平坦，避风不积水处挖沟假植。一般沟深40～50 cm，沟宽80～100 cm。南北延长开沟，苗向南45°倾斜放入，一层苗木一层土，培土厚度为露出苗高的1/3～1/2。在严寒地区，为了防寒，最好用草类、秸秆等将苗木的地上部分加以覆盖，在风沙危害较重的地区，可在迎风面设置防风障。假植时详加标记，严防混杂。苗木数量少时，可利用菜窖或地窖贮藏，同时还应注意防鼠、兔为害。

任务四　适地适栽

课前思考

1. 如何进行园地的综合评价？
2. 如何选择果树的建园地点？

园地选择

基础知识 〉〉〉

选择最适宜的树种、品种，在最适宜的园地建园。适地适栽才能发挥最大的经济效益。

一、园地的综合评价

1. 社会经济发展情况

园地建设前期，要进行园地周边人口、劳动力、技术水平、经济发展水平、收入和消费、企业发展状况和城镇化程度、发展预测、贮存加工能力、交通、能源、市场前景等各个方面的调研，进行社会经济发展情况的全面分析，保证果园建设的经济性。

2. 果树生产现状和预测

根据当地建园优势，结合目标树种的发展历史，品种变迁，发展现状和未来发展趋势的预测，综合考量种植规模、树种和品种的选择，进而对生产效益及建园后的管理水平等进行综合评价。

3. 气候特点

建园前，要对目标园地气象因子进行调研分析，如要对近十年，至少是近五年的年均温、最高温、最低温、生长期积温、休眠期低温量、无霜期、日照时数、降水和分布、灾害性天气等气象资料收集分析。若气候特点能够满足目标果树的种植，则可以建园，否则不能建园。

4. 地形和土壤条件

建园前，对地形和土壤条件进行分析评价，主要调研分析如海拔、垂直分布、小气候、坡度坡向、土壤类型、土层厚度、有机质、地下水、酸碱度、自然植被、前作等方面。

5. 水利设施条件

果园灌溉用水包括江河、湖泊、水库、井水、工业废水、城市生活污水等。用被污染水灌溉果园，会对果树造成严重危害。一般井水污染较轻，但使用的时候需要注意重金属元素是否超标。工业废水和生活污水必须经过无害化处理才能浇灌果树。所以，选择园地必须对灌溉水源进行检测，国家标准要求灌溉用水中 pH、氯化物、氰化物、氟化物、石油类、总汞、总砷、总铅、总镉、铬(六价)10 种污染物的浓度不得超过《农田灌溉水质标准》(GB 5084—2021)的限定值。

现代新果园建设，还应该配套设施设备条件，如灌溉系统、水肥一体化系统、物联网系统等。

二、果园的建园地点

果园的建园地点分为平地、山地、丘陵地、沙荒地和盐碱地，对各类园地进行综合分析和评价，是科学选择园地的基础。

1. 平地

平地果园的特点是地势平坦、地面平整、土层深厚、土壤有机质含量较高，灌溉水源充足，建园成本较低，果园管理方便，且便于机械化作业。果树生长健壮、结果早、果实大、产量高、销售便利，因而经济效益较高。

2. 山地

山地果园的特点是地势、地形、坡度和坡向等十分复杂，存在着山间局部小气候。空气流通，日照充足，昼夜温差较大，有利于糖的积累和果实着色。山地果园排水良好，果树根系发达，有利于养分的吸收。因此，山地果园果实的色泽、风味、含糖量、耐贮性、光洁度等方面通常优于平地果园。但山地建园成本高、管理不便、水源缺乏、水土保持难。

3. 丘陵地

丘陵地果园的特点介于平地和山地之间，无山地垂直分布的特征，但有起伏高低的地势，既有平地果园高产稳产的优势，又有山地果园的果实品质。丘陵地的土质、水利和管理等条件介于平地和山地之间，土壤冲刷，流失较重，沟谷较多，土壤差异较大，丘陵顶部土层薄，风蚀水蚀严重，肥力差，丘陵下部土层较厚，土质较肥沃。在丘陵地区选择园地时要根据土壤肥力、成土母岩的风化情况、水源条件、交通条件等综合考虑，择优选择。

山地和丘陵地果园因地势高，光照充足，排水良好，空气流通，果树生长良好，果实成熟早，色泽艳，风味好。因此，山地和丘陵地也是建园的好地方，具备生产优质果品的条件。

4. 沙荒地

沙荒地果园的特点是含沙量大，通透性强，土壤昼夜温差大，肥力低，保肥保水能力差，建园时必须提前营造防护林来防风固沙，栽培时要施用有机肥，还可多种绿肥作物来增加土壤有机质的含量和改良土壤。

5. 盐碱地

盐碱地果园的特点是土壤黏重，通气性差，含有大量的盐类，土壤溶液浓度加大，且易出现缺素症，从而影响果树对水分和养分的吸收。盐碱化严重或是 pH 低于 5 或 pH 高于 8 的土壤不经改良不宜建园。而在含盐量小于 0.1%，透气性较好，不易受淹的轻盐碱地可以栽植梨、枣、葡萄、杏、桃等。盐碱地建园时一定要注意选用耐盐碱的树种和砧木，同时建园前采用洗盐、营造防风林、勤耕勤锄、挖排水沟降低水位等方法防止盐分上升。此外，还可以种植耐盐的绿肥改良土壤，起台田，覆草以减轻盐害。

任务五　果园的规划和设计

课前思考

1. 园地选择的依据。
2. 如何科学规划园地，规划内容包括哪些，都有什么要求？
3. 规划建园时，树种的品种如何正确选择？

园地规划与设计

基础知识 〉〉〉

一、园地选择的依据

(1)气候条件。

(2)交通条件。

(3)土壤理化性状和天然肥力。

(4)树种、品种的生物学特性。

(5)连作障碍(忌地)(表 7-5-1)。

在同一园地的土壤中,前作果树使后作果树生长发育受到抑制的现象,称为连作障碍或忌地现象。桃、杏、李等核果类,苹果、梨等仁果类,无花果等多数果树都存在连作障碍。引起连作障碍的原因:①在土壤或前作作物的遗体中积累了对后作作物有害的物质,如老桃树的根皮苷在土壤中水解后,生成氰氢酸和苯甲醛,造成对后作幼年桃树的危害;②线虫和土壤病原物增多;③营养元素不平衡,特别是微量元素缺乏。连作障碍一般发生在前后同种果树的情况,有时不同种果树也有表现。

表 7-5-1　前作果树对后作果树的抑制

前作	后作						
	无花果	桃	梨	苹果	葡萄	柑橘	核桃
无花果	1	3	2	5	6	4	8
桃	4	1	8	2	5	6	7
梨	1	7	3	2	4	8	6
苹果	7	2	4	1	6	8	5
葡萄	1	6	7	3	2	4	5
柑橘	1	7	4	2	8	3	6
核桃	6	4	8	3	2	7	1

注:分为 8 级,生长量最大的为 8。

近年来,对连作障碍的专一性病害已经被特别关注。为了避免连作障碍,去除前作果树的残根、枯枝落叶、病果,进行轮作,土壤消毒、客土、增施有机肥是有效的措施。

二、园地规划

以企业经营为主要目的的大中型果园,建园时必须进行合理的规划,以取得好的经济效益。土地使用和规划应保证果树生产用地的优先地位,尽量压缩其他附属用地。一般大型果园的果树栽植面积占果园面积的 80%～90%及以上,道路占 3%～4%,绿肥基地占 2%～3%,排灌系统占 1%,其他占 2%～3%。

园地规划内容包括:生产小区的规划、道路系统、排灌系统、防护林建设、附属设施、绿肥和养殖基地等。

(一)小区规划

1. 小区划分的依据

(1)同一小区内气候、土壤条件、光照条件基本一致。

(2)有利于水土保持(山地和丘陵地)。

(3)便于预防自然灾害(霜冻、风害、雹灾等)。

(4)便于运输和机械化管理,提高劳动效率。

2. 小区的面积

因立地条件不同而不同。一般平地,气候、土壤较为一致的园地,考虑防护林的防护效果,大型果园小区面积 5～10 hm^2,中小型果园 3～5 hm^2。地形复杂,气候土壤变化大的应小一些,一般 1～2 hm^2。梯田、低洼盐碱地可一个台面为 1 小区。

小区面积应因地制宜,大小适当,过大管理不便,过小不利于机械化作业,非生产用地增加。

3. 小区形状

一般采用长方形,长边与短边之比(2～3)∶1,减少农机用具转弯次数,提高效率。平地果园小区长边应与当地主要有害风向垂直,果树的行向与长边平行。山地和丘陵果园小区一般为带状长方形,长边与等高线平行,随地势波动,同一小区不要跨越分水岭和沟谷。

(二)道路规划

道路系统由主路、支路和小路组成。道路一般结合防护林、排灌系统设计。

(1)主路　宽 5～8 m,并行两辆卡车或大型农用车。位置适中,贯穿全园,山地果园主路可环山而上,呈"之"字形,坡度小于 7°,要外连公路,内接支路。

(2)支路　宽 4～6 m,能通过两辆农用作业运输车,支路一般以小区为界,与干路和小区相通。

(3)小路　即小区作业道,宽 2～4 m,能通过田间作业车、小型农用机具,分布在小区内,一般为宽行。

小型果园为减少非生产用地,可不设立主路。

(三)灌排系统规划

果树灌溉技术主要有地面灌溉、喷灌和滴灌 3 类。地面灌溉是目前我国主要的灌溉方式。

(四)附属建筑物建设

果园的附属建筑物包括办公室、财会室、车库、工具室、肥料和农药库、配药场、果品储藏库、职工宿舍、积肥场等。

三、树种和品种的选择

(一)树种和品种选择的条件

(1)适应市场的需要。

(2)适应当地的气候和土壤条件。

(3)具有独特的经济性状。所选树种要求产量、品质、抗性等方面具有明显的优点，并具有良好的综合性状。

(4)发展的规模、趋势、前景预测。

一般选择当地原产或已经试种成功，栽培时间较长，经济性状较好的树种和品种。从外地引进新的树种和品种时，必须了解其生物学特性，特别是对立地条件的要求。一般应经过试种后才能大规模发展。

(二)树种和品种的配置

1. 授粉树的配置

果树存在着自花不实现象，如仁果类中的苹果、梨，核果类中的李、甜樱桃，坚果类中的板栗，均有自花不实现象；部分樱桃、李品种即使异花授粉也有不结实的现象；银杏、杨梅、猕猴桃、柿等果树常常雌雄异株；有些果树如桃、龙眼、枇杷及部分甜柿品种，虽然自花结实，但异花授粉明显提高结实率和果实品质。有些树种和品种能自花结实，但由于雌雄异熟，不能正常授粉。因此，生产中多数树种和品种建园时需要配置授粉树。

需注意的是，有些果树种类和品种，不需要授粉即可以结出无籽果实(单性结实)，如柿、葡萄的一些品种。不需要配置授粉树。

2. 授粉树应具备的条件

(1)与主栽品种花期一致。

(2)与主栽品种生长势、寿命基本一致。

(3)与主栽品种同期进入结果期，无大小年现象。

(4)花量大，能形成大量有生活力的花粉。

(5)本身有较高的经济价值。

(6)最好与主栽品种能相互授粉。

3. 授粉树配置方式(图 7-5-1)

(1)中心式，比例 1∶8。

(2)行列式，比例(1～4)∶(4～5)。分等行配置或不等行配置。

(3)复合行列式，两个品种不能相互授粉，必须配置第二个授粉品种。

(4)等高行列式，在山地果园使用。

××××××……○××××○……○×××△○……○××××××××××○
×○××○×……○××××○……○×××△○……×○××××××××○×
××××××……○××××○……○×××△○……××○○○○○○○○××
××××××……○××××○……○×××△○……○××××××××××○
×○××○×……○××××○……○×××△○……×○××××××××○×
××××××……○××××○……○×××△○……××○○○○○○○○××

1. 中心式………… 2. 行列式……… 3. 复合行列式……………… 4. 等高线式

(×表示主栽品种；○、△表示授粉品种)

图 7-5-1 授粉树的配置方式

任务六　果树栽植

课前思考

1. 果园建立时，栽植果树前需要做哪些准备工作？

2. 如何科学合理地选择果树栽植的时期、方式及种植密度？

3. 果树建园后，如何保证果树的成活率？

果树的栽培

基础知识

一、栽植前的准备

1. 土壤改良

在果树栽植前应深耕或深翻改土，并同时施用腐熟的有机肥或新鲜的绿肥。

2. 定点挖穴(沟)

定植穴直径和深度一般为0.8～1 m，密植果园可挖栽植沟，沟深和沟宽均为0.8～1 m。无论挖穴或挖沟，表土和心土应分开堆放。原心土与粗大有机物和行间表土混合后回填于50～70 cm的下层，行间穴外表土与有机肥混合后回填于20～50 cm的中层(根系主要活动层，要求匀)，原表土与精细有机肥混合后回填在苗木根系周围，也不要将肥料深施或在整个栽植穴内混匀，重点要保证苗木根际周围的土壤环境。此外，回填沉实最好在栽植前1个月完成。

3. 苗木和肥料准备

(1)苗木准备　在栽植前进一步进行品种核对和苗木分级，剔除劣质苗木。经长途运输的苗木，应立即解包并浸根一昼夜，待充分吸收后再行栽植或假植。

(2)肥料准备　按每株50～100 kg的标准，将优质有机肥运至果园分别堆放。

二、栽植时期

果树苗木一般在地上部生长发育停止或相对停止，土壤温度在5 ℃以上时定植。北方落叶果树除冬季土壤结冻期以外，自落叶开始到第二年春季萌芽前均可栽植。

三、栽植方式

1. 长方形永久栽植

这是最常见的一种栽植方式。其特点是行距宽而株距窄，有利于通风透光，机械化管理和提高果实品质。

2. 等高永久栽植

适用于坡地和修筑有梯田的果园，是长方形栽植在坡地果园中的应用。这种栽植方式的特点是行距不等、株距一致，且行向沿等高线而设，有利于果园水土保持。

3. 计划密植

一种有计划分阶段的密植制度。将永久树和临时加密树按计划栽植，当果园行间密闭时，及时缩剪，直至间伐或移出临时加密树，以保证永久树的空间。这种栽植方式的优点是可提高单位面积产量和增加早期经济效益，但建园成本较高。

四、栽植密度

确定栽植密度的依据有以下几个方面。

1. 树种、品种和砧木特性

不同树种、品种的生长发育特性不同，树高和冠幅的差异较大，一般树冠大的株行距也相应加大，反之亦然。砧木对接穗的生长势和树冠大小有显著影响，一般乔化砧树体高大，矮化砧树体矮小，所以要根据不同的砧木决定栽植密度。

2. 立的条件

在土层深厚肥沃、雨量充沛、气候温暖、生长期长的地区，果树树冠较大，栽植密度可适当小些；而在土壤瘠薄、干旱少雨、生长期短的地区，果树树冠偏小，栽植密度也相应增大。此外，平原和山麓地带，立地条件较好，容易形成大树冠，而随着相对高度的增加，坡度变陡，立地条件逐渐变差，树冠也相对变小，栽植密度也要做出相应调整。

3. 栽培技术

栽植方式、整形方式、修剪方法、肥水管理水平等对树冠体积有很大的影响，应根据不同的情况确定合适的栽植密度。

五、栽植技术

（一）栽植前苗木处理

栽植前应将苗木再次分级，优先选用根系完整、枝干粗壮、叶芽饱满的苗木，然后按粗细、高矮进行分类，栽时将同类苗木种植在一起，便于管理。剪掉伤根、病虫根，以利于新根发生。如果苗木水分不足，应在栽植前将根系放入水中浸泡一昼夜，使苗木充分吸水，然后用 100 mg/L 生根粉溶液浸泡 1 h，更利于苗木生根和成活。

(二)栽植深度

苗木栽植的深度要适宜,栽植过深,下层温度低,通透性差,幼树萌芽晚,生长缓慢,容易出现活而不发的现象;栽植过浅,根系容易外露,固地性差,不耐旱,成活率低。栽植深度一般以苗木在苗圃时的土印与地面齐平为准。

(三)栽植方法

栽树时,对栽植穴(沟)适当修整,低处填高,高处铲平,深度保持 25 cm 左右,并将穴中间培成小丘状、栽植沟培成龟背形小长垄。栽植时将苗木放入栽植穴内,展开根系,根系不能与肥料直接接触,同时校正栽植位置,然后用细土回填,将苗木轻轻上提并压实,使根系与土壤密切接触,最后将新土填入栽植穴上层,并修整成直径约 1 m,高出地面 20～30 cm 的树盘,树盘四周略高。注意苗木不要栽植太深,根颈要高出土面。柑橘等常绿果树最好能带土球栽植,栽后剪去部分枝叶,以提高栽植成活率。

(四)栽后管理

俗话说"三分栽七分管",栽后管理对提高栽植成活率、缩短缓苗期、促进幼树健壮生长具有重要的意义。具体管理措施:①栽后及时浇足定根水,在栽后 1 个月内保持苗木根际土壤湿润,泥土变干发白时要及时淋水;②为了保持树盘土壤湿润应用地膜(地布)进行覆盖;③若是秋季栽植,要做好冬季和初春防寒工作;④注意防风、防晒;⑤适时定干、施肥和病虫害防治等。

计　划　单

学习领域	情　景　篇
模　块　七	果树育苗与果园建设
计划方式	小组讨论、成员之间团结合作，共同制订计划

序号	实施步骤	使用资源

<table>
<tr><td>制订计划说明</td><td colspan="6"></td></tr>
<tr><td rowspan="3">计划评价</td><td>班　　级</td><td></td><td>第　　组</td><td>组长签字</td><td></td></tr>
<tr><td>教师签字</td><td colspan="2"></td><td>日　　期</td><td></td></tr>
<tr><td colspan="5">评语：</td></tr>
</table>

决 策 单

学习领域	情 景 篇							
模 块 七	果树育苗与果园建设							
方案讨论								
方案对比	组号	任务耗时	任务耗材	实现功能	实施难度	安全可靠性	环保性	综合评价
	1							
	2							
	3							
	4							
	5							
	6							
方案评价	评语：							
班　　级		组长签字		教师签字		月　口		

材料工具清单

学习领域	情　景　篇						
模　块　七	果树育苗与果园建设						
项　目	序号	名称	作用	数量	型号	使用前	使用后
所用仪器仪表							
所用材料							
所用工具							
班　级		组长签字		教师签字		月　日	

实 施 单

学习领域	情 景 篇	
模 块 七	果树育苗与果园建设	
实施方式		
序号	实施步骤	使用资源
1	基本理论讲授	在线开放平台、多媒体
2	实生繁殖技术应用	校内实训基地
3	自根繁殖技术应用	校内实训基地
4	嫁接繁殖技术应用	校内实训基地
5	嫁接苗培育实训	校内实训基地
6	扦插苗培育实训	校内实训基地
7	无病毒苗繁育实训	校内实训基地
8	果园的规划和设计运用	校内外实训基地
9		
10		

实施说明：

利用在线开放平台和多媒体资源，进行理论学习，了解果树繁殖方法及原理，了解果树苗木培育技术，掌握果树苗木出圃、适地适栽的技术要领，能够进行果园的规划和设计，并完成新果园建设的果树栽植。

进行常见果树繁殖方法及原理的学习，并掌握果树苗木培育技术。

通过对实生繁殖、自根繁殖和嫁接繁殖的原理学习，了解嫁接苗培育技术、扦插苗培育技术和无病毒苗繁育技术，能科学有效进行常见果树品种苗木的繁殖培育。

通过对果园的规划和设计知识学习，能够进行新果园的规划设计，并能完成新果园果树栽植，建设新果园。

班　　级		组长签字		教师签字		月　　日

作　业　单

学习领域	情　景　篇
模　块　七	果树育苗与果园建设
作业方式	

1. 根据果树的常用繁殖方式，分别简述实生繁殖、自根繁殖、嫁接繁殖的特点及方法。

2. 简述影响嫁接成活的因子，并说明嫁接繁殖的基本原理。

3. 如何进行苗圃地的规划和设计？

4. 果树苗木从出圃到栽植，需要经过哪些过程？

5. 根据适地适栽的原则，以柑橘为例，对300亩果园进行规划设计，并写出如何科学合理地进行柑橘栽植。

作业评价	班　　级		组长签字		月　　日
	教师签字		教师评分		
	评语：				

检　查　单

<table>
<tr><td>学习领域</td><td colspan="4">情　景　篇</td></tr>
<tr><td>模　块　七</td><td colspan="4">果树育苗与果园建设</td></tr>
<tr><td>检查项目</td><td colspan="2">检查内容</td><td>学生自查</td><td>教师检查</td></tr>
<tr><td rowspan="4">思政素养</td><td colspan="2"></td><td></td><td></td></tr>
<tr><td colspan="2"></td><td></td><td></td></tr>
<tr><td colspan="2"></td><td></td><td></td></tr>
<tr><td colspan="2"></td><td></td><td></td></tr>
<tr><td rowspan="4">技能素养</td><td colspan="2"></td><td></td><td></td></tr>
<tr><td colspan="2"></td><td></td><td></td></tr>
<tr><td colspan="2"></td><td></td><td></td></tr>
<tr><td colspan="2"></td><td></td><td></td></tr>
<tr><td rowspan="4">理论素养</td><td colspan="2"></td><td></td><td></td></tr>
<tr><td colspan="2"></td><td></td><td></td></tr>
<tr><td colspan="2"></td><td></td><td></td></tr>
<tr><td colspan="2"></td><td></td><td></td></tr>
<tr><td rowspan="3">检查评价</td><td>班　　级</td><td></td><td>组长签字</td><td></td></tr>
<tr><td>教师签字</td><td></td><td>日　　期</td><td></td></tr>
<tr><td colspan="4">评语：</td></tr>
</table>

评　价　单

学习领域	情　景　篇				
模　块　七	果树育苗与果园建设				
评价类别	项目	子项目	个人评价	组内互评	教师评价
专业能力（60%）	咨询（10%）	搜集信息（5%）			
		引导问题回答（5%）			
	计划（10%）	计划可执行度（4%）			
		调查方案设计（3%）			
		方案合理度（3%）			
	实施（15%）	果树育苗技术应用（10%）			
		园地规划和设计（5%）			
	检查（10%）	果树繁殖方法及原理（5%）			
		苗木出圃注意事项（5%）			
	过程（5%）	认真程度（5%）			
	结果（10%）	常见果树栽植（10%）			
思政能力（20%）	团队协作（10%）	小组成员合作良好（5%）			
		对小组的贡献（5%）			
	敬业精神（10%）	学习纪律性（5%）			
		爱岗敬业、吃苦耐劳（5%）			
方法能力（20%）	计划能力（10%）	考虑全面（10%）			
	决策能力（10%）	决策果断（10%）			
评价评语	班　　级		组长签字		总　　评
	教师签字		日　　期		
	评语：				

学习小结

<table>
<tr><td>学习领域</td><td colspan="4">情　景　篇</td></tr>
<tr><td>模　块　七</td><td colspan="4">果树育苗与果园建设</td></tr>
<tr><td>学习小结</td><td colspan="4"></td></tr>
<tr><td rowspan="3">教师评价</td><td>班　　级</td><td></td><td>组长签字</td><td></td></tr>
<tr><td>教师签字</td><td></td><td>教师评分</td><td></td></tr>
<tr><td colspan="4">评语：</td></tr>
</table>

模块八

柑橘标准化生产技术

模块导读

模块介绍

柑橘是世界大宗水果，全球第三大贸易农产品。据不完全统计，目前全球共培育了106个柑橘品种，其品种结构渐趋合理化，远超过20世纪90年代的育种速度。本模块主要包括十个子任务，学习柑橘生产概况、柑橘的主要种类和品种、柑橘的生物学特性、柑橘育苗技术、柑橘土肥水管理、柑橘花果管理、柑橘树体的管理、柑橘主要病虫害及防治、柑橘保鲜技术和柑橘果园的规划建设的理论和技能。以任务驱动的方式引导学生对柑橘生产概况、柑橘的主要种类和品种进行系统了解，进而要求学生掌握柑橘生物学特性、柑橘育苗技术、柑橘土肥水管理、柑橘花果管理、柑橘树体的管理及病虫害的防治等，最后带领学生对柑橘保鲜技术和柑橘规划建园进行系统的学习。让学生掌握整个柑橘生产的全过程，进而能够完成柑橘生产的周年化管理。

模块目标

知识目标

1. 了解柑橘产业的现状及其发展趋势。
2. 了解柑橘种类与主要栽培品种特性。
3. 掌握柑橘植物学特性、生物学习性及环境对柑橘果树生长的影响。
4. 掌握柑橘园土肥水管理、树体整形修剪、保花育果及防治病虫害等管理技术。

技能目标

1. 依据柑橘种类及品种特性，正确识别不同的柑橘种类及品种。
2. 依据柑橘产业发展趋势及其植物学特性、生物学习性和本地环境条件，正确选择适宜的品种，做到适地适栽。
3. 综合运用栽培管理措施，正确制订柑橘园周年生产管理方案并组织实施。

素质目标

1. 培养学生热爱柑橘生产、投身柑橘产业发展的信念，能够全身心投入本模块课程学习。
2. 培养学生的团队合作精神，在分组学习中能够相互配合，有效地完成学习任务。
3. 引导学生树立安全意识和生态文明持续发展理念，能够做到柑橘适地适栽，不乱用农业投入品，在学习过程中不发生任何安全事件。

任务描述

了解柑橘生长习性及对环境条件的要求，了解常见的柑橘栽培品种，掌握柑橘园基本生产管理技术，掌握柑橘园土肥水管理技术，能够进行柑橘园病虫害防治，能够正确制订柑橘园周年生产管理计划。具体任务要求如下：

1. 利用在线开放平台和多媒体播放课件学习，了解柑橘生长习性及对环境条件的要求、常见的柑橘栽培品种，掌握柑橘园基本生产管理技术。
2. 通过互联网相关资料，了解柑橘生长发育规律。
3. 分组对本地柑橘园生长管理进行调查，掌握柑橘园的生产管理措施。
4. 制订本地柑橘园周年标准化生产计划。

任务一　柑橘生产概况

课前思考

1. 柑橘在水果中的地位及地理分布如何？
2. 柑橘果树对生长环境条件的要求是什么？
3. 查询相关柑橘产业的资料，总结目前国内柑橘产业现状。

柑橘生产概述

基础知识

柑橘属芸香科柑橘亚科柑橘族柑橘亚族植物，是世界大宗水果，也是全球第三大贸易农产品。果实不仅营养丰富，而且色、香、味俱佳。主要以鲜食为主，其次可加工成各类水果罐头、果汁饮料、果酒等产品；橘皮、橘络、枳实、种子等可药用，具有健胃、润肺、补血、清肠、利便、消食、解毒等功效；其果皮、花、叶均可提炼香精油，同时柑橘树也可作为道路绿化树木，美化环境和供观赏用。

目前，世界上包括我国在内有 135 个国家种植柑橘。柑橘性喜温暖湿润的气候，在我国民间流传着一句俗语“南方橘子北方枳”，由此可见，柑橘种植主要分布在长江以南地区，全国种植柑橘的省份有 19 个，其中主产区分布在浙江、福建、湖南、四川、广西、广东等省区。

要想种出好吃的柑橘，需要在种植技术上多下功夫。只有深入的了解它们，掌握它们的生长习性，才能种出品质优良的柑橘，如温度、光照、水分、土壤、地形等环境因素，都是制约柑橘生长的前提条件。

一、柑橘的生长习性

1. 土壤条件

柑橘对土壤的适应范围较广，红黄土壤、沙滩和海涂地均可栽植，它们对土层深度的要求为中等，即 1 m 左右，土壤酸碱度在 5.5～6.5 为宜，要求土壤通气性良好，地下水位在 1 m 以下。

柑橘根系主要分布在地下 0.8 m 的土层，绝大多数需氧的活动根系分布在表层 30 cm 的土层中。

2. 气候条件

(1)温度　柑橘的酸甜度跟温度有着密切的关系，柑橘是不耐寒的常绿果树，它们生长的适宜气温在 23～29 ℃，当气温下降到 12 ℃以下或超过 40 ℃时，植株会停止生长。在一定的温度变化范围内，柑橘果实的含糖量随着温度的升高而递增，含酸量随着温度的下降而递增，不同柑橘品种的耐寒性也存在着明显的差异，如表 8-1-1 所示：

表 8-1-1 柑橘类对年平均气温和冬季极端最低气温的要求

品种	年平均温度	极端最低温度
宽皮橘	16 ℃以上	−7 ℃
蜜柑	16 ℃以上	−9 ℃
甜橙	18 ℃以上	−5 ℃
脐橙	16 ℃以上	−4 ℃
椪柑	17 ℃以上	−3 ℃
金橘	12 ℃以上	−10 ℃
柚类	16 ℃以上	−5 ℃

(2)降水量与空气湿度　有的柑橘果皮光滑，色泽鲜艳，汁多味甜；有的却果皮粗糙，汁少味劣，造成这种差异的原因跟空气的相对湿度有着很大的关系。

柑橘是常绿果树，没有休眠期，柑橘的生长需要足够的水分，一般要求年降水量在 1 000～1 500 mm，相对空气湿度要达到 75%左右，土壤的田间持水量要达到 60%～80%，过多的降水量或干旱都不利于柑橘的正常生长。当湿度适宜时就会种出优良的果实，反之，就会促使劣果产生。

(3)光照　柑橘属于短日照型的果树，喜欢漫射光，而且比较耐荫，光照过强或太弱都不好，一年要求日照时数为 1 200～1 500 h。

日照直接影响光合作用，良好的光照使枝、叶、花、芽生长发育良好，果实的发育、着色、品质也较好，光照不足，会使叶片大而薄，叶色变淡，导致光合作用不足而引起落花落果，使果实品质下降。因此，我们要合理安排种植，结合综合管理技术措施，使柑橘园的光照调节到适宜的强度。

(4)坡向和海拔高度　坡向和海拔高度也是影响柑橘产出优质果的因素之一。一般温差随海拔高度的升高而增大，但海拔低的山沟温度变化也非常剧烈，山腰地段比较温暖，有利于产出优质果。我们要选择地势较为平缓的山腰或缓坡地进行种植，海拔在 250 m 以下的逆温层是可以利用的小气候环境。在低层大气中，气温随高度的增加而升高，这种现象称为逆温。出现逆温现象的大气层称为逆温层。在坡向的选择上，我们通常会选择东北坡，这样可以避开夏秋季节的高温干旱；但是在冬季有冻害的地区，应该将坡向安排在东南坡或南坡，如果西北坡有高山屏障则会更好。

二、柑橘的分布

目前，全国种植柑橘南起海南三亚，北至陕、甘、豫，东起台湾，西到西藏雅鲁藏布江河谷，均有柑橘的身影。其中江西、湖南、广西等地的红壤丘陵，云贵高原谷地，四川盆地浅丘及三峡库区等都有大面积的坡地和适宜果树种植的荒地，为柑橘生产提供了丰富的土地资源。而且南方生态条件非常适宜优质柑橘生产，特别是不同地域的生态多样性，为具有不同生态适应性的各类柑橘品种优质高效栽培奠定了良好的基础。

任务二　柑橘的主要种类和品种

课前思考

1.柑橘栽培分为柑橘属、金柑属和枳属3个属，了解柑橘属的地理分布及主要种类。

2.了解国内柑橘各主产区优势品种及其发展趋势。

柑橘常见品种及分类

基础知识

柑橘是属芸香科果树，种类繁多，目前生产上主要涉及柑橘属、金柑属和枳属等3个属，大部分栽培种类和品种以柑橘属为主；其中柑橘属来源于3个基本种类，分别是枸橼、柚以及橘。橙是柚和橘的天然杂交种，从起源上看，它在柑橘家族中属于起源较晚的类型，然而其在柑橘进化过程中的作用却十分重要，橙和橘杂交产生了柑，柚和橙杂交产生了葡萄柚，而柠檬也可能来源于枸橼和橙的杂交。目前在我国柑橘栽培中，一般将俗称的柑橘分为6种类型，主要包括橘、柑、橙、柚、柠檬/莱檬和金柑。

柑橘的种类和品种极为丰富，我国栽培较多的有柚类、橙类、宽皮柑橘与金柑类4大类。柚类果实最大，皮厚，果实中瓤瓣多(13～18瓣)，种子多，优良品种有沙田柚、坪山柚等。橙类中包括酸橙、甜橙，果实圆球形，皮橙色，优良品种有新会橙、锦橙、香水橙等。宽皮柑橘类的果皮宽松易剥，瓤瓣易于分离，品种很多，大致可分为柑、桔两组。桔组果实一般较柑小，扁形、皮薄而松、极易剥离，海绵层为淡黄色，胚深绿色，有年橘、红橘、朱桔、乳桔等。柑类一般较桔大，扁圆形，皮稍厚，较易剥离，海绵层为白色，胚淡绿色，有蕉柑、温州蜜柑等。金柑类果小，橘皮肉质化，味香甜，瓤瓣少(3～7瓣)，品种有山金柑、罗浮柑、圆金柑、金弹等。

一、柑橘的主要种类

1.柑橘属

柑橘属种类繁多，依其形态特征分为大翼橙、宜昌橙类、枸橼类、柚类、橙类、宽皮柑橘类(图8-2-1)。大翼橙类世界上现已发现6个种，我国有3种；宜昌橙类有宜昌橙、大种橙2种；枸橼类有枸橼、柠檬、黎檬、绿檬(莱檬)4种，柚类有柚、葡萄柚、香圆3种；橙类有甜橙、酸橙2种；宽皮柑橘类有柑、橘、香橙之分，是本属栽培面积最大的种类。

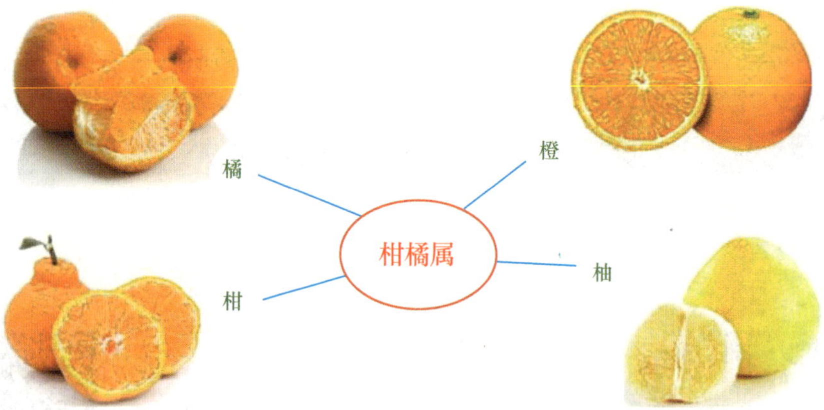

图 8-2-1　柑橘属果实图示

2. 金柑属

金柑属为中国原产，我国柑橘主产区均有栽培。常绿灌木或小乔木，叶小而厚，叶脉不明显，翼叶小；果实肉质多，有香气，维生素 C 含量比其他柑橘高。金柑适应性强，耐寒、耐旱、抗病虫力强，丰产稳产，分别有山金柑、金枣、圆金柑、长叶金柑和金弹 5 个品种（图 8-2-2）。

3. 枳属

枳属只有 1 个品种，原产我国，别名枸橘、刺柑，落叶性灌木状小乔木，果味酸，9—10 月成熟（图 8-2-3）。枳性耐寒、喜酸性土壤，能耐－20 ℃的低温，原产我国长江流域，是优良的砧木之一。

图 8-2-2　金柑属果实图示

图 8-2-3　枳属果实图示

二、柑橘的主要品种

（一）甜橙类

甜橙是世界上栽培最多的柑橘种类，约占世界柑橘总产量的 70%，主要包括普通甜橙、脐橙、血橙和无酸甜橙 4 类。

1. 普通甜橙

普通甜橙是指除脐橙、血橙以外的大多数甜橙品种，是世界上主要的橙汁加工品种，依成熟期可以分为早熟、中熟、晚熟 3 类，代表品种是凤梨甜橙，哈姆林甜橙和伏令夏橙。在中国，甜橙的主要品种为锦橙、先锋橙、桃叶橙、雪柑、改良橙、伏令夏橙以及哈姆林甜橙(图 8-2-4)等,以鲜食为主,用于加工的比例很少。甜橙除了用于果汁加工外,还用于精油提取等多种用途。

图 8-2-4　哈姆林甜橙

2. 脐橙

脐橙俗称抱子橘,其果顶有脐,着生着一个次生果,果实无核、味甜、肉脆、清香、化渣。脐橙是甜橙类中早熟的品质类型,多在 10—11 月成熟,树势稍弱,对气候的适应性较窄,脐橙以鲜食为主,出汁率较低,果实容易产生后苦,故不适合加工橙汁。主要品系有朋娜、华盛顿(图 8-2-5)、纽荷尔、清家、红玉等。

图 8-2-5　华盛顿脐橙

3. 血橙

血橙是一种富含红色花青素的甜橙,成熟期在 1—3 月,介于中晚熟甜橙品种之间,通常成熟果肉为紫红色,不同于普通甜橙,可少量发展用于调节市场。主要品种有脐血、路比、靖县、塔罗科等(图 8-2-6)。

图 8-2-6　塔罗科血橙

4. 无酸甜橙

无酸甜橙又称糖橙，通常含酸量在 0.4%以下，口感甜而不酸，不宜久贮，也不适合加工制汁，宜鲜销，主要品种有新会、冰糖(图 8-2-7)、暗柳等。

图 8-2-7　冰糖橙

(二)宽皮柑橘类

宽皮柑橘是指一类果皮宽松、剥皮容易的柑橘品种群，包括橘类、柑类。宽皮柑橘较甜橙耐寒，抗柑橘溃疡病，挂果性能好，适应性强，易栽易管；剥皮容易，适宜加工糖水罐头、蜜饯等。其主要品种为椪柑、温州蜜柑等。

1. 椪柑

椪柑(图 8-2-8)，又称芦柑、汕头蜜橘，为世界优良品种，在我国的栽培仅次于温州蜜柑。果实扁圆或高扁圆形，果实橙黄色，中等厚，有光泽，果皮易剥离，瓤瓣肥大，肾形，9～12 瓣，果肉质地脆嫩、化渣、汁多、味甜，有香味，风味浓，品质佳，适于鲜食。其品系有湖南湘西椪柑、丽水椪柑等。

图 8-2-8　椪柑

2. 温州蜜柑

温州蜜柑按成熟期可分为特早熟温州蜜柑、早熟温州蜜柑、普通及晚熟温州蜜柑品系。加工品种以普通及晚熟温州蜜柑为主，适于加工糖水橘片罐头，也有用来与甜橙加工混合柑橘汁。

3. 杂柑类

杂柑类是由品种间的自然杂交或人工杂交经选育而成的，往往具有多种亲本的优良特质，栽培上表现为易栽、丰产、抗病。

(三)柚类

1. 柚类

果实硕大，果肉晶莹剔透，酸甜爽口，富香气，风味独特。市场需求大，经济效益高。

2. 葡萄柚

葡萄柚被认为是柚与甜橙的天然杂种，因其结果成串，风味偏酸，类似葡萄，所以取名为葡萄柚(图 8-2-9)。

图 8-2-9　柚类

(四)柠檬类

柠檬树势较强,多刺,枝条开张角度大而长软,具下垂性。叶片大,椭圆形,翼叶小,嫩梢、花蕾均带紫色。花大,四季开花结果,果实椭圆形,淡黄色,果顶部有乳头,基部圆,油胞凹陷,香气浓郁,皮厚,包着紧,汁胞苍白色,细长,披针形,含酸量极高,可达 7%。种子卵圆形,中大,子叶白色,多胚(图 8-2-10)。

柠檬是酸果类柑橘的主要品种,主要用作加工制汁、提取精油以及烹饪佐料,主要品种有尤力克、里斯本、费米耐劳、维拉弗兰卡等。

柠檬

佛手
枸橼
莱檬

图 8-2-10　柠檬类

(五)金柑类

金柑原产我国。树冠较小,呈灌木或小乔木。枝条密生,有刺;叶片小且厚,椭圆形或披针形,叶正面深绿色,背面灰白色,叶脉不明显,翼叶线状、不明显;花小,完全花,一年开花多次,花期晚;果实小,球形、椭圆形或长卵圆形,果皮颜色橙色到深橙红色.皮厚,不能剥离,囊瓣 3～7 瓣,不能分离;种子小,卵圆,子叶和胚均为绿色,单胚或多胚;果皮和果肉皆可食,果实还可做蜜饯和泡制果酒,同时也是重要的观赏柑橘。

金柑有 5 个品种,分别为山金柑、罗浮金、圆金柑、金弹(图 8-2-11)、长叶金柑。金柑的杂种有长寿金柑、四季橘等。

图 8-2-11　金弹

任务三　柑橘的生物学特性

课前思考

1. 根系是柑橘果树营养及水分吸收的主要器官，了解柑橘果树根系的生长规律及地下分布特征。

2. 枝是柑橘树体形成的骨架，叶片和果实生长的基础，了解柑橘枝条的种类及其生长规律。

3. 柑橘果树的结果特性有何特点？

柑橘生物学特性

基础知识

一、生长特性

1. 根系

柑橘的根系分布依种类、品种、砧木、繁殖方法、树龄、环境条件(土质、地下水位、土层深浅)和栽培技术不同而异。柚、甜橙、酸橙、香橙等品种根系分布深，主要根群分布于40～60 cm的土层；宽皮柑橘类、枳、金柑等根系分布浅，主要根群分布于20～40 cm的土层。实生苗根系分布较深，扦插苗根系分布浅。柑橘根系的垂直分布可达1.5～5.1 m，水平分布范围相当于树冠的1～2倍，主要根群分布于树冠边缘内外30～100 cm的地方，偏向内的根系多一些。

柑橘是内生菌根植物，主要靠菌根吸收水分和养分，并能增强抗逆性(图8-3-1)。根系开始生长的温度为12 ℃，生长适宜温度为23～30 ℃，超过37 ℃根系生长弱，甚至停止生长，长时间超过40 ℃根系死亡。

图 8-3-1　柑橘根系内生菌根

结果树根系一年中有3次生长高峰，与新梢呈交替生长，春梢、夏梢和秋梢生长停止后是根系生长高峰期。在华中、华东一带早春土温过低时，常发春梢后发根。如本地早第一次发根一般是在春梢开花后，至夏梢抽生前达到第一次生长高峰；第二次生长高峰是在夏梢抽生后，发根量较少；第三次生长高峰是在秋梢停止生长后，发根量较多。

土层深厚、肥沃、疏松透气、地下水位低而湿润的土壤有利于根系生长和高产稳产。

2. 芽与枝梢

(1)芽　柑橘的芽为复芽(图 8-3-2),每个叶腋一般有 2～6 个芽,故在一节上往往能萌发数条新梢,具有丛生生长的现象。柑橘的芽具有早熟性,因此可一年多次抽梢。柑橘的花芽为混合芽,萌发后先抽枝叶,再在所抽的枝上开花结果。柑橘的隐芽寿命长,如受刺激,则能随时萌发,有利于衰老树的树体更新。

图 8-3-2　柑橘复芽示意图

柑橘新梢延长生长停止后,在顶端 2～4 节产生离层而自行脱落的现象称为"顶芽自剪",又称"顶芽自枯"。顶芽自剪现象可以有效削弱顶芽优势,使枝梢上部芽生长整齐一致,构成柑橘丛生性强的特性。柑橘的芽还具有异质性,顶端芽质量要好于下部芽。

(2)枝　柑橘一年可多次抽梢,在华南地区,幼年树每年可抽梢 3～5 次,成年结果树抽梢 2～3 次。

①柑橘抽梢根据抽生时期可分为春梢、夏梢、秋梢和冬梢(图 8-3-3)。

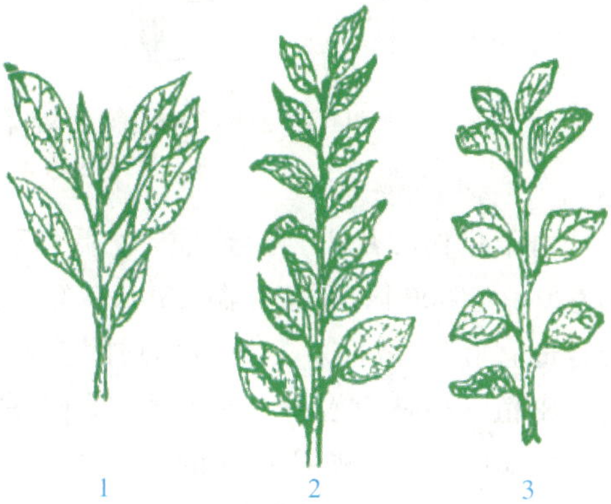

1. 春梢 2. 夏梢 3. 秋梢

图 8-3-3　柑橘春、夏、秋梢

春梢:一般在立春至立夏前(2—4 月)抽生。春梢萌发较整齐,数量多,枝条充实,节间较短,叶小而较狭长,先端尖,翼叶小。春梢梢期为 30～40 d。通常幼树、旺树春梢多为营养枝,能继续抽发夏梢和秋梢;壮年、老年树则春梢多为结果枝,可成为翌年优良的结果母枝。

夏梢:一般在立夏至立秋前(5—7 月)陆续抽发。夏梢抽梢不整齐,但生长旺,呈三棱形,节间较长,叶大、两端圆钝,翼叶大。幼树发生夏梢较多,可用来培养骨干枝,加速树冠形成,促进提早结果。但初结果树抽生夏梢会加剧落果,因此抹除夏梢是减少落果的主要措施。充分发育的夏梢也是良好的结果母枝。

秋梢:一般在立秋至立冬前(8—10 月)抽生。生长势比春梢强,比夏梢弱,枝梢长度、节间长短及叶的大小介于春梢和夏梢之间。秋梢是重要的结果母枝,以 8 月秋梢最好,9 月以后抽生的晚秋梢因温度低,枝叶不充实,影响花芽分化。

冬梢:在立冬前后抽生,长江流域一带极少发生,华南在暖冬肥水较好或幼旺树上多抽生。但冬梢抽生会影响夏、秋梢养分积累,不利于花芽分化,应防止冬梢的抽生。

②柑橘抽梢按照是否继续生长,可分为一次梢、二次梢、三次梢等。

一次梢:指一年只抽生一次枝梢,如绝大多数春梢。

二次梢:指在春梢上再抽生夏梢或秋梢,也有在夏梢上抽生秋梢。

三次梢:指一年中连续抽生春、夏、秋三次梢,在华南地区,一年可抽生 4～5 次。

3. 叶

除枳为落叶性的三出复叶外，其余均为常绿单身复叶(图 8-3-4)。叶身与翼叶间有节，翼叶的大小因种类、品种而异，大翼橙和宜昌橙翼叶最大，柚次之，香橼几乎无翼叶。叶片大小以柚类最大，橙类、柠檬及柑、橘次之，金柑最小。叶片寿命一般为 17～24 个月，最长可达 3～4 年，叶片交替脱落。

1. 枳叶；2. 柚叶(①叶身 ②叶翼 ③叶柄)；3. 酸橙叶；4. 甜橙叶；5. 温柑叶；6. 金柑叶

图 8-3-4　柑橘各种类叶片形态

由于柑橘叶片小，光合效能较低，仅为苹果的 1/3，甜橙、柠檬、温州蜜柑的光饱和点为 30 000～40 000 lx，适宜叶温 15～30 ℃。如大气干燥，光合适宜叶温为 15～20 ℃；大气湿润，光合适宜叶温 25～30 ℃。柑橘耐阴性较强，光补偿点低，如温州蜜柑的光补偿点为 1 300 lx，适于密植。柑橘对漫射光和弱光利用率高。

柑橘叶片也是贮藏营养的重要器官，叶片贮藏全树 40%以上的氮素及大量的糖类。因虫害、冻害、寒害或栽培管理措施不当造成叶片发生不正常脱落时，叶片中的养分基本不回流，会造成养分大量损失，因此通过延长叶的寿命、防止不正常落叶是丰产优质的重要条件。

二、开花结果特性

柑橘花芽分化影响因素及解决措施

1. 花芽分化

(1)花芽分化时期　大多数柑橘品种一般在果实采收前后到翌年春季萌芽前进行花芽分化，属于冬春分化型。金柑属和枸橼类能四季成花，在春梢、夏梢、秋梢各次梢停止生长后都能花芽分化，属于多次分化多次结果的果树。

(2)花芽分化条件　柑橘具有四季生长的特性，在热带地区可以四季开花，在亚热带地区每年春季至少开 1 次花。柑橘的花芽分化需要在适宜的条件下才能完成。首先是物质基础，植株生长健壮，秋梢及时停止生长，积累足够的养分，是促进花芽分化的物质保证。其次是适宜的环境条件，低温和干旱是促进花芽分化的重要条件。在亚热带温暖湿润的气候条件下，低温是柑橘花芽分化的主要因素，柑橘花芽分化要求的适宜温度为 5～13 ℃，在适温范围内，花芽数量的多少与冬季低温的长短呈正相关。在热带高温湿润地区，干旱成为影响花芽分化的主要因素，如广州金柑在处暑前 7～10 d

适当控水干旱，在春节就能观赏到成熟一致的金柑。此外，光照良好，有利于柑橘的花芽分化，能增加花芽数量。

(3)促进花芽分化的措施　要促进柑橘的花芽分化，就要培养健壮的树势，促发大量健壮的营养枝，减少秋冬落叶。采果前后及时施肥，提早采果和分期采果以减轻丰产树的营养负担，利于树势恢复及花芽分化。冬季温暖地区，花芽分化时期应适当控水，达到叶片微卷、叶色转淡、略有落叶的程度。花前喷施多效唑或进行弯枝、环割、断根等处理都有促进花芽分化的作用。

2. 结果特性

(1)结果母枝　柑橘只要枝梢生长健壮，无论春、夏、秋梢都可成为结果母枝，但以春、秋梢为主要结果母枝。多年生枝也可形成结果母枝，但数量很少。

(2)结果枝　柑橘结果枝依其开花习性和叶的着生状况，通常分为4种，即有叶花序枝、有叶单花枝、无叶花序枝、无叶单花枝(图8-3-5)。甜橙类以有叶花序枝结果为主，宽皮柑橘类以有叶单花枝结果为主，柠檬、柚、金柑等以无叶花序枝结果最好。

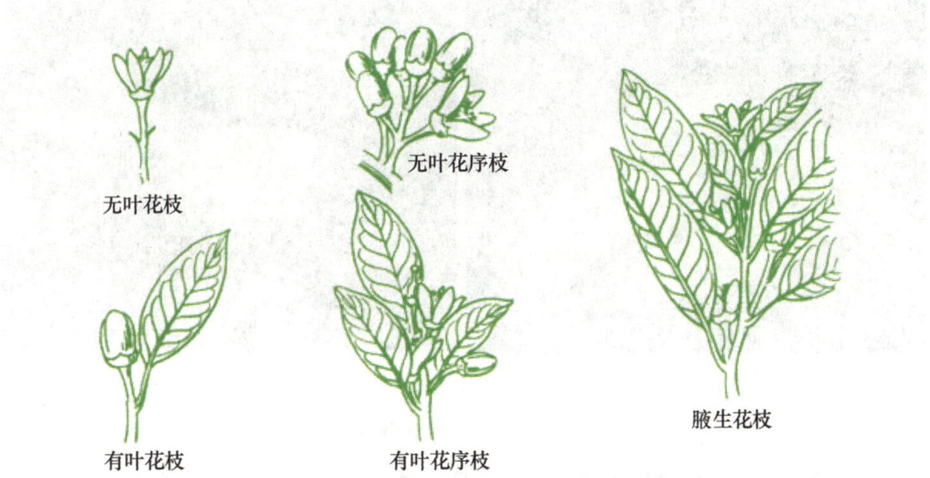

图8-3-5　柑橘的结果枝类型

3. 花与开花

(1)花　柑橘的花有完全花(图8-3-6)和退化花。大多数种类、品种能自花结实，但少数种类、品种，如温州蜜柑、南丰蜜橘、华盛顿脐橙等，不经受精能单性结实。

(2)开花　从现蕾到开花需20～30 d，柑橘开花的早晚与种类、品种及所在地区的气候等有关。在长江流域，以酸橙开花最早，一般在3月开花，柚类在4月中旬开花，甜橙比柚类迟1周，温州蜜柑在4月底至5月初开花，金柑开花最迟，但能在6—8月多次开花，柠檬则全年都能开花。

图8-3-6　柑橘的完全花

柑橘的品质形成分析

4.果实与果实发育

(1)果实　柑橘的果实为柑果，由子房发育而成。子房外壁发育形成外果皮，即油胞层(色素层)；子房中壁发育形成中果皮，即海绵层；子房内壁为心室，发育形成囊瓣，内侧囊表皮的毛状细胞发育成汁胞，为主要食用部分。柑橘种类繁多，果实形态各异。大部分品种都能自花结实，有的品种不经受精也能形成无籽果实，如脐橙、温州蜜柑等。

(2)生理落果　柑橘坐果率低，一般为1%～5%，如温州蜜柑为3%～4%，甜橙、朱红橘为1%～3%，脐橙在1%以下。大多数品种有2次明显的落果高峰期，第一次生理落果发生在谢花后的1～2周，幼果带果梗脱落，一般落果量大，占全树花量的70%；第二次生理落果主要在谢花后的1个月左右开始，落果期主要在6月，又称“6月落果”，落果量一般为20%～30%。第一次生理落果主要是由于花器官发育不良或授粉受精不良引起的，第二次主要是由于树体养分不足造成的。此外，花期低温多雨、土壤积水、病虫危害等也会加剧生理落果(图8-3-7)。

第一次生理落果　　第二次生理落果

图8-3-7　柑橘的生理落果

(3)果实发育　柑橘果实发育期的长短因种类、品种而不同。通常早熟品种需150～160 d，中熟品种需180～200 d，晚熟品种需240～260 d，夏橙则需360～390 d。

柑橘果实发育一般可分为4个时期。

①细胞分裂期。从开花至6月底基本停止落果为细胞分裂期。此期果皮和砂囊的细胞不断分裂以增大果实体积，细胞数量不断增加，而细胞体积和质量增加缓慢，果实增大主要是果皮的厚度增加。此时期最需氮肥和磷肥，缺氮会引起严重落果，缺锌、硼也会引起落果。

②细胞增大前期。果实的海绵层细胞继续增大，细胞质开始增加，果实含水量也逐渐增加。此期需充足的养分。

③细胞增大后期。果实的砂囊迅速增大，含水量增加，汁液增加，又称“上水期”，糖分也开始逐渐增加。此期需要充足的水分和钾肥。

④果实成熟期。从10月果实着色到果实完全成熟为果实成熟期。此期果实增长缓慢，主要是汁胞内充实果汁，积累养分，增加果实质量和使果皮着色。

任务四　柑橘育苗技术

课前思考

1. 常见的柑橘砧木品种有哪些？不同砧木品种又具有怎样的特征？
2. 简述柑橘嫁接方式方法及注意事项。
3. 简述如何进行柑橘育苗期的生产管理。

柑橘育苗与建园

基础知识

柑橘苗木的育苗方法有嫁接、压条、扦插和实生等多种，但在实际生产中，主要是采用嫁接来进行的，有关嫁接的注意事项和具体方法我们将在下面做出详细的介绍。

一、育苗季节

嫁接通常是在春季和秋季进行的，以春季嫁接为主，也就是每年的 3—4 月。因为这时的天气、温度都比较适合做嫁接的工作，嫁接后的成活率也非常高。提到嫁接，大家都会想到两个不可缺少的元素，那就是砧木和接穗。

二、砧木及接穗的准备

柑橘的嫁接苗同样是由接穗和砧木组合而成的，枳也是柑橘的一个品种，目前，它们主要用来做砧木，常用的砧木有枳、酸橘、红橘、枸头橙、朱栾、香橙、本地早和酸柚等。对于砧木苗，大家可以从附近的育苗基地购买，也可以用野生苗木来代替。砧木要选择健康的植株。

嫁接时，砧木的茎干要被剪掉，只留取砧木苗地上部分 3～5 cm，做好嫁接准备。接穗是指接在砧木上面的部分，我们可以从成年树上剪取，以 4～5 年生植株上的健康枝条为佳。接穗剪下后，要将叶片及时去掉。

接穗的选择标准：接穗采自树势健壮、优质高产、无病虫的优良母树，选其充实、芽头饱满的一年生春梢或秋梢，忌用徒长枝。接穗最好随采随用或用 2% 含水量的河沙贮藏数月。接穗时，不管是春梢还是秋梢，应注意选择中间 2～3 个芽为接芽。

三、砧穗的合理搭配

柑橘是多年生的经济作物，慎重选择适当的品种和优良砧木苗是优质栽培的关键。而柑橘苗木的健壮生长主要取决于砧木与不同品种接穗的正确组合。因此，为了便于大家进行科学的选择配对，我们特地做出了以下归纳总结，供大家在实际生产中进行参考。

主要柑橘砧木品种的特性及适合的接穗品种(图 8-4-1)。

枳树：冠小、根域小、果中小、品质良、耐寒性强、耐旱性弱，适合黏土，耐盐性弱，不适合石灰性土壤，抗速衰病、线虫、立枯病，对裂皮病、碎叶病非常敏感。适合穗木品种：宽皮橘、甜橙、金柑。

枳橙：树冠中、丰产、果实大、品质良、耐寒性强、耐盐性弱，对石灰性土壤以外的土质适应性广，抗速衰病、立枯病，对裂皮病、线虫敏感。适合穗木品种：宽皮橘、甜橙、葡萄柚、柠檬。

酸橙：树势、树冠中、丰产、果中大、耐寒性强、耐盐碱性强，过湿则树势弱，适合中黏质土，对速衰病、线虫敏感，抗立枯病。适合全部穗木品种。

枸头橙：深根性、树势强、树冠大、投产迟、品质中、较耐寒、耐湿、耐盐碱性强，对碎叶病、裂皮病有较强的抗性，对衰退病非常敏感。适合全部穗木品种。

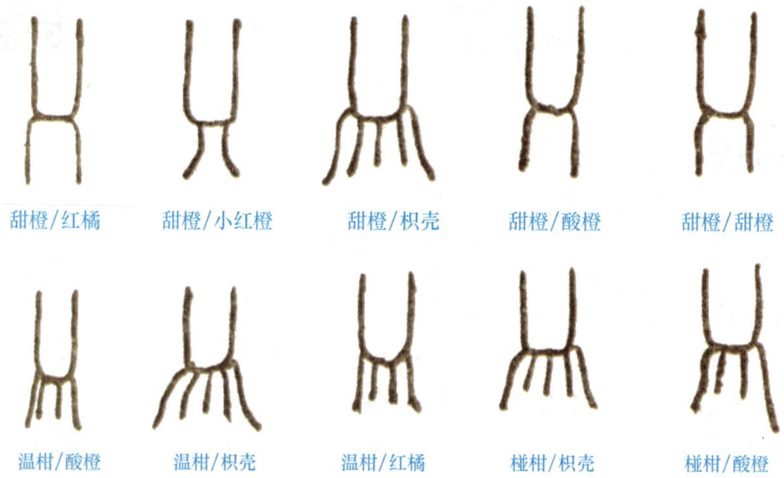

图 8-4-1　柑橘砧穗接口生长情况

四、嫁接方法

柑橘的嫁接可采用春季切接和秋季腹接的方法。

1. 切接

常采用单芽切接的方法(图 8-4-2)。在春梢萌发前 1～3 周，选择合适的接穗进行嫁接，操作简单，成活率高。

(1)削接穗　将接穗枝条基部向下，在芽下约 1.2 cm 与嫁接平面相对应的棱角处向下削一刀，把枝条削成 45°斜面，再反转枝条，在芽下约 0.2 cm 处下刀向前削去皮层，削面要平滑，深度刚达形成层，然后再转动枝条在芽上 0.2 cm 处下刀，向下呈 45°。把削好的接芽插入装有清水的容器中待用。

(2)切砧木　把嫁接前 3～7 d 已在离地面 7.5～10.0 cm 处剪断的砧木上端削成 45°斜面，在斜面的下方沿韧皮部与木质部之间向下纵切一刀，切面长度约短于接芽 0.2 cm，切面也要平滑，利于愈合。

（3）砧穗结合、绑扎 放接穗时应选与砧木切面大小一致、长短适宜的接芽，使穗砧形成层两侧或一侧相对正，并使其紧贴，然后用宽 0.7～0.8 cm，长 20～25 cm 的塑料薄膜带缚扎，涂上接蜡。

2.腹接

常采用单芽腹接，除避开夏季高温和冬春最冷期外，几乎可以周年进行（图 8-4-3）。

（1）削接穗 左手拿接穗，右手拿刀，接穗基部向外，平整一面向下，菱形一面向上，在芽下约 1 cm 处向前斜削呈 45°的削面，再将接穗平整一面翻转向上，从芽点附近起向前削去皮层，要求削面平滑，恰到形成层（呈黄白处）。最后将穗侧转，芽点向上，在芽点上方约 0.5 cm 处刀口斜面呈 60°将其削断，放入盛有清水的容器中待用。

（2）切砧木 在离地 8 cm 左右的腹部或更高的位置选平直的一面切削皮层，刀要沿韧皮部和木质部交界处向下纵切，长度视接穗长短而定，再将削下的砧皮切短 1/3 或 1/2，以利于包扎和芽的萌发。

（3）砧穗结合、绑扎 选用与砧木切面大小一致的接穗放入，自下而上均匀作覆瓦状缚扎，仅露出芽眼以利于发芽。

图 8-4-2 柑橘切接

图 8-4-3 柑橘腹接

五、补接

嫁接工作结束之后也要及时、定期检查嫁接植株的成活率，对于嫁接失败的植株要将其薄膜进行拆除，准备进行补接工作。补接时切记要在首次切口的相对面位置进行，而不能在原有的位置进行补接。补接完成后，最好用竹片和塑料薄膜为其搭建一个简易棚，可以促进补接苗的发芽速度，提高补接成活率，同时也能促进接穗上成活芽和新梢的生长发育。

从嫁接成活的幼苗一直生长到能进行移栽定植的柑橘苗，大约需要一年的时间，在这一时期，要做好嫁接苗的苗期管理。

六、苗期管理

1.通风

苗棚要经常将薄膜揭开进行通风，即让小苗能得到阳光的照射提高光合作用，也要进行棚内氧气和二氧化碳的交换，有利于有氧呼吸，揭膜通风的时间通常是从上午的 10 时到下午的 4 时，其他时间要将其薄膜盖好，遇极端气候如刮大风、气温骤变低时不进行通风并将薄膜压紧。

2. 水肥管理

在这一时期，小苗的需水量不大，在夏秋季节，每隔 5 d 进行 1 次叶面喷水，水量以将叶面完全喷洒 1 次为标准，冬春两季，无须进行喷水。另外，除了冬季以外，在其他季节，每隔 1 个月就要追施 1 次叶面肥，叶面肥可以选用水溶性化肥，以每 0.3 g 兑水 3.5 kg 为宜，喷洒时间最好选择在上午的 8 时到 10 时或者下午的 3 时到 5 时，以将叶面完全喷洒 1 遍为标准。

3. 病虫害防治

所有柑橘苗木的病虫害都是以预防为主，每隔 7 d 喷洒 1 次 600 倍的波尔多液，这样可以对病虫害起到很好的预防作用。

4. 越冬管理

这一环节主要是针对新进的品种葡萄柚来讲的，其他的柑橘苗木都可以自然安全的过冬。霜冻对葡萄柚苗木的影响是非常大的，虽然不会被冻死，但是会因为叶片被冻坏而影响苗木质量，因此在霜降之前要喷洒 1 次草木灰溶液，将溶液均匀地喷洒到叶片上，起到防冻的效果。另外还要搭盖遮阳网，并且在遮阳网的四周用稻草进行覆盖，这样就可以使葡萄柚苗木安全的躲过霜降带来的灾害。翌年春季拆掉遮阳网，此时苗木就可以进行移栽定植了。

七、移栽定植

1. 移栽时间

移栽的时间通常选择在 2 月中旬到 3 月下旬，这一时期春芽尚未萌动，是移栽定植的最佳时机。

2. 移栽方法

移栽时，我们用铁锹将苗直接挖出就可以了，需要注意的是，挖苗时尽量使铁锹离苗根部远点，以避免伤害到根须，苗挖好以后就可以进行定植了。

3. 柑橘品种定植密度

定植密度因园地类型、土壤肥力、管理水平、品种（表 8-4-1）及砧木等不同而异。一般条件较好的丘陵、山地柑橘果园寿命较长，可适当稀植，水田柑橘园寿命较短，可适当密植；矮化砧比乔化砧密些；树体较高大的柚类品种可稀植，甜橙类次之，柑和橘类可适当密植；肥水充足、管理水平较高的，可采用先密后稀的种植方式，设永久树和临时树，间伐方式可采用隔株或隔行间伐。

表 8-4-1　主要柑橘品种定植密度　　株/亩

品种	密度	品种	密度
蜜橘	60～70	金橘	80～90
本地早	45～50	早橘	45～50
甜橙	45～50	葡萄柚	40～45

4. 平地橘园定植

在规划好的土地上挖一个栽植穴，栽植穴的深度以 35 cm 左右为宜，直径为 30～50 cm。

挖好栽植穴以后，将苗放进去并用土将栽植穴填满，然后浇一次定根水，水量以浇透为好，不宜过多。最后还要利用周围的土壤给小苗做出居墩的形状，以便于日后做墩。在栽植密度的选择上，不同的品种是不一样的。

5. 山地橘园定植

山地定植同样要先挖一个栽植穴，栽植穴的深度以 25 cm 左右为宜，直径为 30～50 cm。挖好后将苗直接放到穴内并用土将栽植穴填满，需要注意的是，苗一定要扶正栽直，栽植密度以株距 1.5 m 左右为宜。其他种类的柑橘都按照同样的株距种植就可以了。栽好后还要浇一次定根水，水量以浇透为佳。

苗木定植半个月以后就可以扎根成活了。这时就进入了幼龄树的管理阶段。

任务五　柑橘土肥水管理

课前思考

1. 优良的土壤结构是柑橘果树茁壮生长的前提，生产中应如何科学管理柑橘果园的土壤？

2. 依据柑橘果树生命周期的需肥性，如何进行科学搭配肥料种类？

3. 依据柑橘果树年生长周期的需肥规律，如何确定各时期的施肥量？

4. 简述如何确定柑橘果树年生长周期的需水规律。

柑橘土肥水管理

基础知识

一、土壤管理

1. 深翻扩穴

深翻扩穴宜在定植后 2～3 年进行，其方法是在原定植穴外围两侧挖宽 40～50 cm、长 80～100 cm、深 50～80 cm 的沟。扩穴改土位置应先株间后行间，逐年向外扩展，直至全园土壤深翻完毕为止，成年柑橘园若常年没有进行深翻改土，土壤易板结，地力衰退，根系衰老。

果园土壤改良

2.果园间作

幼树可利用行间种植矮生经济作物或绿肥达到提高土壤肥力，以园养园的目的，如行间种植花生、黄豆、姜、西瓜等，可以增加果园收入。

3.果园生草

在封行前的株行间种植假地豆、藿香蓟、苜蓿、黑麦草、紫云英等，定期刈割，控制杂草生长，并将杂草覆盖在树盘上。果园间种藿香蓟利于捕食螨类昆虫的活动和繁衍，可以有效地减少螨类害虫如红蜘蛛的虫口密度，从而减少喷药次数。

二、施肥管理

1.需肥规律及施肥原则

柑橘一年多次抽梢，结果量大，挂果时间长，需要吸收大量的养分。春梢开始生长时对氮的需求最多，之后每次新梢生长都达到吸氮高峰，磷在花芽分化至开花期需求较多，钾以果实迅速膨大期吸收最多。大量调查表明，优质高产柑橘园叶片诊断标准值：氮 2.8%～3.0%，磷 0.12%～0.18%，钾 0.8%～1.5%。柑橘施肥应以有机肥为主，配合化肥，结合树体营养诊断和土壤肥力检测结果，实施配方施肥。

2.幼年树施肥

幼年树施肥以氮肥为主，配施磷、钾肥，氮、磷、钾，比例以 1∶(0.25～0.3)∶0.5 为好，施肥量应逐年递增。一年生树根系较少，耐肥力弱，宜采用“薄肥勤施”，即每月施 1～2 次；二年生树施肥次数可减少，每次梢生长要施 2 次，即每次新梢萌芽前及新梢停长时各施 1 次肥。丘陵山地柑橘果园第一年全年施纯氮量为 50～60 g/株。

3.结果树施肥

全年施肥 4 次左右。

(1)萌芽肥　在春梢萌发前 15～20 d 施用，目的是促使春梢生长健壮，维持老叶功能，延迟落叶，提高花的质量，但对初结果的壮年树，可延迟至见花蕾后再施肥。温州蜜柑因春梢长势过旺会导致落花落果严重，因此萌芽肥可不施或少施。

(2)稳果肥　在谢花后至第一次生理落果期施入，目的是减少落果，提高坐果率，可施用速效性的氮肥，尤其是对多花树和长势中等的树效果更好。但施氮量过多会加速夏梢大量萌发反而会引起大量落果，因此需控制氮肥的施用量。

(3)壮果肥　在生理落果结束，果实进入迅速膨大期时施入，目的是促进果实增大，培养健壮的秋梢结果母枝。此时需肥量较大，应注重氮、磷、钾肥配合施用，应在秋梢萌发前 15～20 d 施用。对结果过多的树，结合疏果才能促梢。

(4)采果肥或基肥　在采果前后施入，目的是恢复树势，增强树体抗性，促进花芽分化。这次施肥要视树势、叶色、结果量等而定，早熟品种和结果少、叶色浓绿的树应在采果后施，中晚熟品种、结果多的树及弱树等可在采果前施。此次施肥应以磷、钾肥为主，控制氮肥的用量，因为施氮量过多会延迟果实成熟，利于冬梢发生，影响花芽分化。

4.施肥量

施肥量因品种、树龄、树势、结果量、土壤肥力、肥料种类以及栽培习惯等因素不同而有很大差异。各地可根据当地气候、树势和结果情况确定施肥量。研究表明，每生产 3 500～4 500 kg 柑橘，需施纯氮 40.0～72.5 kg、磷 15～45 kg、钾 15～35 kg。

5.施肥方法

施肥方法有土壤施肥和叶面喷施两种方式。

（1）土壤施肥　一般在树冠外缘开浅沟，深 20～40 cm。将肥料均匀施在沟内，然后覆土。施肥的位置要逐次轮换，每次在树冠两侧对称开浅沟施肥，随着树冠的扩张，施肥位置也逐渐远离树干。如果同时施用沤制的腐熟水肥（液肥）和化肥，应先施液肥，待其下渗后再均匀撒施化肥，以免引起肥害。干旱时，应先灌溉或淋水后再施肥，方能发挥肥效。

（2）叶面喷施　新梢生长期间叶面喷施 0.3%～0.5%的尿素和 0.2%的磷酸二氢钾，促进枝梢生长和充实；在花期喷施 0.2%的硼砂和 0.3%的尿素等，可以促进花粉发芽和花粉管的伸长，有利于授粉受精；在谢花后喷施 0.3%～0.5%的尿素和 0.2%的磷酸二氢钾等，可以减轻落果，提高坐果率；在 7—9 月，果实膨大期喷施 0.3%的磷酸二氯钾等，有壮果、促梢、壮叶的作用；在 9—11 月喷施叶面肥，可以促进花芽分化，减少冬季落叶等。

三、水分管理

柑橘属于常绿果树，枝梢周年生长量大，对水分的需求较高。柑橘在周年生长发育过程中，因物候期不同对水分的需求有较大差异，灌水与排水应根据物候期、土壤含水量以及当地的气候条件等因素来决定，一般要做到“春湿、夏排、秋灌、冬控”。

1.春季注意保湿

新梢大量萌发和开花结果需要充足的水分，才能满足生长要求。如果缺水，春梢短而弱，花器发育不良，影响授粉受精，导致落花落果，老叶提前脱落。故在春梢生长和开花结果期遇春旱，应及时灌水。

2.夏季注意排水

夏季是幼果发育期，也是高温多雨及台风频发的季节。地下水位高的平地果园易出现水涝，应及时清淤，疏通排水系统。但在初夏生理落果期若遇 7～8 d 的连续高温干旱天气，应适当灌水，以免引起大量落果。

3.秋季注意防旱

秋季是秋梢结果母枝萌发和果实迅速膨大期，需水量大。这个时期如果遇秋旱，不仅影响秋梢萌发，还会抑制果实正常发育，干旱后遇骤雨则引起大量落果、裂果，直接影响当年产量。因此，秋季应特别注意灌水防旱。

4.冬季适当控水

冬季是花芽分化期，早熟品种已采收，中晚熟品种的果实仍继续增大，遇旱要适当灌水，但土壤含水量过高会影响花芽形成，应适当控制水分。一般土壤含水量在 60%～80%最为合适，低于 60%就需要灌水。

任务六　柑橘花果管理

课前思考

1. 如何确定柑橘疏花疏果的量，留果标准的参考指标有哪些？
2. 简述柑橘保花保果的措施及其注意事项。
3. 如何确定柑橘果实套袋的时期及其作用是什么？

柑橘花果管理

基础知识

一、保花保果

柑橘花量大，但坐果率低，落花落果严重，因此保花保果是保证柑橘丰产稳产的重要措施。

1. 落花落果时期

第一次落果是在谢花后不久，果实连果柄一起脱落，主要原因是花器官发育不正常或授粉受精不良；第二次是生理落果，无柄小果脱落，主要原因是树体营养不足、夏梢大量发生、不良天气影响、病虫严重危害等；第三次是采果前，此时落果对产量影响较大，主要原因是台风、病虫严重危害、裂果等，此次落果主要发生在衰退树上或郁闭园中。

2. 保花保果措施

生产实践证明只要根据柑橘果实生长发育的各个时期的需肥特点，给予补充各种营养元素，加上植物生长调节剂和水分调节，即可防止幼果脱落、裂果、脐黄落果、日灼落果。

保花保果的具体措施如下。

(1)开花之前喷施0.1%的硼砂，加入0.2%的尿素。

(2)落花后，适量追施1次速效复合肥，要注意控制氮肥施用量，以防夏梢旺长。

(3)当夏梢长至3～5 cm时进行摘心，留基部2～4片新梢叶，控制夏梢旺长，或喷施化学药剂抑梢。

(4)对生长壮旺的结果树，第一次落果后在主枝上环割1～2圈，或在幼果期喷施5～10 mg/L的2,4-D+0.5%尿素，保果效果良好。

(5)果实发育期注意保持土壤湿润，防止积水，丘陵山地柑橘果园在果实迅速膨大期遇旱要及时灌水保湿，地下水位高的平原柑橘果园在雨季要注意排水。

(6)加强对溃疡病、炭疽病、吸果夜蛾、柑橘小实蝇、红蜘蛛、锈蜘蛛、卷叶蛾等病虫害的防治。

(7)进行人工授粉，如沙田柚，提高坐果率。

二、疏花疏果

坐果过多会消耗大量的营养，易形成大小年的现象，严重者造成植株死亡，因此需要进行疏花疏果。疏果一般在生理落果后进行，依据叶果比确定留果量。一般温州蜜柑合适的叶果比为(20～25)∶1，华盛顿脐橙为60∶1，沙田柚为(150～200)∶1。

第一次疏果应在生理落果停止后，摘除病虫果、畸形果、小果和位置不当的果实；第二次疏果在结果母枝发生前30～40 d，利用壮枝易萌发的原理，将结果母枝上只结单果的果实疏去，保留结果多的果实，这样疏去1个果就能换取2～4条枝梢。

疏花疏果应本着“按株定产，分枝负担”的原则进行。如一株10年生柚树，当年准备挂果40个，按每花序坐果率50%计，全树宜留花序80个。第一次在4月中、下旬疏花序花蕾；第二次在柚果如豆粒大时进行，留果量要比理论数多30%左右；第三次在7月上、中旬进行定果，即在1个花序上，疏去形体不正、病虫为害、果(花)梗变黄、果皮皱缩以及发育不良的畸形花(果)后，每花序留2～3个花蕾或幼果。在疏花蕾时，应保留适当数量开花迟的花蕾，以确保在盛花期遇连续低温阴雨天气造成大量落花时，迟开的花可以再次坐果，弥补损失。同时应先疏开花结果多的树，后疏开花结果少的树，先疏弱树，再疏壮树。

三、果实套袋

在定果以后就可以进行套袋。套袋前要结合疏果和病虫害防治，用杀菌剂和杀虫剂喷施果实，待果面干后即可套袋。套袋方法同其他果树。套袋后及时做好果园的排水、清园工作，保持土壤干燥，检查套袋的质量，如果有破损或者没套好的情况及时进行更换。柑橘可带袋采收。

柑橘套袋操作

四、果实采收

1. 采收标准

柑橘果实的采收期因品种、生长环境而异。采收过早，果实未充分着色，果实含酸量高，品质差；采收过迟则会使果实风味变淡，还会产生浮皮。因此，鲜销的果实应达到品种固有的色样、风味和香气，如甜橙和椪柑3/4果面转黄，早熟温州蜜柑1/4以上果面转黄即可采收，准备贮藏的则可提前10 d左右采收。

2. 采收前的准备

采收前先要制订采收计划，做好准备工作。准备采收用的橘箩、橘篮等容器，要垫放粗布、纸或稻草等柔软物，以免果实擦伤和刺伤，旧的用具要洗净、晒干。准备采收用圆头果剪，采收者采前要剪平指甲，以免刺伤果实。

3. 采收时间及方法

采果宜在温度低的晴天上午露水干后进行，凡遇霜、露、雨不采收，大风大雨后隔2～3 d再采收。

果实采收时按照从外到内、由下而上的顺序依次采收。用采果剪采收，一果两剪，第一剪带果柄 3～4 mm 剪断、第二剪剪平果蒂。高大的树采收其高处果实时要用橘梯，不可攀枝拉果。采果时去黄留青，分批采收。采收、运输过程尽量做到轻拿轻放，避免损伤。采收后的果实应置于阴凉处，并进行初步分选，将病虫果、畸形果、小果等去掉，初选出来的果实及时预冷，然后进行包装和贮藏。

任务七　柑橘树体的管理

课前思考

1. 如何进行柑橘果树的生命周期管理？
2. 如何进行柑橘果树的年生长周期管理？

柑橘早春管理

基础知识

一、幼龄树的管理

柑橘幼龄树的管理是从 4 月中旬开始到翌年 3 月份，在这一年中，除了前几个月和最后几个月外，我们无须进行太多管理，让它们自然生长。

1. 4 月的管理

在 4 月中旬，我们首先要做的工作就是补植，对定植没有成活的苗木，要重新进行移栽定植，方法同初次定植。

2. 5—7 月的管理

5 月下旬，需要追施 1 次复合肥，通常采用穴施的方法，施肥前要在植株四周挖 1 个深 2～3 cm 的沟，然后将肥料撒到沟里，数量以每株 0.25 kg 为标准，撒完后，用土将复合肥盖住即可。

6 月的主要工作是柑橘果园锄草，这时柑橘树体需要积聚养分，促进枝条的萌发，杂草的出现会抢夺土壤中的养分，干扰它们的生长，因此我们要及时将杂草锄掉，为它们提供一个清新的生长环境。

柑橘的需水量不大，一般情况下，它们是不需要进行浇水的，但是 6 月中旬到 7 月下旬是高温季节，在炎热的天气下，需要每隔 3～5 d 进行 1 次叶面喷水，以增加这一季节柑橘幼龄树的水分需求。

高温季节也是病虫害的高发期，这时柑橘容易受到蚜虫的侵袭，对于蚜虫，主要以预防为主，可以用啶虫脒 4 000 倍稀液进行喷洒，时间可以选择在上午的 10 时到 11 时或下午 4 时以后，通常每隔 5 d 喷洒 1 次即可。为防止叶枯病的发生，需每隔 5 d 要喷洒 1 次 500 倍的甲基托布津稀液。

3. 8 月的管理

在 7 月份幼树会迅速抽生枝条，直至 8 月中旬。这一时期需要进行 1 次修剪，修剪要轻，主要是将顶端剪掉，还要将较长的枝条进行剪短，另外，对生长过密的枝条要进行疏剪。之后的几个月让它们自然生长就可以了，不需要做任何的管理，即使在寒冷的冬季，它们也处于缓慢的生长状态。翌年，柑橘就进入下一时期的管理阶段。

二、2～3 年生柑橘树的管理

柑橘树第二年、第三年的管理工作基本一样，其具体季节的管理方法如下：

（一）春季管理

俗话说："一年之计在于春"，由此可见，柑橘树的春季管理是非常重要的。在初春时节，柑橘树开始迅速地抽生枝条，此时要进行一次春剪，做出适当控制，目的是培养骨干枝，控制树形、树冠，将它们修剪成自然开心形，即所称的"雨伞形"，这样比较有利于以后柑橘树丰产稳产，而且长出的果实品质也好。具体方法如下：

首先，要定好主枝，通常每棵树的主枝以 3～4 个为宜，并且按比较均匀的角度向 3 个方向伸出，主枝间的角度以 45°～60°为宜，对于主枝间角度不合适的，要进行调整，用绳子将主枝绑住，将它拉伸到合适的位置后进行固定，这样可以起到很好的造型效果。

其次，主枝定好后，要定副主枝，各个主枝向外分别留 2～3 个副主枝，全树 7～8 个，这样就能组成树体的基本骨架。第一副主枝要从距离主枝基部 60～100 cm 处留取，第二副主枝、第三副主枝之间相隔 30～45 cm 即可，要注意副主枝间在方位上的分布，最好里外交错留取。

最后，对于过度伸长的枝条要进行回剪，将树冠的覆盖率控制在 75%～85%，并尽量将树宽和树高之比控制为 10∶7 的高扁平形。这样可以使树体呈现出外部疏朗，内部透光良好的理想状态。对于其他的种类要根据品种因地制宜。

1. 做土墩

经过了春季修剪，柑橘树会迅速生长，树冠也会迅速扩大，随着树体的快速生长，逐渐将土墩做大，通常土墩面积要占到树冠面积的 1/3。做墩主要是针对平地栽培的橘园，山地栽培不需要做墩，这时做土墩不仅可以有效控制过多杂草对树体所带来的影响，还能保护树体的根茎，同时也便于追肥、越冬等管理工作的进行。

2. 摘花

经过管理，到翌年 4—5 月，柑橘树逐渐开花，要及时将花蕾摘除掉。因为柑橘是多年生果树，要想保证 4 年以后能让它们多结果，就要把这些花朵摘掉，否则其树龄到了 5～6 年以后，就会及早的退化为"小老树"。摘除花朵可以使它们积聚养分，增强树势，为将来孕育果实打下良好的树体基础。然而，仅靠它们自身的养分是难以满足树体需求的，还要进行一定量的追肥。

3.追肥

在春季花期,主要追施叶面肥,叶面肥可以选用水溶性花肥,以每包兑水 2 kg 为标准,水量以将叶面完全喷洒 1 遍为佳。整个春季要追肥 3 次,第一次选择在 4 月初,第二次要选择在 4 月下旬,第 3 次最好选择在 5 月中下旬进行。

4.病虫害防治

6 月是柑橘果园病虫害的高发期,做好预防工作至关重要,常见比较容易引发的病虫害具体的表现症状和防治方法如下:

(1)炭疽病　炭疽病是大多数植物都比较容易感染的病症,柑橘也不例外,发生炭疽病时,叶片会出现黄褐色的斑点,严重的还会导致叶片脱落,当发现症状时,可使用 70%丙森锌可湿性粉剂 600 倍液进行喷洒治疗,水量以将叶片完全喷洒 1 遍为标准,通常每隔 10 d 喷洒 1 次,连续 2 次可以有效地控制柑橘炭疽病的危害,使用的安全间隔期为 14 d,应与其他杀菌剂交替使用。需要注意的是,即使没有发现此症状,可以每隔 7 d 喷洒 1 次 600 倍的波尔多液稀液,可以起到很好的预防效果。

在雨水较多的地方,为了防止一些细菌的侵害,在雨季到来之前,喷洒 1 次药液,可以选用 1.8%的阿维菌素 3 000 倍稀液进行喷洒,进入雨季后,每隔 5 d 喷洒 1 次,这样就可以避免细菌所带来的侵害。

(2)虫害　柑橘虫害主要是蚜虫和潜叶蛾。当发现蚜虫时,先选用吡虫啉可湿性粉剂 3 000 倍稀释液进行喷洒,每隔 3 d 喷洒 1 次,连续 3～4 次即可除尽,即使没有发现蚜虫也可以每隔 7 d 喷洒 1 次进行预防。

潜叶蛾也是柑橘常见的虫害,又叫作“画图虫”,在叶片上弯曲的虫道都可以看得一清二楚,严重的会导致叶片卷曲、脱落。春季潜叶蛾发生很轻或不为害,如果发现,应及时剪掉虫叶虫枝,以防为主,当春芽伸展成幼叶时可用阿维菌素喷雾防治。

(3)摘除病叶　这一时期的果树相对来说比较容易管理,对于一些较为集中的虫害枝条,尤其是受到潜叶蛾侵害的叶片,可以将病叶或枝条摘除掉,并将它们拿出果园进行销毁,这样做可以更加彻底地消除虫卵,减少潜在虫害的发生。

(二)夏、秋季节的管理

相对于春季来讲,夏、秋季节的管理要简单得多,主要是因为在春季已经打下了良好的树体基础。

夏秋季要继续按照春季的病虫害防治方法进行预防,另外在夏季,当气温较高时,要在每天下午的 4 时到 5 时进行 1 次叶面喷水,以及时补充它们体内的水分需求。其他时间让它们自然的生长发育就可以了。

(三)冬季管理

冬季管理主要集中在入冬前几天,具体的管理方法如下:

柑橘为常绿果树,没有真正的休眠期,根与叶整年都处于生长的状态,这一季节只需要将一些枯枝、病枝剪掉就可以了。

另外,要追施 1 次复合肥,施肥前将土墩表层大约 2 cm 的土壤层扒下,还可以顺势将土墩上面的杂草清除掉,整理好以后,将复合肥均匀地撒在土墩表面,肥量以每株 0.2 kg 为宜,肥料撒完后用之前扒下的土壤将肥料盖住就可以了,清除掉的杂草可以一起覆盖到土墩上面,腐烂以后可以转变成有机营养物质。

到了第四年，除了春剪以外，其他的管理方法都跟第三年是一样的，因此在这里就只讲述一下春剪工作的具体方法。

第四年修剪时，要遵循“强除强，弱除弱”的原则，也就是说，对生长旺盛的树，以疏剪强枝为主，对相对衰弱的树，以疏剪弱枝为主。

另外，还要按照第三年时的定型方法，继续选留、培养各级骨干枝，对于以前的骨干枝，即主枝和副主枝的修剪要轻，以让它们扩大树冠。较长的枝条要从 20～25 cm 处剪掉，即短截。直立枝条的上部要剪掉 2/5，以促使它们分枝。对于生长位置不适当的枝条，要从基部剪掉。

三、4 年以上柑橘成龄树的管理

成龄树是指定植成活 4 年及 4 年以上的树，这些树每年都要开花结果，孕育果实，需要的养分和自身的营养调节都跟以前有着非常大的区别，需要在不同的季节有不同的管理方法。

1.春季管理

(1)修剪　在初春开花前，需要进行一次修剪，主要是剪掉细弱枝、过密枝，还要将晚秋枝剪掉，同时枯枝、病虫枝也要剪掉，这样可以调节树体的营养；对于特别粗大或结果部位远离主枝和副主枝的侧枝，必须进行回缩修剪。另外，要减少粗大枝，增加侧群枝，具体方法如下：

先观察一下树冠，从树干分生的大枝中，选出 3～4 个为主枝，除掉与主枝竞争的密集处的大枝，使主枝上的副主枝显露出来，再按照每个主枝配置 2～3 个副主枝的原则进行删减。另外，交叉枝一定要剪除，因为它们会遮挡光线对树冠内层的照射。

(2)水肥管理　在开花季节，当气温较高时，要进行叶面喷水，喷水时间最好选择在下午 3 时左右进行，水量以将叶片完全喷洒 1 遍为佳。

另外，花期还要喷洒叶面肥，选用 1% 的过磷酸钙溶液，将溶液直接喷洒到叶面上，这样可以起到保花保果的作用。整个花期要喷洒 2 次，第一次选择在开花后的 10～15 d 内，第二次喷洒要选择在花季末期，有少量坐果的时候。同时还要进行根外追肥，可以选用尿素或复合肥，施肥的方法跟幼龄树一样，施肥数量以每株 0.35 kg 为宜。通常每隔 15 d 追施 1 次，这样就可以满足果实发育所需要的养分了。

(3)疏花疏果　在 4 月底 5 月初，要进行疏减花果的工作。多数人都认为花越多越好，这样结果量就会增多，因此不舍得进行疏减花果，其实这种想法是不对的，每棵树的结果数要适量，否则会导致果实质量下降。为了提高果实品质，要适当地疏减花果，将叶果比例控制在一定的范围内，各个品种的叶果比如下：

蜜柑：(25～30)∶1；蜜橘：(60～70)∶1；本地早：(70～80)∶1；脐橙：(50～60)∶1；柚类：(200～250)∶1。

据研究人员验证，这种比例可以使果实接收到充分的阳光，吸收到充足的养分，有利于果实的发育膨大，可以使果树每年都能连续生产出优质的果实。

(4)除草　春季，柑橘果园枝繁叶茂，杂草丛生，加上正处于繁花似锦的时期，杂草过多容易引发害虫，尤其是在山地橘园内。因此，要将杂草锄掉，避免引发病虫害。

(5)病虫害防治　在春季，需要继续按照 2～3 年树的病虫害防治方法进行病虫害防治工作，另外还要注意以下几种虫害的侵袭。花期主要是预防花蕾蛆，它们会危害花蕾，影响结果，可以用 50%辛硫磷乳油 1 000 倍稀液进行喷洒，喷洒时间最好选择在上午 8 时到 10 时，或者下午 4 时到 6 时，药量以将花叶完全喷洒 1 遍为标准。

2. 夏季管理

夏季气温较高，每天要进行叶面喷水，雨天除外，这种做法可以为叶片进行光合作用提供所需要的水分，时间最好选择在上午的 11 时到下午 1 时之间，水量以将叶面完全喷洒 1 遍为标准。

另外，对于山地橘园，还要继续进行除草工作。使柑橘树在秋季顺利进入果实发育膨大期。

3. 秋季管理

在秋季，随着果实的发育膨大，虫害会逐渐增多，如吸果叶蛾，凤蝶等，但是在这个时候，最好不要喷洒药物，最好的防治方法是用杀虫灯进行物理防治，通常每 30 亩地挂 1 个杀虫灯消杀害虫，保证果实不受药物的污染。

在实际生产中，无论柑橘中的哪个品种，都要根据不同的用途，来决定采收时间。通常鲜销果实可比加工果实早采，外地鲜销的可比本地鲜销的早采，贮藏的果实可比鲜销的果实早采。采收时间应选择在晴天或阴天露水干后进行。采摘时要按照由下而上，由外到内，选黄留青，分批采摘的顺序进行。采摘时，用剪刀沿底端将柑橘果实直接剪下，放到篮子里。采摘完成后，柑橘果园即可进行冬季管理。

4. 冬季管理

冬季管理常被人们称为采后管理，采摘完成后的一系列管理工作是非常关键的，主要是为翌年的丰产丰收做好准备。

（1）采后追肥　采摘完全结束后，要及时进行追肥，可以追施复合肥或磷肥，追肥前在土墩的 2/3 处扒开一层土壤，准备好以后，将肥料均匀地撒在土墩上，通常每株施肥量为 0.4 kg 左右，撒完后覆一层土，土墩旁边的干草也可以顺势覆盖到土墩上面。这样不仅可以保肥，还能增加土墩的高度，使橘树可以安全的过冬。对于其他的种类要根据品种因地制宜。

（2）涂白　这项工作主要是对一些老龄树或者受伤的树体进行，可以用涂白剂对老树或受伤树体的树干进行涂白，帮助它们度过寒冷的冬季，涂白剂可以从市场上购买。

（3）采后修剪　这一时期的修剪工作也就是人们常说的冬剪。柑橘树冬季修剪主要是剪掉一些枯枝、病枝、衰弱枝。所以柑橘冬季修剪程度要轻，不能过重，过重容易造成冻害，特别是山地，气温相对比较低，所以修剪要适度。枯枝、病虫枝都剪掉以后，还要把交叉枝和重叠枝进行简单的修剪，大树上的过长枝条也要进行短截，以此来控制树冠。修剪完成以后要及时进行清园。

（4）清园　清园主要是将剪掉的枯枝、病虫枝清理出橘园，并将剪掉的枝条打成捆后运到远离橘园的地方。

四、老龄树的管理

所谓老龄树是指树龄在 15 年以上并且长势较弱，结果量明显下降的树。

1. 高接换种

高接换种是利用原有树冠更新品种，以快速形成树冠，获得早期产量的方法。也就是将老树上的主枝锯掉，再嫁接上新品种的一个方法。

2. 换种时间

通常高接换种的时间应选择在每年的 3 月中旬至 4 月下旬。

3. 换种方法

首先要选取 4～5 年生橘树上的健康枝条，将其剪下后，留取底部 3～5 cm 长作为接穗，然后将老树上的主枝锯掉，接下来在锯口处切开一个表皮层，把接穗插到里面，再用塑料薄膜将嫁接处包裹住，大概 15 d 以后就可以成活了。

4. 抹除砧蘖苗

当新嫁接的枝条开始萌芽时，要将薄膜拆开一部分，以让小芽通风透气，加快它们的生长速度。另外还要及时抹除嫁接口以下砧木上萌发出的枳壳苗，以减少养分浪费，保证新嫁接芽的正常生长。

新嫁接枝条的生长速度是非常迅速的，它们在各阶段的管理跟幼树是一样的，需要注意的是，新嫁接枝条的牢固性较弱，为了避免大风造成树枝折断，要用竹竿进行暂时的固定，这样不仅可以使树枝生长的又正又直，还能防止风灾折枝，可谓一举两得，等它们的长势稳定以后再将竹竿拆掉。

任务八　柑橘主要病虫害及防治

课前思考

1. 如何辨别柑橘果树主要病害发生的病症及其发生的规律？

2. 简述柑橘果树主要虫害发生的时期，应如何科学地进行综合防控？

3. 如何科学地制订柑橘果树病虫害综合防治措施的方案？

柑橘病理特征

基础知识

柑橘的生长发育过程中，由于有害生物或不良环境条件的影响超过了其适应能力，其正常的生长发育受到抑制，代谢发生改变，导致产量降低，品质变劣，甚至死亡，给柑橘的经济价值带来极大的损失，严重影响了种植户的经济收入，为此清楚认识柑橘的主要病虫害和采取有效的措施进行防治，对于种植户来说是最大的收获。以下将柑橘病虫害的种类和一些有效的防治方法介绍如下，可供学习借鉴。

一、病害

1.柑橘黄龙病

(1)症状　柑橘黄龙病又称黄梢病，是国内植物检疫对象病害，苗木和幼龄树发病后1～2年内枯死，成年树发病后在2～3年内丧失结果能力。其症状在初期表现为个别植株的少数新梢上发病，在浓绿的树冠中掺有少量黄梢，俗称“插金花”或“鸡头黄”。病梢上的叶质变得硬而脆，从叶片的基部开始叶肉变黄而主脉侧脉仍保持绿色，呈黄绿相间的斑驳状，叶脉肿大，局部木栓化开裂或全叶均匀黄化(图8-8-1)。

(2)防治措施　①严格检疫，禁止新区和无病区从病区引进苗木和接穗；②培育无病苗木，建立无病苗圃，地点应选择无黄龙病和无柑橘木虱发生的地区，并选用脱毒过的苗木；③除虫防治，及时防治传病媒介柑橘木虱；④挖除病株，加强检查，发现病株应及时挖除和处理。

图 8-8-1　柑橘黄龙病症状

2.柑橘溃疡病

(1)症状　柑橘溃疡病是国内外植物检疫对象，苗木、幼树受害严重，造成落叶枯枝，树势衰弱，果实受害轻则带有病疤，降低品质，重则落果，降低产量。本病为害叶片、枝梢和果实。病斑初为针头大小，黄色，水浸状，后扩大呈近圆形病斑，在叶的正反面隆起，木栓化，表面粗糙，灰褐色，呈火山口状开裂(图8-8-2)。

图 8-8-2　柑橘叶、果溃疡病症状

(2)防治措施　①严格实行检疫，对引进的苗木和接穗用0.3%硫酸亚铁浸10 min。②加强栽培管理，冬季修剪和清园。做好抹芽控梢，减少发病。合理施肥，以肥控梢。③喷药保梢保果，选用77%氢氧化铜可湿性粉剂、

30%氧氯化铜悬浮剂 800～1 000 倍液、20%二氯异氰尿酸甲可湿性粉剂 1 000～1 500 倍液或 20%喹菌酮可湿性粉剂 1 000～1 500 倍液进行喷洒。

3. 柑橘疮痂病

(1)症状 柑橘疮痂病主要为害叶片、新梢和果实，引起落叶、落果。未落病果小而畸形，品质变劣，受害新梢生长不良。本病只能侵染叶、梢、果的幼嫩组织，受害叶片初现水浸状小点，后逐渐扩大，呈蜡黄色至黄褐色，直径 0.3～2.0 mm，木栓化(图 8-8-3)。

图 8-8-3 柑橘叶片疮痂病症状

(2)防治措施 ①苗木检疫。新建园从外地引进的苗木和接穗，要进行检疫。来自外地的接穗和苗木，可用 50%苯菌灵可湿性粉剂 800 倍液、40%三唑酮多菌灵可湿性粉剂 800 倍液浸泡 30 min。②加强栽培管理。冬季结合修剪，剪除病枝叶，收集地面枝叶一并烧毁，并随即树上树下喷药预防。加强肥水管理，促抽梢整齐，缩短幼果嫩期，减少病菌侵染机会。③药剂喷雾防治，保护嫩梢叶及幼果。可选用 30%氧氯化铜悬浮剂 600 倍液、40%三唑酮多菌灵可湿性粉剂 800 倍液喷雾。

4. 柑橘炭疽病

(1)症状 柑橘炭疽病常造成柑橘树大量落叶、枯梢和落果，导致树势衰弱，产量和品质下降，甚至枝干和植株枯死(图 8-8-4)。

(2)防治措施 ①加强栽培管理，深翻改土避免偏施氮肥，增施有机肥和磷钾肥，及时排水灌溉，做好防冻、防其他病虫工作。②冬季清园，剪除病枯枝叶和僵果，清除地上落叶和病果，集中烧毁或深埋。③药剂喷雾防治，在春、夏、秋梢嫩叶期，幼果期和果实膨大期喷药，选用 43%代森锰锌悬浮剂 1 000 倍液或 25%溴氰腈乳油 500～800 倍液喷洒或苯醚甲环唑与吡唑醚菌酯质量比 1∶1 的混合物 2 000 倍液喷洒。

图 8-8-4 柑橘叶、枝、果炭疽病症状

二、虫害

1. 柑橘根结线虫病

(1)症状 柑橘线虫病主要危害植株根部，植株受害轻则引起树势衰退，重则全株凋萎死

亡。被害根组织因受刺激而过度生长，形成大小不等的根瘤，根毛稀少，病株的上部叶片变小变黄，重者叶缘卷曲，叶片干枯脱落，枝梢枯萎以至全株死亡（图 8-8-5）。

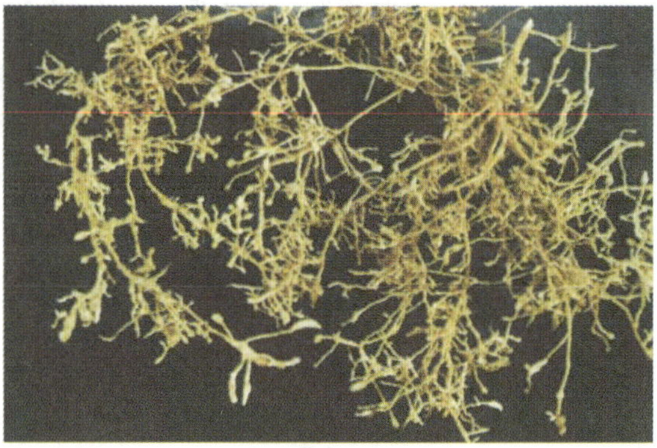

图 8-8-5　柑橘根结线虫症状

（2）防治措施　①严格检疫，禁止从病区调运苗木。②培育无病苗木，选用之前种植水稻的地育苗，育苗地要反复犁耙翻晒，播种前两周开沟施杀线虫剂熏杀处理。③病苗处理，对发病苗木用 48 ℃温水浸病根 15 min，也可用 50% 辛硫磷乳油 500 倍液浸根 1 min，杀死根内线虫。④病树处理，挖除病根，在 1—2 月，挖除病株表层的病根和须根团并烧毁，每株施石灰 1.5～2.5 kg，增施有机肥，促进根系生长和树势恢复。

2. 红蜘蛛

（1）症状　主要危害柑橘叶片、枝梢和果实。被害叶、果严重时变灰白色，失去光泽，直至枯黄而脱落。4—6 月和 9—11 月为发生高峰期（图 8-8-6）。

（2）防治措施　①加强检查，每叶平均有虫 5～6 头时应进行防治。②做好冬季清园，并在冬季到翌年萌芽前选喷机油乳剂 100 倍液或 0.8～1.0 °Be 石硫合剂。③虫口达到防治指标时可用杀螨剂进行防治或挑治，少用广谱性农药，以保护天敌。

图 8-8-6　柑橘红蜘蛛

3. 柑橘潜叶蛾

（1）症状　潜叶蛾俗称“鬼画符”。该虫以幼虫潜入嫩叶、嫩枝和果实等表皮下取食，形成白色弯曲虫道，使叶片卷曲硬脆脱落，造成新梢生长差，影响树势和结果。夏梢芽萌发后的 5 月下旬开始为害，7—8 月为害最盛（图 8-8-7）。

（2）防治措施　①结合冬季清园，剪除受害枝梢，并予烧毁。②摘除零星过早或过晚抽发的新梢，加强肥水管理，促使新梢抽发整齐。③新梢萌发达 50%，或多数芽长 2～3 cm，或嫩叶受害率达 5%，开始喷药，每隔 5～7 d 1 次，连喷 2～3 次。

图 8-8-7 柑橘潜叶蛾为害症状

4.柑橘锈壁虱

(1)症状 主要以幼、若螨群集在柑橘的枝、叶、果上为害,被害果皮或叶片背面变成黑褐色(图 8-8-8)。

(2)防治措施 ①勤检查,每园抽查 5～10 株,每株用扩大镜检查 10～20 片叶子或果实,平均每叶、果有虫 2～3 只或个别叶、果呈现灰状物时,应立即进行防治。②冬季至早春喷 0.8～1.0 °Be 的石硫合剂,消灭越冬虫体。盛发期喷 0.2～0.3 °Be 的石硫合剂。③达到防治指标进行防治或挑治,以杀螨药剂为主,喷药做到细致均匀。

图 8-8-8 柑橘果实锈壁虱为害症状

5.蚧壳虫

(1)症状 蚧壳虫为害柑橘的枝梢、叶片和果实。成虫和若虫刺吸组织的液汁,被害组织不能充分发育,树势衰弱,引起落叶落果,影响果实品质,并能诱发煤烟病。四川地区主要有柑橘矢尖蚧、吹绵蚧(图 8-8-9)、红蜡蚧、康片蚧、褐圆蚧和黑点蚧等介壳虫。

(2)防治措施 ①加强检查,切实掌握在若虫盛孵期和第 1 龄若虫期喷药防治。一般在 5 月中旬至 6 月上、中旬喷药 2 次和 8—9 月喷药 1～2 次加以防治。可选用 25%噻嗪酮悬浮剂 1 000～1 500 倍液或 20%～30%松脂酸钠 200～300 倍液。②做好冬季清园工作,剪除病虫枝、枯枝,并彻底烧毁。

图 8-8-9　柑橘吹棉蚧

三、病虫害防治原则及方式

病虫害防治是为了减轻或防止病原微生物和害虫危害果实或人畜。病虫害防治手段要遵循预防为主、综合防治的原则，可分为采用杀菌剂、杀虫剂等化学物质进行的化学防治；利用光、射线等物理能，或建造障壁的物理防治；改变果树品种、栽培时间、增强树体免疫力或改善种植环境，以减少危害的耕作防治；利用昆虫天敌、昆虫自然习性为主的生物防治等，进行综合病虫害的控制。

柑橘的病虫害防治需要建立病虫预测预报机制，盲目的喷药，尤其是频繁使用广谱性杀虫剂大量杀死天敌，对于建立可持续生态园极为不利。对于治理柑橘果园的病虫害应采用综合治理的方法，以农业防治为基础，积极应用生物防治技术，根据虫害发生规律，运用化学、生物和物理防治措施，经济、安全、有效、简便地控制虫害的发生。柑橘生产栽培技术的高低直接影响着果农的收益，因此科技人员应该帮助果农认识柑橘病虫害，介绍柑橘病虫害的发生规律，尽量减少病虫害的发生，生产出优质、高产、无公害的柑橘果品。

任务九　柑橘保鲜技术

课前思考

1. 依据采后柑橘果实易发生病害的特征，贮藏库建设需具备什么样的设施条件？
2. 如何识别贮藏期柑橘果实发病病状，其防控措施是什么？

基础知识 〉〉〉

一、库储

1. 建库

储库建在距沼气池 30 m 以内，以地下式或半地下式为好，储库容积 30 m^3，面积 10～15 m^2，设储架 4 层，一次储果 3 000～5 000 kg，顶部留有 60 cm×60 cm 的天窗。

2. 采果与装果

待柑橘成熟 80%～90%时，晴天或露水干后用剪刀剪果，轻摘轻放。选择无损伤、无病虫害、大小均匀的果装篓，放在干燥、阴凉、通风处 1～2 d 后入库。

3. 入库

入库前库内清洁消毒，连接输气管与扩散管，装果封库，注意密封、留排气孔、观察孔。

4. 输气

入库 1 周后输入经脱硫处理的沼气，时间 20～60 min，每次每立方米库容输入 11～18 mL 沼气；储藏前期沼气输入量可少些，气温增高时可适当加大输入沼气量。

5. 换气与排湿

柑橘储藏的最佳湿度为 90%～98%，温度 4～15 ℃，每 3 d 补充 1 次沼气，温度过高时通风。换气时，可先打开库门、天窗及排气管通风，然后关闭库门、天窗及排气管，按标准输入新鲜沼气；若湿度不够，可于通风结束时，向库内地面喷适量的水。

6. 翻果

入库 1 周后于输入沼气前翻果 1 次，结合换气再翻果 1 次。翻果时，将上、下层果的位置进行调换，同时将烂果剔除。

7. 出库

库储一般可保鲜 120 d 左右，储后出库。

二、袋储

1. 选袋

选用完好不漏气的塑料袋，大小以每袋盛 10 kg 柑橘为宜。

2. 采果

柑橘采摘并经过处理后存放于阴凉处 2 d。

3. 装袋

将沼气输气管出口放在塑料保鲜袋底部，依次轻轻放入柑橘，每袋不宜超过 10 kg。装满后，打开开关输入沼气，直至闻到沼气味时，关闭开关，抽出输气管，并用塑料绳扎紧袋口，做到不漏气。

4. 存放

在室内地面铺一层厚 5～8 cm 的稻草或麦秆，将柑橘保鲜袋平放在上面，或置于地面。

5. 管理

入库后 1 周，应逐袋检查 1 次，查看塑料袋是否漏气，内层是否凝有水珠，是否有烂果。如有漏气，可查找漏气部位，并用胶带密封。如有水珠，可放入干燥的纸屑或稻草吸水，待水珠消失后取出。发现烂果及时剔除，处理完后再次输入沼气。

6. 出库

袋储一般可保鲜 90 d 左右，好果率达 95%以上，失重率为 1%～2%。

三、注意事项

严禁储藏室内吸烟、点灯，电灯照明，开关应安装在室外。出库前，先通风 1～2 d。采用袋储，不可层层叠放，以免压坏果实(每星期至少检查 1 次，每 20 d 通沼气 1 次)。储藏期间或储藏结束后有关人员进入储库前必须充分通风，并进行动物试验。试验方法为将小动物移入储库，观察 5 min 后取出，根据动物状态决定人员能否安全进入(如动物健康如初，则可进入；否则，不宜进入，并进一步通风)。

四、柑橘储藏期的主要病害

果实采收后在贮藏过程中，可发生 20 多种病害，其中传染性病害有青霉病、绿霉病、黑腐病、焦腐病、炭疽病等，生理病害有水肿病、褐斑病等。

1. 青、绿霉病

两病的病状基本相同，初期为水渍状淡褐色圆形病斑，病部组织湿润柔软，用手指按压病部果皮易破裂。病部先长出白色菌丝，很快转变为青色或绿色霉层。以后病部不断扩大，致全果腐烂。

两病症状稍有不同。青霉病：蓝色，白色霉层带很窄，腐烂速度较慢，烂果不粘包果纸，有发霉气味。绿霉病：蓝绿色、白色霉层较宽，腐烂速度较快，紧粘包果纸，有芳香气味。

2. 黑腐病

果实多从果蒂开始发病，初时出现水渍状淡褐色病斑，扩大后稍凹陷，黑褐色，病斑边缘不规则。天气潮湿时，病部长出，初为白色，后变为墨绿色霉层，腐烂果心也长有墨绿色霉层。有些果实外表不表现症状，而果心和果肉已发生腐烂。腐烂果心也长有墨绿色霉层。

3. 焦腐病

多发生在果实采收后贮藏前。发病初期果蒂周围的果皮出现水渍状淡褐色软腐病斑，后病斑迅速向外扩展，边缘波浪状，病部果皮呈暗紫褐色，极软，果皮易被压破。病部斑块从果蒂腐烂至脐部，造成“穿心烂”，病果肉黑色，味苦。

4. 褐腐病

甜橙果实发生较多，发病初期，果皮上出现淡褐色斑，扩展迅速，几天内可引起全果腐烂。

高湿条件下，病部长出稀疏的白色霉层，有一种芳香气味。

5. 水肿病

此病是一种生理性病害，多发生在贮藏期的甜橙等果实上，其特征是整个果皮及果肉组织呈浅褐色水渍状浮肿，后转为深褐色，果肉产生酒精气味，完全失去商品价值。病果不表现软腐症状。

6. 褐斑病

初发病仅在果皮油胞层显出褐色革质病斑，最后达到果肉，使果肉变质发生异味。褐色，在果皮上出现网状、片状、点状等不规则褐斑，该病是甜橙果实在贮藏后期常见的一种生理性病害。

另外，褐色蒂腐病和炭疽病也应该注意防治。

五、安全储藏柑橘

引起柑橘贮藏期病害的病原菌，大多数属于寄生性较弱的真菌，这些病菌侵入果实一般须通过果皮上的各种伤口，因此在采收、运输及贮藏过程中，如措施不当，使果实受伤则会增加发病机会。因此，要减少贮藏期间病害的发生，必须采取下列防治措施。

1. 防止果实受伤

在采收及贮运期间防止果实遭受机械损伤。适时采果、适当提早采收能预防多种贮藏病害的发生。在下雨时、雨后、重雾或露水未干时不要采果。

2. 果实采收前处理

果实采收前 10 d 左右对树冠果实喷药，以减少果实带病，可喷 70%甲基托布津可湿性粉剂 1 200～1 500 倍液或 50%多菌灵可湿性粉剂 1 000 倍液。

3. 药剂浸果处理

目前用来浸果的防治药物最好的是抑霉唑，以及可以克服对多菌灵和苯莱特产生抗药性的青霉菌和绿霉菌。用 75%抑霉唑 700 倍液加 0.02% 2,4-D 处理果实，不但可以防治青绿霉引起的果腐，对黑腐病、蒂腐病和酸腐病等均有较好的防治效果。

4. 单果包装贮藏

采用单果包装比用大袋包装的效果好，用塑料薄膜单果包装比用纸单果包装效果好，用农用聚氯乙烯薄膜比聚乙烯薄膜包装效果好。

5. 贮藏库消毒

果实入库前，库房要进行熏蒸，每立方米用硫黄粉 5～10 g 或用福尔马林 1∶40 倍液，每立方米 30～50 mL，密闭熏蒸 3～4 d，待药气散后果品方可入库贮藏。

任务十　柑橘果园的规划与建设

课前思考

1. 如何科学规划布局柑橘果园?
2. 柑橘果园建设需考虑哪些因素?

基础知识

一、平地建园

平地建园的成功与否在于如何创造良好的土壤条件,通常我们要将土地做成畦,每个畦的长度为 80 cm,宽度为 60 cm,要开好畦沟,畦沟的深度为 10～15 cm,每个畦之间的沟都是畦沟,柑橘园的四周还要开好围沟,围沟要适当加深,便于及时排水。

二、山地建园

开发荒山种植柑橘既能合理利用闲置资源,又能变荒为宝。要根据所选择地点的具体情况,规划好道路,上山的路是必需的,利于运输,沿着坡底还要挖一条排水沟,排水沟最好刷一层水泥面,这样既可以排水,还能很好地防止水土流失。对于较大的园林可以划分为几个小区,每个小区的面积控制在 30 亩左右,小区间要设置交通干道,便于管理。要选择水源充足的地方修建蓄水池,既能为喷药管理提供方便,又是防旱抗旱所必需的。山地要建成梯田状,这样有利于防止水土流失,实现保水、保肥、保土的效果。

三、游览园的建造

现代农民们种植柑橘的思路已经不是仅仅停留在种树卖果的状态,好多地区的果农建起了观光游览园,这样就在原来产业收入的基础上新增了收入,即每年 4、5 月举办“橘花节”,让人们观赏橘花;每年 10 月以后,举办柑橘“采摘节”,人们不仅可以吃到新鲜的果实,还能充分享受采摘带来的乐趣。

观光游览园的建造并不太复杂,只要将各条路线布置好即可。通常,一个游览园要根据大小划分为几块,每块园地的大小以 3～5 亩为宜,各个园林之间的路为主路,园林内的路为支路,在园林内还要搭建较为简单的休息场地,道路的四周要挖好围沟,园林内也要开好厢沟,以利于雨季排水工作的进行。

计　划　单

学习领域	情　景　篇
模 块 八	柑橘标准化生产技术
计划方式	小组讨论、成员之间团结合作，共同制定计划

序号	实施步骤	使用资源

制订计划说明	

<table>
<tr><td rowspan="3">计划评价</td><td>班　　级</td><td></td><td>第　　组</td><td>组长签字</td><td></td></tr>
<tr><td>教师签字</td><td colspan="2"></td><td>日　　期</td><td></td></tr>
<tr><td colspan="5">评语：</td></tr>
</table>

决　策　单

学习领域	情　景　篇							
模 块 八	柑橘标准化生产技术							
方案讨论								
方案对比	组号	任务耗时	任务耗材	实现功能	实施难度	安全可靠性	环保性	综合评价
	1							
	2							
	3							
	4							
	5							
	6							
方案评价	评语：							
班　　级		组长签字		教师签字		月　　日		

材料工具清单

学习领域	情　景　篇						
模 块 八	柑橘标准化生产技术						
项　目	序号	名称	作用	数量	型号	使用前	使用后
所用仪器仪表							
所用材料							
所用工具							
班　级		组长签字		教师签字		月　日	

实 施 单

学习领域	情 景 篇	
模 块 八	柑橘标准化生产技术	
实施方式		
序号	实施步骤	使用资源
1	基本理论讲授	在线开放平台和多媒体
2	柑橘常见栽培品种	校内外实训基地
3	柑橘园土肥水管理措施	校内外实训基地
4	柑橘园病虫害防治措施	校内外实训基地
5	柑橘周年标准化生产计划制定	校内外实训基地
6	柑橘园规划设计	校内实训基地、虚拟仿真软件
7		
8		
9		
10		

实施说明：

利用在线开放平台和多媒体资源，进行理论学习，了解柑橘生长发育规律及常见栽培品种。

掌握柑橘果园土肥水管理措施及病虫害防治技术，掌握柑橘果园周年管理措施，并能够对不同树龄的柑橘果园进行管理。

通过本地柑橘果园生产情况调查，了解本地柑橘果园栽培技术，并制订柑橘周年标准化生产计划。

利用虚拟仿真软件对校内实训基地进行建园设计规划，设计出科学合理的建园规划图和方案。

班 级		组长签字		教师签字		月 日

作　业　单

学习领域	情　景　篇
模　块　八	柑橘标准化生产技术
实施方式	

1. 简述国内外及本省柑橘生产状况。

2. 通过调研，简述当地柑橘生产的主要品种及各品种的特性。

3. 简述本地柑橘育苗的主要技术及技术要点。

4. 柑橘常见的病虫害有哪些？如何有效防治？

5. 柑橘采摘后，如何保鲜？简述当地主要的保鲜技术方法。

6. 结合当地地形、地貌和气候条件，设计规划一个100亩的柑橘果园。

<table>
<tr><td rowspan="3">作业评价</td><td>班　　级</td><td></td><td>组长签字</td><td></td><td>月　　日</td></tr>
<tr><td>教师签字</td><td></td><td>教师评分</td><td colspan="2"></td></tr>
<tr><td colspan="5">评语：</td></tr>
</table>

检 查 单

<table>
<tr><td>学习领域</td><td colspan="4">情　景　篇</td></tr>
<tr><td>模 块 八</td><td colspan="4">柑橘标准化生产技术</td></tr>
<tr><td>检查项目</td><td colspan="2">检查内容</td><td>学生自查</td><td>教师检查</td></tr>
<tr><td rowspan="4">思政素养</td><td colspan="2"></td><td></td><td></td></tr>
<tr><td colspan="2"></td><td></td><td></td></tr>
<tr><td colspan="2"></td><td></td><td></td></tr>
<tr><td colspan="2"></td><td></td><td></td></tr>
<tr><td rowspan="4">技能素养</td><td colspan="2"></td><td></td><td></td></tr>
<tr><td colspan="2"></td><td></td><td></td></tr>
<tr><td colspan="2"></td><td></td><td></td></tr>
<tr><td colspan="2"></td><td></td><td></td></tr>
<tr><td rowspan="4">理论素养</td><td colspan="2"></td><td></td><td></td></tr>
<tr><td colspan="2"></td><td></td><td></td></tr>
<tr><td colspan="2"></td><td></td><td></td></tr>
<tr><td colspan="2"></td><td></td><td></td></tr>
<tr><td rowspan="3">检查评价</td><td>班　级</td><td></td><td>组长签字</td><td></td></tr>
<tr><td>教师签字</td><td></td><td>日　期</td><td></td></tr>
<tr><td colspan="4">评语：</td></tr>
</table>

评 价 单

<table>
<tr><td>学习领域</td><td colspan="8">情 景 篇</td></tr>
<tr><td>模 块 八</td><td colspan="8">柑橘标准化生产技术</td></tr>
<tr><td>评价类别</td><td colspan="2">项目</td><td colspan="3">子项目</td><td>个人评价</td><td>组内互评</td><td>教师评价</td></tr>
<tr><td rowspan="12">专业能力（60%）</td><td colspan="2" rowspan="2">咨询（10%）</td><td colspan="3">搜集信息（5%）</td><td></td><td></td><td></td></tr>
<tr><td colspan="3">引导问题回答（5%）</td><td></td><td></td><td></td></tr>
<tr><td colspan="2" rowspan="3">计划（10%）</td><td colspan="3">计划可执行度（4%）</td><td></td><td></td><td></td></tr>
<tr><td colspan="3">调查方案设计（3%）</td><td></td><td></td><td></td></tr>
<tr><td colspan="3">方案合理度（3%）</td><td></td><td></td><td></td></tr>
<tr><td colspan="2" rowspan="2">实施（15%）</td><td colspan="3">柑橘园生产技术调查（10%）</td><td></td><td></td><td></td></tr>
<tr><td colspan="3">正确进行栽培品种识别（5%）</td><td></td><td></td><td></td></tr>
<tr><td colspan="2" rowspan="2">检查（10%）</td><td colspan="3">识别准确度（5%）</td><td></td><td></td><td></td></tr>
<tr><td colspan="3">分类准确度（5%）</td><td></td><td></td><td></td></tr>
<tr><td colspan="2">过程（5%）</td><td colspan="3">认真程度（5%）</td><td></td><td></td><td></td></tr>
<tr><td colspan="2">结果（10%）</td><td colspan="3">准确制订柑橘园周年标准化生产计划（10%）</td><td></td><td></td><td></td></tr>
<tr><td colspan="2" style="display:none"></td><td colspan="3" style="display:none"></td><td style="display:none"></td><td style="display:none"></td><td style="display:none"></td></tr>
<tr><td rowspan="4">思政能力（20%）</td><td colspan="2" rowspan="2">团队协作（10%）</td><td colspan="3">小组成员合作良好（5%）</td><td></td><td></td><td></td></tr>
<tr><td colspan="3">对小组的贡献（5%）</td><td></td><td></td><td></td></tr>
<tr><td colspan="2" rowspan="2">敬业精神（10%）</td><td colspan="3">学习纪律性（5%）</td><td></td><td></td><td></td></tr>
<tr><td colspan="3">爱岗敬业、吃苦耐劳（5%）</td><td></td><td></td><td></td></tr>
<tr><td rowspan="2">方法能力（20%）</td><td colspan="2">计划能力（10%）</td><td colspan="3">考虑全面（10%）</td><td></td><td></td><td></td></tr>
<tr><td colspan="2">决策能力（10%）</td><td colspan="3">决策果断（10%）</td><td></td><td></td><td></td></tr>
<tr><td rowspan="3">评价评语</td><td>班 级</td><td></td><td>组长签字</td><td colspan="2"></td><td>总 评</td><td colspan="2"></td></tr>
<tr><td>教师签字</td><td></td><td>日 期</td><td colspan="2"></td><td></td><td colspan="2"></td></tr>
<tr><td colspan="8">评语：</td></tr>
</table>

学习小结

<table>
<tr><td>学习领域</td><td colspan="4">情 景 篇</td></tr>
<tr><td>模 块 八</td><td colspan="4">柑橘标准化生产技术</td></tr>
<tr><td>学习小结</td><td colspan="4"></td></tr>
<tr><td rowspan="3">教师评价</td><td>班 级</td><td></td><td>组长签字</td><td></td></tr>
<tr><td>教师签字</td><td></td><td>教师评分</td><td></td></tr>
<tr><td colspan="4">评语：</td></tr>
</table>

模块九

葡萄标准化生产技术

模块导读

模块介绍

葡萄是世界上分布范围最广，栽培面积最大，产量最多的落叶果树。葡萄产量居世界水果第2位，中国的葡萄产量在水果中排第7位，主产省区有新疆、山东、河北、河南、辽宁等。本模块主要包括十二个任务，学习和掌握国内外葡萄栽培历史、葡萄栽培现状、葡萄主要种类和优良品种、葡萄生物学特性、葡萄育苗、葡萄建园、葡萄土肥水管理、葡萄整形修剪、葡萄花果管理、葡萄主要病虫害防治、葡萄设施栽培和葡萄采收、分级包装与贮藏方面的理论与技术。以任务驱动的方式引导学生对国内外葡萄栽培历史及现状、葡萄主要种类和优良品种等进行了解学习，重点学习葡萄生物学特性、葡萄育苗、葡萄建园、葡萄土肥水管理、葡萄整形修剪、葡萄主要病虫害防治、葡萄花果管理等相关知识，最后通过对葡萄设施栽培的学习及葡萄采收、分级包装与贮藏的了解，对葡萄生产新技术、新方法进行推广，为助力乡村振兴增砖添瓦。

模块目标

知识目标

1. 了解葡萄产业的现状及其发展趋势。
2. 了解葡萄种类与主要栽培品种特性。
3. 掌握葡萄植物学特性、生物学特性及环境对葡萄生长的影响。
4. 掌握葡萄园土肥水管理、树体整形修剪、保花育果及病虫害防治等管理技术。

技能目标

1. 依据葡萄种类及品种特性，正确识别不同的葡萄种类及品种。
2. 依据葡萄产业发展趋势及其植物学特性、生物学特性和本地环境条件，正确选择适宜的葡萄品种，做到适地适栽。
3. 综合运用栽培管理措施，正确制订葡萄园周年生产管理方案并组织实施。

素质目标

1. 培养学生热爱葡萄生产、投身葡萄产业发展的信念，能够全身心投入本模块课程学习。
2. 培养学生的团队合作精神，在分组学习中能够相互配合，有效地完成学习任务。
3. 引导学生树立安全意识和生态文明持续发展理念，能够做到葡萄适地适栽，不乱用农业投入品，在学习过程中不发生任何安全事件。

任务描述

了解葡萄生长习性及对环境条件的要求，了解常见的葡萄栽培品种，掌握葡萄园基本生产管理技术，掌握葡萄园土肥水管理技术，能够进行葡萄园病虫害防治，能够正确制订葡萄园周年生产管理计划。具体任务要求如下：

1. 利用在线开放平台和多媒体播放课件讲解，了解葡萄生长习性及对环境条件的要求、常见的葡萄栽培品种，掌握葡萄园基本生产管理技术。
2. 通过互联网相关资料，了解葡萄生长发育规律。
3. 分组对本地葡萄园生长管理进行调查，掌握本地葡萄园的生产管理措施。

任务一　国内外葡萄栽培历史

课前思考

1. 葡萄被引入国内的历史演进路线及产业发展历程是怎样的？
2. 葡萄果实具备怎样的营养价值及栽培方式种类有哪些？

基础知识

葡萄是世界性水果，人类有意识地驯化栽培葡萄的历史已达 5 000～7 000 年，葡萄是世界上栽培最广的果树之一。由于葡萄适应性较强，耐旱、耐瘠薄、耐盐碱等环境，在平地、丘陵、沙滩、河滩等地区均可栽培，故在世界各大洲均有分布，以南北纬 30°～50°被认为是世界葡萄栽培的优势区域。据考证，葡萄原产于欧洲、西亚和北非一带，分为亚洲原生群和美洲原生群 2 大类；按地理分布和生态特点，将其又细分为欧亚、东亚及北美等 3 个种群。其中欧洲葡萄种植面积占世界总面积的一半以上，主要生产国有西班牙、法国、意大利、葡萄牙、罗马尼亚和德国，并且以酿酒葡萄为主。而我国目前多数以欧亚和欧美品种栽培为主，是全球第二大葡萄生产国，也是第一大鲜食葡萄生产国。

据史料记载：张骞出使西域，从大宛(今塔什干地区)带回葡萄栽培品种，以后葡萄通过“丝绸之路”进玉门关，经河西走廊传入内地。近年来，我国葡萄产业发展迅猛，2019 年我国葡萄栽培面积 72.62 万 hm^2，位居世界第二，产量 1 419.5 万 t，位居世界第一。其栽培模式也已从传统的露地栽培模式发展为避雨栽培、一年两收栽培、设施促早栽培、设施延迟栽培、休闲观光高效栽培等多种模式。尤其是设施避雨栽培、设施促早栽培、设施延迟栽培模式成功应用后，设施葡萄已成为各地农业产业结构调整、休闲农业发展的优势产业，在我国乡村振兴、脱贫攻坚中发挥了重要作用。

葡萄除鲜食外，约 60%的果品用于加工葡萄酒、葡萄干及葡萄汁等产品。鲜食葡萄果实富含聚合苯酚、白藜芦醇、可溶性糖、有机酸、氨基酸等基本营养物质及花色苷、多酚等活性成分，长期食用具有抗氧化、抗衰老等保健功效；葡萄酒性醇厚，含有聚合苯酚、烟酸、肌醇和维生素 B_{12}，能降血脂、软化血管、保护心血管和治疗恶性贫血；制干葡萄干为滋养品，有健胃、益气的功效，虚弱患者最宜食用；研究表明，葡萄皮中含有丰富的抗氧化物质，可降胆固醇，预防心血管系统疾病，葡萄类黄酮素与维生素 E、维生素 C、维生素 A 及硒、锌等协同，且具有调节血管渗透及抗自由基氧化的作用，对癌症、心血管疾病、心血管老化、免疫功能低等有一定疗效。

任务二 葡萄栽培现状

课前思考

1. 世界葡萄产业发展现状及趋势。
2. 目前国内葡萄产业栽培面积和产量。
3. 现代葡萄果实的利用方式有哪些？

葡萄生产概述及品种

基础知识

葡萄栽培已遍布全球五大洲，从 40 ℃的热带到 −40 ℃的寒带，都有栽培葡萄的分布。全世界葡萄栽培面积接近 900 万 hm^2，年产超过 6 000 万 t，居世界水果产量第二位。

葡萄是世界上最为古老的果树之一，目前国内葡萄栽培基本形成西北干旱新疆产区、黄土高原干旱半干旱产区(陕西、山西、甘肃、宁夏、内蒙古西部)、环渤海湾产区(山东、辽宁、河北)、黄河中下游产区、南方产区、西南产区(云南、贵州、广西、四川)及以吉林长白山为核心的山葡萄产区等 7 个集中栽培区。由于葡萄产业的发展，不同领域的分类也逐渐朝着更精细化的方向发展，如西北地区以种植鲜食葡萄、制干葡萄为主，而环渤海湾产区主要种植各种鲜食葡萄和专门用于酿酒的葡萄。

我国葡萄的栽培面积和产量分别占世界葡萄栽培总面积和总产量的 5.3％和 7.3％。我国著名的葡萄产区有新疆吐鲁番、山东、河北、辽宁、河南、山西、陕西等地。近年来南方各省(浙江、安徽、江苏等)葡萄生产发展速度也很快。

目前世界葡萄年产量的 80％以上用于酿造葡萄酒，12％用于鲜食，5％用于加工葡萄干，其余用于制汁、制罐等。我国葡萄产量的 85％～90％用于鲜食，如四川省葡萄产量的 95％用于鲜食，5％用于酿酒。

市场对葡萄有核品种的需求趋势为大粒、优质、色美的品种(红色、蓝色、金黄色)，优质无核品种将有较大发展空间(大粒、无核)，葡萄品种结构将有重大变化。目前中熟品种约占 90％，上市集中，售价较低，早熟和晚熟品种只占 10％左右。将来葡萄品种的结构将出现早、中、晚熟品种合理搭配的局面。其中早熟品种将占 10％～15％，中熟品种将下降到 60％～70％，晚熟品种将达 15％～30％。

随着人民生活水平及健康意识的提高，科学技术的发展，我国酿造加工业也将上一个新的台阶。人们将逐步习惯喝酒度低、营养价值高的葡萄酒，葡萄酿造加工品种的发展势在必行。

栽培新技术将逐步得到普及，如密植丰产新技术、有核品种无核化技术、提早着色和提高品质技术、果穗整形技术等正逐步在生产上得到应用，并将带来巨大的经济效益。

葡萄设施栽培正在迅速发展。设施内由于葡萄生长不受自然气候限制，可人为创造小气候，提早或延迟果实采收，解决淡季鲜果供应，可进行多层次立体栽培，因此经济效益极高。

任务三　葡萄主要种类和优良品种

课前思考

1. 葡萄种群栽培地理分布及其对环境条件的要求。
2. 世界栽培葡萄品种的分类依据。
3. 国内葡萄不同产业区域有哪些主栽种类及优良品种？

基础知识

葡萄在植物分类上属于葡萄科葡萄属。葡萄属约有 70 个种，分布在我国的有 35 个种，其中用于栽培的有 20 多个种，主要用来生产果实或作为砧木，其他均处于野生状态，无栽培及食用价值。

葡萄属的各个种按照地理分布和生态特点，一般划分为 3 大种群：欧亚种群、北美种群和东亚种群，另外还有一个杂交种群。

一、葡萄的主要种类

1. 欧亚种群

本种群仅存在一个种，即欧洲种或欧亚种。实际上本种不只发源于欧洲，也发源于亚洲。世界许多著名鲜食和加工品种均属本种。欧洲种的特点是：果实品质好，风味纯正，抗寒性较差，对真菌性病害抵抗能力弱，该种适于在气候比较温暖、阳光充足和较干燥的地区栽培。

本种中的品种，按起源又可分为 3 个地理品种群。

东方品种群：起源于西亚。果粒大或中大，肉质脆，少香味。抗旱力强，但抗寒、抗湿、抗病性弱。

西欧品种群：起源于德国、意大利、西班牙等西欧国家。果粒小或中大，多汁，抗寒及抗病性较东方品种群略强。

黑海品种群：起源于黑海沿岸及巴尔干半岛各国。果粒中大，多汁。抗寒、抗病性较东方品种群强，但抗旱力较弱。

2. 东亚种群

本种群有40多个种，原产于我国的有10多种，其中主要的有山葡萄和刺葡萄。

山葡萄：原产于我国东北及华北地区。果粒小，多用作酿酒或酿酒加色剂，也可作为抗寒、抗病育种材料。

刺葡萄：分布于我国华中、华南各地。果实可生食或酿酒。

3. 北美种群

本种群约有28个种，原产于北美大西洋沿岸。卷须连续着生。有经济价值的主要有美洲葡萄、河岸葡萄和沙地葡萄。

美洲葡萄：原产于加拿大南部及美国东北部。本种果实具有浓厚的麝香味（狐香味、草莓香味），抗寒、抗病、耐湿。

河岸葡萄：原产于北美东部。可作抗寒、抗病、抗根瘤蚜砧木品种的育种材料。

沙地葡萄：原产于美国中南部。果实小，品质差，无食用价值。可作抗旱、抗病、抗根瘤蚜砧木品种的育种材料。

4. 杂交种群

该种群是葡萄种间进行杂交培育成的杂交后代，如欧洲种和美洲种的杂交后代称欧美杂种，欧洲种和山葡萄的杂交后代称欧山杂种。

其中欧美杂种在葡萄品种中占有相当的数量，这些品种的显著特点是：浆果具有美洲种的草莓香味，具有良好的抗病性、抗寒性、抗潮湿性和丰产性。这些特性使欧美杂种能在较大的地区种植。

目前在我国、日本和东南亚地区，欧美杂种已成为当地的主栽品种，它们主要用作鲜食和制汁，但品质普遍赶不上欧洲葡萄。

二、葡萄品种的分类

全世界栽培葡萄品种约有1.4万多个，其中在资源圃中保存或在栽培上应用的有7 000～8 000个，这些品种主要来源于欧洲种、美洲种及欧美杂种。

1. 按有效积温和生长日数分类

一个地区一年内≥10 ℃的天数的温度总和，即为该地区的年有效积温，生长日数是指葡萄从萌芽至果实成熟所需的天数。

2. 按用途分类

可分为鲜食品种、酿酒品种、制干品种、制汁品种、制罐品种、砧木品种等。实际上类与类之间很难完全区分开，往往可以兼用。

3. 按有无种子分类

按有无种子可分为有核种和无核种。

4. 按生长期分类

按生长期分别分为少于110 d、110～130 d天、130～150 d天和150 d以上。

5.按成熟早晚分类

按成熟早晚可分为特早熟品种、早熟品种、中熟品种、晚熟品种、特晚熟品种。

三、我国栽培的无核鲜食葡萄品种

1.金星无核

欧美杂种，美国阿肯色州农业试验站培育，1977 年发表。沈阳农业大学 1983 年从美国引进，1994 年通过品种审(认)定。

果粒近圆形，平均粒重 4.4 g，经葡萄膨大剂处理后果粒重可达 7～8 g，果皮蓝黑色，含糖量 15%，品质中上，较耐运输。该品种能适应高温多湿的气候，是适应性强的优良早熟无核品种(图 9-3-1)。

2.无核白鸡心

欧亚种，美国加利福尼亚大学欧姆教授培育，1981 年发表。沈阳农业大学 1983 年从美国引进，1994 年通过品种审(认)定。

果粒长卵形，略呈鸡心形，黄绿色，平均粒重 6 g 左右，在无核品种中属罕见的大粒品种，经赤霉素或膨大剂处理后，粒重可达 10 g 以上。果皮薄，不裂果，果肉硬脆，品质佳，耐运输。它是一个极有发展前途的早熟、大粒、优质、丰产的无核品种(图 9-3-2)。

图 9-3-1　金星无核

图 9-3-2　无核白鸡心

3.无核早红

欧美杂交种，系河北省农业科学院昌黎果树研究所用郑州早红与巨峰杂交培育的三倍体无核品种。

果粒重 4.5 g，经赤霉素药剂处理后，单粒重可达 9.7 g。果粒着生中等紧密，果皮为粉红色或紫红色，果粒着色均匀一致，色泽鲜艳。在温室中 6 月上中旬即可成熟上市，属早熟品种(图 9-3-3)。

4.夏黑

欧美杂交种，日本培育。果穗多为圆锥形，平均穗重 415 g，果穗大小整齐。果粒着生紧密或极紧密。果粒近圆形，平均粒重 3.5 g，膨大后果粒加倍。紫黑色至蓝黑色，果皮厚而脆，无涩味，果粉厚，果肉硬脆，无肉囊。味浓甜，有浓郁的草莓香味。无核，无小粒、青粒，含可溶性固形物18%，品质优。挂果时间长，耐贮运，树势强健，抗病力强，中早熟，7月中旬成熟(图 9-3-4)。

图 9-3-3　无核早红

图 9-3-4　夏黑

四、主要优良有核鲜食品种

1. 京亚

欧美杂种，四倍体，北京植物园从黑奥林实生苗中选育的新品种，1992 年通过品种审定。

果粒椭圆形，平均粒重 9 g。果皮紫黑色，果肉较软，汁多味酸甜，含可溶性固形物 13%～14%，品质中上等。抗病性强，早果丰产性好。不脱粒，耐运输，是优良的特早熟品种。应注意适当延迟采收，可增加糖度，减低酸度。适宜保护地栽培(图 9-3-5)。

2. 维多利亚

欧亚种，罗马尼亚培育。果穗圆锥形或圆柱形，平均穗重 630 g。果粒椭圆形，平均粒重 9.5 g。果皮黄绿色，中等厚，果肉硬而脆，果皮与果肉易分离，味甜适口，无香味，含可溶性固形物 16%，品质优。7 月下旬果实成熟(图 9-3-6)。

图 9-3-5　京亚

图 9-3-6　维多利亚

3. 金手指

欧美杂交种，日本培育。果穗中等大，长圆锥形，平均穗重 445 g。果粒长椭圆形至长形，略弯曲，呈弓状，黄白色，平均粒重 8 g，疏花疏果后平均粒重 10 g。果粉厚，擦掉果粉呈亮黄色。果皮中等厚，韧性强，可剥离。果肉硬，较耐贮运。含可溶性固型物 18%，品质优。7 月下旬果实成熟(图 9-3-7)。

4. 美人指

欧亚种，原产日本，我国 1994 年从日本引进。果粒长椭圆形，先端紫红色，基部稍淡，如美女手指。平均粒重 10 g，果穗大，圆锥形。果肉脆甜，品质上等，含可溶性固形物 15%～18%，含酸 0.5%～0.65%，品质上等。美人指果实外观美丽奇特，商品价值高，植株生长旺盛，较丰产。果实 8 月下旬成熟(图 9-3-8)。

图 9-3-7　金手指

图 9-3-8　美人指

5. 醉金香

欧美杂交种，是由辽宁省大连市农业科学研究院选育而成的。果穗中等大，长圆锥形，平均穗重 455 g。果粒椭圆形，金黄色，平均粒重 10 g。果皮中等厚，韧性强，不裂果，可剥离。果肉硬，有浓郁桂花香味，耐贮运。含可溶性固形物 18%，品质优。成熟期早，挂树期长，7 月下旬果实成熟(图 9-3-9)。

6. 巨玫瑰

欧美杂交种，四倍体，是由辽宁省大连市农业科学研究院选育而成的。果穗大，圆锥形，平均穗重 514 g。果粒椭圆形，平均粒重 9 g，最大 15 g，果粒整齐，果皮紫红色，果粉中等，肉软多汁，无肉囊，甜酸适口，具有浓郁纯正的玫瑰香风味，含可溶性固形物 19%，品质佳。抗性好，坐果好，不易脱粒，耐运输，耐高温高湿，适应性广。8 月下旬果实成熟，是中熟品种(图 9-3-10)。

图 9-3-9　醉金香

图 9-3-10　巨玫瑰

7. 巨峰

欧美杂交种，四倍体，中熟品种，原产日本，1959 年引入我国，在我国南北广泛栽培。果粒近圆形，紫黑色，肉质肥厚，汁多味甜而清香，平均粒重 9 g，品质上。本品种适应性强，抗病、丰产，但果穗上果粒稀疏，落花落果较严重(图 9-3-11)。

8. 藤稔

欧美杂交种，四倍体，日本神奈川县青木一直以井川 682 与先锋杂交育成，1985 年注册登记。1986 年由辽宁省首次引入，并迅速发展到浙江、江苏、安徽、河北等省。果粒特大，平均粒重 15～18 g，经严格疏粒、疏穗后，大果粒可达 39～50 g，俗称乒乓葡萄。果皮紫红至紫黑色，皮薄肉厚，不易脱粒，味甜，品质中上。中熟品种，抗病力强(图 9-3-12)。

图 9-3-11　巨峰

图 9-3-12　藤稔

9. 阳光玫瑰

欧美杂交种，果粒大，平均粒重 12～14 g，绿黄色，坐果好。成熟期与巨峰相近，易栽培。肉质硬脆，有玫瑰香味，含可溶性固形物 20%左右，鲜食品质优良。不裂果，盛花期和盛花后期用 25 μl/L 赤霉素处理可以使果粒无核化，并使果粒增重 1 g(图 9-3-13)。

阳光玫瑰是目前国内最甜的葡萄，属于中熟，丰产性、稳产性、抗病性强的高品质葡萄最新品种。耐贮运，无脱粒现象。四川地区在 8 月中旬成熟。挂果期长，成熟后挂果可达 2～3 个月。

10. 红提

别名晚红、红地球、大红球，欧亚种，原产美国，1987 年由沈阳农业大学首次引进栽培推广，是继巨峰葡萄之后又一个炙手可热的优良品种。

果粒大，圆形，最大粒重 22 g，平均粒重 13～14 g，果穗特大，果粒着生中等紧密，圆锥形，果肉脆硬，能切成薄片，味甜，含可溶性固形物 17%～19%，品质极上，极耐贮运。属于晚熟品种，从萌芽到果实成熟需要 150～160 d。植株生长旺盛，极丰产，适宜棚架栽培，抗病性差，需要较高的栽培管理技术和病害防治技术(图 9-3-14)。

图 9-3-13　阳光玫瑰

图 9-3-14　红提

任务四　葡萄的生物学特性

课前思考

葡萄生物学特性

1. 根系是葡萄树体营养及水分吸收的主要器官，了解根系的生长规律。

2. 枝蔓是葡萄树体形成的骨架，叶片和果实生长的基础，了解葡萄枝条的种类及其生长规律。

3. 阐述生态环境如何影响葡萄各组织器官的发育。

基础知识

一、葡萄的器官及其功能特性

葡萄植株可分为地上部和地下部两大部分。地上部包括主干、主蔓、结果枝组、结果枝、营养枝、芽、叶、花、果穗、浆果和种子。地下部即根系。

1. 根系

葡萄植株的地下部分统称为根系，由骨干根和幼根组成（图 9-4-1）。葡萄的根为肉质根，能贮藏大量的有机和无机营养物质，还能合成多种氨基酸和激素类物质。

葡萄是深根性果树。吸收根多分布于地表以下 15～40 cm 范围内，根系分布于地表以下 20～80 cm 范围内。在环境适合时，葡萄根可周年生长，但由于气候条件的限制，当土温低于

10 ℃或超过 28 ℃时即停止生长，春季气温上升，当土温在 8～10 ℃时开始活动，其生长适宜土温为 21～24 ℃。

葡萄在春季萌芽期根压大，加上葡萄根和茎组织中导管大，故地上部新剪口容易出现大量伤流。因此，应避免在伤流期进行修剪或造成伤口。

图 9-4-1　葡萄根系

2. 枝蔓特点

葡萄的枝条又称为蔓，由于着生部位、性质不同，与其他果树一样，可分为主干、主蔓（枝）、侧蔓（副主枝）、结果母枝、结果枝、营养枝等（图 9-4-2）。

从地面发出的单一树干称为主干。由主干上发出的一级分枝称主蔓。如果植株从地面发出的枝蔓多于 1 个，习惯上均称之为主蔓，栽培上则称为无主干多主蔓树形。主蔓上的多年生分枝称为侧蔓。带有叶片的当年生枝称为新梢。着生花序的新梢称为结果枝，不具花序的新梢称为营养枝。由结果枝和生长枝组成的一组枝条称为结果枝组。

新梢自当年秋季落叶后至翌年春季萌芽前称为一年生枝，并有相当一部分可称为结果母枝，因为它们的节上带有花芽，翌年可抽生结果枝结果。

新梢节部稍膨大，节上着生叶片。叶腋内着生芽眼，叶片的对面着生卷须或果穗。葡萄的新梢不形成顶芽，只要气温适宜，可一直生长到晚秋。一般需通过摘心、肥水管理控制新梢生长。

葡萄的茎细而长，髓部大，组织较疏松。新梢上着生叶片的部位为节，节部稍膨大，节上着生芽和叶片，节内有横膈膜。

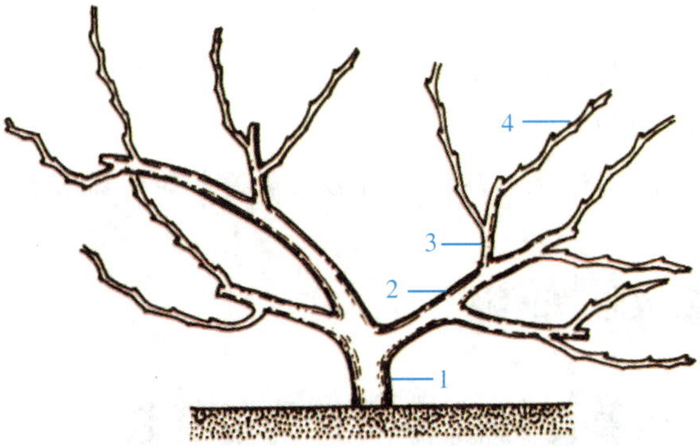

1. 主干；2. 主蔓；3. 侧蔓；4. 结果母枝（母蔓）。

图 9-4-2　葡萄树体结构

葡萄的节有贮藏养分和加强枝条牢固性的作用。两个节之间为节间，节间长短与品种和树势有关。节上叶片对面着生卷须或花序。

3. 芽的特点

葡萄的芽有 3 种，即冬芽、夏芽和隐芽。它们着生在叶腋和多年生枝蔓内，都属于混合芽。

(1)冬芽　冬芽从新枝蔓生长后开始分化，直到第二年发芽前完成分化，分化时间长。芽外有鳞片、茸毛保护，适应冬季寒冷(图 9-4-3)。

每一节冬芽的分化时间和分化质量不同，以中部芽较好。冬芽并不是单纯的一个芽，而是几个芽的复合体。冬芽内位于中央而又最大的一个芽称为主芽，其周围有 3～8 个大小不等的副芽。副芽的构造与主芽相同，只是发育时间较晚、程度较浅，一般有 2～3 个发育较好，有萌发的可能。通常只是主芽萌发生长，副芽不萌发。树势壮旺的品种或芽眼，副芽和主芽可同时萌发，即从一个芽眼中出现 2～3 个新梢。栽培上一般只保留 1 个发育最好的，其余的抹除。

冬芽在当年一般不能萌发，于翌年春萌发，但在受到强刺激后(如重摘心、药剂处理等)，也可在生长季节被迫抽枝(也称冬芽二次梢)开花结果，必要时可利用这种习性增加当年产量，延迟成熟期及采收期。

图 9-4-3　葡萄冬芽

(2)夏芽　葡萄主梢延伸生长的同时，叶腋中分化冬芽，在冬芽的旁边分化夏芽。夏芽为无鳞片的裸芽，当年分化，当年萌发生长(图 9-4-4)。冬芽主梢上抽出的夏芽副梢称为一次副梢，一次副梢上的夏芽又抽生二次副梢。依次为三次副梢。夏芽也可形成花芽，因此可利用夏芽副梢结二次果。加强管理，培养副梢，可利用它扩大树冠，加速成形，提早结果。

(3)隐芽　未萌发的冬芽或冬芽中的副芽，常常潜伏下来形成隐芽(图 9-4-5)。隐芽寿命长，重剪可刺激其萌发。栽培管理中可利用隐芽更新枝蔓，复壮树势。

图 9-4-4　葡萄夏芽

图 9-4-5　葡萄隐芽

4. 叶及其生长

葡萄的叶为单叶互生，掌状，由叶柄和叶片组成。叶片的形状变化较大，可分为肾形、心脏形、近圆形 3 类。一般有 5 个裂片，也有 3 裂和 7 裂的，还有的是全缘无裂片。

裂片之间的缺口为裂刻，裂刻有深有浅。着生叶柄处的裂刻为叶柄洼。叶柄洼的形状变化很大，有闭合形、拱形、开张形等。葡萄叶片边缘一般有锯齿，叶片正、反面有的生有茸毛，有的无茸毛。

上述裂片多少、裂刻深浅、叶柄洼的形状、锯齿大小、茸毛多少是识别和记载葡萄品种的重要标志和特征。

5. 花序、果穗、卷须

(1)花序　葡萄花序在新梢上的着生情况因葡萄种类不同而略有差异。欧亚种葡萄的第一花序通常着生在新梢的第 4 或第 5 节上，一般 1 个新梢一连着生 2 个花序，也有 1 个新梢只着生 1 个花序的。美洲种葡萄的第一花序通常着生在新梢的第 3 或第 4 节上。1 个新梢上的花序欧美杂交种葡萄花序着生情况则近于二者之间。葡萄的花序为圆锥花序，由花穗梗、花穗轴、花梗及花朵组成。花序从着生果枝处到穗梗节的分支，有的不带小花，而为一卷须，有的带有小花而成为副穗。副穗有无和大小，因品种而异(图 9-4-6)。

图 9-4-6　葡萄花序

一个花序的花朵数因葡萄的种类、品种、环境条件及栽培技术的不同而有差异。一般有 200～1 500 朵。花形小，绝大多数品种具有两性花，通过自花授粉可以结果。雌花除有发育正常的雌蕊外，虽然也有雄蕊，但花丝比柱头短或向外弯曲，花粉无发芽能力，表现雄性不育，如黑鸡心等品种和野生种的部分植株，必须配置授粉品种才能结实。雄花在花朵中仅有雄蕊而无雌蕊或雌蕊不完全，不能结实。此类花仅见于野生种，如山葡萄、刺葡萄等。

葡萄开花时，花蕾上花冠呈片状裂开，由下向上卷起而脱落。大多数品种在花冠脱落后才进行授粉受精过程。

葡萄从萌芽到开花一般需要 6～9 周时间，开花的速度、早晚主要受温度的影响。一般在昼夜平均气温达到 20 ℃时开始开花，在 15 ℃以下时开花很少，气温过高过低都不利于开花。

(2)果穗　花序在开花坐果后，成为果穗。果穗由穗梗、穗轴、副穗和果粒组成。果穗的形状可分为圆锥形、圆柱形、分枝形 3 类，具体形态多种多样(图 9-4-7)。

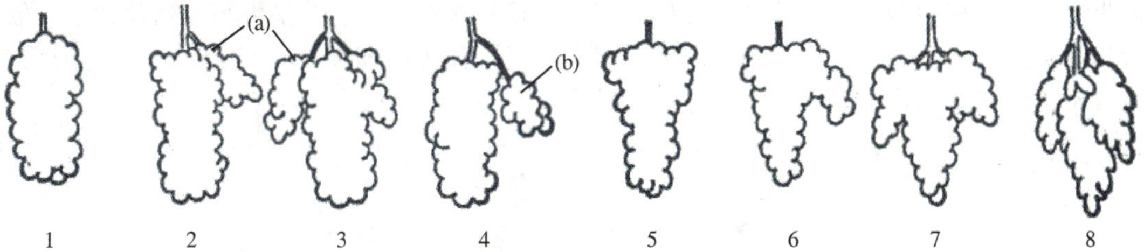

图 9-4-7　葡萄果穗形状

(3)卷须　葡萄卷须与花序是同源器官，新梢上可以着生花序，而未着生花序的地方一定会着生卷须(图 9-4-8)。卷须的作用是缠绕他物，攀缘延伸。卷须着生情况依葡萄种类而不同，欧亚种是每着生两节卷须后间隔一节不着生卷须，而美洲种则为连续着生。在栽培条件下，卷须的存在已失去它先前的意义，相反，还消耗养分、水分，影响枝蔓均匀分布，不利于通风透光等。

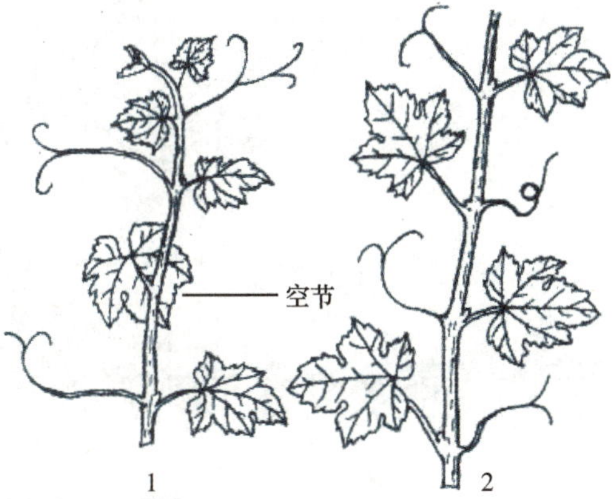

图 9-4-8　葡萄卷须

6.果实和种子

(1)果实　葡萄开花、授粉、受精后，雌蕊的子房发育成果实，整个花序形成果穗。果穗由穗梗、穗轴、副穗和果粒组成。

葡萄果粒是一种浆果，由果梗、果柄、果蒂(果梗与果粒相连处的膨大部分)、果刷(中央维管束与果粒分离后的残留部分，果刷长的一般耐贮运，果粒不易脱落)、外果皮、果肉、种子等组成(图 9-4-9)。

葡萄果粒的大小，形状，色泽，果皮厚薄，皮肉分离的难易，肉核分离的难易，肉质的软硬及风味品质，均是鉴别品种的重要依据。葡萄果粒形状有圆球形、椭圆形、扁圆形、鸡心形、卵形、倒卵形等。

图 9-4-9　葡萄果实

(2)种子　葡萄的有核品种通常 1 个果粒会有 1～4 粒种子，也偶有少量无核果粒发生。同一品种中果粒大而发育正常的，其所含种子较多，反之则少。无核品种因单性结实的作用或因果实发育过程中种子败育而产生无核果实。无核果粒通常比有核果粒小。葡萄种子一般为梨形，由种皮、胚乳和胚组成。约占果实质量的10%，种皮厚而坚硬，上被蜡质，胚乳为白色，含有丰富的脂肪和蛋白质(图9-4-10)。

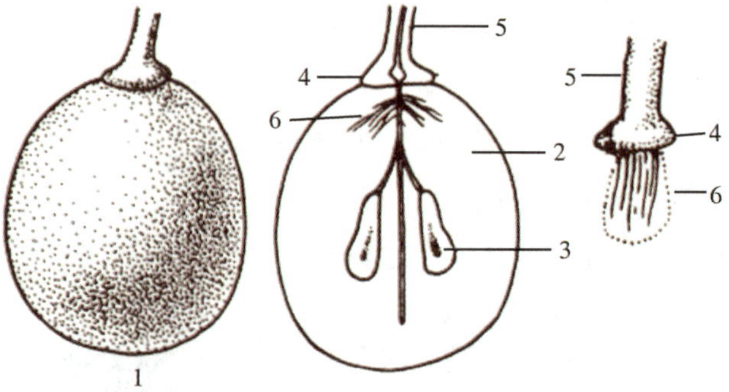

1.外形；2.果肉；3.种子；4.果蒂；5.果梗；6.果刷

图 9-4-10　葡萄果实及种子

二、葡萄生长发育年周期

葡萄与其他果树一样，每年都在进行着外部形态结构和内部生理机能方面的有节奏、有规律的变化。人们把果树在一年中生长发育的规律性变化叫作“年周期”。果树在一年中的这种周期性变化是与一年中四季气候的变化密切相关的。于是，人们便把果树各器官在一年中因四季气候变化而相应表现的各个动态时期称为生物气候学时期，简称物候期。

葡萄在一年中的生长发育可大体归纳划分为以下7大物候期：伤流期，萌芽及新梢生长期，开花坐果期，花芽分化期，果实发育成熟期，新梢成熟和落叶期，休眠期。

1.伤流期

春季，土温回升，葡萄根系开始活动，如果剪截或碰伤葡萄枝条，则会自剪口或伤口处溢出无色透明的汁液，这就是伤流现象(图9-4-11)。伤流现象自春季葡萄根开始活动，树液开始流动起至萌芽展叶时止，这段时期即是伤流期。伤流期持续时间的长短及流量的多少因地区、土壤温度、品种、树势而有差异。

图 9-4-11　葡萄伤流现象

我国南方春季土温回升较快，伤流期开始较早，持续时间较长，一般为25～30 d，而北方多为15～25 d。土壤湿度小，伤流量也小，树势强的伤流量较大。葡萄伤流液中90%以上是水分，但其中也含有糖、氨基酸、酰胺等有机物，生长素、赤霉素、细胞分裂素等激素及钾、钙、磷等营养元素。伤流量过大会削弱树势，少量伤流，对树势影响不大。葡萄的冬季修剪应在早春伤流期到来之前完成，以免大量伤流而消耗树体的水分和营养。

2.萌芽及新梢生长期

(1)萌芽　春季当气温上升至日均温稳定在10 ℃左

右时，葡萄芽即开始萌发，芽萌发的过程是先芽体膨大，随之鳞片裂开，接着是芽体开绽，露出绿色。

芽的萌发除主要取决于气温条件外，还与品种、树势、土壤有关。同一品种在南方萌芽要比在北方早。此时如营养不足，则花序原始体只露发育成带卷须的小花穗，甚至会使已形成的花穗原始体在芽内萎缩，故此期应加强肥水管理。

(2)新梢生长　萌芽以后，随着气温的升高，幼嫩新梢出现并开始加长生长，20 d 后新梢生长速度最快，每天加长生长量可达 5～10 cm。开花前后，由于器官间对水分及营养物质的竞争，新梢的生长速度开始减慢。

葡萄新梢不形成顶芽，只要气温、水分条件适宜，可一直继续生长。至秋末，一年中单枝生长量可达 5～6 m。葡萄新梢在生长过程中，多数节位的夏芽会自然萌发抽生副梢。在不加控制的情况下，葡萄枝梢不但生长量大而且数量越来越多。往往造成养分的过分分散，枝叶郁闭，通风透光不良，不利于成花坐果。管理上要及时进行抹芽、副梢处理和主梢摘心，确保新梢健壮生长。

3. 开花坐果期

葡萄萌芽以后，经过 40～60 d，日平均温度达到 18～20 ℃时，进入开花期。葡萄花期的长短，因品种及气候的变化而变化，一般为 6～10 d。在同一个结果枝上，基部的花序先开放，依次向上开。在同一花序上，中部花先开放，先端及基部的花后开放。气温在 15.5 ℃以下时极少开花，18～21 ℃时开花量迅速增加，35 ℃以上时开花又受到抑制。柱头受精能力一般可保持 3～5 d。葡萄花授粉受精后，子房膨大，发育成幼果，称为坐果。葡萄大多数品种的花有发育正常的雄蕊和雌蕊，自花授粉可以结果，能满足生产上的坐果要求。葡萄的自花授粉坐果率因品种不同而有较大差异。例如，在相同条件下，巨峰生理落果较重。葡萄盛花后 2～3 d 开始生理落果，生理落果高峰多在盛花后 4～8 d。生理落果的轻重取决于品种的特性、花期气候条件及栽培技术状况。

生产上可通过以下途径来减轻生理落果，提高坐果率。

①提高树体贮藏营养水平，保持中庸健壮的树势，树势过强或过弱，均不利于坐果。要通过合理的肥水管理，适当进行冬夏季修剪，造成中庸健壮的树势，使树体贮藏营养达到较高水平。

②适时进行结果枝摘心和副梢处理。对结果枝摘心及控制副梢生长，可使花序在开花坐果的关键时期得到较多的营养，从而提高坐果率。

③花期喷硼可提高坐果率。

④对于树势过强的植株，喷 PP333 等生长延缓剂，可以起到缓和树势提高坐果率的作用。

4. 花芽分化期

形成花芽的过程称为花芽分化期。葡萄的花芽分化期因品种、地区、农业技术条件的不同而有差异。多数品种的花芽分化开始于开花前后(5 月上中旬至 6 月上中旬)。

随着新梢的生长，新梢上的冬芽自下而上逐渐开始花芽分化。开始是出现花序原始体，继而形成各级分枝，然后进一步形成花托、花萼、花冠、雄蕊和雌蕊。这一形态分化的过程有时在当年完成，有时则跨年度于翌年春季完成。只要内外部条件适宜，葡萄也可一年内进行 2 次甚至 3 次花芽分化。第 2 次分化形成的花芽也可于当年开花结果，这便是生产上培养 2 次果的生物学基础。

5. 果实发育成熟期

葡萄浆果由子房发育而成。坐果后，浆果膨大直至发育成熟，其间大体经历 4 个阶段。第 1 阶段为浆果迅速生长期，第 2 阶段为硬核期，第 3 阶段为浆果成熟前增大期，第 4 阶段为浆果成熟期。果实生长的第 1 和第 2 阶段，幼果具有叶绿素，呈绿色，能进行光合作用制造有机养分。

浆果进入成熟期以果粒开始变色变软为标志。当浆果中叶绿素大量分解，浆果色泽变淡，有色品种开始积累花青素而逐渐上色时，果粒逐渐变软而富有弹性，果实的含糖量上升，酸及单宁含量下降。最后浆果表现出该品种应有的色泽和风味，种子的种皮呈褐色，则表示浆果已经完全成熟。

为了丰产稳产，在果实发育成熟期应注意做好以下几件事。

(1)果实生长发育的前 3 个阶段，由于果实生长与花芽分化、枝梢生长三者同时进行，营养物质消耗量大，因而应及时补充肥水，尤其是磷、钾肥。

(2)通过夏季修剪控制枝梢生长，确保植株营养分配的平衡。

(3)通过病虫防治，保护叶片，提高光合生产能力，增加树体同化产物。

(4)浆果成熟期应严格控制土壤水分，防止裂果，减少落果。通过叶面喷肥促进果实着色成熟。

6. 新梢成熟和落叶期

葡萄新梢成熟开始于果实成熟之前。新梢成熟的外部标志是枝梢木质化，皮色由绿色变为黄色。未成熟的枝梢木质化程度低，外表呈绿色或绿黄色。枝梢成熟情况与抗寒能力及翌年产量有密切关系。枝梢越成熟，其抗寒能力越强。反之，抗寒能力越弱。有经验的栽培者可根据葡萄枝梢成熟情况预测翌年的产量。

7. 休眠期

葡萄正常的生理落叶是由秋后的低温引起的。在日平均温度下降至 12 ℃以下，日照短于 12 h 的情况下葡萄叶片停止光合作用，呈现秋色，叶柄产生离层而脱落，此时葡萄植株进入休眠期。自新梢落叶开始，葡萄植株即进入抗寒锻炼阶段。在此阶段中，葡萄植株内发生一系列生理生化反应，主要是枝条中积累的淀粉转化为糖，游离水减少而结合水增加，细胞的果胶物质也增加，从而使植株具有更高的抗寒能力。

三、外界环境条件与葡萄生长发育的关系

外界环境条件包括气候(光照、温度、水分)和土壤等条件，而气候因素对葡萄的生长发育、开花结果起着决定性作用，其次是土壤条件。它们不但决定葡萄能否在一个地区正常生长与结实，而且还决定葡萄浆果的产量和品质风味。

必须充分认识外界条件对葡萄的生长、结实和品质的影响，在充分认识的基础上通过人为改造，扬长避短，趋利避害，扩大葡萄栽培区域，提高产量和品质，使其符合于生产要求。

1. 光照

葡萄是喜光植物，对光照非常敏感。光照不足，则节间细而长，花序瘦弱，花蕾瘦小，花器分化不良，落花落果严重，冬芽分化不好，甚至不能形成花芽，瞎眼多，叶片黄化而薄等。

光照与地势密切相关，山坡地比平原光照好，向阳山坡较阴坡光照好，平原较山谷地光照

好。光照的反射可以提高葡萄植株的光照与温度，在白色房屋附近构成的反射光较强，气温也高，因此要比大田葡萄植株的物候期要早。

2. 温度

充分成熟的新梢在冬季休眠时可忍受短时间的－20 ℃的低温。因此在南方栽培葡萄时很少遭遇低温的危害，枝蔓不必埋土防寒。

昼夜温差小，不利于营养物质的积累。若夜间温度过高，会使葡萄植株进行强烈的呼吸作用，将白天进行光合作用所积累的养分大部分消耗，导致浆果的糖度不能提高。这是江南地区葡萄品质不如北方的主要原因之一。

葡萄生长的最适温度为 25 ℃，当温度高于 30 ℃时，光合作用则迅速下降。温度为 35～40 ℃ 时易造成热害，引起花序干枯脱落。在高温和强光下，叶绿素被破坏，叶片变黄，甚至坏死，浆果变成棕红色并皱缩干枯。

3. 水分

土壤或空气中的水分不足或过多，对葡萄的生长发育都是不利的。土壤水分过分干旱，会引起大量的落花落果及小果粒，甚至使植株凋萎死亡。在浆果成熟时，土壤水分过多，会降低浆果的品质和运输贮藏能力。

地下水位直接影响土壤的湿度、根系分布和吸水功能。一般栽培葡萄的地下水位以 2 m 以下为宜。地下水位在 80～100 cm 时，葡萄生长好，产量高，但品质表现不稳定。地下水位在 50～70 cm 时，常会引起根系的窒息或死亡。如要在这些地带栽培葡萄，必须设法降低地下水位，采取深沟高畦，改善排水条件。

葡萄种群之间对降水量的要求也不同。欧洲种葡萄喜干燥少雨气候，美洲种和欧美杂交种在夏湿地带生长良好。这是因为欧洲种的原产地在地中海沿岸，降水量仅 200 mm，为夏干地带，故发展欧洲种葡萄的地区要求降水量少。美洲种葡萄原产美国东南部，属夏湿地带，适宜在降水量较多的地区栽培。因此降水量的多少是葡萄栽培的主要影响因素之一。

4. 土壤

葡萄对土壤的适应性强，除了较黏重的土壤、沼泽地和重盐碱土不适宜葡萄的生长发育外，其余如沙土、沙壤土、壤土、轻黏土，甚至含有大量沙砾的壤土或半风化的成土母质均可栽植，但要逐步改良，才能丰产。

栽培葡萄最理想的土壤是土质肥沃、疏松的沙壤土，因此在这类土壤上栽培葡萄可获得丰产和优质的葡萄。黏土的特点是土质黏，土块坚硬，有机质含量少，易发生土壤板结现象，根群扎不深，土性冷，萌芽迟，浆果成熟晚，着色差。

葡萄对土壤酸碱度的适应范围广，pH 为 5.5～8.3 均能生长，但在 pH 为 6～7 生长最好，酸性土应掺石灰，碱性土掺石膏改良。

5. 大气污染

葡萄对二氧化硫、硫化氢、氟化氢、氯气等相当敏感。氟化氢的毒性比二氧化硫高 1 000 倍，所以对葡萄的危害很大。据浙江农业大学研究（1983 年），巨峰葡萄在氟化氢日排放量 6.2 $\mu g/m^2$，经 12～24 h 便遭毁灭性危害。

受害植株开始时叶片边缘枯焦，继而叶片出现油渍状斑，并发展成块状干枯而脱落；同时花序萎缩，幼果僵硬，因此在钢铁厂、铸造厂、玻璃厂、砖瓦厂等附近不宜种植葡萄。离厂 1 000 m 左右也要试种后，才能大面积种植。

任务五　葡萄育苗

课前思考

1. 葡萄育苗方式的种类及其作用。
2. 常见的葡萄砧木品种有哪些，不同砧木品种具有怎样的特征？
3. 简述如何进行葡萄育苗期的生产管理。

葡萄繁殖与育苗

基础知识

葡萄育苗可以采用扦插、压条和嫁接法繁殖。

一、扦插

大多数葡萄种和品种的枝蔓上都容易产生不定根，在栽培上以扦插繁殖为主。扦插又分为硬枝扦插和绿枝扦插。

1. 硬枝扦插

硬枝扦插的适宜时间为 2 月上旬至 3 月上旬。

采用的插条是结合冬季修剪下来经过选择的枝条，离扦插时期还有 1～2 个月，为了保持插条活力，必须进行沙藏。

2. 绿枝扦插

绿枝扦插又称嫩枝扦插，是指在葡萄生长期，利用半木质化的副梢进行扦插育苗的一种方法。绿枝扦插的优点是材料来源多，夏季修剪下来的副梢都可利用，但缺点是要有较细致的管理，才能收到预期的效果。

（1）扦插的步骤　首先将绿枝剪成 2～3 节，上部留一片叶，除去下部所有的叶片，基部用吲哚乙酸速蘸晾干，随剪、随处理、随插，以保持插穗的水分。

（2）扦插时间　扦插的时间以 6 月为好，在阴天或晴天的傍晚进行。插后的管理主要是遮阳和保湿。每天上午 7 时前盖好芦帘，避免阳光直射，傍晚揭开。晴天早、中、晚用喷雾器各喷 1 次水。10 d 左右可生根，15 d 后除去塑料棚，3 周后可逐渐缩短芦帘的遮光时间，最后除去遮阳棚。

二、压条

枝蔓不与母树分离，将枝蔓埋入土中，使其生根，再剪断分株，称为压条（图 9-5-1）。压条的方法以时期来分可分为生长期压条和休眠期压条。

图 9-5-1　葡萄压条

三、嫁接

（一）葡萄砧木品种

我国葡萄栽培应用砧木的历史较短。在我国不下架、不埋土防寒地区，由于没有根瘤蚜和线虫为害，习惯栽植自根苗，砧木的研究和利用几乎是空白。在寒冷地区由于存在根系冻害问题，自 20 世纪 60 年代以来开始普遍使用山葡萄和贝达作抗寒砧木，这对促进寒冷地区葡萄生产发展起到了巨大的推动作用。随着大量优良酿造、鲜食品种的引进，国外的某些葡萄病毒病、线虫、根瘤蚜也被带入我国，部分葡萄园已发现有病毒病、线虫和根瘤蚜为害。

为了避免给葡萄生产带来灾难性损失，大力推广使用具有良好抗性和适应性的砧木具有重要的战略意义。

1. 贝达

源于美洲种。原产美国，为美洲葡萄和河岸葡萄的杂交后代，早年引入我国，目前在东北及华北北部地区做抗寒砧木栽培。

在南方地区，贝达作为葡萄砧木还有明显的抗湿、抗涝特性。因此，在南方葡萄产区贝达作为抗湿砧木也具有良好的应用价值。

2. SO4

SO4 是德国从冬葡萄和河岸葡萄杂交后代中选育出的葡萄砧木品种。我国由法国引入。

我国山东、浙江等地已将其应用于生产，其嫁接苗生长旺盛，抗旱、抗湿，结果早，产量较高，嫁接品种成熟期略有提早现象。

3. 5BB

5BB 是法国由冬葡萄与河岸葡萄的自然杂交后代中经多年选育而成的葡萄砧木品种，我国由美国引入。

5BB 引入我国的时间不长，在各地试栽表现出明显的抗旱、抗南方根结线虫，生长快、生长量大的特点。在浙江等地用其做鲜食品种砧木，生长结果表现良好。

4. 华佳 8 号

华佳 8 号是上海农业科学院园艺研究所用原产我国的野生葡萄华东葡萄与佳利酿杂交培育而成的一个专用砧木品种，1999 年通过品种审定，是我国自己培育的第一个葡萄砧木品种。

其根系发达，生长健壮，抗湿、耐涝。用其作砧木与藤稔等品种嫁接，成活率高，嫁接苗无明显大小脚现象，且嫁接苗有明显乔化现象和早果、早丰产现象。

5.刺葡萄

原产我国，为江西省玉山县群众从我国特有的野生刺葡萄中选出的两性花类型，主要分布在江西玉山县一带。

其抗病、抗湿特点十分突出，适宜在南方丘陵山区和庭院作为抗湿砧木栽培。

（二）嫁接的方法

目前常用且效果较好的嫁接方法为枝接。枝接可分两种：一是硬枝嫁接，即将冬剪下的枝条嫁接在硬枝上，嫁接时间一般江南地区以2—3月为宜，常用切接和舌接。二是嫩枝嫁接，就是利用当年萌发的新梢和副梢，达半木质化时（5—6月间进行为宜）进行嫁接。

任务六　葡萄建园

课前思考

1.如何进行葡萄果园的园址选择及注意事项？

2.如何规划葡萄果园的不同区域？

基础知识

一、选择园址

能否正确选择葡萄园的建园地址，是决定葡萄栽培成败的关键因素之一。现提出以下几点，供选择葡萄园址时参考。

（1）从大范围讲，暖湿和热湿地区是葡萄气候生态的次适宜区或特殊种植区，适宜发展欧美杂交种葡萄。从小范围考虑，在一个地区，选择适宜的小气候，如地形开阔，阳光充足，空气流畅等，是至关重要的。

（2）由于浆果不耐运输和贮藏，建立葡萄园应选在交通方便的地方。鲜食葡萄园宜选在城镇郊区靠近消费市场的地方，加工葡萄园则宜建在靠近工厂的地方。

（3）选择低缓而又开阔的山坡地要优于平地，山坡的坡度以5°～15°为宜，以在南坡向阳面为最好，在栽植前将坡地修成等高梯田或撩壕。平地宜选择干燥地，地下水位在1 m以下，避免在低洼地建园。要求园地土层深厚、土质疏松、以沙质壤土或含石砾的壤土为宜。土壤pH以6.5～7.5为最好。盐碱地的含盐量不大于0.13%，应首先种植绿肥，经改良后方可选用。

(4)园地附近要有充足的水源,如江、湖、水库、大池塘、机井等,以便旱能灌水,涝能排水。在城镇郊区建园要注意大气洁净,不要在排放有害气体的工厂附近建园,以免葡萄遭受为害。

二、葡萄园的规划

葡萄园的规划设计工作,可从 3 个方面着手。

1. 栽植区的大小

应根据葡萄园的具体条件而定。在平地建园以 100～150 亩为一区,长方形为好。行长 50～70 m,行间作业道宽 2 m,这样有利于施肥、喷药、采收和其他田间管理工作。在山坡、丘陵地带建园,要重视水土保持,依地形、地势建立栽植区。

2. 道路和排灌系统设计

葡萄园的道路规划要有利于交通运输和充分利用土地。道路宽窄与多少则根据面积大小而定,全园道路面积一般不超过总面积的 5%。

大型葡萄园的主道,应贯穿全园,宽 7～8 m,分区设支道,宽 4～6 m,道路两旁可设棚架,充分利用土地面积,区内的作业道以 2～3 m 为宜。

3. 品种的选择

应注意选择适合当地生长的优良品种。如果生产鲜食葡萄,则要求品种着色鲜艳,香味浓郁,果穗、果粒较大为好。甜酸度应根据当地群众的爱好选择。如果生产酿酒或制汁葡萄,则要求品种糖度高,出汁率高,香气浓,酒质醇厚。如果生产制罐葡萄则要求品种肉脆,不易裂果,果粒大。在选择品种时,也要根据当地气候和土壤条件。

一般来说,选择抗病性能好,丰产性能稳定,品质较优良的品种,才能推广栽培。在城镇近郊和工矿区应以鲜食为主,按早、中、晚熟品种合理安排,反之,则以制汁为宜。

三、定植

1. 栽植的方式

可分为直接扦插和育苗定植两种。

直接扦插的优点是节省苗木费用,节省劳力,把育苗和移栽两道工序简化为一道工序,能达到快速建园和投资少的目的。

育苗移植插条集中于苗圃,便于管理,苗木成活率高,且在育苗期间可对上述土壤进行改良,使定植后有良好的土壤条件。

2. 葡萄的栽植

分为沟植法和穴植法两种。沟植法排水通畅,土壤空气足,葡萄生长发育快,但费工多。穴植法虽省工,但在南方地区降水多的情况下,穴内易积水,致使葡萄生长不良,甚至死亡。

3. 栽植密度

应根据种植地气候特点、土壤肥沃程度、肥水条件、品种的生长特性而定。例如多雨地区、土壤肥沃地区、肥水条件优越地区,品种生长势旺盛者,宜稀;反之宜密。在高温多湿的气候特点地区,以行距 2～3 m,株距 1～2 m 为宜,每亩 111～333 株。

4. 栽植时期

分为秋季栽植和春季栽植。

任务七　葡萄土肥水管理

课前思考

1. 葡萄生长发育对肥料及水分的要求是什么？

2. 土壤是葡萄果树苗壮生长的基础，如何管理葡萄果园的土壤才能生产优质葡萄果品？

3. 葡萄园基肥的施入种类及施肥原则是什么？

葡萄土肥水管理技术

基础知识

葡萄定植以后，在整个发育生长过程中，都需要从土壤中吸收大量的营养物质和水分等来满足自身生命活动的需要，这都是由葡萄的根系担负的。土肥水的管理可以为葡萄的根系创造良好的生长发育环境，提高根系吸收水分和养分的能力，促使植株生长健壮，多结果，结优质果。加强土肥水的管理工作是葡萄优质丰产的物质基础，具有重要的意义。

一、土壤管理

1. 深翻改土

每年秋季果实采收后结合秋施基肥进行深翻改土。扩穴深翻是在定植沟外挖环状沟或平行沟，沟宽 50 cm，深 30～45 cm。全园深翻可分 3～4 年完成，同时结合施有机肥。

2. 中耕

果园生长季降雨或灌水后，及时中耕松土，中耕深度 5～10 cm。

3. 覆草和埋草

覆盖材料可以用麦秸、麦糠、玉米秸、干草等。把覆盖物覆盖在树冠下，厚度 10～15 cm，上面压少量土。

4. 种植绿肥和行间生草

提倡葡萄园实行生草制，通过种植绿肥和行间生草，改善土壤结构。

二、施肥

1. 施肥原则

以有机肥为主，化肥为辅。所施用的肥料不应对果园环境和果实品质产生不良影响，必须是经过农业行政主管部门登记或免于登记的肥料。提倡根据土壤和叶片的营养分析进行配方施肥和平衡施肥。

2. 允许使用的肥料种类

（1）有机肥料　包括堆肥、沤肥、厩肥、沼气肥、绿肥、作物秸秆肥、泥肥、饼肥等农家肥料和商品有机肥、有机复合肥等。

（2）腐殖酸类肥料　包括腐殖酸类肥。

（3）化肥　包括氮、磷、钾等和微量元素肥料及其复合肥料等。

（4）微生物肥料　包括微生物制剂及经过微生物处理的肥料。

3. 施肥时期和数量

（1）基肥　基肥要早施，效果才好，在采收后 9—10 月施基肥最好。基肥一般为有机肥，如厩肥、堆肥、河泥等，施入土中分解慢，约需 50 d 以上才能被根系利用，而秋季正值葡萄根系第二次生长高峰，伤根易愈合，并可发生新根，如掺施部分速效性化肥（尿素、硫酸铵等），可使根系迅速吸收利用，增加贮藏养分和增强越冬能力。基肥施肥数量为全年的 60%左右，应开深沟深埋，可结合深翻土壤进行。

（2）追肥　追肥的次数、时间、用量等根据品种、树龄、栽培管理方式、生长发育时期以及外界条件等有所不同。

第一次追肥在早春芽眼膨大时施用。它的作用是促使葡萄花芽继续分化，使其芽内迅速完善花穗发育，此时正值葡萄植株发育临界期之一，应以氮肥为主，宜施用人粪尿，混掺硫酸铵或尿素，施用量为全年的 10%～15%。

第二次追肥应在谢花后果实膨大初期进行。这次追肥主要促使幼果迅速膨大，有利于当年花芽分化，是关键肥。这次追肥以氮肥为主，结合施磷肥、钾肥，施肥量是全年肥料的 15%～20%，时间在 5 月下旬。

第三次追肥在果实着色初期进行。这对提高果实糖分，改善浆果品质，促进新梢成熟，都有作用。这次追肥以磷钾为主，添加少量速效氮肥（如枝叶茂盛可不加氮肥），施肥量为全年的 10%左右。

4. 施肥方法

在葡萄园中土壤施肥的方法主要有沟状施肥法、穴施法、放射状沟施法、灌溉式施肥法等。

5. 注意事项

禁止使用未经无害化处理的城市垃圾或含有重金属、橡胶和有害物质的垃圾。

三、水分管理

1. 灌溉

要求灌溉水无污染。芽萌动期、果实迅速膨大期和落叶后封冻前应及时灌水。

2. 排水

设置排水系统，在多雨季节通过沟渠及时排水。

任务八　葡萄整形修剪

课前思考

1. 葡萄不同树形的整形修剪要遵循的原则和依据。
2. 葡萄整形修剪的方法种类及其注意事项。
3. 葡萄整形修剪的作用是什么？

葡萄整形修剪技术

基础知识

一、葡萄整形修剪的原因

葡萄是藤本植物，茎蔓柔软，必须设立支架，保持葡萄茎蔓在地上空间合理分布，得到充分均匀的光照，保证良好的生长发育，以达到高产、稳产、优质的栽培目的。

适宜的架式、良好的树形、合理的修剪可以调节生长与结果的矛盾，合理控制顶端优势，促进植株各部分的均衡发展，提高产量和品质，延长植株寿命，增强通风透光、减少病虫害等。

架式、整形和修剪是决定葡萄栽培方式的重要因素。一定的架式，要求一定的整形方式；一定的整形方式又要求一定的修剪方法。同时一定的整形修剪方式也要求有相应的架式才行。

二、选择整形方式的依据

选择整形方式的主要依据是当地的气候条件、栽培管理条件。

1. 气候条件

在高温多雨的南方种植区和霜害严重的种植区，宜采用高干整形方式。在风害较多种植区则宜采用低干整形方式，使枝蔓离地面较近为好。

2. 栽培管理条件

在土壤深厚肥沃及肥水条件好的情况下，植株生长旺盛，宜采用较大的树形，减少株数，增加单株占地面积、新梢数及产量。土壤瘠薄的地方则宜采用较小的树形，密植栽培。品种特性，长势强的品种应采用较大型的整形方式；反之，宜采用较小型的整形方式。

三、葡萄修剪的原则

使葡萄枝蔓在空间合理分布。各级枝蔓均匀而充分地布满架面，是实现葡萄丰产的关键。一般龙蔓（或龙干）上结果枝组间相距约 20 cm 较合适，而中长梢修剪枝组间的距离应在 40～50 cm。调节树体各部分、各器官间的均衡发展。必须调节好生长与结果的关系，只有达到两者的相对均衡，才能为优质、高产创造条件。

根据品种、树形的特点进行修剪。生长势强的品种往往结果母枝基部芽眼不易形成花芽，或由这些芽眼抽生的结果枝所形成的果穗较小，宜采用较大的树形，采用中、长梢修剪，当树势稳定后，再采用中梢和短梢修剪。生长势中庸或较弱的品种，应采用较小的树形，以短梢或极短梢修剪为主，这样不但可以有效地控制结果部位外移，还可以刺激生长，达到优质的目的。

四、整形修剪技术

（一）架式

葡萄搭架的形式称为架式。葡萄的架式有多种多样，目前生产上采用的架式主要是篱架和棚架两大类。

1. 篱架

一般平地大面积葡萄园多采用篱架。篱架的架面与地面垂直，形似篱笆，故称篱架。篱架的优点是通风透光好、管理方便、适宜密植和机械化管理等，篱架类型较多，常用的主要是单壁篱架和双壁篱架，此外还有“T”形架、单干双壁篱架、双十字“V”形架。

（1）单壁篱架　每行葡萄立一排支柱，支柱之间相距 6～8 m，根据地区和品种株型大小不同，架高 1.5～2 m。每行支柱上拉 3～5 道铁丝，第一道铁丝距地面 50～60 cm，以上各道铁丝相距 45 cm 左右，将枝蔓绑缚在铁丝上（图 9-8-1）。

（2）双壁篱架　每行葡萄设两排支柱，或立一排带有横梁的支柱，架高 1.5～1.8 m，篱架基部两壁间距 50～70 cm，顶部间距 80～100 cm，在支柱或横梁上拉 3～4 道铁丝，将枝蔓分别绑在两侧的篱架上（图 9-8-2）。

双壁篱架和单壁篱架相比，结果面积加大，产量高，但需架材多，管理费工，果实品质较差。

（3）“T”形架　也叫宽顶篱架。在单篱架立柱顶部增加一根水平横杆，与行向垂直，使支架呈“T”形（图 9-8-3）。

（4）单干双壁篱架　在立柱上按顺序自下而上每隔 20 cm 绑一根横架，第一道横架距地面 50 cm，在每根横架两端各拉一根铁丝。此架适宜密植（图 9-8-4）。

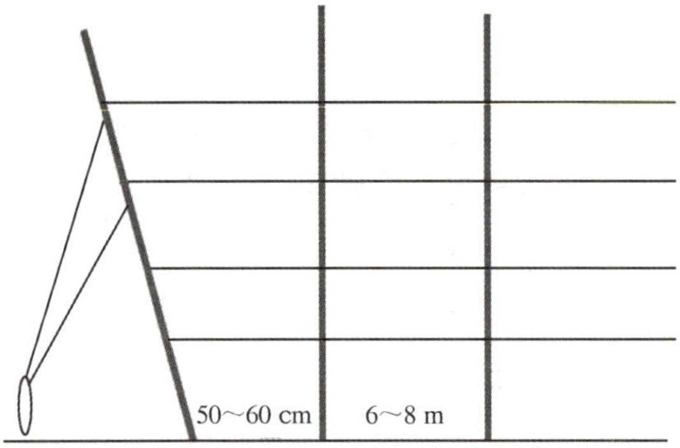

图 9-8-1　单壁篱架

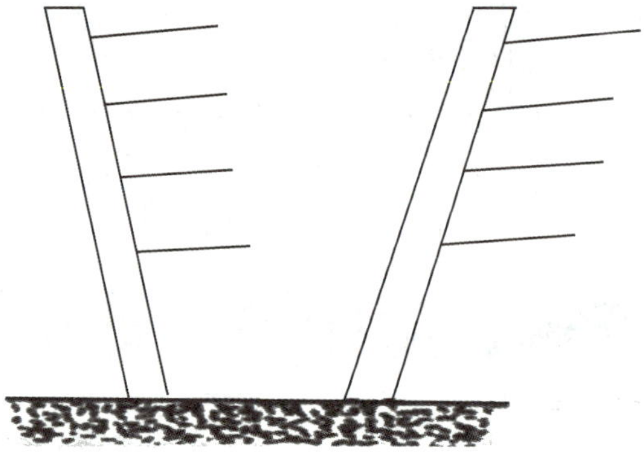

图 9-8-2　双壁篱架

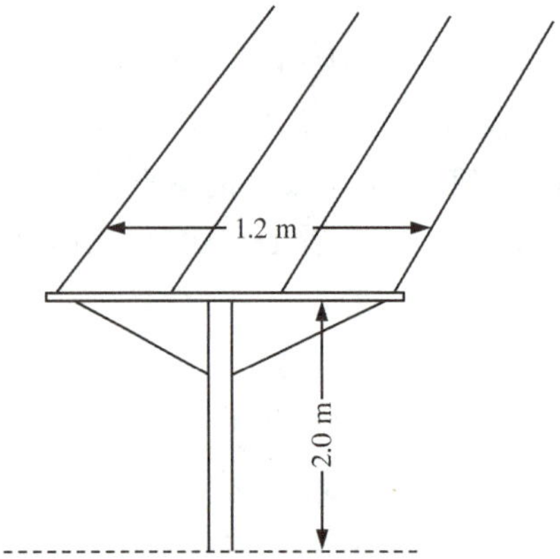

图 9-8-3　"T"形架

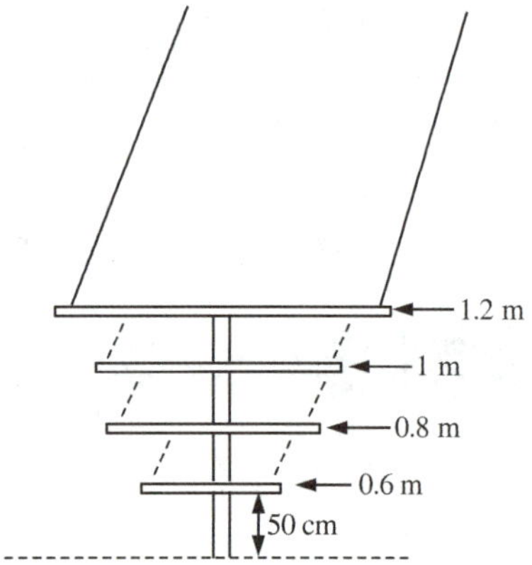

图 9-8-4　单干双壁篱架

(5)双十字"V"形架　由架柱、2 根横梁和 6 根拉丝组成。夏季护理叶幕层呈"V"形，葡萄生长期形成三层：下部为通风带，中部为结果带，中、上部为光合带。蔓果生长规范，两边的果穗较整齐地挂在离中间架柱 15～20 cm 处，在避雨条件下，雨水一般不会淋至果穗上。

2. 棚架

此架是在立柱上设横梁或拉铁丝，形似遮阳棚，故称为棚架。以架面与地面所呈角度可分为水平棚架和倾斜棚架，按架面大小又分为大棚架和小棚架。生产上一般采用的棚架有以下几种。

(1)水平大棚架　架高 2 m 左右，每隔 4～5 m 设 1 支柱，大面积栽培，支柱呈正方形排列，棚架顶部每隔 60～70 cm 纵横拉铁丝呈网格状。因这种架形高大，不便葡萄下架越冬埋土，同时架下空气流通，湿度小，所以比较适宜南方采用(图 9-8-5)。

(2)倾斜大棚架　通常架根高度 1～1.5 m，架梢高 2～2.4 m，中间设若干不同高度的支柱，架长 8～15 m，棚顶用铁丝拉成网格，葡萄倾斜爬在架面上。这种架式通风好，产量较高，能充分利用空间(图 9-8-6)。

(3)倾斜小棚架　在形式上与倾斜大棚架基本相同，仅倾斜度较小，架面较短。架根高 1.3～1.6 m，架梢高 1.8～2.2 m，架长为 4～6 m。倾斜小棚架进入结果期早，结果部位容易控制，也易更新，一般品种都可采用，目前生产上应用较多(图 9-8-7)。

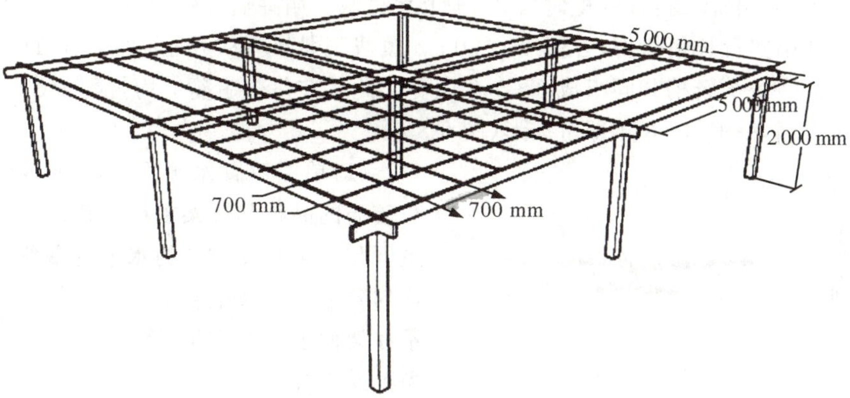

图 9-8-5　水平大棚架

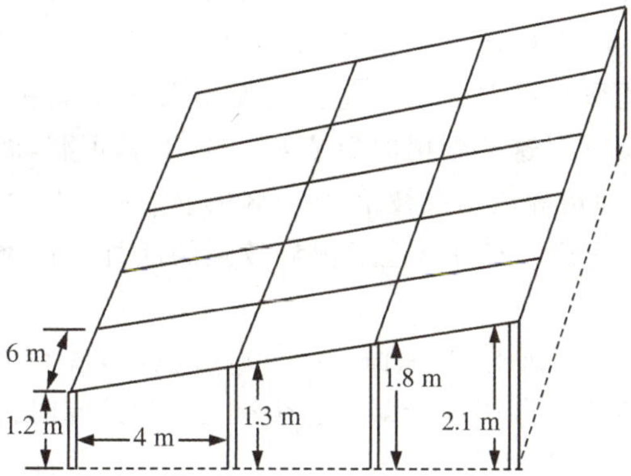

图 9-8-6　倾斜大棚架

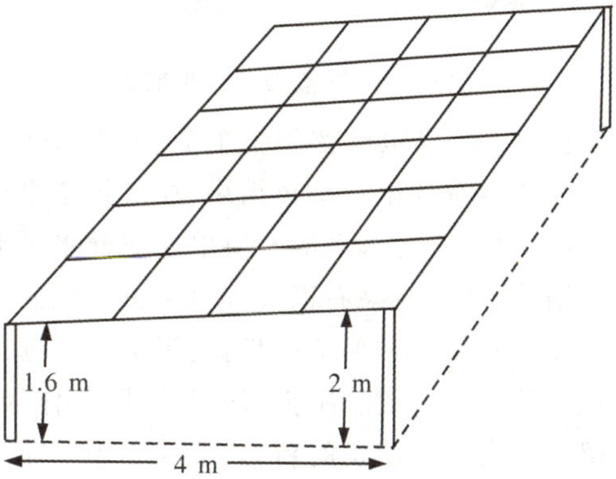

图 9-8-7　倾斜小棚架

(二)整形

葡萄生产可采用的树形很多,究竟以何种树形为好,不能一概而论。树形的选择应以品种的生物学特性、环境条件、架式为依据。葡萄的架式和整形之间密切相关,一定的架式适合一定树形,需二者协调,才能获得良好的效果。

1. 篱架栽培的整形

篱架栽培适用的树形有扇形、单层双臂水平形、双层双臂水平形。

(1)扇形　树形主干多,主蔓扇形矮或无,主蔓 3～5 个,主蔓上均匀有致地着生结果枝组若干个。扇形的优点是适于密植,成形快,结果早,能充分利用架面空间,具有广泛的适应性。缺点是如果修剪不当,会造成通风透光不良,上强下弱,基部裸秃,影响浆果产量和着色。

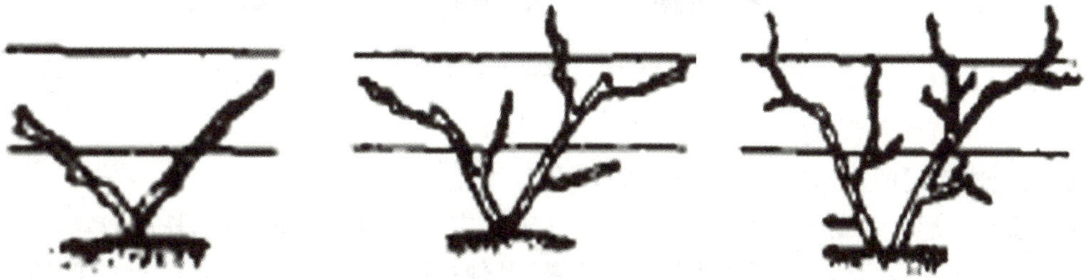

图 9-8-8　多主蔓小扇形

多主蔓扇形整枝步骤：在定植时留 3～4 个芽短截。萌芽后当年培养 2～3 个健壮新梢，冬季对这几个新梢实行长梢修剪，各留 45～50 cm 短截。翌年再从近地面处选留 1～2 个健壮新梢，与原有的 2～3 个新梢共同组成 3～5 个主蔓。此后在每个主蔓上均匀配置 2～4 个结果枝组。如方法得当，一般 2～3 年即可成形(图 9-8-8)。

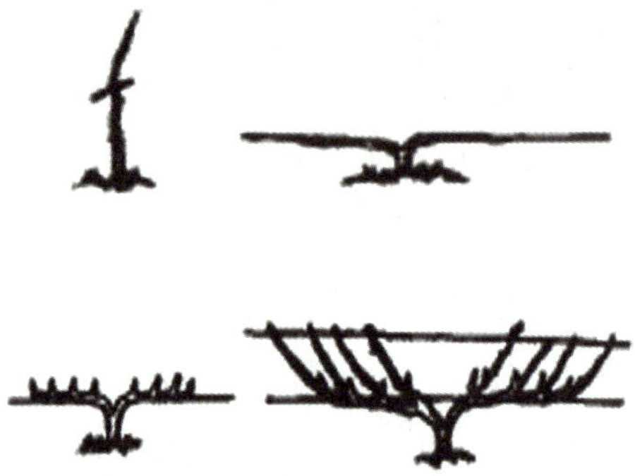

图 9-8-9 单层双臂水平形

(2)单层双臂水平形　这种树形适于生长势较弱的品种和矮架密植栽培。该树形由一个主干和两个相反方向的水平主蔓组成。主蔓上均匀着生结果枝组若干个。该树形的优点是枝条在架面上分布均匀，修剪较简单，对树势旺的品种易于控制。

单层双臂水平形整枝步骤：葡萄苗春季萌芽后选留 2 个方向相反的新梢绑缚于第一道铁丝上形成双臂水平主蔓，其余的新梢抹除。当年夏季这两个水平主蔓上会发出若干个副梢，可掌握每 15～20 cm 留副梢 1 个，余皆抹除，冬季修剪时这些副梢即为结果母枝，对其短截，即可于翌年春季抽出结果枝结果，经次年冬季再修剪即培养成结果枝组(图 9-8-9)。

(3)双层双臂水平形　由单层双臂水平形发展而成。该树形适于树势较强的品种和高篱架栽培，优点是结果面积大、产量高、管理方便。

双层双臂水平形整枝步骤：定植当年选留 1 个健壮新梢，距地面 40～50 cm 摘心，摘心口下选留培养 2 个健壮副梢，加强管理，并作为双臂水平主蔓引缚于第一道铁丝上。与此同时再选留 1 个自根部萌发的新梢，于 90～100 cm 高度上摘心，培养第二层双臂。第二层双臂部位较高，一年内培养成形，如有困难，可分两年完成(图 9-8-10)。

采用双层双臂水平形，当水平主蔓因结果过多而长势衰弱，局部缺枝时，应及时培养新蔓，更新复壮。

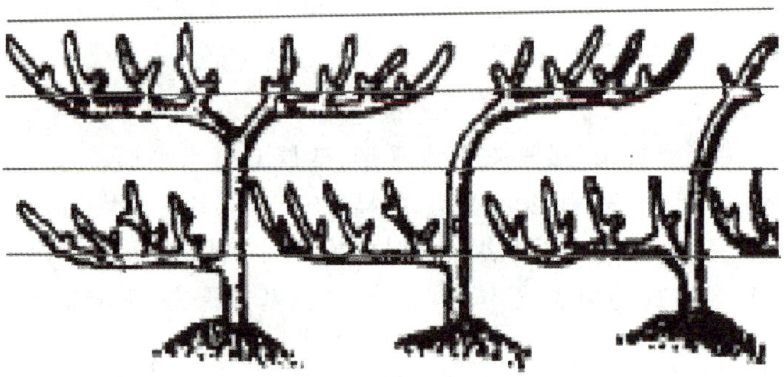

图 9-8-10 双层双臂水平形

2. 棚架栽培的整形

棚架栽培适用的树形有独龙干形、双龙干形、多龙干形、“X”形等。

(1)独龙干形　多用于小棚架，适于密植。葡萄定植于棚架架面南侧，株距较小，一般 1～1.2 m。春季萌芽后，选留 1 个健壮新梢作主蔓，其他抹除。主蔓上的副梢留 1～2 叶摘心。冬季修剪时自主蔓饱满芽处短截，翌春萌发后仍选留 1 个健壮新梢作主蔓延长枝，其余的抹除，所发副梢的处理同第一年。第三年按同样的方法继续培养主蔓。一株葡萄在架面上只有 1 个主蔓向前延伸，好似龙身，主蔓两侧均匀分布着紧凑型结果枝组，如同龙爪。独龙干形因此而得名(图 9-8-11)。

图 9-8-11　独龙干形

(2)双龙干形　多用于小棚架，适于密植，北方地区采用较多。双龙干形是独龙干形的发展，它与独龙干形的区别在于一株葡萄在架面上是两个主蔓向前延伸，即有两条龙身(图 9-8-12)。

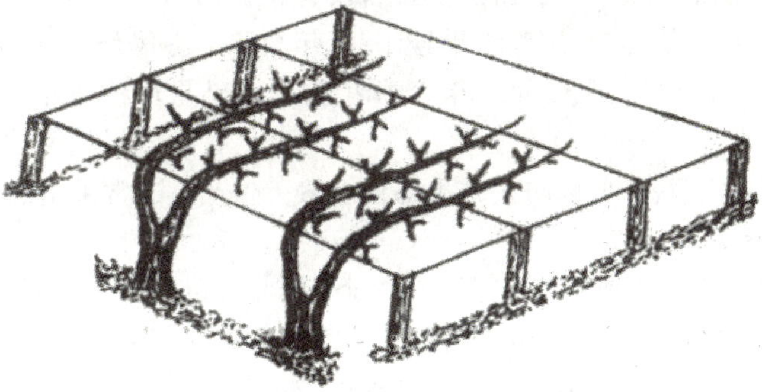

图 9-8-12　双龙干形

(3)多龙干形　多龙干形的基本形状和造型方法与双龙干形大体相同，区别在于后者的主蔓数在 2 个以上，多则 3～5 个。这些主蔓在架面上平行向前延伸，间距 50～60 cm(图 9-8-13)。

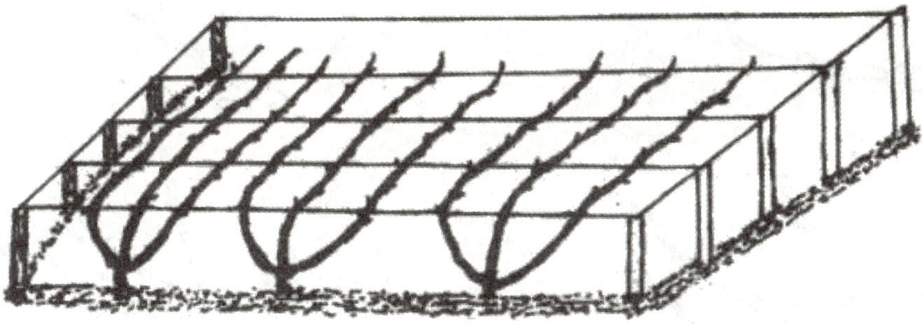

图 9-8-13　多龙干形

(4)“X”形　日本棚架葡萄普遍采用“X”形。该树形单株所占空间较大，适于树势强的品种。棚高 1.8～2 m，植株主干高 1.7～1.9 m，在架面培养 4 个向不同方向延伸的主蔓，主蔓上均匀地配备副主蔓。

"X"形适于大棚架稀植栽培，有利于强势品种缓和树势、丰产稳产和果实品质的提高，但架材要求较高。

(三)修剪

葡萄定植以后，在整形过程中及整形完成之后，每年都需要通过冬、夏修剪来继续维持既定的树形并使各类枝条在架面上合理分布，保持良好的通风透光条件以确保稳产、优质、高效益。葡萄修剪包括冬季修剪和夏季修剪。

葡萄冬季修剪技术

1.冬季修剪

(1)冬季修剪时间　葡萄冬季修剪自冬初落叶后至翌年早春伤流期前均可进行。北方埋土防寒地区多在落叶后至埋土前进行，南方地区多于 12 月下旬至翌年 2 月下旬进行。

(2)结果枝组的培养和更新修剪　葡萄与其他果树一样，骨干枝上也要培养结果枝组。每个结果枝组包含结果母枝和预备枝 2～4 个。结果枝组在骨干枝上要一左一右均匀分布，其间距一般可掌握在 30～40 cm。

结果枝组培养步骤：花前疏梢定梢时，按预定距离有计划地选留健壮新梢培养为结果母枝，以便进一步培养为结果枝组。只要位置适当，没有花穗的营养枝也应保留，其余新梢或疏除或临时保留作结果母枝培养，利用其结果经 1～2 年疏除。冬季修剪时，对打算培养为结果枝组的结果母枝留 2～4 芽重短截。第二年春季萌芽后，该结果母枝抽发新梢 2～3 个，成为结果枝组的雏形。

结果枝组每年均需更新修剪以防止结果部位上移。生产上通常采用的结果枝组更新方法有两种，即单枝更新和双枝更新。

单枝更新法：冬季修剪时选留靠近主蔓的 1～2 个一年生枝留 3～4 芽短截(图 9-8-14)。

双枝更新法：冬季修剪时每个枝组上选留 2 个靠近主蔓的一年生枝。对上面的 1 个实行中梢修剪(留 3～7 节短截)，作为第二年的结果母枝，对下面的 1 个实行短梢修剪(留 2～3 节短截)，作为第二年的更新枝。第二年冬剪时，将上面已结过果的结果母枝疏除，再从下面那个实行短梢修剪的一年生枝上发出的新梢中选留 2 个，重复上年的剪法(图 9-8-15)。

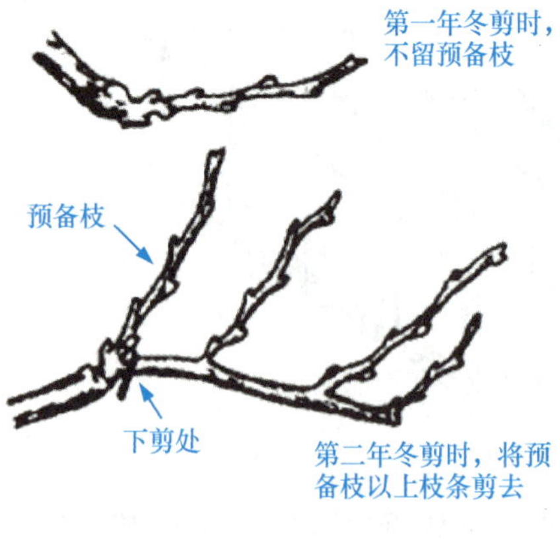

图 9-8-14　单枝更新

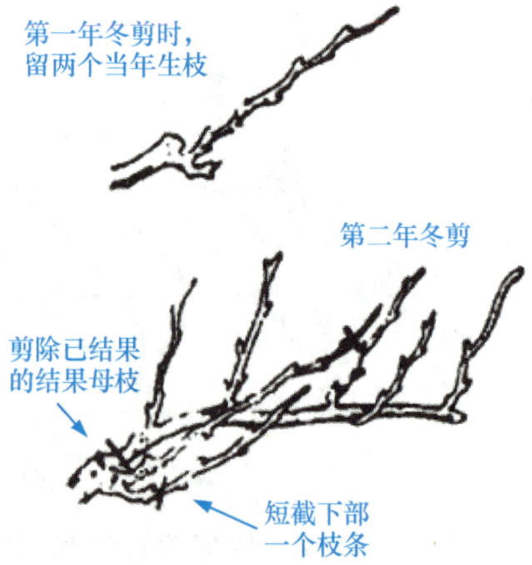

图 9-8-15　双枝更新

当主蔓衰老，结果部位严重上移，产量下降时，要及时更新复壮。若主蔓先端衰弱，可从衰老部分回缩，选1个生长健壮的枝蔓代替衰老部分，进行局部更新。整个主蔓衰老，可选靠近地面的萌蘖或徒长枝，在饱满芽眼处剪留50～60 cm，培养成新主蔓，进行全部更新。

（3）结果母枝的剪留长度　通常将结果母枝的剪留长度分为4个等级，即剪留1～3芽的，为短梢修剪，剪留4～7芽的为中梢修剪，剪留8～12芽的为长梢修剪，剪留12芽以上的为极长梢修剪（图9-8-16）。实际修剪时，结果母枝的剪留长度要根据品种特性、整形方式、枝条着生部位、栽培管理习惯等因素综合考虑。

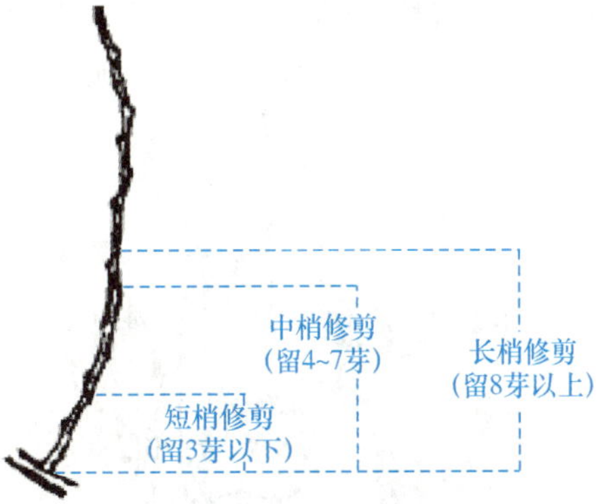

图 9-8-16　结果母枝修剪

一般来说，生长势强的品种适于中、长梢修剪；生长势中庸或偏弱的品种适于中、短梢修剪；充实健壮的结果母枝可适当长留，细弱的结果母枝则应短留；同一个品种，在大棚架“X”形整枝情况下以中、长梢修剪为主，而在龙干形整枝情况下则宜用短梢修剪。

（4）冬季修剪实施步骤　葡萄冬季修剪实施采取“一看、二疏、三剪、四查”的方式。

一看，即在下剪前要对植株进行仔细观察。观察是什么品种，何种树形，树势如何，枝条多少及其成熟度，进而估算植株的负载能力，确定剪留的枝数和芽数。

二疏，即疏除病虫枝、枯死枝、过密枝、细弱枝及无用的萌蘖枝和徒长枝。

三剪，即对一年生枝进行剪截，依据品种特性、树形、树势、枝条部位和密度确定修剪和剪留长度。

四查，即修剪后仔细检查有无漏剪、错剪之处，如有，应及时补剪纠正。

2. 夏季修剪

对于葡萄来说，夏季修剪的重要性绝不次于冬季修剪。由于葡萄当年生枝条生长量大，其上的夏芽具有早熟性，会发生一次甚至多次副梢，容易造成枝叶过多，架面郁闭，影响通风透光，不利于开花结果、花芽分化和枝条成熟，因而必须及时合理地进行夏季修剪。

夏季修剪的目的在于调节水分、养分的运转和分配，调节生长和结果的关系，改善通风透光条件，减少病虫害，提高产量，增进品质。

葡萄夏季修剪的内容包括：抹芽、疏梢和定梢、新梢摘心、副梢处理、疏花序和花穗修整、剪梢和摘叶。

（1）抹芽　抹除多余的、质量差的芽可以节省养分，使保留下来的芽的营养状况得到改善，有利于新梢的生长、花穗的发育及幼果的成长。

抹芽应在萌芽期进行。一般先萌发的肥胖饱满的芽多半是结果枝，而弱芽常稍后萌发。抹芽主要抹除基节芽、瘦弱芽、多年生枝上的不定芽及双芽或三芽中的弱芽。抹芽的轻重要根据品种、长势、树龄、架式等灵活掌握（图9-8-17）。

（2）疏梢和定梢　疏梢是在抹芽的基础上，待幼嫩新梢生长至能清楚分辨有无花穗时将其中多余的去除。管理精细的葡萄园，疏梢可分两次进行。第一次于新梢长达10 cm左右，已能见到有无花序时进行。此次主要疏除细弱梢、过密梢及近地面主干上发生的萌蘖，过密梢中首先疏除无花穗梢。第二次于花前5～7 d与花穗整形、绑缚新梢结合进行，是确定植株留梢量的最后一次疏梢，又称定梢。此次主要疏除不带花穗的营养梢、花穗发育不良的弱梢、徒长性新梢及位置不当的新梢。定梢后，通常以架面上枝条密度适中，通风透光良好，能确保丰产稳产为度（图 9-8-18）。

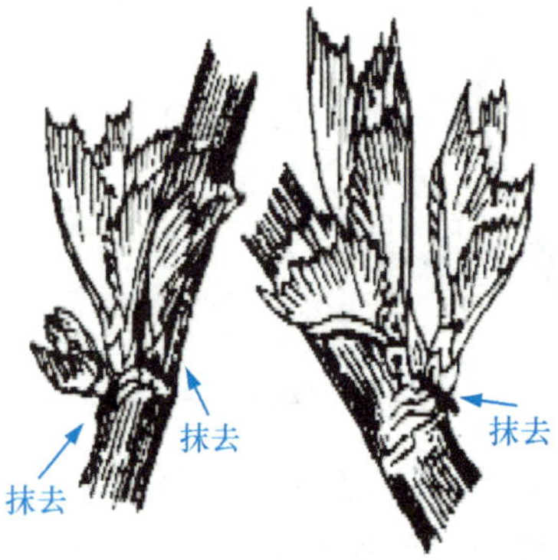

图 9-8-17 葡萄夏剪除萌

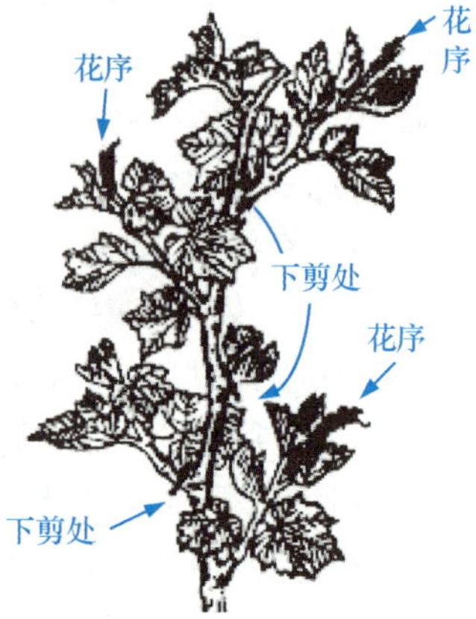

图 9-8-18 葡萄夏剪定梢

（3）新梢摘心 在新梢长到一定长度后，掐去头上几节嫩尖，称为摘心。摘心不可过轻或过重，以摘去生长点以下 2～3 片嫩叶为准（图 9-8-19）。

由于目的不同，摘心时间有早有晚。新栽的苗木，春初萌芽后只留 1～2 个芽生长，抽出的 1～2 个主梢长度超过 60 cm 以后留 50～60 cm 摘心，促使新梢粗壮充实及芽眼饱满，有利于花芽分化与第二年结果。

对已结果的成年树，在开花前或开花初期摘除新梢顶尖。摘心后，新梢生长暂时受到控制，营养物质流入花穗，可明显地提高坐果率。

（4）副梢处理 葡萄幼树如主蔓数量已够，在主蔓长到一定高度时进行第一次摘心。对摘心后长出的副梢，除保留摘心口下的一个外，其余全部抹除。留下的副梢生长到 5～6 片叶时会抽出二次副梢，对这些二次副梢，只留顶端一个，其余全部抹除（图 9-8-20）。

如新栽的幼树只有 1 个新梢（主蔓），而整形需要两条以上新梢做主蔓时，主梢可以早摘心，利用摘心口以下抽出的副梢培养成为主蔓，其余副梢疏除。

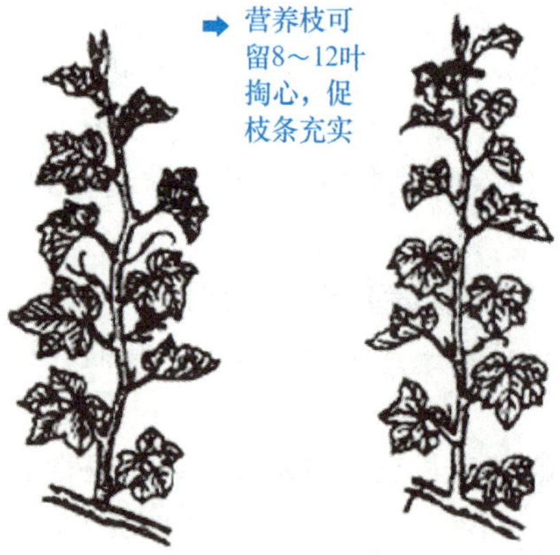

图 9-8-19 葡萄夏剪摘心

图 9-8-20 葡萄夏剪副梢处理

结果枝上的副梢处理方法：果穗以下的副梢全部抹除，果穗以上的副梢保留 1～2 个叶片摘心，对副梢上发生的二次副梢留 1～2 叶摘心，如此反复进行。主梢摘心口下保留 1 个副梢让其继续生长。

营养枝上副梢处理方法：除留摘心口以下 1 个副梢继续生长外，其余副梢均留 1～2 片叶摘心。

(5)疏花序和花穗修整　疏去一部分花序是为了减少养分消耗，使葡萄植株的叶与果，结果枝与营养枝之间有一个适当的比例，以保证葡萄浆果的产量和品质。一般先疏除过密的花序、弱花序、幼树延长梢上的花序(图 9-8-21)。在开花前 1 周修整花序，可明显提高坐果率并使果穗紧凑，果粒大小整齐，穗形美观。

具体做法：掐去花序先端相当于其总长 1/4 的部分，同时除去副穗。去除卷须与新梢绑缚，在多次引绑枝蔓过程中，应当随时将卷须去掉。

新梢生长到一定长度时便需绑缚在架面铁丝上。绑新梢时务必使其在架面上分布均匀，一般蔓与蔓之间的距离应保持 20 cm 左右，保证每一枝蔓有一定的空间和方向生长(图 9-8-22)。绑梢材料一般用塑料带或麻皮等，第一次绑缚时间在花前，新梢长至 30 cm 左右时进行，以后视生长情况再进行 2～3 次。常用的绑法是“猪蹄扣”绑法。

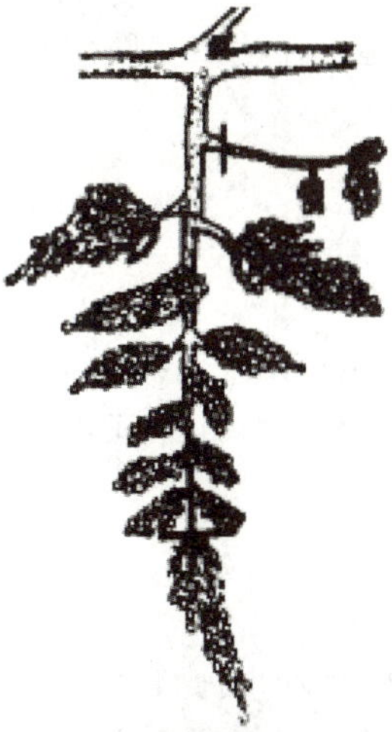

图 9-8-21　葡萄夏剪花序整形

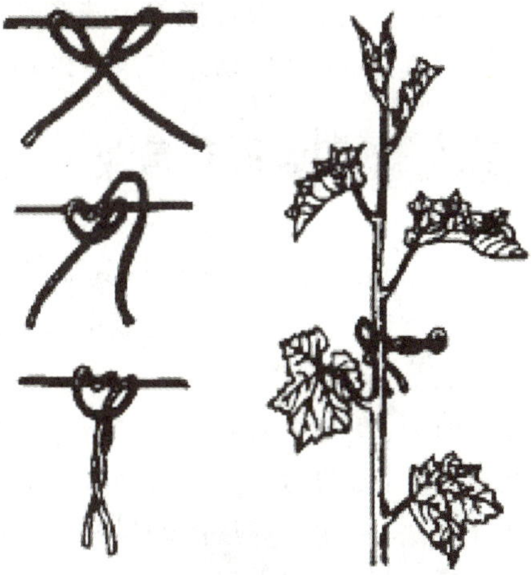

图 9-8-22　葡萄夏剪绑蔓

(6)剪梢和摘叶　为了改善植株内部和下部的通风透光条件，促使果穗和新梢成熟，应于 7—8 月将新梢顶端过长部分剪去 30～40 cm，称为剪梢。树势弱，植株通风透光性基本良好时不需剪梢。

在葡萄果实着色至采收前，葡萄架下层部分老化变黄叶片可以摘掉。因为老化叶片已经失去制造和积累碳水化合物的作用。摘除老叶可使架面通风透光良好，有利于果实着色和提高果实品质。

任务九 葡萄花果管理

课前思考

1. 不同激素对葡萄果实的作用是什么？

2. 葡萄果实套袋有哪些优缺点？

葡萄花果管理技术

基础知识

现代果品生产的主要目的是获得优质、高产的商品果实。加强果树的花期和果实管理，对提高果品的商品性状和价值，增加经济收益具有重要意义，也是实现优质、丰产、稳产和壮树的重要技术环节。

花果管理，主要是指直接用于花和果实上的各项技术措施。在生产实践中既包括生长期中的花果管理技术，又包括果实采后的商品化处理。

一、应用激素促进葡萄果实的增大

以 CPPU 等为主原料并辅以其他成分及营养元素等合成的“大果宝”（果大灵）复合型植物生长调节营养剂，经长期广泛多点试用，安全有效，对增大藤稔、巨峰、京亚等巨峰系葡萄的果实效果明显。

处理时间：谢花坐果后 15～20 d。

处理浓度：粉剂为 1 000～1 200 倍，水剂为 30 倍。

处理方法：用塑料杯浸蘸幼果穗 3～5 s 或用微型喷雾器喷洒幼果穗，1 次即可。

处理后效果：凡用大果宝（果大灵）处理的比未使用的（对照）果粒明显增大。藤稔平均每粒增大 4～8 g 及以上；巨峰、京亚等平均每粒增大 2～4 g 及以上。处理过的可提早成熟 5～10 d，果肉增硬，风味变好及糖度略高于对照。

二、应用激素促进葡萄着色和提早成熟

（1）对巨峰等葡萄果穗适时喷乙烯利，可提高果实的着色度。

处理时间：以果实着色初期的着色指数在 2～3 度最为适宜。

处理浓度：40%乙烯利 1 200～1 600 倍为宜，既有效又安全，提高浓度会引起落果、落叶；低于 1 700 倍则效果不明显。

处理方法：用微型喷雾器喷果穗。

处理效果：喷后 9 d 可提高着色指数 5.5 度左右，而对照仅提高 2.75 度。

(2)对红色品种的葡萄(红密、红后等)用脱落酸进行处理,有利于着色。

处理时间:在葡萄果粒开始着色时进行。

处理浓度:100～200 ppm(100～200 mg/L)。

处理方法:喷洒或浸沾果穗。

处理效果:对花青素较少的红色品种效果最佳,对黑色品种也有一定作用。

(3)对巨峰葡萄喷着色增糖剂(上海农科院植保所研制),可提早成熟,改善品质。

处理时间:在巨峰葡萄果实充分软化,部分果粒转红色时施用。

处理浓度:150～300 倍液,浓度过高则会引起葡萄落粒。

处理方法:对准果穗均匀喷洒。

处理效果:喷后 4 d 开始着色,6～7 d 果穗全部变成紫红或紫黑色。糖度提高约 1 度。

三、应用激素促进葡萄无核化

(1)喷施赤霉素加促生灵(PCPA),能够诱导巨峰等葡萄形成无籽果粒。

处理时间:分 2 次进行,第一次在盛花前 5～10 d 进行,第二次在盛花后 10 d 进行。

处理浓度:第一次将 20 ppm 赤霉素与 15 ppm 促生灵混合;第二次用 25 ppm 赤霉素。

处理方法:浸沾花序(第一次)、果穗(第二次)。

处理后效果:无籽率达 91.7%～99%,单粒重 7～9 g。

(2)应用链霉素(SM)和赤霉素,也可使巨峰葡萄达到无核化。

处理时间:在巨峰葡萄开花前 2～3 d。

处理浓度:链霉素 200 ppm+赤霉素 25 ppm。

处理方法:喷洒花序。

处理后效果:果实达到全部无核化,并提前 5 d 成熟。

四、葡萄套袋

1. 套袋的优点

(1)能有效防止黑痘病等的感染。据试验,经套袋的果穗发病率为 1%,对照的发病率为 25%,并可减少喷药 4～5 次。平均每亩增产 20.6%。

(2)能有效地防止各种害虫为害果穗,如防止鸟、金龟子、吸果夜蛾等为害。

(3)避免果实受药物污染和积累残毒。

(4)避免和减少裂果的发生,果皮光洁细嫩,果粉浓厚,外形美观,肉厚、汁美、味甘,商品性好。

2. 套袋的缺点

(1)套袋是一项费工的作业,对于大面积葡萄园来讲,在短时间内要集中一批劳力进行套袋,有一定的困难。

(2)袋内光照差,其着色度比不套袋的要低 20%～30%,尤其对需直射光着色的红色品种有严重影响;成熟期比不套袋的迟 5～7 d。

(3)果实含糖量和维生素 C 的含量有下降趋势。

3. 套袋时期

套袋通常应在谢花后 2 周,坐果稳定、疏果结束后及时进行(幼果如黄豆大小)。江南地区在 6 月上、中旬进行。套袋前必须对果穗喷洒杀菌和杀虫剂,防止病、虫在袋内为害。最好喷洒一块,待药液晾干后,立即套袋一块,避免降水冲刷药液。

4. 套袋的材料和方法

用报纸糊袋,一张报纸可糊 4 只袋,袋长 26 cm、宽 19 cm 左右,遇特大果穗时要特制。扎袋口的材料可用细铁丝代替绳、线,以提高工效。扎口时,把袋口捏紧,扎在新梢上。

葡萄专用纸袋多以白纸为原料,袋口涂一层无色防水涂料,袋口两边埋有 X 号铅丝,便于封扎袋口。

任务十　葡萄主要病虫害防治

课前思考

1. 葡萄病虫害发生的因素及规律是什么?
2. 目前葡萄主要有哪些病虫害?
3. 如何进行葡萄病虫害防治?

基础知识

在葡萄的不同生育期,由于葡萄自身生长发育的特点和环境条件的变化,葡萄易受到不同类型病虫害的侵害。萌芽展叶期的主要病虫害包括黑痘病、白粉病、炭疽病;开花坐果期的主要病虫害包括霜霉病、白腐病、灰霉病、绿盲蝽;幼果膨大期的主要病虫害包括黑痘病、绿盲蝽、短须螨;果实着色期主要病虫害包括褐斑病、短须螨、透翅蛾;果实成熟采收期主要病虫害包括白腐病、炭疽病、褐斑病。葡萄病虫害防治要做到"预防为主,综合防治",坚持以植物检疫、农业防治、物理防治、生物防治为主,化学防治为辅的原则,最大限度地减少农药污染,注重各物候期不同病虫害变化,重点防治主要病虫害,兼防次要病虫害。

植物检疫是防治葡萄病虫害扩散传播的主要技术措施,突出业务重点,科学、规范地落实植物检疫法规;全力实施产地检验,严把调运检疫关;葡萄病虫害防治最好的办法是杜绝病虫害进入新区。在葡萄生产应用时,对引入的苗木、接穗、插条、种子、农产品等材料必须进行产地或现场检疫,发现带有病虫害的材料要立即进行处理或销毁,严禁传入新区。

一、物候期防控

1. 休眠期

休眠期清园，剪除枯枝、僵果等，落叶集中烧毁或深埋，减少越冬病源。芽萌动期喷 1 次 3 °Be 石硫合剂加 0.2%～0.3%有机硅农用助剂，消灭越冬病源。葡萄枝干病害严重的葡萄园应及时挖掉死树，并采用醚菌酯、苯醚甲环唑或解淀粉芽孢杆菌等生物、化学农药对死树周围土壤进行消毒，对死树邻近健康植株及田间病株进行药剂灌根。

2. 萌芽展叶期

萌芽展叶期是指葡萄根系开始活动到叶片展开后出现花序所经历的时期。

防治对象：黑痘病、霜霉病、褐斑病、炭疽病等病害和锈壁虱、短须螨、介壳虫等虫害。

防治措施：在这一时期，主要是杀灭越冬的菌源、虫源、剥除老皮，预防霜霉病和白粉病，可选择波尔多液等铜制剂、代森锰锌、氨基寡糖素或丁子香酚等保护剂全株喷雾 1～2 次，及时清除萌蘖和多余副梢。此期的主要害虫有叶蝉、蓟马、绿盲蝽、缺节瘿螨等，可选用乙基多杀菌素等杀虫剂、杀螨剂全株各喷施 1 次，预防叶部害虫害螨。当枝干上发现东方盔蚧的褐色介壳虫时，应用硬毛刷去除介壳虫并对全株喷施 1 次噻虫嗪来防控。

3. 开花坐果期

开花坐果期是指从开花开始到幼果第一次胀大开始所经历的时期。

防治对象：黑痘病、霜霉病、炭疽病、灰毒病、褐枯病等病害，蚜虫、蓟马、螨类、绿盲蝽等虫害。

防治措施：花期以防治灰霉病为重点，可在盛花期和其后 10 d 选用咯菌腈、唑醚·氟酰胺、嘧环·咯菌腈、氟菌·肟菌酯、解淀粉芽孢杆菌或木霉菌等药剂，交替用药 2 次。露地葡萄进行花穗喷雾，保护地葡萄进行全株喷雾。此期如发现叶蝉、蓟马、斜纹夜蛾为害较重，应全株喷施 1～2 次乙基多杀菌素。该期如发现枝干上出现虫孔（葡萄透翅蛾为害状），应使用溴氰菊酯乳油在排粪孔涂环或用注射器将该药剂注入虫孔并用泥封闭。盛花期集中清除树冠下的杂草，破坏害虫在树下的栖息场所。

4. 幼果膨大期

从终花期到浆果开始着色为止。一般早熟品种为 35～60 d，中熟品种为 60～80 d，晚熟品种为 80～90 d。

防治对象：黑痘病、锈病、穗轴褐枯病、毛毡病、透翅蛾和斜纹夜蛾等。

防治措施：该期露地栽培葡萄以防治霜霉病为主，在葡萄幼果豌豆粒大小时，采用吡唑醚菌酯进行果穗或全株喷雾预防果实感染霜霉病和白粉病。当田间监测发现霜霉病时，及时选用吡唑醚菌酯或氟噻唑吡乙酮全田用药防治。若防治后遇连续降雨，可雨前用药，雨后马上再补打 1 次药，注意做到保护剂与治疗剂交替使用，通常用药 2～4 次。保护剂可选用波尔多液等铜制剂、代森锰锌等；治疗剂可选用吡唑醚菌酯、氟噻唑吡乙酮、霜脲·锰锌、烯酰吗啉、甲霜·锰锌等。避雨栽培及设施栽培葡萄以防控白粉病为主。采用保护剂和治疗剂交替喷施，保护剂可选用多抗霉素、硫黄水分散粒剂等，治疗剂可选用唑醚·氟酰胺、氟菌·肟菌酯、苯醚甲环唑或戊唑醇等，连续用药 2～4 次。在绿果期进行果穗套袋可以有效控制炭疽病的发生，套袋前可选用苯醚甲环唑、吡唑醚菌酯或戊唑醇等药剂果穗喷雾或浸穗处理果穗，注意避免药液污染果面。

该期仍然发生葡萄透翅蛾和斜纹夜蛾，同样也是葡萄天蛾、葡萄虎蛾、葡萄卷叶野螟、斑喙丽金龟发生的高峰期。葡萄透翅蛾和斜纹夜蛾的防控方法同开花期的方法。该期如果发现葡萄天蛾、葡萄虎蛾、葡萄卷叶野螟、斑喙丽金龟，可采用噻虫嗪等防治。

5.果实着色期

葡萄从开始着色到完全成熟，一般需要 20～30 d。

防治对象：灰霉病、霜霉病、白粉病、炭疽病等。

防治措施：在此期间，如果发现葡萄出现灰霉病的症状，种植者应立即剪去腐烂的果实，并用灰霉病的内吸剂对果穗进行处理。进入雨季，葡萄极易出现霜霉病，此时可以采取保护剂与霜霉病内吸治疗剂同时混合使用的方法对葡萄果实进行处理。

6.成熟采收期

从葡萄成熟到完成采摘开始落叶为止。

防治对象：霜霉病、白腐病、黑痘病、炭疽病、斑喙丽金龟等。

防治措施：该期是葡萄炭疽病药剂防治关键期，条件差的葡萄园中的果实还易感染溃疡病。要视病害发生情况，选用吡唑醚菌酯、苯醚甲环唑、氯氟醚菌唑、戊唑醇或咪鲜胺等进行防治，连续施药 2～4 次。该期霜霉病和白粉病继续发生，可根据病害发生和降水情况，参照坐果期和绿果期药剂防治方法防控。褐斑病在巨峰、阳光玫瑰等品种易发生，可结合白粉病及炭疽病等病害的防控兼治，发病重的葡萄园可在发病初期喷施苯醚甲环唑或多抗霉素等。另外该期是斑喙丽金龟发生末期，如发现该虫继续为害叶片，可用苏云金杆菌等生物农药对受害部位再喷施 1 次。

二、主要病虫害绿色防控

1.葡萄霜霉病

葡萄霜霉病是一种常见的病害，属世界性的葡萄病害，我国各葡萄产区均有分布，是我国葡萄种植主要病害之一。主要危害葡萄幼嫩组织，受害叶背面呈白霜状，叶面周边卷曲且出现枯萎，果实容易出现早落现象，严重影响叶片、果实、枝条、根系等器官的营养贮藏，导致葡萄树势逐渐衰弱，叶片早期脱落或焦枯，植株生长不良，品质降低，影响葡萄产量和品质。葡萄受害后，植株抵抗寒冷天气能力下降，枝芽、根部组织容易受到冻伤威胁，翌年初春易出现微量元素缺乏等症状。受害严重时仅有少量果实成熟，致使果农蒙受较大经济损失，影响果农后期生产经营。

(1)发病症状　叶片受侵染初期出现水渍状、半透明和不规则的斑点，随着受害程度的加深，斑点扩大呈多角形或不规则形，颜色呈黄色至褐色，多个病斑相连，最终形成大块病斑，空气湿度较大时，有白色霜状霉层出现于叶片背面，病斑处慢慢变褐至干枯，最终叶片提前脱落。新梢感病初期，有半透明水渍状斑点出现，病处略微凹陷，呈黄色至褐色，空气湿度较大时，病处有白色霉层产生(图 9-10-1)。发病严重时，新梢停止生长，甚至枯死。新梢、卷须、叶柄、穗轴受害时，初期形成褐色半透明水渍状的病斑，后呈黄色至褐色的多角形病斑，湿度大时病斑上产生白色霜状霉层，但较少。空气干燥时，病部略凹陷、干缩。新梢染病晚期，上部畸形，最后干枯脱落。小花、花梗受害时，最初形成浅绿色病斑，渐变为深褐色，后病部着生白色霉层。开花前后花穗腐烂脱落。幼果受害，从果梗开始发病，果粒长到豌豆粒大时呈灰色，潮湿时果粒表面布满霜霉。果粒着色后较少感病，但病果梗可以传染给老果粒，病粒变褐色，不形成孢子。白色品种病果粒呈暗灰绿色，红色品种则为粉红色，病粒僵化开裂，但成熟时病粒变软、皱缩脱落，留下干的梗疤。部分穗轴或整个果梗也会脱落（图 9-10-2）。

图 9-10-1　葡萄叶片霜霉病症状

（2）发生规律　葡萄霜霉病是由鞭毛菌亚门卵菌纲霜霉目葡萄单轴霜霉菌侵染形成的卵菌病害。发病初始期在每年的 3—4 月，盛发期在 5 月上旬左右，6—8 月是第二次发病盛期。如果在这期间救治不及时会对整个葡萄园带来极大的损失。

图 9-10-2　葡萄果实霜霉病症状

葡萄霜霉病会随着时间的推移侵入土壤中，从而破坏葡萄的生长土壤。霜霉病原菌常常会在叶面上停留过冬，等到第二年初进行再次传染。该病害对于温度的要求不高，只要土壤表面的湿度越来越大，整个土壤中的病原菌就会逐渐增加。一般情况下，霜霉病菌可以在土壤中存活两年左右，气温回升之时，会再次侵染整个葡萄园。

（3）流行条件　葡萄霜霉病是一种由真菌引起的病害。葡萄霜霉病的发生流行与当地的天气条件、土壤及寄主等因素有关，如多雨天气、多雾天气，以及潮湿、冷凉天气，在地势低洼、植株低矮、荫蔽处易发病。病菌以卵孢子在病组织、幼芽中或者是随病叶在土壤中越冬。病菌孢子囊产生新的游动孢子，借风和雨进行传播，自叶背侵入，进行初次侵染，经过 7～12 d 潜育期，进行 2 次侵染，在 1 个生长期间病菌可以多次侵染，造成霜霉病大发生。所以植株过密，以及棚架太低，通风透光不良，偏施氮肥，树势衰弱等原因都会造成葡萄霜霉病的发生和流行（图 9-10-3）。

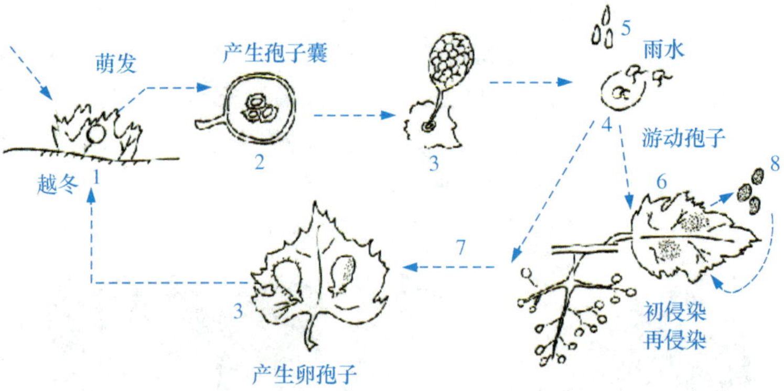

图 9-10-3　葡萄霜霉病发病规律

(4)绿色防控

①田间管理　冬季清园剪除病枝，剥去枯死老树皮，进行全园深翻，清除杂草并带离园区集中销毁，对基部枝干涂白。采收后及时修剪，清除病枝、病叶并带离园区集中销毁。避雨栽培模式下，空气湿度大时，在无雨的时间段应及时揭开棚膜降低湿度。

②物理防治　在膨果期，果粒直径达 0.5 cm 时进行疏果、疏穗，采用广谱性杀菌剂喷雾消毒后，及时用葡萄专用果袋进行套袋。

③化学防治　可结合物候期与其他病虫害一起综合防治。在萌芽前及采收后，喷施 80% 波尔多液可湿性粉剂 300～400 倍液；萌芽期喷施 30%吡唑·福美双悬浮剂 800～1 000 倍液；展叶至开花期喷施 1%恶酮·氟噻唑悬浮剂 1 500～2 000 倍液或 80%代森锰锌可湿性粉剂 600～800 倍液；花后喷施 71%乙铝·氟吡胺水分散粒剂 400～500 倍液或 70%丙森锌可湿性粉剂 400～600 倍液；绿果期喷施 24%霜脲·氰霜唑悬浮剂 3 000～4 000 倍液或 60%唑醚·代森联水分散粒剂 1 000～2 000 倍液；着色期喷施 28%井冈·嘧菌酯悬浮剂 1 000～1 500 倍液或 28%波尔多液悬浮剂 150～200 倍液。施药间隔期为 7～14 d，不应在高温时施药。

2.葡萄白腐病

葡萄白腐病又称葡萄腐烂病，主要为害果实和穗轴，也能为害枝蔓和叶片，是葡萄的重要病害之一。特别是老葡萄园遇上连绵阴雨年份，往往造成大量烂果、僵果，危害非常严重(图 9-10-4)。

(1)发病症状　在发病初期，葡萄果穗的穗轴、果梗上均产生浅灰褐色、水渍状的不规则病斑，病斑慢慢扩大，开始腐烂，并逐渐向果粒蔓延。病原菌从果蒂部位开始侵染果粒，病斑初期为淡褐色，迅速扩展整个果粒，呈灰白色，软化，腐烂，果粒凹陷皱缩，用手轻轻一擦，病组织即可破裂。发病后期果面布满灰白色小颗粒，即病原菌的分生孢子器和溢出的分生孢子团。发生严重时，会全穗腐烂，果梗、穗轴干枯皱缩，轻轻摇晃植株体，病穗极易脱落，但有时会因失水干缩成有棱角的僵果而长久不落。白腐病一般通过伤口、皮孔或水孔侵染葡萄，所以一般只有在发生冰雹等形成伤口时，才能直接侵染果粒，其他情况下不会直接侵染果粒，而是在果梗被侵染后才扩展到果粒上。

在秋季，出现露水时或叶片出现伤口时白腐病也可以侵染叶片，病原菌多从叶尖或叶缘开始发病，病原菌的分生孢子通过伤口或水孔进入叶片内。在发病初期，叶缘或叶尖出现淡黄色、水渍状病斑，并不断沿着叶缘或叶尖向内扩展，逐渐形成颜色深浅不一的同心轮纹病斑，最后叶片干枯，病斑极易破碎。如遇潮湿天气，病斑上形成的分生孢子器多分布在叶脉的两侧。

1. 穗轴发病初期；2. 病斑果粒蔓延；3. 果粒变褐腐烂表面密生灰白色小颗粒；
4. 病果失水成干缩僵果；5. 枝蔓病斑；6. 叶片病斑。

图 9-10-4　葡萄白腐病症状

(2)发生规律　病原菌为白腐盾壳霉菌，以分生孢子器及菌丝体在病组织中越冬。次年分生孢子借风、雨或昆虫传播，病原菌主要由伤口侵入，也可从气孔、皮孔侵入。以 7—8 月发病最盛。

(3)流行条件　葡萄白腐病的发生和流行受多种因素的影响，其中最主要的是温度、湿度及伤口。除此之外，葡萄白腐病的发生还与栽培管理、架式等因素有关，肥水管理不当，偏施氮肥；排水不良，土壤潮湿泥泞；留蔓量过多，通风透光差；留果量过多，树体衰弱，植株抗病能力下降，白腐病发病重。白腐病初次侵染源来自土壤，主要靠雨滴飞溅传播，采用单臂篱架式栽培的葡萄品种，尤其是酿酒葡萄，结果部位较低，容易感病。因此架式与白腐病的发生具有一定的相关性。

(4)绿色防控

①选用抗病品种　不同葡萄品种对白腐病的抗性存在明显差异，利用抗病品种是防治白腐病最经济、有效的措施。目前，在我国栽培的酿酒品种中赤霞珠、白玉霓、西拉等比较抗白腐病；霞多丽、品丽珠、佳利酿次之；黑比诺、雷司令、长相思、梅鹿辄等容易感病；在田间自然条件下，野生种的葡萄果实均不感白腐病。

②农业防治　a. 清除菌源。病原菌以分生孢子在病组织中越冬，在土壤中存活，因此应彻底清除病组织（病果、病枝条等），不能让病组织留在田间；生长季节，发现病果或病枝条后及时剪

除，并集中处理，可减少果园中的病菌来源。b. 加强果园栽培管理。合理修剪，尽量剪去近地面的多余枝蔓，及时摘心，控制副梢的生长，绑缚新梢，使枝蔓均匀分布于架面上，保持良好的通风透光条件，能有效减轻病害的发生。增施有机肥和适当增施磷、钾肥，增强树势，提高植株抗病力。c. 阻止分生孢子的传播是防治白腐病的关键。不让白腐病菌的分生孢子传播到葡萄树上，尤其是果穗上，包括出土上架后或发芽前使用药剂杀灭枝蔓上的病原菌；高架栽培（如棚架）；阻止尘土飞溅、飞扬（例如葡萄园种草、覆草栽培、覆膜等）。

③化学防治　可结合物候期与其他病虫害一起综合防治。化学防治白腐病应特别抓好以下几个关键时期：a. 发芽前和发芽后；b. 开花前；c. 落花后至套袋前；d. 暴风雨或出现冰雹后的紧急处理。严格监测白腐病在这 4 个时期的发生情况，一旦发现侵害，及时采取措施，能有效控制白腐病的发生。

发芽前后的防治。北方地区葡萄出土上架后（南方地区发芽前），用 3～5 °Be 石硫合剂喷布土面；也可用 50%福美双可湿性粉剂或硫黄粉与细土按照 1∶50 混合成药土，地面撒施 15～30 kg/hm^2，也可以使用碳酸钙等药剂。发芽前后（萌芽期展叶前），雨水多的地区或年份施用 3～5 °Be 石硫合剂、50%福美双可湿性粉剂 500 倍液或 50%福美双·嘧菌酯可湿性粉剂 1 500 倍液；也可使用三唑类杀菌剂，如 40%氟硅唑乳油 8 000 倍液或 80%戊唑醇水分散粒剂 6 000～8 000 倍液等。

开花前后的防治。在开花前，结合葡萄灰霉病、穗轴褐枯病、白粉病、黑痘病等病害的防控，使用药剂。

落花后至封穗前的防治。落花后至封穗前是防治白腐病的关键时期，一般情况下应以预防为主，以保护性杀菌剂为基础，根据情况配合使用内吸性杀菌剂。谢花后至套袋前（不套袋的葡萄在谢花后至封穗前）一般用药 2～3 次。这个时期的药剂使用，应该兼顾多种病害，但其中至少有 2 次用药能够兼治白腐病。套袋鲜食葡萄应根据套袋时间、气候等因子确定用药次数，一般施用 1～3 次杀菌剂，进行 1 次果穗处理。不套袋葡萄，包括酿酒葡萄、鲜食葡萄（包含避雨栽培的葡萄），这些葡萄在落花后至封穗前的用药情况和套袋葡萄谢花后至套袋前基本一致，根据葡萄产地特点、品种、栽培方式确定用药次数。

暴风雨或冰雹后的药剂紧急处理。如遇到暴雨或冰雹等恶劣天气，应在 12 h 内使用药剂，重点处理果穗，兼顾枝蔓。

3. 葡萄炭疽病

葡萄炭疽病又称葡萄晚腐病，除为害葡萄外，还能为害苹果、梨、桃、枣、山楂、柿子、草莓、无花果等多种果树，以及部分蔬菜、花卉、林木等植物。葡萄炭疽病主要为害果实，叶片、新梢、穗轴、卷须较少发生，是葡萄近成熟期的重要病害，流行年份病穗率达 50%以上，一些感病品种的病穗率可高达 70%左右。多雨年份常引起果实的大量腐烂，严重影响葡萄产量。葡萄炭疽病也是葡萄花穗腐烂的主要原因之一。我国各葡萄产区均有分布，长江流域及黄河故道各省、市普遍发生。

（1）发病症状　葡萄炭疽病最初在病果表面出现圆形、稍凹陷、浅褐色病斑，病斑表面密生轮纹状排列黑色小点粒（分生孢子盘），天气潮湿时分生孢子盘中可排出绯红色的粘状物（孢子块），之后病果逐渐干枯，最后变成僵果。病果粒多不脱落，整穗僵葡萄仍挂在枝蔓上。在葡萄开始着色时，果粒变软，含糖量增高，酸度下降。叶片与新梢病斑较少见，叶片染病多在叶缘部位产生近圆形暗褐斑，在叶脉与叶柄上出现长圆形、深褐色斑点，天气潮湿时病斑表面隐约可见绯红色分生孢子块，但不如在果粒上表现明显（图 9-10-5）。

1. 花穗染病；2. 果实被害初期；3. 果实病斑凹陷，表面生轮纹状排列的小黑点；
4. 病部表面出现粉红色黏质物；5. 失水干枯成僵果。

图 9-10-5　葡萄炭疽病症状

（2）发生规律　炭疽病是由半知菌亚门、炭疽菌属胶孢炭疽菌侵染引起的。在露地环境条件下，病菌主要以菌丝体在树体上潜伏于皮层内越冬，枝蔓节部周围最多。翌年 5—6 月，气温回升至 20 ℃以上时，带菌枝蔓经雨水淋湿后，形成大量孢子。形成孢子的适宜温度为 25～28 ℃，12 ℃以下，36 ℃以上不形成孢子。病菌孢子借风雨传播，萌发侵染，病菌通过果皮上的小孔侵入幼果表皮细胞，经过 10～20 d 的潜育期便可出现病斑，此为初次侵染。有部分品种病菌侵入幼果后，直至果粒开始成熟时才表现出症状。病菌也可侵入叶片、新梢、卷须等组织内，但不表现病斑，外观看不出异常表现，此为潜伏侵染，这种带菌的新梢将成为下一年的侵染源。葡萄近成熟时，遇到多雨天气进入发病盛期。病果可不断地释放分生孢子，反复进行再次侵染，引起病害的流行。

（3）流行条件　病害流行与环境条件关系密切，多雨高湿，温度适宜是该病流行的主要原因。地势低洼、排水不良、地下水位浅、土壤黏重的果园发病较重。发病也与栽培技术有关，管理粗放，清扫果园不彻底，架面上病残体多的果园发病重；株行距过密，留枝量过大，通风透光较差，田间小气候湿度大的果园发病重。发病还与品种有关，一般欧亚种感病重，欧美杂交种较抗病。

（4）绿色防控

①农业防治　a. 铲除越冬菌源。结合修剪清除病枝梢、病穗梗、僵果、卷须，扫清落地的病残体及落叶，集中烧毁。春季葡萄发芽前喷 1 次 5%菌毒清水剂 200～300 倍液，铲除枝条上

越冬的病菌。b.深翻改土,加深活土层,促进根系发育;增施有机肥料、磷肥、钾肥与微量元素肥料;适当减少速效氮素肥料的用量,提高植株本身的抗病能力。c.合理密植,科学修剪,适量留枝,合理负载,维持健壮长势,改善田间光照条件,降低小气候的空气湿度。d.注意排水防涝,严禁夏季田间积水,或地湿沤根,以免诱发植株衰弱,引起病害发生。e.果穗套袋,消除病菌对果穗的侵染。f.架设避雨棚,炭疽病发生严重时可以想办法避雨。只要果粒上没有水,带病菌的葡萄没有雨水,就接触不到果面,一般情况下炭疽病是不会发生的。

②化学防治　生长期间每15～20 d,细致喷施1次200～240倍半量式波尔多液,保护好树体。并在两次波尔多液喷施之间加喷高效、低残留、无毒或低毒的杀菌剂。常用的药剂有苯醚甲环唑、嘧菌酯、代森锰锌、多抗霉素、福酮、多福锰锌、多菌灵、甲基硫菌灵、百菌清、碱式硫酸铜等。

4.葡萄天蛾

葡萄天蛾又名葡萄轮纹天蛾、葡萄车天蛾,在葡萄产区普遍发生,对葡萄的品质及产量造成较大的影响。

(1)形态特征　成虫体长为46 mm左右,翅展为90 mm左右。体粗壮,茶褐色,背中线为灰白色。前翅顶角突出,有深茶褐色三角斑1个。翅面有数条暗褐色波浪纹,两翅展平后这些线纹各在同一环圈上,形似车轮,故又名车天蛾。后翅黑褐色。幼虫老熟时体长为80 mm左右,体圆筒形,粗壮,青绿或灰褐色。体表有多条横线纹和黄色粒点,体背各节有“八”字形纹,体两侧有7条黄白色斜线。尾角锥形,绿或褐色,向下方呈弧形(图9-10-6)。

图9-10-6　葡萄天蛾成虫和天蛾老熟幼虫

(2)生活习性和发生规律　1年1～2代,以蛹在表土内越冬。翌年5—6月间开始羽化,6月中、下旬为羽化盛期。成虫昼伏夜出,有趋光性。成虫寿命7～15 d。幼虫孵化后常在叶背主脉或叶柄上栖息,夜晚取食,白天静伏。幼虫期42～53 d,老熟幼虫入土化蛹,蛹期12 d左右。

(3)综合防治　①成虫发生期设置黑光灯或其他灯光诱杀成虫。结合其他管理,捕杀园内幼虫。②结合冬季葡萄培土与春季开沟培土挖除越冬蛹。深翻园内土地,深埋越冬蛹。③幼虫孵化初期或低龄幼虫期间喷药防治,可用3%甲维·啶虫脒微乳剂(低毒)40～50 g/亩喷雾,使用安全间隔期为7 d,每季作物最多使用2次。

5.葡萄透翅蛾

葡萄透翅蛾属鳞翅目,透翅蛾科。主要为害葡萄,是葡萄产区主要害虫之一。大棚葡萄物候期早，早期生长又处于半密闭状态，因此该虫发生较少。露地葡萄连片栽培的，容易受到危害。

（1）形态特征　成虫体长 18～20 mm，翅展 34 mm 左右。全身黑褐色，头的前部及颈部黄色，触角紫黑色，后胸两侧黄色，前翅赤褐色，前缘及翅脉黑色，后翅透明。腹部有 3 条黄色横带，以第四节的 1 条最宽，第六节的次之，第五节的最细。雄蛾腹部末端左、右有长毛丛 1 束。卵呈椭圆形，略扁平，紫褐色，长约 1.1 mm。幼虫共 5 龄，老熟幼虫体长 38 mm 左右，全身略呈圆筒形，头部红褐色，胸腹部黄白色，老熟时带紫红色，前胸背板有倒“八”形纹，前方色淡。蛹长 18 mm 左右，红褐色，圆筒形。腹部第三至六节背面有刺两行，第七至八节背面有刺 1 行，末节腹面有刺 1 列（图 9-10-7）。

图 9-10-7　葡萄透翅蛾成虫和幼虫

（2）生活习性和发生规律　每年发生 1 代，以老幼虫在被害的枝蔓髓心部过冬，以 7—8 月为害最重，10 月以幼虫在葡萄枝蔓中越冬。第二年春季，越冬幼虫在被害处的内侧咬一圆形羽化孔，然后在蛹室作茧化蛹。各地出蛾期先后不一。成虫行动敏捷，飞翔力强，有趋光性。雌蛾羽化当日即可交尾，翌日开始产卵。初孵幼虫多从葡萄叶柄基部及叶节蛀入嫩茎，然后向下蛀食，转入粗枝后则多向上蛀食。葡萄多以直径约 0.5 cm 以上的枝条受害，较嫩枝受害常肿胀膨大，老枝受害则多枯死。特别是主枝受害，造成大量落果，严重影响产量。幼虫一般可转移 1～2 次，多在 7—8 月转移。在生长势弱，节间短及较细的枝条上转移次数较多。较高龄幼虫转入新枝后，常先在蛀孔下方蛀一较大的空腔，故受害枝极易折断和枯死。幼虫在为害期常将大量虫粪从蛀孔处排出（图 9-10-8）。10 月以后，幼虫在被害枝蔓内越冬。

图 9-10-8　葡萄透翅蛾幼虫危害状

（3）综合防治　①冬剪时剪除被害枝蔓，消灭越冬幼虫。②从蛀孔灌药或人工刺杀，灌药后用泥封好蛀口。③成虫羽化盛期，喷药防治，喷施 2.5%溴氰菊酯乳油 2 000 倍液，如果是花期，则需在开花后 3～4 d 用药。

三、无公害葡萄生产对病虫害防治的要求

无公害葡萄果品生产对病虫害防治要求较高，要运用生态学、环境科学、现代经济学等观点对病虫害实施综合管理。提倡积极使用生物农药，并按照国家标准中的用法用量，正确地使用化学农药，以改善生态环境、生产优质无公害果品为总目标，改进施药技术，注意天敌保护，最大限度地减少农药的用量，减少对环境的污染和农药在果品中的残留量，将病虫害控制在经济阈值以下（表 9-10-1）。

表 9-10-1　无公害果树生产禁用或限用的农药

种类	农药名称	禁用或限用原因
有机氯杀虫剂	滴滴涕、六六六、毒杀酚、艾氏剂、狄氏剂和林丹 异狄氏剂、氯丹等、五氯酚钠	高残毒 后一种含二噁英
有机氯杀螨剂	三氯杀螨醇	含有 DDT
有机磷杀虫剂	甲胺磷、久效磷、对硫磷（一六〇五）、甲基对硫磷、甲拌磷、苯线磷（克线磷）、治螟磷、甲基乙异柳磷、磷铵、地虫硫磷（大风雷）、灭克磷（灭线磷）、氯唑磷、特丁硫磷、甲基硫环磷、一〇五九（内吸磷）、蝇毒磷、硫环磷和谷硫磷、三硫磷、乙拌磷、氧化乐果、水胺硫磷、杀扑磷（速扑杀）、异丙丰、硫线磷（克线丹）、马甲磷、乐胺磷、速胺磷、叶胺磷等 29 种	剧毒、高毒
氨基甲酸酯杀虫剂	涕灭威（铁灭克）、克百威（呋喃丹） 灭多威（万灵）	剧毒、高毒 或代谢物高毒
三甲基甲脒类杀虫杀螨剂	杀虫脒	慢性毒性、致癌
有机硫杀螨剂	克螨特	慢性毒性
卤代烷类熏蒸杀虫剂	二溴乙烷、二溴氯丙烷和环氧乙烷、溴甲烷磷化铝	致癌、致畸、高毒
拟除虫菊酯类杀虫、杀螨剂	所有拟除虫菊酯类杀虫、杀螨剂	对水生生物毒性大
有机汞、砷、铅类制剂	福美甲胂、福美胂、田安（砷）；西力生，聚力散（汞）、砷酸铅	高毒、剧毒、高残毒
杀鼠剂	氟乙酸钠、甘氟、毒鼠强、毒鼠硅和磷化锌	剧毒、慢性毒性
二苯醚除草剂	除草醚、草枯醚	慢性毒性
杂环类杀菌剂	敌枯双	致畸、残效特长
取代苯类杀菌剂	五氯硝基苯、五氯苯甲醇	致癌、高残留
氯制剂	氟乙酰胺	剧毒
植物生长调节剂	有机合成植物生长调节剂，2,4-D 类化合物	2,4-D 类杂质中二噁英致癌

任务十一　葡萄设施栽培

课前思考

1. 葡萄设施栽培的意义是什么？
2. 葡萄避雨栽培如何影响葡萄生长环境？
3. 葡萄避雨栽培如何影响葡萄病害的发生？

基础知识

设施栽培又叫保护地栽培，即人为地创造一个适宜葡萄生长发育的环境，使葡萄提前萌发或延后生长，延长葡萄的供应期。如在北方用大棚促成栽培葡萄；在南方则主要模仿北方少雨的生态环境，使高品质的欧亚种葡萄在南方栽培成为可能。

一、葡萄设施栽培的概况

我国葡萄设施栽培始于20世纪80年代末，且集中于北方的山东、辽宁、河北、河南等省。自20世纪90年代以来，浙江省舟山、宁波、嘉兴等地应用大棚栽培巨峰系葡萄先后获得成功，后上海市试种欧亚葡萄初见成效，亩产值8 000～10 000多元，经济效益明显高于露地。随着人民生活质量的不断提高，利用大棚发展欧亚种葡萄，已是南方葡萄栽培的必然趋势，也是露地栽培的必要补充。

二、设施栽培的主要形式与栽培特点

南方地区葡萄设施栽培主要包括避雨栽培、棚架避雨覆盖和篱架避雨覆盖。

1.避雨栽培

(1)栽培特点　避雨栽培是以避雨为目的将薄膜覆盖在树冠顶部的一种方法，它是介于无加温温室栽培和露地栽培之间的一种类型。

其特点是仅在植株顶部覆盖薄膜，因而不能提早萌芽，物候期与露地葡萄相同。结构简易，搭造方便，成本低。在我国南方多湿生态条件下，露地葡萄病害严重，特别是欧亚种葡萄常被限制在600 mm降水量以北地区栽培，避雨栽培是克服上述问题和限制的有效途径。

(2)避雨栽培的意义　减少病害侵染和全年喷药次数。避雨栽培可减少借风雨传播的病害类型，使叶果完整，叶片寿命延长。欧亚种葡萄避雨栽培后，全年喷药次数从16次减少到8次，果面污染减轻。

提高坐果率和产量，改善质量。据数据显示，玫瑰香避雨覆盖后，坐果率比露地增加 7%，单粒重增加 38%，小果减少 32%，裂果减轻，果实的内外观质量和产量明显提高。

提高劳动生产率，保证技术措施的及时实施。南方多雨地区葡萄生长期降雨日（一般在 50 d 以上），可覆盖避免雨日误工，保证各项技术措施的及时实施，提高劳动生产率。

（3）覆膜和揭膜时间　巨峰、藤稔等欧美杂交品种的盖膜时间可以在开花之前。欧亚种葡萄由于早春黑痘病等为害较重，盖膜时间应提早到萌芽期的 3 月底至 4 月上旬。这样虽然会影响光照，不利于主梢叶片的光合作用，但有利于减轻病害，二相权衡，还是以提早盖膜为宜。

揭膜时间可以在果实着色之前，利于改善光照和品质。

（4）避雨覆盖的方法　避雨覆盖最好采用厚度 0.03～0.08 mm 的抗高温高强度膜。用普通聚乙烯膜经高温暴晒后易老化，一般仅能有效覆盖 4 个月左右。棚架、篱架葡萄均可进行避雨覆盖，在充分避雨前提下，覆盖面越小越好。

2. 棚架避雨覆盖

水平棚架最好采用波形覆盖，每 2.5 m 为一波，雨水在波谷流下入排水沟，这样可以尽量保护架面，仅在波谷处受到雨淋，影响较小。

为了避免薄膜在架面上形成高温损伤叶片，一般要求覆盖架谷部离开葡萄架面 20 cm，顶部离架面 90 cm。膜上用压膜线紧扣或用尼龙绳压膜固定（图 9-11-1）。

图 9-11-1　葡萄棚架避雨栽培设施

3. 篱架避雨覆盖

（1）双十字“V”形架避雨棚结构

棚柱：利用双十字“V”形架的架柱。架柱高出地面 2.3～2.4 m。架柱一步到位长 2.9 m 可直接用；原架柱离地面不到 2.3 m 的，用竹、木等加高至 2.3 m。柱顶高低必须一致，使避雨棚高低一致。

避雨横梁：柱顶下 40 cm 处架一根横梁。

覆膜：用 2.2 m 宽 0.03～0.05 mm 厚（3 丝至 5 丝）的棚膜平铺盖在避雨棚的拱片上。两边每隔 35 cm 用竹（木）夹夹在钢绞丝上，然后用压膜带或布条按拱片距离斜向将棚膜紧压。

（2）单壁篱架避雨棚结构

避雨棚宽度：行距 2 m 左右可采用一行一个小避雨棚，利用原有的架柱；行距 1.5 m 左右可采用一行一个小避雨棚或 3 行一个中避雨棚，利用原有的架柱。

三、大棚促成栽培

1. 扣棚时间

大棚促成方式可分为超早期加温、普通加温、无加温等几种方式。加温型成本较高。我国南方基本上均使用无加温式大棚促成栽培。早春的封闭式覆膜是大棚升温的重要措施。一些试验表明，过早覆膜虽可提早萌芽，但早熟效果并不显著，而且过早萌芽还会遇到晚霜冻害。

2. 温度与环境调控

大棚生态环境调控中温度与湿度是最重要的因子。早春覆膜后一周，由于土温较低，根系尚未活动，通过喷水等使棚内湿度达 90%以上，温度应不高于 25 ℃，夜温不低于 10 ℃。

覆盖后 1 个月(3 月上中旬)，新梢开始生长，这时的最适温度白天为 25 ℃，晚上为 12 ℃。在 4 月下旬至 5 月初开花期，白天应控制在 28 ℃以内，湿度则应逐步下降，自始蕾期以后均为 50%左右。之后白天控制不超过 32 ℃，直至完成促成。夜间一般均密闭保温，至开花前逐步开放。

3. 需冷量与打破休眠

早春大棚覆膜升温时，如果葡萄尚未通过休眠，则会出现发芽不整齐，发芽率低下，枝梢生长不良而失去生产价值，因此打破休眠是大棚促成栽培中的一项重要技术措施。

低温需要量是葡萄的冬芽完成休眠需要遭遇的低温条件，在自然状态下越冬即可满足休眠对低温的需求。通常认为葡萄在 7.2 ℃以下经历 1 000～2 000 h，即可通过休眠。但因品种、年份、环境等条件有所差异。

1963 年日本报道石灰氮(氰化钙)可以促进葡萄的萌芽与生长，处理时期应在自然休眠结束之前，自然休眠结束之后处理则没有效果。之后这一技术不断完善并很快在生产中得到应用。

目前日本使用的技术要点是：浓度为 20%，处理适期应在 11 月下旬至 12 上旬，处理方法是在结果母枝上涂布，可以提早发芽 2～3 周，提早成熟 1 周左右。

我国南方产区已试验应用石灰氮，在上海处理适期以 12 月中旬为最好，可提早萌芽 7～14 d，提早开花 4～10 d，在 1 月处理的效果较差。

4. 栽培技术与提高品质

葡萄设施栽培在优质栽培技术上均已取得不少成功经验，如大棚内由于棚膜的遮光，光照较弱，栽培设计中应注意适当放宽栽植密度。

夏季修剪要严格控制新梢，保持叶幕通风透光；花穗整形，疏花疏粒；控制产量，果实套袋；棚内土壤灌水应采用滴灌或微喷方式供水；多施有机肥，增加钾肥，提高品质。

关于架式有几种不同的方式。采用篱棚架，棚面倾斜向上搭成屋脊式，每棚栽二行，行间距 4 m。篱架基部 1 m 以下无叶幕，树形采用双主蔓扇形，以长中梢修剪为主。这种树形枝条比较开展，生长自然，结果部位较高，较适合南方大棚。日本大阪等地大棚也以拱形大棚架较多。另一种是“Y”形或“V”形架式，这种架式结构简单，叶幕波形分布，有利光合作用，加之修剪容易，操作规范，较容易推广。

四、发展趋势和问题

设施栽培在一定程度上摆脱了自然的影响，把葡萄栽培置于人工环境之下，使南方可栽的品种范围扩大，品质提高，产量稳定，供应期延长，可以说是南方葡萄栽培的一个新的里程碑。但南方地区设施栽培葡萄的发展时间毕竟不长，存在问题还很多，应做进一步研究。

1. 加强葡萄生态与生理学研究

在设施环境下葡萄的生态与生理知识显得越来越重要，尽管已有一些关于光合、休眠及温度管理等方面的研究，但在设施条件下要复杂得多、微观得多，对每一生长阶段，每一环境因子的关系均需十分清楚。只有加强生理基础的研究，才能设计出符合人类要求的优质高效的控制技术和管理模式。

2. 应该设计专用大棚

葡萄大棚栽培的一个重要问题是促成的效果不理想，成熟期一般仅提前 10～14 d。主要原因是目前大棚的温度调控均凭经验与手工操作，大棚温度或高或低不太稳定。如大棚在春季白天升温较高时，可以通过上排风达到控温目的，代替手工揭膜降温，延长适温的时间，减少大棚开启次数，使温度控制更加合理。日本无加温大棚大多有类似装置，因此其促进成熟天数最长可达 3 周。

3. 应向标准化和无公害栽培方向发展

设施栽培技术虽然已取得飞速发展，但总体水平仍然较低。主要表现为：大棚促成栽培的各阶段温度和湿度控制的适宜指标尚未具体化，尤其是缺乏与各个主栽品种配套的调控指标；对适宜架式的意见尚不一致；早春冻害时有发生，预防措施还不成熟，还有盲目提早覆棚的现象；控制产量，果实专用袋等提高品质的相关技术尚不够普及等。

葡萄设施栽培的方向应分品种制定栽培技术规范和标准，加强有机化和安全卫生型的无公害葡萄生产技术的开发，从环境、农药肥料等生产过程的控制等方面努力，使之向高效优质和无公害栽培方向发展。

任务十二　葡萄采收、分级包装与贮藏

课前思考

1. 通过哪些方式鉴定葡萄果实的成熟度？
2. 如何确定成熟期葡萄果品的分级标准？
3. 结合贮藏技术知识阐述葡萄果实在贮藏期间需要做好哪些工作？

基础知识 〉〉〉

一、葡萄成熟的明显标志

1.外观标志

葡萄在成熟期其外表上表现出以下特征。

(1)出现该品种的固有色泽,略透明。

(2)具有较浓的果粉。

(3)结果新梢由绿变褐色。

(4)果穗梗逐渐木质化而变成黄褐色。

2.内质指标

在内质方面,表现为浆果变软而富有弹性。品尝时,出现固有风味,种子暗棕色。如有仪器测定,一般用手持糖量计,简单方便,可每隔 2～3 d 测定一次可溶性固形物的含量。

二、采收前的准备工作

采收前必须做好各项准备工作。①进行估产,在估产的基础上,做好劳动力的安排和运输计划。②采收工具的准备,其中包括采果剪、采果篮、选果剪和水果箱等,如高棚要准备双梯。③运输机械的检查维修和选果作业场地的确定,以及与收购部门联系,确定收购手续、支付办法及运送地点等。

三、葡萄采收日期的确定

除按葡萄成熟标准外,还应根据葡萄的不同用途,决定适宜的采收期。如鲜食品种,采收后立即供应市场的,可根据市场要求决定,一般只要糖酸适度,果实香味好,有 8～9 成成熟度,就可以采收。贮藏用的鲜食品种,应达到 9 成成熟为好,否则就不易贮藏。酿酒品种应根据酒厂要求,确定采收时机。葡萄采收过早、过晚均不适宜。采收过早,成熟度不够,糖分低,酸度高,品质差,鲜食品种不被消费者欢迎,加工品种不符合酿酒要求。

四、葡萄的采收技术

(1)在雨后或雨天都不宜采摘。因为这时采摘的葡萄,味淡而不易贮藏,宜在清晨露水干后的上午进行。

(2)在高温天采收的葡萄,必须迅速运到阴凉处摊开散热才可包装,否则因浆果呼吸作用强,蒸发量大,会降低品质和重量。

(3)浆果含水量大,皮薄,故在采收时,要轻放,浅装,以免皮破腐烂,造成不应有的损失。

(4)对鲜食品种,应分期分批采摘,以保证果实风味。

(5)采收时,为保持质量,要一手持果穗梗或手掌托住果穗,另一手握剪刀,在果梗基部剪下。

(6)对采收下来的果穗,如有病虫害、破损、小青粒、畸形果,应随时剪除后装箱。

(7)葡萄不耐贮运,因此对采收、装运、分选、包装、运销等各个环节,一定要突出一个"快"字,尽量不过夜,以保持葡萄的新鲜度和商品性。

五、果穗的整修和分级

一般鲜食葡萄要达到外形美观,必须进行整修,即把每一果穗上的青粒小粒、虫果病果、烂果小心地剪去;在整修时,一手持果穗柄,一手持剪,整修切忌手握整穗,以免擦去果粉,那样既不美观,又易被真菌侵入。

整修过程应与分级装箱结合进行。凡果穗较大者,果粒大小一致,疏密均匀,着色良好的为1级;果穗果粒较小,果粒排列不均,着色较差,但无破损者为2级。

六、葡萄包装

一般酿酒用的葡萄,可用木箱、塑料箱装运,每箱不超过25~30 kg。鲜食葡萄一般就近销售,近距离运输,采用容量5 kg的方形硬纸板箱,规格为25 cm×25 cm×25 cm;新疆吐鲁番市采用容量6 kg的扁硬纸板箱,规格为46 cm×31 cm。在包装的水果箱中,加用1个聚乙烯薄膜袋,装进葡萄密封,以一定数量的二氧化硫保鲜片加入即可。然后将上述葡萄运往冷库贮藏。

计　划　单

学习领域	情　景　篇
模　块　九	葡萄标准化生产技术
计划方式	小组讨论、成员之间团结合作，共同制定计划

序号	实施步骤	使用资源

制定计划说明						
计划评价	班　　级		第　　组		组长签字	
	教师签字				日　　期	
	评语：					

决 策 单

<table>
<tr><td>学习领域</td><td colspan="8">情 景 篇</td></tr>
<tr><td>模 块 九</td><td colspan="8">葡萄标准化生产技术</td></tr>
<tr><td colspan="9">方案讨论</td></tr>
<tr><td rowspan="7">方案对比</td><td>组号</td><td>任务耗时</td><td>任务耗材</td><td>实现功能</td><td>实施难度</td><td>安全可靠性</td><td>环保性</td><td>综合评价</td></tr>
<tr><td>1</td><td></td><td></td><td></td><td></td><td></td><td></td><td></td></tr>
<tr><td>2</td><td></td><td></td><td></td><td></td><td></td><td></td><td></td></tr>
<tr><td>3</td><td></td><td></td><td></td><td></td><td></td><td></td><td></td></tr>
<tr><td>4</td><td></td><td></td><td></td><td></td><td></td><td></td><td></td></tr>
<tr><td>5</td><td></td><td></td><td></td><td></td><td></td><td></td><td></td></tr>
<tr><td>6</td><td></td><td></td><td></td><td></td><td></td><td></td><td></td></tr>
<tr><td>方案评价</td><td colspan="8">评语：</td></tr>
<tr><td>班 级</td><td></td><td>组长签字</td><td></td><td>教师签字</td><td></td><td colspan="3">月 日</td></tr>
</table>

材料工具清单

学习领域	情　景　篇						
模　块　九	葡萄标准化生产技术						
项　　目	序号	名称	作用	数量	型号	使用前	使用后
所用仪器仪表							
所用材料							
所用工具							
班　　级		组长签字		教师签字		月　　日	

实　施　单

学习领域	情　景　篇	
模 块 九	葡萄标准化生产技术	
实施方式		
序号	实施步骤	使用资源
1	基本理论讲授	在线开放平台和多媒体
2	地方常见葡萄栽培品种调查	校外实训基地
3	葡萄生物学特性观察	校外实训基地
4	葡萄育苗技术运用	校内外实训基地
5	葡萄建园设计规划实训	虚拟仿真软件、校内外实训基地
6	葡萄园土肥水管理措施	校外实训基地
7	葡萄园病虫害防治措施	校外实训基地
8	葡萄整形修剪实训	校外实训基地
9	葡萄设施栽培模拟	虚拟仿真软件、校内外实训基地
10	葡萄周年标准化生产计划制定	虚拟仿真软件、校内外实训基地

实施说明：

利用在线开放平台和多媒体资源，进行理论学习，了解国内外葡萄栽培的历史及现状，掌握葡萄生长发育规律及常见栽培品种的生物学特性。

掌握葡萄园土肥水管理措施及病虫害防治技术，掌握葡萄育苗技术，能够规划设计葡萄建园，掌握葡萄园周年管理措施。

能运用新技术进行设施栽培，完成葡萄整形修剪及花果管理，并对葡萄采后贮藏技术有所了解。

通过本地葡萄园生产情况调查，了解本地葡萄园栽培技术措施，并制订葡萄周年标准化生产计划。

班　　级		组长签字		教师签字		月　　日

作业单

学习领域	情　景　篇
模 块 九	葡萄标准化生产技术
作业方式	

1. 简述国内外葡萄栽培历史及现状。

2. 通过地方调查，写出地方常见葡萄品种及其品种特性。

3. 如何进行葡萄育苗，有几种方式，简述育苗技术要点。

4. 葡萄建园需要注意哪些问题？

5. 简述葡萄土肥水管理技术要点。

6. 如何进行有效的花果管理？

7. 简述葡萄整形修剪的技术要点。

8. 思考设施葡萄发展现状及未来发展方向。

作业评价	班　　级		组长签字		月　　日
	教师签字		教师评分		
	评语：				

检 查 单

<table>
<tr><td>学习领域</td><td colspan="4">情 景 篇</td></tr>
<tr><td>模 块 十</td><td colspan="4">葡萄标准化生产技术</td></tr>
<tr><td>检查项目</td><td colspan="2">检查内容</td><td>学生自查</td><td>教师检查</td></tr>
<tr><td rowspan="4">思政素养</td><td colspan="2"></td><td></td><td></td></tr>
<tr><td colspan="2"></td><td></td><td></td></tr>
<tr><td colspan="2"></td><td></td><td></td></tr>
<tr><td colspan="2"></td><td></td><td></td></tr>
<tr><td rowspan="4">技能素养</td><td colspan="2"></td><td></td><td></td></tr>
<tr><td colspan="2"></td><td></td><td></td></tr>
<tr><td colspan="2"></td><td></td><td></td></tr>
<tr><td colspan="2"></td><td></td><td></td></tr>
<tr><td rowspan="4">理论素养</td><td colspan="2"></td><td></td><td></td></tr>
<tr><td colspan="2"></td><td></td><td></td></tr>
<tr><td colspan="2"></td><td></td><td></td></tr>
<tr><td colspan="2"></td><td></td><td></td></tr>
<tr><td rowspan="3">检查评价</td><td>班 级</td><td></td><td>组长签字</td><td></td></tr>
<tr><td>教师签字</td><td></td><td>日 期</td><td></td></tr>
<tr><td colspan="4">评语：</td></tr>
</table>

评　价　单

学习领域	情　景　篇				
模 块 九	葡萄标准化生产技术				
评价类别	项目	子项目	个人评价	组内互评	教师评价
专业能力（60%）	咨询（10%）	搜集信息（5%）			
		引导问题回答（5%）			
	计划（10%）	计划可执行度（4%）			
		调查方案设计（3%）			
		方案合理度（3%）			
	实施（15%）	葡萄园生产技术调查（10%）			
		正确进行栽培品种识别（5%）			
	检查（10%）	识别准确度（5%）			
		分类准确度（5%）			
	过程（5%）	认真程度（5%）			
	结果（10%）	准确制订葡萄园周年标准化生产计划（10%）			
思政能力（20%）	团队协作（10%）	小组成员合作良好（5%）			
		对小组的贡献（5%）			
	敬业精神（10%）	学习纪律性（5%）			
		爱岗敬业、吃苦耐劳（5%）			
方法能力（20%）	计划能力（10%）	考虑全面（10%）			
	决策能力（10%）	决策果断（10%）			

评价评语	班　级		组长签字		总　评	
	教师签字		日　期			
	评语：					

学习小结

<table>
<tr><td>学习领域</td><td colspan="4">情　景　篇</td></tr>
<tr><td>模 块 九</td><td colspan="4">葡萄标准化生产技术</td></tr>
<tr><td>学习小结</td><td colspan="4"></td></tr>
<tr><td rowspan="3">教师评价</td><td>班　　级</td><td></td><td>组长签字</td><td></td></tr>
<tr><td>教师签字</td><td></td><td>教师评分</td><td></td></tr>
<tr><td colspan="4">评语：</td></tr>
</table>

模块十

桃标准化生产技术

模块导读

模块介绍

随着果树栽培的专业化，桃栽培品种也开始向专用方向发展。2017 年，全球桃产量达到 2 000 万吨，世界果树按产量排序，桃是第 8 位。本模块主要包括 10 个子任务，学习和了解、掌握桃生产概况、桃的主要种类及品种、桃树生物学特性、桃树苗木繁殖、桃的土肥水管理、桃树的病虫害绿色防控、桃树整形修剪、桃树花果管理、桃园建立及桃采收、分级包装与贮藏理论知识和技术。以任务驱动的方式引导学生对我国桃生产概况和桃的主要种类及品种了解学习，进而学习桃树生物学特性、桃树苗木繁殖、桃的土肥水管理、桃树的病虫害绿色防控、桃树整形修剪、桃树花果管理等相关优质桃生产的知识，最终要求学生通过对桃园建立和桃采收、分级包装与贮藏学习，全面掌握优质桃生产的整个产业链，通过对从种植到市场以及贮藏技术的掌握，满足优质桃生产的技术技能要求，为技术推广和服务乡村振兴培养专业技术人员。

模块目标

知识目标

1. 了解桃产业的发展现状及其发展趋势。

2. 了解桃种类与主要栽培品种特性。

3. 掌握桃树植物学特性、生物学特性及环境对其生长结果的影响。

4. 掌握桃果园土肥水、树体整形修剪、保花育果及防治病虫害等管理技术。

技能目标

1. 依据桃种类及品种特性，正确识别不同的桃种类及品种。

2. 依据桃产业发展趋势及其植物学特性、生物学特性和本地环境条件，正确选择适宜的品种，做到适地适栽。

3. 综合运用栽培管理措施，正确制订桃园周年生产管理方案并组织实施。

素质目标

1. 培养学生热爱桃生产、投身桃产业发展的信念，能够全身心投入本模块课程学习。

2. 培养学生的团队合作精神，在分组学习中能够相互配合，有效地完成学习任务。

3. 引导学生树立安全意识和生态文明持续发展理念，能够做到桃适地适栽，不乱用农业投入品，在学习过程中不发生任何安全事件。

任务描述

了解桃生长习性及对环境条件的要求；了解常见的桃栽培品种，掌握桃园基本生产管理技术；掌握桃园土肥水管理技术，能够进行桃园病虫害防治，能够正确制订桃园周年生产管理计划。具体任务要求如下：

1. 利用在线开放平台和多媒体播放课件学习，了解桃生长习性及对环境条件的要求、常见的桃栽培品种，掌握桃园基本生产管理技术。

2. 通过互联网相关资料，了解桃生长发育规律。

3. 分组对本地桃园生长管理进行调查，掌握本地桃园的生产管理措施。

4. 制订本地桃园周年标准化生产计划。

任务一　桃生产概况

课前思考

1. 国内桃产业栽培现状及其生产问题。
2. 桃产业对国民经济的现实意义及未来的发展趋势。

桃生产概述及品种

基础知识

一、经济意义

桃隶属蔷薇目蔷薇科李属，其中桃亚属真桃组的野生近缘种包括光核桃、甘肃桃、山桃、新疆桃等。桃原产于我国西部，经过 4 000 多年的栽培演化，现已形成了丰富的品种资源和栽培类型，也是我国三大落叶果树之一，在国内果业中仅次于柑橘、苹果和梨，居第四位。因其栽培历史悠久、适应范围广、经济效益高、独特的风味和丰富的营养，目前全国有多个省、自治区和直辖市有桃的产业化栽培，总栽培面积和产量稳居世界第一。桃树在我国富有深厚的文化背景，被人民赋予吉祥、喜庆、长寿的人文意义，被视为吉祥之物，素有“仙桃”“寿桃”美称。桃树树姿优美，花色粉红，果实外观艳丽，有较高的观赏价值，也是优良的绿化树种。桃树适应性强，栽培比较容易，结果早，经济效益高，因而是我国民间最受欢迎、栽培最为普遍的水果树种之一。作为经济果树，桃树种植在我国有着举足轻重的地位，对于促进农民收入的提高和扶贫脱贫工作的开展具有重要意义和推动作用。

桃果实色泽艳丽、风味佳美、营养丰富、芳香诱人，深受世界各国人民的喜爱。研究显示桃果实含有非常多的人类生命活动所需的营养元素，其果肉含糖量可达 7%～15%，有机酸含量 0.2%～1.0%，蛋白质含量 0.4%～0.8%，还含有脂肪、多种维生素及微量元素，桃仁含油脂 45%，可以榨取工业用油；果实除可供鲜食之外，也还可制作蜜饯、桃干、桃汁、桃酱、糖水罐头等多种制品；同时也具有一定的食疗价值，桃仁、桃叶、桃根、桃花和桃胶可以入药，具有止咳、活血、杀虫的功效。

二、桃的栽培历史

桃原产于我国黄河上游海拔 1 200～2 000 m 的高原地带。在河南、甘肃、新疆、陕西等地区都有野生桃分布。《诗经》《尔雅》中也有关于桃的记载，至今已有 4 000 多年的栽培历史。

大约汉武帝时代，桃通过中亚传到波斯，然后又相继传入地中海沿岸、欧洲各国及美洲大陆，现已广泛生长于世界各地。

三、桃的栽培现状

（一）桃在世界的栽培现状

世界上桃栽培面积前10位的国家分别是中国、意大利、美国、西班牙、希腊、墨西哥、阿根廷、法国、南非和土耳其。年产量前10位的国家分别是中国、美国、意大利、西班牙、希腊、法国、土耳其、智利、南非和阿根廷。单位面积产量前10位的国家分别是法国、美国、日本、土耳其、智利、以色列、韩国、西班牙、意大利和希腊，我国排在第50位。

（二）我国桃的栽培现状

我国桃树栽培总面积和总产量分别占世界桃树生产的52%和27%，北起黑龙江，南到广东，西至新疆库尔勒、西藏拉萨，东到滨海各省都有桃树栽培。其中以北京、河北、河南、山东、山西、江苏、浙江、安徽、陕西、甘肃等省（市）栽培较多。山东的肥城、青州，河北的深州，甘肃的宁县、张掖，江苏的太仓、无锡，浙江的奉化、宁波等地是历史上著名的桃产区，北京的平谷，河北的乐亭、临漳，安徽寿县为桃的新兴产区。

近年来，油桃种植发展特别迅速，各地纷纷引种，竞相栽培。由于油桃果面光滑无毛，外观艳丽夺人，食用比较方便，较耐贮运，具有芳香气，备受消费者的欢迎。美国鲜桃市场中有80%是油桃。目前，油桃栽培主要分布在山东、河北、河南、山西、甘肃、北京等地，经济效益可观，露地和大棚栽培油桃发展十分迅速。

四、桃生产中存在的问题及发展趋势

虽然我国是桃的原产地，有着丰富的品种资源和悠久的栽培历史，但我国在桃树生产中还存在较多问题。

1. 苗木规格小，品种纯度不高

我国果树苗木生产仍然存在管理不严、生产者责任心不强，信誉度不高等问题。表现在苗木产品上就是苗木纯度不高且规格偏小，多数苗圃没有专门的品种园和采穗圃，育苗时直接从生产园采集接穗，加之采穗、运输、嫁接、出圃等环节管理不严，缺少严格的质量保障体系，最终导致品种混杂。这是目前我国果树苗木生产中亟待解决的重大问题之一。

2. 生产者技术水平低，技术人员缺乏

在现有桃园中，有相当大一部分是在原有粮食作物产区基础上建立的。生产者技术水平较低，加之技术服务体系不健全，高水平技术人员匮乏，果园管理水平低，技术投入不足，易导致结果晚、单产低、果品质量差、经济寿命短。

3. 生产规模小而分散，投入不足

目前桃树生产还基本上是一家一户的分散生产经营。生产规模过小，缺少必要的合作组织，造成生产投入和产品销售困难重重。应逐步扩大生产规模，建立健全各种形式合作组织或生产协会，增强生产者的生产投入能力和抵御市场风险的能力。

4.品种结构有待进一步调整

目前,我国桃树生产中早熟、极早熟和晚熟品种所占比重较大,而中熟和极晚熟品种栽培较少。普通桃较多,油桃和蟠桃较少;白肉桃多,黄肉桃少;鲜食桃多,加工桃极少。应控制早、晚熟品种规模,扩大中熟和极晚熟品种面积,适当发展油桃、蟠桃、黄肉桃和制汁专用品种。

任务二　桃的主要种类和品种

课前思考

1.国内桃栽培的地理分布及其植物学特性。

2.世界桃栽培品种有 5 000 余种,根据果实生育期分类,不同品种群的果实生育期及主要代表品种有哪些?

3.桃树依据果实形态特征分为几类?

基础知识

一、桃的主要种类

桃在植物学上隶属蔷薇目蔷薇科李属,其中桃亚属共有 6 个种:普通桃、山桃、甘肃桃、光核桃、新疆桃和陕甘山桃。

(一)普通桃

原产我国陕西、甘肃一带,为桃属中最重要的种。目前世界各国栽培的品种均来源于此种。冬芽被密毛,叶片椭圆披针形,叶脉未达叶缘即结合成网状,叶缘锯齿较密。桃核大,表面沟纹深。

该种栽培品种最多,分布最广,并有以下 3 个变种:

1.蟠桃

果实扁平形,种核近圆形,沟纹较浅,核小。多分布于我国南方,近年在北方的栽培逐步增多(图 10-2-1)。

2.油桃(光桃)

果皮光滑无毛,果实较小,味酸甜,果形圆或扁圆。主要分布在我国新疆及甘肃敦煌一带,适于夏季干燥气候条件下栽培。在国外,西亚、南欧及北美洲栽培普遍,经过改良后,果实显著增大。我国新疆喀什、叶城、和田一带有少数品种,果实品质极好(图 10-2-2)。

图 10-2-1　蟠桃

图 10-2-2　千年红油桃

3. 寿星桃

树极矮小,枝短节密,根系较浅。花有红色、粉红色、白色 3 种类型。可用作桃的矮化砧木或矮化育种原始材料(图 10-2-3)。

图 10-2-3　红寿星桃

(二)山桃

分布于我国华北、西北山岳地带。为小乔木,果实圆球形,成熟后干裂,不能食用。耐寒、抗旱性强,为北方桃树嫁接的主要砧木。

(三)甘肃桃

产于陕西、甘肃。冬芽无毛,叶片卵圆披针形,叶缘锯齿较稀。桃核表面有沟纹,无刻点,花柱长于雌蕊。

(四)光核桃

产于青藏高原及四川等地。为乔木,枝细长,小枝绿色。花白色,单生或两朵齐出。果近球形,稍小。核为卵形,扁而光滑。果实可供鲜食或制果干。据研究,光核桃寿命长(1 000 年以上),树冠高大(可达 20 m),是培育长寿品种的优良种质资源。

(五)新疆桃

产于新疆和中亚地区,有不少栽培品种。叶片侧脉直出至叶缘时不结成网状,核表面有沟纹。多数甜仁桃属于该类。

(六)陕甘山桃

产于西北地区。叶片基部呈圆形,叶缘锯齿圆钝,果核为椭圆形。

二、桃的品种群

桃树品种很多,世界上有 3 000 余个品种,其中我国有 1 000 个以上。根据其对气候条件的适应性、生长特性和果实特点,可分为若干品种群。

(一)按果实形态分类

1. 茸毛

按果面茸毛有无可分为有毛品种和无毛品种 2 种类型。有毛品种即普通桃,栽培最为广泛。无毛品种又称"油桃"。

2. 肉质

按肉质的软硬和水分的多少可分为溶质品种、不溶质品种和硬肉品种 3 种类型。溶质品种的果实成熟时柔软多汁,不溶质品种的果实肉质紧密、汁液中等,有弹性,多为黏核,宜于加工制罐。硬肉品种的果实初熟时肉质硬而脆,完熟时肉质变绵或呈粉质。

3. 果核黏离度

按果肉与核的黏离程度可分为黏核和离核 2 种类型。一般黏核品种果肉较致密,果肉内外成熟度较一致,粗纤维少,品质好,宜于加工制罐,是进化程度较高的类型。

4. 果肉颜色

按果肉颜色可分为白肉、黄肉、红肉、黑肉 4 种类型。

5. 果实形状

按果实形状可分为圆形或长圆形的普通桃及扁圆形的蟠桃 2 种类型。蟠桃果实外形主要特征是形状扁圆,两端凹入,形似柿饼。

(二)按生态适应性分类

1. 南方品种群

主要分布于华东、华中、西南地区,以江苏、浙江、安徽、云南等地栽培较多。树姿开张或半开张,发枝力强,中、长果枝比例较大,较耐温湿,又分水蜜桃和硬肉桃 2 种类型。水蜜桃果实多为圆形,果型较大,顶部平圆无大突尖,果肉多为白色,多黏核,成熟后柔软多汁,不耐贮运,代表品种有安农水蜜、无锡水蜜等。硬肉桃果实多为长圆形,果顶稍尖,果肉较脆硬,汁液较少,较耐贮运,代表品种有合肥早甜等。

2. 北方品种群

主要分布于华北、西北地区,以山西、河北、山东、陕西、甘肃、新疆等地栽培较多。树姿半直立,发枝力稍弱,中、短果枝比例较大,耐旱抗寒。果形大,果实顶端有突尖,缝合线深,果肉较硬,完熟后又分为蜜桃和硬桃两类。蜜桃代表品种有肥城佛桃等。硬桃代表品种有北京的五月鲜等。

(三)根据果实生育期分类

根据果实生育期的不同,可将桃分为以下 5 个品种群:

1. 特早熟桃品种群

果实生育期在 60 d 以内,在安徽地区,此类桃一般在 5 月下旬以前成熟。如春蕾、早花露等品种。

2. 早熟桃品种群

果实生育期为 61～90 d,安徽地区此类桃在 6 月上旬至 7 月上旬成熟。如安农水蜜等品种。

3. 中熟桃品种群

果实生育期为 91～120 d，安徽地区此类桃在 7 月中旬至 8 月中旬成熟。如白风、大久保等品种。

4. 晚熟桃品种群

果实生育期为 121～160 d，此类桃在 8 月中旬至 9 月初成熟。如重阳红等品种。

5. 特晚熟桃品种群

果实生育期在 161 d 以上，一般在 9 月中旬以后成熟。如冬桃、雪桃等品种。

三、桃的优良品种

（一）常见水蜜桃品种

1. 早花露

由江苏省农业科学院选育出的特早熟水蜜桃，果实生育期 65 d。果个较小，平均单果重 80 g，最大单果重 107 g。果实近圆形，顶部圆而微凹，果皮底色乳黄，顶部密生玫瑰红色细点，有时形成红晕。果肉乳白色，柔软多汁，核软，品质中上（图 10-2-4）。

2. 春蕾

春蕾又称“沪 005”，由上海市农业科学院用砂子早生与白香露杂交育成，是目前国内特早熟的桃品种，果实生育期 65 d。较丰产，果个小，平均单果重 70 g，最大单果重 100 g。果实卵圆形，果皮底色乳白，顶部微红，果肉白色，味甜酸，有香气，核软，品质中等（图 10-2-5）。

图 10-2-4　早花露

图 10-2-5　春蕾

3. 雨花露

由江苏省农业科学院用白花与上海水蜜杂交育成，特早熟水蜜桃，果实生育期 65 d。果个中大，平均单果重 125 g。果实长圆形，缝合线较深，形成两个小峰。果皮底色乳黄，果顶有淡红色细点，形成红晕。果肉乳白色，柔软多汁，味甜而有芳香，半离核，品质中上（图 10-2-6）。

4. 冈山早生

从日本引入。特早熟桃品种，果实生育期 65 d。树势强健，树姿直立。幼龄树需要拉枝，并以单花芽为多。随树龄增大，花芽数增加，以长果枝结果为主。果实长圆形，平均单果重 125 g，最大单果重 230 g。果皮黄绿色，果顶有红晕，外观美。果肉乳白色，近核处微红，肉质柔软，汁多，含可溶性固形物 9％～11％，味淡甜(图 10-2-7)。

图 10-2-6　雨花露

图 10-2-7　冈山早生

5. 砂子早生

1966 年上海市农业科学院自日本引入。特早熟桃品种，果实生育期 65 d。果实卵圆形，果尖渐尖而直，缝合线中深，较明显，两侧对称。果中大型，平均单果重 170 g，最大单果重 300 g。果皮黄白色，顶部及阳面有红晕，果皮中厚，完熟后易剥离。果肉乳白色，质细而脆，多汁，味酸甜适度，半离核，含可溶性固形物 12％，品质上乘(图 10-2-8)。

6. 安农水蜜

由安徽农业大学园艺系主持从日本砂子早生中选育而成，果型特大、外观美、风味好，特早熟水蜜桃新品种，果实生育期 65 d。平均单果重 245 g，最大单果重 558 g。果实长圆形至近圆形，果皮底色乳黄，全面着生美丽红霞，含可溶性固形物 13％，果肉乳白色，肉质细嫩，汁液多，味香甜，品质上等。本品种无花粉，栽植时应配置授粉品种(图 10-2-9)。

图 10-2-8　砂子早生

图 10-2-9　安农水蜜

7. 早香玉(北京 27)

北京市农业科学院通过杂交育成的早熟品种，果实生育期 65～90 d。北京市及河北省栽培较多。树姿较开张，以长、中果枝结果为主，花粉多。果实近圆形，平均单果重 100 g，果肉乳白色，近皮部红色，肉细汁多，味甜香，品质中上，黏核。6 月下旬成熟，较丰产(图 10-2-10)。

8. 京春(74-16-5)

北京市农林科学院育成的早熟品种，果实生育期65～90 d。树势强健，树姿半开张。各类果枝都能结果，以复花芽为主，丰产性良好。果实近圆形，平均单果重133 g，最大单果重154 g。果皮黄白色，阳面有红色条纹，果肉白色，质柔软，汁液多，含可溶性固形物15%，味甜，品质优(图10-2-11)。

图10-2-10　早香玉

图10-2-11　京春

9. 早凤王

日本早熟品种，果实生育期65～90 d。平均单果重240 g，最大单果重620 g，果实近圆形，果皮底色乳白，果面着粉红色片状彩霞或红晕，艳丽美观。果肉较硬，完熟后柔软多汁，味甜，有香气，含可溶性固形物13%～14%(图10-2-12)。

10. 源东白桃

浙江金华市源东园艺场选育而成的早熟品种，果实生育期65～90 d。果实卵圆形至圆形，缝合线浅，平均单果重286 g，最大单果重485 g。果皮色泽白中透黄，阳面有断续红色条纹。果肉乳白透黄，无红色素，肉质细，柔软多汁，纤维少，味浓甜具芳香，含可溶性固形物14%，黏核(图10-2-13)。

图10-2-12　早凤王

图10-2-13　源东白桃

11. 庆丰(北京26)

北京农业科学院用大久保×阿目斯丁育成的早熟品种，果实生育期65～90 d。树体生长健壮，树姿较直立。果实端正，近圆形，半部对称。平均单果重120 g，最大单果重200 g。果皮较厚，果皮底色淡黄绿色，阳面有深红色细点状晕斑。茸毛较多，果点小而少，果皮较易剥离，果肉柔软致密，乳白色，纤维中等，汁液多，风味香甜，黏核。含可溶性固形物17.0%，品质上乘，较耐贮运（图10-2-14）。

12.白凤

生于中国北部，华北地区。中熟品种，果实生育期90～125 d。果实中大或较大，近圆形，底部稍大，果顶圆，中间稍凹，梗洼深而中广，缝合线浅。果面黄白色，阳面鲜红，皮较薄，易剥离。肉质乳白，近核少量红色，果肉致密，汁多，味甜，香味淡，品质上等，黏核，耐贮运（图10-2-15）。

图10-2-14　庆丰

图10-2-15　白凤

13.大久保

日本品种，中熟品种，果实生育期90～125 d。果个大，平均单果重200 g，最大单果重500 g。果实近圆形，果顶平，中央微凹，缝合线浅。果皮绿黄色，阳面有鲜红晕，完熟时易剥离。果肉乳白色，阳面有红色，硬溶质，耐贮运，离核，味香甜，品质上等。除供鲜食外还可加工制罐（图10-2-16）。

14.皮球桃

中熟品种，果实生育期90～125 d。果实椭圆形，果顶平，中央微凹，梗洼深，缝合线浅，两侧较对称。果形大，平均单果重210 g，最大单果重400 g，果皮粉白色，茸毛较短，果面易着粉红色晕，果肉乳白色，肉质硬脆致密，过熟则肉质变软。风味浓甜，汁较少，无香气，离核，含可溶性固形物11%～14%，耐贮运（图10-2-17）。

图10-2-16　大久保

图10-2-17　皮球桃

15.湖景蜜露

无锡市郊梅园乡桃园中发现的中熟品种，果实生育期90～125 d。果实圆形，外观美丽，平均单果重160 g，最大单果重233 g。果肉乳白色，风味甜，有香气。该品种品质优良，采收期较长，是无锡地区主栽中熟水蜜桃品种之一，7 月中旬果实成熟(图 10-2-18)。

16. 京艳(北京 24 号)

北京市农林科学院以绿化 5 号×大久保杂交选育而成的晚熟品种，果实生育期 125～150 d。果实近圆形，整齐，果顶平，中央凹入。平均单果重 120 g，最大单果重 210 g，果皮底色黄白稍绿，近全面着稀薄的鲜红或深红色点状晕，背部有少量断续条纹，果皮厚，完熟后易剥离，果肉白色，阳面近皮部淡红色，核周有红霞，肉质致密，完熟后柔软多汁，风味甜，有香气。品质上乘，黏核，耐贮运，罐藏性能优良(图 10-2-19)。

图 10-2-18　湖景蜜露

图 10-2-19　京艳

17. 新川中岛

由山东省果树研究所从日本引进的晚熟品种，果实生育期 125～150 d。适应性强，可以满足不同种植需求，高产丰产，适合全国大部分地区种植。果实大型，平均单果重 260～350 g，最大单果重 460 g。果实圆形至椭圆形，果顶平，缝合线不明显，果实全面鲜红色，色彩艳丽，果面光洁，绒毛少而短。果肉黄白色，核附近淡红色，半黏核，核小而裂核少，可食率高达 97%(图 10-2-20)。

18. 简阳晚白桃

四川省简阳市特有晚熟水蜜桃品种。简阳晚白桃适应性极强，抗旱、耐瘠薄，丰产性和稳产性好。果实较大、整齐度高，果实香甜可口，软溶质，多汁化渣，风味浓郁。8 月上中旬成熟，此时市场优质桃极少，竞争力强，本品种以“早结、丰产、晚熟、果大、质优”著称(图 10-2-21)。

图 10-2-20　新川中岛

图 10-2-21　简阳晚白桃

19. 莱山桃

山东烟台市莱山区曲村发现的实生变异晚熟品种，果实生育期 125～150 d，1995 年经烟台市果树专家鉴定并命名。果实近圆形，果个大，平均单果重 326 g，最大单果重 510 g。果实阳面鲜红色，果肉白色，肉质细密，味甘甜，含可溶性固形物 14%～16%，较耐贮运(图 10-2-22)。

20. 冬桃

冬桃又称雪桃、贡桃，属特晚熟桃品种，果实肉质细腻，甘甜多汁、清脆芳香、口感好，营养较一般桃子高 2～3 倍，11 月中旬果实开始成熟，果实发育期长达 240 d 左右。桃果圆形，两半对称，平均单果重 175 g，最大单果重 378 g。果实茸毛短密，果皮底色青色，阳面粉红色，着色面积可达 70%以上。果肉乳黄色，硬溶质，含可溶性固形物 16.1%以上(图 10-2-23)。

图 10-2-22 莱山桃

图 10-2-23 冬桃

21. 中华寿桃

中华寿桃是由冬桃自然芽变中选育出的新品种，也是特晚熟桃品种，果实生育期 150 d 以上。果实最大可达 1 000 g 以上，多数均在 500～700 g。色泽美，成熟后的大桃颜色鲜红，外形美观，果肉软硬适度、汁多如蜜，食后清香爽口，风味独特，含糖量可达 18%～20%，含有许多人体所必需的维生素及氨基酸等(图 10-2-24)。

图 10-2-24 中华寿桃

(二)常见黄桃品种

1. 金童 5 号

原产美国。中熟品种，平均单果重 158.3 g。果近圆形，果顶圆或有小突尖。果皮黄，果肉橙黄，不溶质，细韧，汁液中，纤维少，味酸甜，有香气，黏核，丰产性好。罐藏加工吨耗为 1∶0.87，果皮下和近核处均无红晕，最宜加工出口罐头。成熟期为 7 月中下旬(图 10-2-25)。

2. 金童 7 号

原产美国新泽西州，杂交品种(Baby gold 7)，1974 年引入我国。果实特大，平均单果重 181 g，最大单果重 250 g。果实近圆形，果顶圆或有小突尖，两半部较对称。缝合线宽，浅而明显，梗洼深广。果皮底色橙黄，果面大部分着红晕。果肉橙黄色，腹部稍着红晕，近核处无红色或微显红色，肉质为不溶质，细密，韧性强，纤维少，香气中等，汁液较少，味酸多甜少，含可溶性固形物 11%～13%，总糖 8.6%，总酸 0.58%，黏核，耐贮运(图 10-2-26)。

图 10-2-25　金童 5 号

图 10-2-26　金童 7 号

3. 连黄

连黄又称黄露，制罐品种。平均单果重 170 g 左右，果实椭圆形，果顶圆平，果皮和果肉皆为橙黄色，肉质细密，不溶质，黏核，味甜酸，加工性状好（图 10-2-27）。

图 10-2-27　连黄

（三）常见油桃品种

1. 曙光

中国农业科学院郑州果树研究所于 1989 年以美国油桃品种丽格兰特为母本，北京市农林科学院油桃优系 26-2 为父本杂交培育而成。

早熟黄肉甜油桃。果实近圆形，平均单果重 80～90 g，最大单果重 120 g。果顶平，全面着鲜艳红色，有光泽，艳丽美观。果肉黄色，肉质脆，风味甜，香气浓郁，品质佳，耐贮运（图 10-2-28）。

2. 艳光

中国农业科学院郑州果树研究所于 1990 年以北京市农林科学院油桃优系 25-10 为母本，美国油桃品种阿姆肯（Armking）为父本杂交培育而成。

早熟白肉甜油桃。果实椭圆形，平均单果重 100 g，最大单果重可达 130 g 以上。果皮底色发白，80％着玫瑰红色，外观美丽。果肉脆，风味甜，有芳香，品质优良。丰产性强，结果早，是很有栽培前途的白肉甜油桃品种（图 10-2-29）。

图 10-2-28　曙光

图 10-2-29　艳光

3.瑞光5号

北京市农林科学院以京玉×NJN76杂交选育而成，原代号81－26－28。果实近圆形，果顶圆，平均单果重145 g，最大单果重158 g。果皮底色黄白，果面1/2以上着紫红色点或晕，皮不易剥离，果肉白色，硬溶质，完全成熟后多汁，味甜，含可溶性固形物10%左右，黏核(图10-2-30)。

4.中油5号

中国农业科学院郑州果树所强力推出的中油4、5、7号等系列品种中的白肉、纯甜型重点品种。果实近圆形，果个大，平均单果重120 g，最大单果重180 g，着玫瑰红到鲜红色，艳丽美观。果肉白色，硬溶质，耐贮运，浓甜有香气，黏核，极丰产，仅有少量裂果(图10-2-31)。

图10-2-30　瑞光5号

图10-2-31　中油5号

5.早红宝石

中国农业科学院郑州果树所杂交育成的早熟品种，1998年通过品种审定。果实近圆形，果皮光亮美观，橙红色，平均单果重100 g左右，较耐贮运。果肉黄色，脆甜，风味佳，含可溶性固形物12%，不裂果(图10-2-32)。

6.早红2号

美国培育，1985年从新西兰引入我国。果实圆形，两半部对称，果顶微凹。平均单果重160 g。果皮底色橙黄，全面着鲜红色，有光泽，皮不易剥离(图10-2-33)。

图10-2-32　早红宝石

图10-2-33　早红2号

(四)常见蟠桃品种

1.瑞蟠2号

北京市农林科学院育成，亲本是晚熟大蟠桃×扬州124。果实扁平、圆形，果顶稍凹入。

果个较大，平均单果重 150 g，最大单果重 220 g。硬溶质，风味甜，果面 1/2 着玫瑰红晕，黏核，不裂顶或很少裂顶（图 10-2-34）。

2. 瑞蟠 3 号

北京市农林科学院 1995 年育成，亲本是大久保×陈圃蟠桃。果实扁平、圆形，果顶稍凹入。果个较大，平均单果重 150 g，最大单果重 220 g。硬溶质，风味甜，果面 1/2 着玫瑰红晕，黏核，不裂顶或很少裂顶（图 10-2-35）。

图 10-2-34　瑞蟠 2 号

图 10-2-35　瑞蟠 3 号

图 10-2-36　早露蟠

3. 早露蟠

北京市农林科学院杂交育成。撒花红蟠桃为母本，早香玉为父本。果实扁平形，果顶凹入，果皮底色乳黄，果面着鲜艳红晕，茸毛中等，皮易剥离，果肉乳白色，近核处微红，硬溶质，微香，风味甜，含可溶性固形物 11.2%～13.6%，黏核，核小，裂核少（图 10-2-36）。

4. 紫蟠

果实在黄淮地区 7 月中旬成熟，平均单果重 195 g。果形扁圆，果皮底色黄白，着紫红色。含可溶性固形物 14.5%，脆甜（图 10-2-37）。

5. 燕蟠

果实在黄淮地区 7 月中旬成熟，平均单果重 148 g。果形扁圆，果皮底色黄白，着深红色。含可溶性固形物 15%，味甜（图 10-2-38）。

图 10-2-37　紫蟠

图 10-2-38　燕蟠

任务三　桃树生物学特性

课前思考

1. 根系是桃树营养及水分吸收的主要器官，了解根系的生长规律。

2. 枝是桃树树体形成的骨架、叶片和果实生长的基础，了解桃枝条的种类及其生长规律。

3. 阐述生态环境是如何影响桃树各组织器官的发育。

桃树生物学特性

基础知识

一、桃树的根系

（一）根系的功能

一株完整的桃树通常分为地上部和地下部两大部分。地上部包括树干、枝条、芽、叶片、花、果实和种子，地下部即为根系。桃树的根系具有固定植株、吸收水分和营养元素等功能。

（二）根系的结构

根系是由骨干根、各级侧根、众多的须根和无数的吸收根组成的总体。根系吸收水分和营养主要是靠须根先端的白色吸收根。

（三）根系的分布

根系分布的深度和广度，因砧木种类、土壤条件、地下水位和农业技术措施的不同而有差异。在一般的土壤条件和通常的管理水平下，根系主要分布在地表以下 10～40 cm 的土层中。桃树根系呼吸作用旺盛，需氧量大。

据研究，只有土壤含氧量在 10%以上时，根系才能正常生长。土壤含氧量下降到 5%时，根系生长明显减弱，低于 2%时，细根就会死亡。积水会排除土壤空隙中的氧气，使土壤中含氧量降低，这就是桃树不耐涝、易被淹死的主要原因。

（四）根系的生长规律

早春当土壤温度上升到 5 ℃时开始发生新根。4 月中下旬，气温在 20 ℃左右时，根系生长最为旺盛。7 月中旬至 8 月下旬气温在 30 ℃以上时，根系生长变得缓慢甚至停止。9 月上旬至 10 月上旬，气温在 20 ℃左右时，根系第二次生长，但生长势比第一次弱，生长期比第一次短。11月上旬，当土温下降至10℃左右时，根系停止生长，进入冬季休眠。

二、芽的种类及其特性

（一）芽的种类

芽的种类主要有叶芽与花芽，叶芽着生在枝条顶端和叶腋部位（图10-3-1）。花芽有单花芽、复花芽之分，复花芽多、着生节位低、花芽充实、排列紧凑，是丰产性状之一。

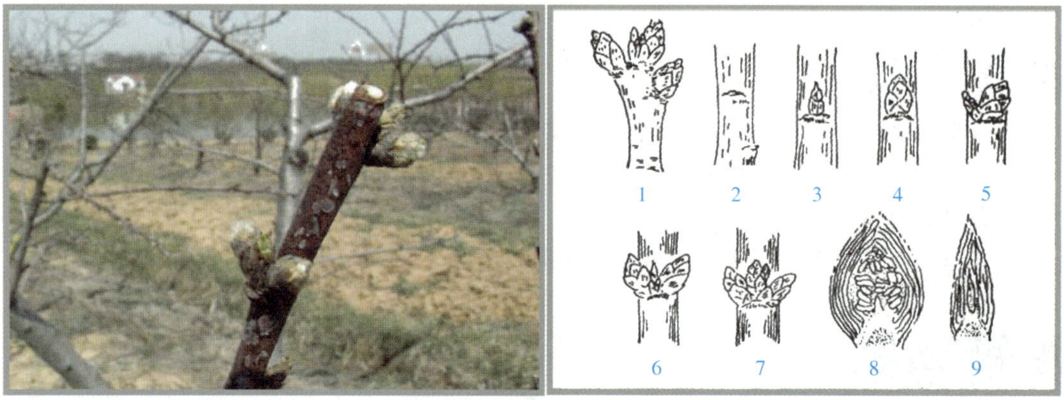

1. 短果枝；2. 潜伏芽；3. 单叶芽；4. 单花芽；5. 双芽；6. 三芽；7. 四芽；8. 花芽；9. 叶芽

图10-3-1　桃花芽和叶芽示意图

（二）芽的特性

旺梢上的侧生叶芽具有早熟性，当年可萌发，抽生1～3次副梢。桃树的叶芽萌发率很高，一般只有枝条基部的少数几个叶芽不萌发而形成潜伏芽。桃树的花芽为纯花芽，侧生，着生在叶芽的旁边。花芽有单花芽、复花芽之分，同一节上只着生一个花芽的称为单花芽，叶芽两侧各着生一个花芽的称为复花芽。

三、枝的种类及其生长规律

（一）桃树枝条按其主要功能分为生长枝和结果枝两类

1. 生长枝

1～3年生的幼树生长枝比例较大，进入结果期以后，生长枝比例迅速减少，管理正常的桃园，树冠成形后几乎全部为结果枝。生长枝按其生长势强弱，又可分为发育枝、徒长枝。发育枝主要分布在骨干枝先端，生长势强旺，粗度为1.5～2.5 cm，有大量副梢，其主要功能为形成树冠的骨架。徒长枝主要分布在骨干枝的中后部，直立向上生长。徒长枝生长势强旺，生长季若不加以控制，常常形成树上“树”，造成树形紊乱，产量降低，果实品质下降。徒长枝的发生主要是骨干枝角度过大，修剪不当所致。

叶丛枝，多由枝条基部的芽萌发而成。由于营养不足，萌发后不久，便停止生长，枝长在1 cm以下，可延续多年仍为叶丛枝，而且萌发常形成叶丛。在条件适合时，叶丛枝可以萌发成不同类型的枝条(图 10-3-2)。

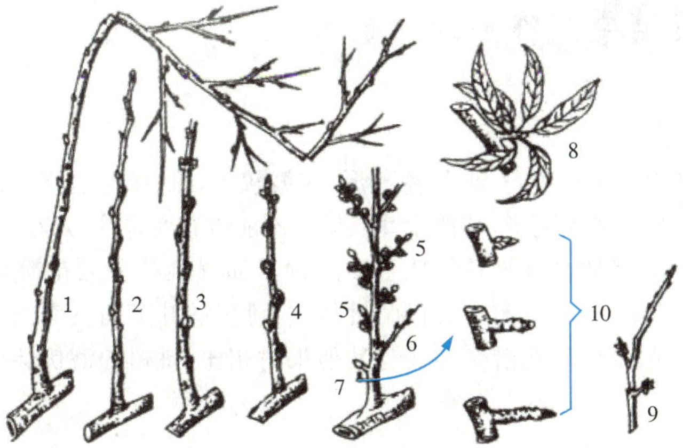

1. 徒长枝及顶端的二三次枝;2. 普通长果枝;3. 长果枝;4. 中果枝;5. 短果枝
6. 纤弱枝 7. 叶丛枝 8. 短果枝 9. 花束状果枝 10. 不同类型叶丛枝

图 10-3-2　桃的枝条类型

2. 结果枝

桃树的结果枝按其长度可分为徒长性果枝、长果枝、中果枝、短果枝和花束状果枝 5 类(图 10-3-3)。徒长性果枝长 60 cm 以上,粗 1～1.5 cm,生长较旺,花芽质量较差,坐果率较低,常利用其培养健壮枝组。长果枝长 30～60 cm,粗 0.6～1 cm,枝上花芽多,多复花芽,是大多数品种的主要结果枝。中果枝长 15～30 cm,粗 0.4～0.5 cm,主要用于结果,有时也留作预备枝。短果枝长 5～15 cm,粗 0.3 cm 左右,可用于结果,但结果后发枝能力差,易衰枯。花束状果枝长 5 cm 以下,花芽密集成束,结果后易衰枯。

图 10-3-3　桃的结果枝类型

(二)枝的生长规律

桃树的新梢在一年中生长动态有一定的规律。生长势强旺的新梢,如徒长枝、发育枝徒长性果枝,在旺盛生长的同时,部分叶腋中的芽当年又萌发成枝,称为二次枝,又称“副梢”。副梢叶腋中的芽如当年再次萌发成枝,则称为三次枝,又称“二次副梢”。就整个树体来说,新梢如能在生长前期迅速生长,形成大量叶片,不仅有利于当年果实的发育,更可使新梢上的芽发育饱满，多形成花芽，对第二年的产量有良好的影响。

四、花、叶及其结果习性

(一)花

桃花从外部形态上可分两种：一种是蔷薇形，花瓣较大，雌、雄蕊包于花内或稍露于花外，大部分品种属此类型。另一种是菱形，花瓣小，雌、雄蕊不能被花瓣包住，开花前部分雄蕊已成熟。

桃花为完全花。大多数品种为花粉能育类品种。部分桃品种无花粉或少花粉，未经授粉受精而结实，称为单性结实，其果实小，俗称"桃奴"。桃树的叶芽萌发率很高，一般只有枝条基部的少数几个叶芽不萌发而形成潜伏芽。与其他果树相比，桃树的潜伏芽少，寿命也短。

(二)叶

桃树的叶由托叶、叶柄和叶片 3 部分组成。托叶为披针形，很小，叶片长成后即脱落。叶片大体为披针形。在生产实践中，要想丰产稳产，就必须通过合理的修剪和周到的病虫防治来确保叶片的量，提高叶片的质量。

(三)结果习性

桃树枝条容易成花。大多数品种自花授粉有一定的坐果率(异花授粉坐果率更高)。少数品种花粉败育，必须配置授粉品种方可确保丰产。

长果枝是桃树最主要的结果枝条，通过适当修剪，可保持其连续结果能力。中果枝也是较好的结果枝条，生长势衰弱，年龄较老的树此类果枝较多。短果枝的结果能力较长果枝与中果枝弱，寿命也短，连续结果能力也差，是老树和弱树的主要结果枝条。花束状果枝结果能力更差，寿命也更短，衰老树多具此类果枝。徒长性果枝由于生长过旺，结果能力很差，通过修剪可用于培养结果枝组。

各类果枝及短截后的结果状。桃树的结果枝经过短截后，在开花坐果的同时还能由叶芽萌发出结果枝。只有靠近健壮枝条中部的叶芽，才能形成良好的中、短结果枝，其结果部位有逐年上升的趋势。不同品种的主要结果枝类型不同。目前生产上所采用的绝大多数品种长、中、短枝均可成花结果，一般北方群品系以中短果枝结果为主，南方群品系以长中果枝结果为主。枝条的长度和比例除受遗传因素影响以外，栽培管理和结果多少也是影响新梢生长的重要因素。在肥水管理正常的情况下，人们可以通过各种修剪方法和是否留果以及留果数量来调整新梢的生长和结果枝比例，从而实现优质、丰产、高效的栽培目标。

五、桃树对环境条件的要求

桃原产我国海拔较高、生长季日照长、光照强的西北地区，长期生长在土层深厚、地下水位低的轻质土壤中，空气干燥、冬季寒冷的大陆性气候，形成了桃树喜光、耐旱、耐寒的特性。

(一)温度

桃树喜温耐寒，从南纬 35°～40°到北纬 50°之间的广大地区都有分布，但经济栽培多在北纬 25°～45°。

从我国主要桃产区的气温情况分析，南方品种群适栽地区年平均温度为 12～17 ℃，北方品种群为 8～14 ℃，南方品种群更耐夏季高温。通常生长期平均气温在 13～18 ℃即可栽培桃树。

根据桃树的生态要求，中国农业科学院郑州果树研究所以冬季绝对最低温不低于－25 ℃为北线，以休眠期的日平均气温低于 7.2 ℃的天数在 1 个月以上者为南线，绘出了我国桃树适生带的北界和南界。

(二)光照

桃原产地海拔高、光照强，形成了桃喜光的特性，植株表现为树冠小，干性弱，树冠稀疏，叶片狭长。桃喜光的特性要求在栽培上必须注意控制好桃树群体结构和树体结构，合理调控枝叶密度，采用开心树形，生长季多次修剪，使桃园通风透光良好。

(三)土壤

桃树在平原、丘陵和山坡地上均可栽植，在沙土、壤土、黏土及沙石含量较高的山前冲积扇上都能生长，但最适宜的是透气性、排水性良好，土层深厚的沙质壤土。

桃树最怕水淹和长时间湿度过大。淹水 2～3 d 的桃园就会出现大量死树。地下水位高、土壤湿度长期偏大会导致根系早衰，叶片变薄、叶色变淡、光合能力降低，进而导致落叶、落果、流胶等现象的发生，甚至造成植株死亡。

任务四　桃树苗木繁殖

课前思考

1. 国内桃栽培产区主要桃树砧木的品种有哪些？各砧木的生长习性有什么特点？
2. 桃树苗木无性繁殖方式多样，嫁接的方法有哪些？
3. 阐述桃树苗木分级原则及注意事项。

基础知识

桃树与其他果树一样，是多年生经济作物。苗木在品种上的优劣、质量上的好坏对桃园未来的经济效益有很大影响。可以说培育良种和优质果苗是果树生产的第一个重要环节。

一、苗圃的建立

苗圃的建设是果树生产上重要环节，也是优质果苗繁育的先决条件。关乎整个树体一生的生长与结果。

果园苗圃的选址是优质苗木生产的先决条件，关乎果树的产量、质量及生产成本。苗圃地选择不当将会引起此后生产中的诸多不便，应避免在山麓、山谷洼地容易积存冷空气而造成霜冻的地区或风口以及常年积涝地建园；山区要根据所栽果树的种类和生长习性选择坡向和海拔高度；山地果园如坡度大于15°时，应整修水平梯田；坡度较缓时，可等高栽植，行间种草，以利保持水土，防止冲刷；同时根据规模大小，考虑必要的灌溉水源、交通运输和动力能源供应等。

虽然能人为改变部分不利环境，如土壤改良、建设防护林带等，但此类改变毕竟有限并且会增加生产的成本。在桃园的规划选址中，首先尽量选择有利于果园建设的地形地貌、海拔高度、区域气候、土壤类型、便捷的水源、交通及通信等条件，然后通过应用科技和机械进行不利条件的改造，使之成为优质丰产的高效果园。

二、育苗技术

苗木是果树种植成功的重要基础，苗木质量直接关系到桃树的生长和高产，因而世界各国均进行了桃树苗木繁育研究，并且重视程度越来越高。国内桃树育种方式分为有性繁殖和营养繁殖等方式，有实生砧木育苗、组织培养育苗、扦插繁殖育苗等繁殖技术；其中有性繁殖以实生砧木嫁接育苗为主，其作为传统的桃树育苗技术已非常成熟，也是桃树生产中应用最为广泛的繁殖技术。而营养繁殖方法很多，如嫁接、扦插、压条、组织培养等，对桃树来说，扦插、压条不易成活，组织培养也还未进入实用阶段。因此，目前生产上较多采用嫁接法繁殖苗木。

（一）砧木的选择与培育

桃树砧木有乔化砧及矮化砧两种类型，乔化砧以山桃及毛桃砧木为主，而矮化砧有毛樱桃、郁李及欧李等。桃树砧木种类较多，毛桃、山桃、甘肃桃、陕甘山桃、光核桃、新疆桃、扁桃、李、杏、毛樱桃和欧李等均可作桃树的砧木。毛桃应用最为广泛，在山东、河北、山西、陕西、河南、甘肃、湖北、湖南、安徽、江苏、浙江、福建、贵州、四川、云南、广东、江西、新疆均有应用；其次是山桃，在辽宁、吉林、山东、山西、陕西、河南、甘肃、河北、新疆有应用；甘肃桃和陕甘山桃主要在陕西、甘肃、四川北部应用；新疆桃和扁桃在新疆有应用；而李主要在江苏、四川、甘肃应用；杏在甘肃、内蒙古应用；毛樱桃在浙江、江苏、江西有应用。

1. 毛桃

适应性强，生长势、耐寒力都比较强，与桃品种嫁接亲和力好，根系发达，植株生长旺盛，但不耐涝，是桃树的主要砧木，也是我国生产上使用最广的栽培桃砧木，既能适应湿润多雨的南方地区，也能适应寒冷干旱的西北地区。

2. 山桃

适应性强，嫁接亲和力强，耐旱、耐寒、耐盐碱，但怕涝，地下水位高的桃园易患黄叶病、根癌病和茎腐病，也是桃树的主要砧木。适宜干旱、冷凉气候，为我国北方桃产区的主要砧木，但不适应南方高温多湿的气候。

3. 毛樱桃

抗寒、抗旱、耐瘠薄，适应性强，嫁接亲和力中等。作桃的砧木，具有显著的矮化性、早果性、早熟性，并能提高果实品质。毛樱桃的涝害指数明显低于山桃和毛桃，表现出较强的耐涝性。耐涝性强弱依次为毛樱桃＞毛桃＞山桃。

（二）苗木繁殖

通过培育实生砧木苗，如毛桃、山桃苗。甘肃、内蒙古、辽宁、黑龙江有用杏、李作砧木的习惯，然后进行无性繁殖，如嫁接。

嫁接是以桃树增殖为主要目的而进行营养繁殖或品种性状改良的一种手段，是将品种接穗的枝条或芽体接到砧木上形成新的独立植株的过程。砧穗亲和力强弱与砧穗亲缘关系有关，同种、同属异种亲和力强，不同科、同科异属亲和力弱。只有选择砧木和接穗亲和性较强的同一品种或相近品种才能嫁接成功。

嫁接后砧木为该植株的根系，担负嫁接苗的营养及水分的吸取。接穗需从无病虫害母本、中庸健壮、优良品种树冠外围生长充实、芽体饱满的 1 年生枝条上采集，而细弱、徒长、落叶等桃树枝不宜作接穗。生长期的接穗，选取新梢部位枝条，疏除叶片仅留叶柄，捆绑扎实并附上品种标签。采集后将其放于阴凉处并把接穗下部插入凉水或湿润沙土中，上部用湿棉絮、麻袋进行包裹，防止高温环境下芽体提早萌发。

嫁接方法：根据嫁接接穗不同，桃树嫁接方法分为芽接、枝接等。

1. 芽接

芽接是以芽片作接穗的嫁接方法。芽接操作的时间较长，整个生长季均可进行；芽接节省繁殖材料，接口伤口面积小，砧木和接穗之间结合牢固，成活率高，技术简便，工作效率高。常见的芽接方法包括“T”形芽接、嵌芽接。

（1）“T”形芽接　“T”形芽接伤口处类似于“T”，也称之为“T”形芽接或盾形芽接。具体操作方式如下。

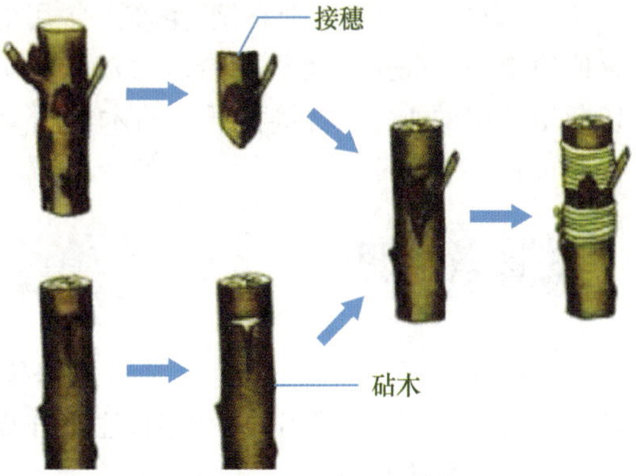

图 10-4-1　桃芽接示意图

当砧木处于生长活跃状态时候，首先在离地面 5～8 cm 光滑无分枝处横切一刀，深度以切断皮层为宜，接着在横切口向下纵切长约为 1 cm，呈现出“T”形伤口；然后在有芽的接穗下方约 1 cm 处向上斜切一刀，芽上方约为 1 cm 横切一刀呈现盾形，带叶柄掰下芽体，不带木质部；其次将削好的芽片插入砧木，使砧木和接穗的横切口对齐，最后用专业嫁接胶带或嫁接膜进行绑扎。接穗成活后 14 d 叶柄即可脱落。

（2）嵌芽接　嵌芽接在春季萌芽前和生长季均可进行，砧木和接穗无需离皮，带木质部嫁接。具体操作方式是：首先在接穗芽上方 1 cm 处向下削 2 cm 长的斜切面，在芽下方 0.5～1.0 cm 处倾斜 45°斜切 1 刀，取下带木质部芽片；其次在砧木合适的光滑部位切一个与接穗芽体大小和形状相似的切口，将接穗芽体嵌入砧木接口，芽片上端必须露出一小部分砧木皮层，最后用专业嫁接胶带或嫁接膜进行绑扎紧实（图 10-4-1）。

2. 枝接

将具有 2～3 个芽的一段枝条作接穗的嫁接方法叫枝接，接穗枝可分为以半木质化新梢作接穗的绿枝嫁接和全木质化的一年生枝条作接穗的硬枝嫁接。枝接最大的优点是生长快、易成活，但消耗大量的接穗，嫁接持续的时间不如芽接长，嫁接方法比芽接复杂，工作效率不高。常见的枝接方法有切接、劈接和腹接。

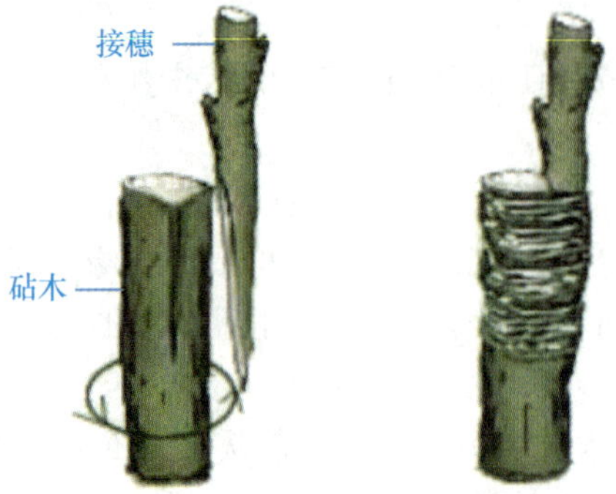

图 10-4-2　桃枝接示意图

(1)切接　从砧木一边切口插入接穗，适用于根径 1～2 cm 粗的砧木。首先在接穗带芽的背下面 1 cm 处斜削掉 1/3 的木质部，斜面长约为 2 cm；在斜面的背面斜削 1 个短斜面，稍削去一些木质部，短斜面长 0.8～1 cm。其次在距地面 2～3 cm 处剪除砧干，选取砧皮厚、光滑、纹理顺的砧木切面略削少许，再在皮层内略带木质部垂直切下 2 cm 左右深；最后将接穗插入砧木的切口中，使接穗的长斜面两边的形成层和砧木切口两边的形成层对准、靠紧，用嫁接膜绑紧接口并密封包扎接穗(图 10-4-2)。

(2)劈接　首先将砧木嫁接部位剪平，在中心处纵劈一刀，切口长 3～4 cm，接穗于芽下两侧削成一个对称的楔形，削面为 3 cm；其次撬开砧木切口并插入接穗，使砧木和接穗形成层至少一侧对齐，最后立即包扎接口。较粗的砧木可在切口两端同时嫁接 2 根接穗。

(3)腹接　一般用于高接，生产上常用的是皮下腹接。砧木削取与嵌合芽接相似，在砧木离地约 10 cm 处选平滑处稍带木质部从上至下纵切一刀，切伤面与接穗芽长度相等或稍长，并切断切开层的 1/2。将接穗插入砧木的切口中，两者形成层一边或两边对齐并用嫁接膜绑紧密封包扎。

三、育苗管理

不论芽接还是枝接，都需及时除去嫁接苗上的萌蘖，并注意保湿、施肥、防治病虫等。11 月中、下旬至翌年 1 月都可以出圃，注意分级、假植，上覆一层稻草。出圃时根系蘸泥浆，包装要保护好整形带内的芽。

四、苗木出圃

苗木出圃是育苗工作的最后一环，也是重要的一环。出圃准备工作充足与否，出圃技术的好坏，直接影响苗木质量、定植成活率及幼树的生长。因此，必须保证出圃质量，制定并遵守苗木出圃技术规程。

(一)起苗

1. 桃树起苗适期

起苗适期依果树种类及地区的不同而异。桃树多在秋季苗木新梢停止生长并已木质化、顶芽已形成并开始落叶时进行。其顺序先后可根据苗木停止生长的早晚确定，桃苗木停止生长较早，可先起。秋季起苗可避免苗木冬季在田间受冻及鼠畜害。桃苗秋起后可秋植或假植，同时还可利用起苗后的苗圃地播种绿肥，提高土壤肥力。

2. 桃树起苗方法

起苗前几天应做好起苗准备，对桃苗木先进行挂牌标明品种、砧木类型、来源、苗龄等。若土壤过于干燥，应充分灌水，以免起苗时损伤过多的须根，待土壤稍疏松、干爽后即可起苗。起苗分不带土和带土两种方法。桃树在休眠期起苗不带土对成活影响不大，因其已处于休眠状态。

（二）桃树选苗分级

起出的桃树苗木要尽量减少风吹日晒时间，及时根据苗木的大小、质量好坏进行分级。苗木质量的好坏直接影响栽植成活率和生长结果的好坏。分级应根据苗木规格进行，不合格的苗木应留在苗圃内继续培养。在进行分级时应同时剪除生长不充实的枝梢及病虫为害部分和根系受伤的部分，保障剪口要平滑。

不同地区和不同气候条件对桃苗木出圃的要求为品种纯正，砧木类型正确，地上部枝条健壮、充实，具有一定高度和粗度，芽饱满，根系发达，须根多，断根少，无严重的病虫害及机械伤，嫁接苗的接合部愈合良好。

（三）桃树苗木检疫和消毒

1. 苗木检疫

苗木检疫是防止病虫害传播的有效措施，对新发展果树的地区尤为重要。苗木出圃时要严格检验，以保护果树生产事业的顺利发展。据农业部植物检疫的规定（2009 年），列入全国对内检疫对象的果树病虫害种类有：果蠹蛾、葡萄根瘤蚜、美国白蛾、李坏环斑病毒。此外，部分省市制订了《农业植物检疫性有害生物补充名单》。苗木在包装前应经国家检疫机关或指定的专业人员检疫，然后发给检疫证。苗圃人员及其他有关人员须遵守检疫条例，严禁引种带有检疫对象的病虫害的苗木。

2. 苗木消毒

苗木常用的消毒方法有以下两种：

（1）消毒杀菌法　用 3～5 °Be 石硫合剂喷洒或浸苗 10～20 min，然后用清水冲洗根部。苗木数量少时，可用 0.1%升汞水浸苗 20 min 后清水冲洗 1～2 次，用 1∶1∶100 波尔多液浸苗 10～20 min 再用清水冲洗根部。

（2）熏蒸剂的应用　用氰酸气熏蒸，每 1 000 m^3 容积（房间或箱子）可用氰酸钾 300 g、硫酸 450 g、水 900 mL，熏蒸 1 h。氰酸气毒性大，要特别注意安全。

（四）苗木包装、运输与贮藏

苗木检疫消毒后即可包装，包装材料应就地取材，选择质轻、坚韧并能吸足水分保持湿度，而又不致迅速霉烂、发热、破散，如草帘、蒲包、草袋、塑料布、编织袋等均可作为包装材料。填充物可选择碎稻草、碎颖壳、木屑以及苔藓等。绑缚材料用草绳、斥绳等。包装时大苗根部可向一侧，用草帘将根包住，其内加填充物，小苗则可根对根摆放。包裹之后用湿草绳捆绑，每包株数根据苗木大小而定，一般 30～500 株。包好后挂上标签，注明树种、品种、数量和等级。

苗木不能及时外运或栽植时，必须进行短期假植。如果翌年春季外运或栽植则要进行越冬假植或贮藏。短期假植可挖浅沟，将根部埋在地面以下即可。如为越冬假植，应选地势平坦，避风不积水处挖沟假植。沟深 50 cm 左右，沟宽 1 m 左右，沟长视苗木数量而定。最好是南北延长开沟，苗向南倾斜放入，根部均以湿沙土填充。嫁接苗培土深达苗高的 1/3，严寒地区要求培土到定干高度（70 cm 以上）。砧木苗一般较矮小，可全部埋上沙土。沟面覆土高出地面 10～15 cm，并整平以利于排水。

任务五 桃的土肥水管理

课前思考

1. 土壤是桃树茁壮生长的基础,如何管理土壤才能生产优质桃果品?

2. 桃树不同生育期对肥料种类及施肥量需求不同,依据桃树生长特性如何科学合理施肥?

3. 桃生育期对含水量、需求量各异,如何管理桃园水分才能满足不同生育期需水量?

桃树土肥水管理技术

基础知识

桃园土肥水管理的任务在于采取各种措施提高土壤肥力,供给桃树以充足的土壤营养和水分,并在其他农业技术措施配合下,达到早果、丰产、优质的目的。

一、土壤管理

桃园土壤管理包括深翻改土、行间耕翻、中耕除草、果园覆盖、行间间作等。果园覆盖主要采用行间生草、行内清耕覆草。适宜的草种有白三叶、苜蓿、高羊茅等。待草根深扎、草体丰茂时,留茬 10～15 cm 刈割,割下的草覆于树盘。

幼龄桃园适当间作叶菜、豆类、绿肥等矮秆作物,可以改良土壤,以短养长,但不能间作高秆作物。冬季进行深翻改土,促进根系生长,深度依树龄、土质而定,一般为 40 cm 左右,幼树、黏重土深些,成年树、沙质土浅些,主干外围深些。由外向内翻,增加根际覆土,使畦中间高,两边低。

中耕常与施肥、除草结合。春草至梅雨期大部分陆续开花结籽、枯死,而夏草则相继萌芽生长,至高温季节达到高峰,导致水分竞争。因此,春草宜采用生草法,夏草宜及时除去,并覆盖于树盘之上。对于红壤土、黄壤土或黏重、偏酸、贫瘠的土壤,需深翻、增施有机肥,通过掺沙、炉渣、垃圾等措施培肥地力。对酸性土需每隔 2～3 年亩施石灰 50～100 kg,以降酸增钙。对于海涂盐碱滩地,在种植前需进行引淡洗碱或种植田菁、明日叶等作物降碱。

二、施肥

(一)桃树的营养特点

桃树对氮素反应较敏感,氮素过盛则新梢旺长,氮素不足则叶片黄化。钾对桃产量及果实大小、色泽、风味等都有显著影响。钾素营养充足,果实个大,果面丰满,着色面积大,色泽鲜艳，风味浓郁；钾素营养不足则果实个小，色差，味淡。桃对磷肥需要量较小，不足需钾量的30%，但缺磷会使桃果面晦暗，肉质松软，味酸，果皮上时有斑点或裂纹出现。桃树吸收氮、磷、钾的比例大致为10∶4.5∶15，每生产50 kg果实树体吸收氮、磷、钾的数量分别为125 g、50 g和150～175 g。

1.施肥时期

(1)基肥　基肥是土壤补充供给桃树在今后一年中(或较长时期内)使用的肥料，以迟效性有机肥为主。桃树基肥适宜施用期是秋季。可于9—10月结合桃园深翻施入。

(2)追肥　追肥是在基肥的基础上，对桃树一年中需要养分的几个主要物候期补充供应的肥料，以速效性肥料为主。根据桃树一年中各物候期的特点，一般认为可安排以下3次追肥：萌芽前追肥，以速效性氮肥为主；硬核期追肥，以速效性钾、氮肥为主，辅以适量的磷肥；采果后追肥，以氮肥为主。以上3次追肥中前2次是必不可少的，如受劳力及肥料的限制，第3次追肥(采后追肥)可以安排与秋季的基肥一并施入。

2.施肥量

施肥量应根据树势、产量、树龄及树冠大小。结合土壤分析和树体营养分析来确定。

3.施肥方法

施肥方法直接影响施肥效果，正确的施肥方法是设法将有限的肥料施到桃树吸收根分布最多的地方而又不伤大根，最大限度地发挥肥效。

三、灌水与排水

桃树对水分有一定的要求，有两个基本特点：一是比较耐旱，二是非常怕涝。

试验证明当土壤持水量在20%～40%时桃能正常生长，降到10%～15%时枝叶出现萎蔫现象。桃园灌溉制度因气候不同而异。

南方雨量充沛，桃园水分管理的主要任务是降低地下水位，防止土壤长时间过湿和积水，重点是保持渗排水系统完整有效。灌水只在旱季进行。

任务六　桃树的病虫害绿色防控

课前思考 〉〉〉

1.如何在物候期进行有效的病虫害防治？

2.桃树常见的病害有哪些，如何进行科学有效的防治？

3.桃树常见的虫害有哪些，如何进行科学有效的防治？

基础知识 〉〉〉

桃树的主要病害有缩叶病、流胶病、炭疽病、褐腐病、细菌性穿孔病、细菌性根癌病等，虫害有蚜虫、一点叶蝉、刺蛾、桃蛀螟、梨小食心虫、红颈天牛、介壳虫等。病虫害防治的方法有农业防治、物理防治、生物防治和化学防治等，病虫害防治要坚持“预防为主，综合防治”的原则。主要抓好春季萌芽前石硫合剂的喷施，萌芽后蚜虫的防治以及果实套袋前杀虫杀菌剂的喷施。近年来，由于全球气候的变暖以及降水的不均衡供应，缩叶病、细菌性穿孔病以及果实病害时有发生，尤其是果实病害呈现越来越重的趋势，应根据具体情况加强防治。

一、物候期防治

1. 休眠期至萌芽前

秋冬季，清除枯枝落叶，将其深埋或烧毁；结合冬剪，剪除病虫枝梢、病虫僵果；翻树盘及刮除老粗翘皮、病瘤、病斑等。入冬前，用5%菌毒清水剂100倍液喷洒树体枝干1次，然后把树干及大枝涂白。春季萌芽前，全树喷洒1次5 °Be的石硫合剂。

2. 萌芽至开花期

花芽露白时，防治蚜虫和介壳虫，可选用10%吡虫啉可湿性粉剂2 500倍液和25%扑虱灵可湿性粉剂1 500倍液喷雾；防治叶螨，可用20%螨死净胶悬剂2 500倍液喷雾；防治病害，可用50%多菌灵可湿性粉剂600倍液进行树上喷雾；人工刮除腐烂病，用康复剂涂抹伤疤。

3. 果实膨大期

可选用70%代森锰锌可湿性粉剂800倍液或70%甲基托布津可湿性粉剂600倍液进行喷雾；花后防治蚜虫、叶螨，用0.3%苦参碱水剂300倍液或20%灭扫利乳油2 000倍液喷雾；防治食心虫、桃蛀螟，用20%氰戊菊酯乳油2 000倍液喷雾；防治卷叶蛾，用25%灭幼脲3号悬浮剂1 500倍液进行喷雾。人工挖除红颈天牛幼虫。

4. 果实硬核期

人工诱杀金龟子，防治虫害可选用1.8%齐螨素乳油3 000倍液；防治病害可选用10%石膏水分散粒剂2 000倍液或40%福星乳油8 000倍液进行喷雾。每7～10 d喷1次，交替用药，连喷2次。

5. 果实成熟期

树干绑缚草绳或草把，诱杀害虫；人工挖红颈天牛幼虫；防治病害使用2%农抗120水剂200倍液喷雾；防治虫害用48%乐斯本乳油2 000倍液或20%高渗毒死蜱乳油1 000倍液喷雾。

二、桃树主要病虫害防治

桃流胶病是一种真菌性病害。常见于桃、杏、李、樱桃等核果类果树，尤以桃为最严重，部分地区柑橘上也有发生。主要为害主干和主枝丫枝处，小枝条、果实也可被害，严重时导致树势衰退，叶片黄化，甚至死亡。

(一)发病症状

桃树流胶病不但可以为害桃树的枝干,还可危害桃树的果实。发病初期,在果树枝干的伤口处有无色半透明黏性的软胶流出,软胶逐渐变为茶褐色,最后质地变硬,呈结晶状,吸水后膨胀,成为果冻状的胶体。流胶部位易被腐生菌侵染,使皮层和木质部变褐腐朽,胶点下表皮组织坏死,多年生枝干受害后,流胶处产生"水泡状"隆起,流胶量过大时,树体逐渐衰弱,叶片变黄而脱落,严重时,造成死枝和死树,导致产量降低,品质下降。果实发病,由果核内分泌黄色胶质,溢出果面,后期病部硬化,果实发育变缓,有时果实发生龟裂(图 10-6-1)。

图 10-6-1　桃流胶病症状

(二)发病原因

桃流胶病可分为侵染性的和非侵染性的两种。

1. 桃树非侵染性流胶病

主要是由于霜害、冻害、病虫害、雹害、水分过多或不足、施肥不当、修剪过重、结果过多、土质黏重或土壤酸度过高等原因引起。树龄大的桃树发病重,幼龄树发病轻。

2. 桃树侵染性流胶病

主要是由子囊菌亚门的一种真菌引起的病害,主要为害枝干。病菌在被害枝条内过冬,分生孢子通过雨水和风传播。雨天从病部溢出大量病菌,顺着枝条流下或溅附在新梢上,从皮孔、伤口侵入,成为新梢初次感病的主要菌源。枝干内潜伏病菌的活动与温度有关。当气温在 15 ℃ 左右,病部即可溢出胶液,随气温上升,树体流胶点增多,病情逐渐严重,1 年中有 2 次发病高峰,分别在 5 月下旬至 6 月下旬和 8 月上旬至 9 月中旬,入冬以后流胶停止。

(三)综合防治

1. 加强桃园管理,增强树势

增施有机肥,改善土壤团粒结构,提高土壤通气性能。低洼积水地注意排水,酸碱土壤应适当施用石灰或过磷酸钙。改良土壤,盐碱地要注意排盐。合理修剪,减少枝干伤口,避免桃园连作。

2. 调节修剪时间,减少流胶病发生

桃树生长旺盛,生长量大,生长季节进行短截和疏除修剪,人为造成伤口,遇中温高湿环境,伤口容易出现流胶现象。通过调节修剪时期,生长期修剪改为冬眠修剪。虽然冬季修剪同

样有伤口，但因气温较低，空气干燥，很少出现伤口流胶现象。因此，生长期应采取轻剪，及时摘心、疏除部分过密枝条。主要是疏除、短截、回缩修剪，等到冬季落叶后进行。

3. 主干刷白，减少流胶病发生

冬夏季节进行 2 次主干刷白，防止流胶病发生。

4. 及时防治虫害，减少流胶病的发生

4—5 月及时防治天牛、吉丁虫等害虫侵害根茎、主干、枝梢等部位发生流胶病，防治桃蛀螟幼虫、卷叶蛾幼虫、梨小食心虫、椿象等为害果实出现流胶病。

5. 夏季全园覆盖，减少流胶病发生

没有种植金边茸或其他绿肥的果园，夏秋高温干旱季节全园覆盖 10 cm 厚的杂草或稻草，不但能够提高果园土壤含水量，利于果树根系生长，强壮树体，而且十分有效地防止地面辐射热导致的日灼病而发生流胶病。

6. 药剂保护与防治

早春发芽前将流胶部位病组织刮除，伤口涂 45%晶体石硫合剂 30 倍液或 5 °Be 石硫合剂，然后涂白铅油或煤焦油保护。药剂防治可用 50%甲基硫菌灵超微可湿性粉剂 1 000 倍液或 50%多菌灵可湿性粉剂 800 倍液、50%异菌脲可湿性粉剂 1 500 倍液或 50%腐霉利可湿性粉剂 2 000 倍液，防治效果较好。

任务七　桃树整形修剪

课前思考

1. 栽培桃树常见的树形有哪些，不同树形具有什么特征？
2. 不同树龄桃树的整形修剪要遵循什么原则和依据？

桃树常见的几种整形方法

基础知识

桃树喜光，适应性强，为落叶小乔木，干性较弱，自然生长时常成圆头状，高 3～4 m。桃幼树新梢生长旺盛，一年中可发生 1～3 次副梢，发枝多，形成树冠快，花芽分化容易，结果早，产量高。一般 2～3 年结果，5～6 年可达较高产量。桃树寿命较短，在北方一般 20～30 年树体开始衰老。

一、常用树形

我国桃树曾采用丛状形、杯状形和改良树形。目前生产上主要采用三主枝或六主枝自然开心形、“Y”形等。国外近 30 年来新开发并推广的树形主要有塔图拉形和主干形。

1. 自然开心形

通常为三主枝树形，主干高 20～50 cm，主干上分生三主枝，主枝开张角度 30°～45°，每个主枝上培养 2～3 个侧枝，开张角度 50°～70°(图 10-7-1)。

此树形树冠开张，主枝少，侧枝强，骨干枝间距离大，光照好，枝组寿命长，修剪轻，成形快，早丰产。

图 10-7-1　三主枝自然开心形示意图

2. 主干形

有中心干，无主、侧枝，中心干上直接分生大型结果枝组。这一树形适用于密植栽培或大棚设施栽培(图 10-7-2)。

具体密度取决于品种与砧木组合的生长势、土壤肥力高低、气候条件及栽培的机械化程度等。

图 10-7-2　主干形树形示意图

3. "Y"形

"Y"形是我国 20 世纪 80 年代开始研究开发的二主枝开心形。与塔图拉形不同的是"Y"形不需设立支架，在栽植后的第 1～2 年采用拉枝的方法调整主枝的角度与方位。此外主枝的开张角度为 45°～50°，从而使主枝前后部势力更均衡，产量更高(图 10-7-3)。

"Y"形树树体结构简单，主枝的排布比其他树形更合理，能更充分地利用空间和光照，使整个果园的通透性更好，树体的生产能力也更高。

“Y”形树一般采用宽行密植，树冠可大可小，适用于不同栽植密度。行距 2～5 m，株距 0.8～3 m 均可采用此法整形。

一般株距小于 2 m 时，不需配备侧枝，主枝上直接着生结果枝组；株距大于 2 m 时，每个主枝上可配置 2～3 个侧枝。

图 10-7-3 “Y”形树形示意图

4. 纺锤形

(1)自由纺锤形　适于(2～3) m×4 m 的株行距，每亩栽植 55～83 株的中高密植果园。

树体结构：干高 50～60 cm，树高 3 m。中干直立强健，其上均匀配置 10 个左右主枝，不分层，不留侧枝，直接着生结果枝组。相邻主枝间距 20 cm 左右，方位角不小于 90°，同向主枝上下垂直距离不小于 60 cm。主枝下长上短，下密上稀，基角、腰角 80°～90°，梢角稍小，呈水平横生、单轴延伸、上下螺旋式均匀排列。各级主轴间(中心干—主枝—枝组)从属分明，差异显著，粗度为着生部位母枝粗度的 1/3，过粗时应严格控制或回缩更新，由“接班枝”代替。全枝成形后呈“雪松状”(图 10-7-4)。

(2)细纺锤形　适合行距 3～4 m，株距 2 m，亩栽 83～111 株的密植栽培。

树体结构：树高 3 m，冠径 2 m，在中央领导干上均匀着生势力相近、水平、细长的 15～20 个侧生分枝，下长上短，直接着生中小枝组。主干延长枝和侧生枝自然延伸，一般不短截。全树细长，树冠下大上小，呈细长纺锤形(图 10-7-5)。

图 10-7-4 自由纺锤形示意图

图 10-7-5 细纺锤形示意图

二、不同年龄时期的修剪

按现代桃树生产的特点和要求，一般在盛果期末，甚至更早些时候就要进行更新。因此生产园桃树的生长发育时期就只有幼树期、初果期和盛果期 3 个时期。

桃树整形修剪技术

(一)幼树及初果期树的修剪

此期从定植后开始，到果园树冠占有面积率达 70%止。生长期修剪的主要任务是培养树形和结果枝组，提高质量，改变新梢构成，提高优质结果枝比例，为迅速投产和早期丰产创造条件。

冬季修剪的主要任务是调整树形、枝组、枝条密度和枝类构成，为下一年的树形培养和生长结果奠定基础。

1. 定植当年的修剪

(1)定植当年的生长季修剪　树形培养。主要是按树形和树体结构设计的要求，选出生长势强、着生方位适宜的新梢作为主枝培养。枝组培养、改变新梢构成与提高质量。除作为主枝培养的新梢以外，其他保留下来的新梢，在夏季新梢长度达 30～40 cm 时进行剪梢或摘心，每个被剪新梢或副梢抽生 2～4 个长度适宜的副梢，第二年可开花结果。

(2)定植当年的冬季修剪　主枝头修剪，以保证下年主枝继续按现有方向向外延伸生长。枝组与其他枝条的修剪，株距不超过 2 m 的不需配备侧枝，也不必刻意培养枝组，修剪时只需疏除过强枝和过密枝，留下来的枝条一律按结果枝处理。株距超过 2 m 时，要注意在适当的位置选留健壮枝条作为侧枝培养，方法是剪去先端 1/4～1/3。

2. 二年生树的修剪

(1)二年生树的生长季修剪　修剪的主要任务是控制新梢旺长，调整新梢密度，改善树体的通风透光状况。具体做法是疏除主枝背上的直立旺梢和树冠中其他部位的旺梢和过密梢。7 月上中旬连喷 2 次 15%多效唑 200 倍液促进花芽分化。

(2)二年生树的冬季修剪　主要任务是调整枝条密度，控制树冠大小。要疏除强旺枝和过密枝，回缩株间过度交叉枝和行间超出设定空间的枝条，其余枝条一律按结果枝处理。

3. 三四年生树的修剪

修剪的主要任务是控制树体大小，调整与控制枝梢密度，改善果园群体与个体的通风透光状况。

(二)盛果期树的修剪

此期树体大小已经达到设计要求，整形工作已经完成。修剪的任务主要是调整枝梢密度和生长势，控制树体大小，保持桃园良好的群体与树体结构，平衡树体不同部位的生长势，适时培养和更新结果枝组和结果枝。

(三)结果枝组的培养和更新

枝组多由发育枝或徒长性果枝培养而成，结果多，寿命长。在初果期应有计划地培养大、中、小型枝组。盛果期结果枝组修剪的基本原则是培养与更新相结合(图 10-7-6)。

图 10-7-6　中、大型枝组的培养过程

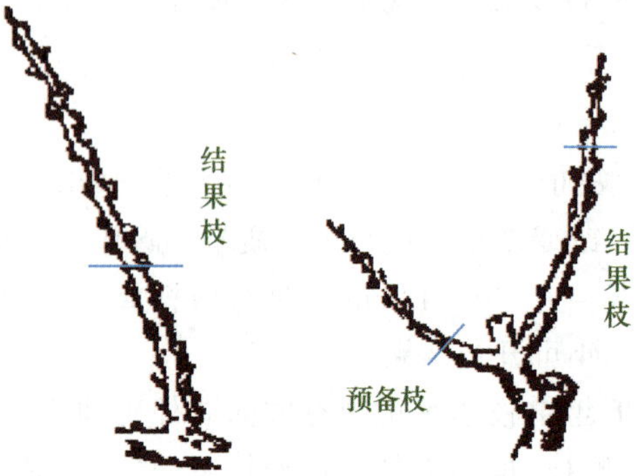

图 10-7-7　结果枝的单枝更新与双枝更新

(四)结果枝的修剪

为了迅速提高初果期产量,结果枝修剪的原则是:轻剪、多留、少疏。盛果期结果枝结果后成枝力减弱,必须及时更新。结果枝更新的常用方法有两种,即双枝更新与单枝更新(图 10-7-7)。

(五)防止树体内膛光秃

骨干枝中下部秃裸、结果部位快速外移是长期困扰国内外桃树栽培的一大难题。有人形容这种现象为"内膛光溜溜,一去不回头"。造成这种现象的首要原因是主枝延长枝修剪过重,其次是光照不良。传统的整形方法是每年将主枝延长枝截去其长度的 1/2 左右,这种剪法使主枝延长枝生长旺盛,消耗了大量树体营养,而中下部小枝的矿质营养供应严重匮乏。长时期的营养不良,导致了主枝中下部枝条的迅速衰弱和死亡。另外,主枝中下部光照相对不足,使该部位枝梢的碳素营养也不足,从而进一步加快了其衰亡的速度。通过调整主枝的开张角度、对主枝延长枝轻修剪并保留副梢结果等方法来削弱先端生长,既实现了早期优质丰产,又很好地解决了桃树结果部位外移的问题。

(六)加强夏季修剪

叶芽具有早熟性,生长期会抽生大量副梢。副梢一般部位较高,不便利用,常造成冬季修剪量过大,营养的无效消耗过多。同时,还会影响通风透光,不利于花芽形成,推迟幼树始果年限。

对幼龄及初果期桃树实行抹芽、摘心、短截、拉枝等夏季修剪措施,可降低分枝部位,加速整形,改善光照条件,有利于早结果早丰产(图 10-7-8)。

对盛果期桃树实行摘心、疏枝等夏剪措施,可控制竞争,均衡树势,促进花芽分化和果实膨大。

在一年中,夏季修剪可重点抓 3 次。

1. 抹芽除萌

在萌芽后到新梢生长初期,主要是抹芽、除萌以减少无效消耗并改善光照。

2. 控制竞争枝、徒长枝

在新梢迅速生长期,主要是控制竞争枝、徒长枝以及利用副梢加速整形。

3. 控制徒长枝和旺枝

在新梢生长后期，主要是对尚未停止生长的徒长性果枝和其他旺枝再次剪截控制，同时疏除过密枝以改善光照，促进花芽分化和果实发育（图 10-7-9）。

图 10-7-8　疏枝、剪梢、摘心、扭梢

图 10-7-9　长枝修剪留梢密度

任务八　桃树花果管理

课前思考 〉〉〉

1. 疏花疏果是生产优质商品果的前提，了解桃树疏花疏果的方法及原则。

2. 套袋能提升果实的“颜值”，了解桃树果树套袋的作用及优缺点。

3. 掌握生产中桃树花果管理过程中存在的问题及解决措施。

桃树花果管理技术

基础知识 〉〉〉

一、桃树授粉

1. 授粉树配置

对自花结实的桃品种，异花授粉可提高坐果率。一般应配置 1～2 个授粉品种，数量控制在 10%～20%。对自花不结实或无花粉的品种，一般应配置 2～3 个授粉品种，数量不低于 30%。桃是虫媒花，必要时需要放蜂提高授粉率。

2. 人工辅助授粉

栽培无花粉或花粉少的品种，或花期遇自然灾害或缺乏昆虫辅助授粉时需要进行人工辅助授粉。人工辅助授粉一般每公顷桃树需 1～2 kg 花蕾，选用花粉较多的优良品种采集花蕾，收集花粉后即可进行人工辅助授粉，人工授粉方法有人工点授、机械喷粉、鸡毛掸子授粉和液体喷粉等。

二、疏花与疏果

要生产优质商品果就必须进行疏花疏果。疏花疏果的方法有人工疏花疏果、化学疏花疏果和机械疏花疏果 3 种，化学和机械疏花疏果在技术上还有待完善。目前及今后一定时期内，我国桃树生产将仍以人工疏花疏果为主。

人工疏花疏果的最大优点是可以根据生产的要求，较好地控制留果数量和果实在树冠中的分布，疏除效果安全可靠。

疏果时要先疏除萎黄果、小果、病虫果、畸形果、并生果、枝杈处无生长空间的果，其次是朝天果、附近无叶片的果和形状短圆的果。疏果顺序应从树体上部向下，由膛内向外逐枝进行，以免漏疏。

1. 疏花疏蕾

疏蕾一般在开花前 3 周，尤其花前 1 周至始花前是疏蕾的关键时期。疏花在始花到终花期间均可进行，以人工疏花疏蕾为主。

具体疏花疏蕾的方法是对幼树主枝及侧枝延长枝先端 30～50 cm 的花蕾全部疏除，对成年树主要是疏除结果枝背上和基部、花束状果枝和无叶芽枝条的初蕾；长果枝由于疏花疏蕾后易促进新梢徒长，一般不疏花。疏花疏蕾量为总花量的 20%～50%。幼树、旺树可轻疏；老树、弱树可重疏；坐果率低、有生理落果的品种轻疏，坐果率高的重疏；易受晚霜为害的地区轻疏或不疏。

2. 疏果

依树龄、树势、品种和管理水平确定留果量。叶果比应为(20～40)∶1，一般早熟品种(20～30)∶1，中熟品种(25～35)∶1，晚熟品种(30～40)∶1；按枝定果则是一般长果枝上大型果留 1～2 个，中型果留 2～3 个，小型果留 4～5 个；中果枝上大型果留 1 个，中型果留 1～2 个，小型果留 2～3 个；短果枝上大型果每 2～3 个短果枝留 1 个果，中型果留 1 个果，小型果留 1～2 个果；预备枝不留果。根据期望产量和果实大小，一般将每亩产量控制在 2 000～3 000 kg。确定期望产量应考虑管理水平，管理水平高可适当多留，否则应少留。确定期望产量后，将任务按树体生产情况分配到每株树，再根据品种固有果实大小，确定每株树的留果数。疏果时要比确定的留果量多出 5%左右，以防止落果和病虫为害等。

3. 疏果时期与方法

第一次疏果于盛花后 20～30 d 进行，无花粉的品种在盛花 30 d 后进行。疏果时按自上而下、自内向外的顺序疏除小果、畸形果、病虫果和着生在背上、果枝基部、顶部、花束状果枝和无叶芽果枝上的位置差的果，疏除量为总疏除量的 60%～70%。盛花后 40 d 左右定果，留结果枝中上部果、叶片数多的部位的果、上部及外围结果枝斜向下生长的果，以及斜向上生长的果。一般早熟品种要一次完成疏果，晚熟品种疏 2～3 次。

三、套袋

套袋的主要作用如下：

(1)防止梨小食心虫、桃小食心虫、桃蛀螟、炭疽病、褐腐病等对中、晚熟品种果实的为害。

(2)有效地降低农药残留，生产出合格的绿色果品。

(3)使果面更干净，着色更均匀，色泽更鲜艳，果实的商品性更好，销售价格更高。

(4)套袋可以防止果肉中形成红色素，是生产优质罐桃原料的重要措施。

套袋在定果之后开始，到主要蛀果害虫发生之前完成。套袋前应周到细致地喷洒 1 遍杀虫剂和杀菌剂。纸袋可到市场上采购桃树专用袋或直接到厂家定做。鲜食果应在采收前 5～7 d 将袋摘掉以促进上色，日照差的地方或不易上色的品种要适当提早摘袋时间。罐藏桃采前不必撕袋。

四、油桃裂果的防治

1. 裂果的原因

裂果主要与品种和水分生理有关。由于有些品种如早红珠等容易裂果，树势衰弱或果实过大时容易裂果。在土壤水分管理不平衡时，即大雨后的干旱或久晴天气后的降雨，造成土壤水分骤然变化，直接引起裂果。裂果的内在原因是果实内在水分过多时，果肉细胞迅速膨大，造成果实表面张力过大，使果实表层细胞破裂而果皮裂开。

2. 防止裂果的方法

保墒。雨季排水，旱时灌水，使土壤保持湿润状态；土壤覆盖杂草、秸秆或地膜，让土壤水分含量维持在田间持水量的 40%～60%。

套袋。落果少的品种在盛花后 30 d，落果多的品种在盛花后 50～60 d，用白色或黄色的纸袋套住果实(套袋前按防治要求充分喷药)，防止雨水对果实的直接接触；为促进着色可在采收前 7～10 d 除袋。

采用设施栽培。如大棚，避雨栽培等，可有效防止裂果发生。

任务九　桃园建立

课前思考

1. 根据桃的生长习性特点在桃园建设时如何选择园地条件？

2. 防护林有利于改善桃园的生态条件，防护林树种的选择原则有哪些？

3. 定植后管理是确保苗木成活及加速生长发育的主要环节，生产中如何管理栽培后的桃树幼苗？

基础知识

建立桃园应慎重，要在建园之前对当地自然条件和社会经济状况作周密细致的调查，然后确定园址。园址确定后，做出相应的规划设计并根据规划设计做好园地准备和桃树定植。

一、园地选择

桃园园址选择要根据当地的地形、土壤、气候、交通、水源等条件确定位置。应选择地势较高、地下水位低，不易积水，常年地下水位不高于 1 m 的位置，平地及河滩地建立桃园应畅通排水系统。桃树喜光，建园时应选择阳光充足且光照周期长的地块。桃树抗风力弱，应选择少有大风侵袭的地段或在强风侧位置种植高大的乔木园林形成保护带。应避免在雹灾发生频率较高地区建园。桃树在前茬种植桃、李、杏的地块生长发育不良，应尽量避免连作或地块要经数年种植其他作物才能种植。

二、桃园规划

建立大型桃园要先做好完整的规划。规划的主要内容包括：小区及道路系统的规划，防护林的规划，排灌系统的规划，品种的选择及配置（包括授粉品种），建筑物的配置，土壤改良及山地桃园水土保持的规划。如果是农家小型桃园，不一定做这样完整的规划，但大型桃园规划设计中的有关基本原则同样适用于小型桃园。

（一）小区的划分

根据桃园的地形、地势、土壤条件、小气候特点和现代化生产的要求，种植区通常以道路或自然地形为界。作业区的形状多为长方形，长边与短边的比例可为 2∶1 或 5∶(2～3)，采用长方形有利于管理与耕作。在山区长边须与等高线走向平行，在风害较大的地区，长边要与主要有害风向垂直或稍有偏角，以减轻风害。作业区的大小因地形、地势而异。地形复杂的山区，作业区的面积较小，一般为 0.5～2 hm^2，丘陵或平原可大些，多为 3～15 hm^2。

(二)道路系统的规划

依桃园种植面积、运输量和机具运行的距离要求，常将桃园道路按其作用的主次，设置成不同宽度的道路，包括主路、支路和小路。主路较宽，一般 6～8 m，是果品、物资等的主要运输道路，主路通常贯穿整个果园；支路是与主路相连，并连接各作业区间的路，一般宽 4～6 m；作业区内为方便各项田间作业，通常设小路(作业道)，宽 1～2 m。道路尽可能与作业区边界相一致，避免道路过多地占用土地。

(三)排灌系统的规划

首先解决水源，根据水源确定灌溉方式(沟灌、畦灌、喷灌、滴灌)和设计排水渠、灌水渠。采用沟灌或畦灌的桃园，灌水系统主要由水源、干渠、支渠，以及灌水沟组成。干渠与水源相接，一般一个果园设置一条干渠即可。支渠与干渠和灌水沟相连，把干渠中的水引入灌水沟中，一般可 1 至数个种植区设置一条。灌水沟把水送到桃园内的株行间，直接进行灌溉。灌水沟的数量，常根据地形和种植区的大小，设置若干条。一般每 6～7 hm^2 桃园，设置 1 套井灌系统。

山丘地桃园的灌水系统中，干渠一般设在地势较高的地方，缓坡地则设在分水岭处，按水平等高线设置，坡降不超过千分之一。支渠设在栽植区间的道路一侧，位置比干渠低，坡降要求不超过千分之三，以控制灌水流速，使流量适度。

(四)防护林的规划

桃园建立防护林可以改善桃园的生态条件，提高桃树的坐果率，增加果实产量，取得良好经济效益。林带的防护范围常以林带高度的倍数来表示。林带类型不同，防风效果不同。

桃园常选用树冠上下均匀透风的疏透林带或上部树冠不透风、下部透风的透风林带，若以减低风速 25%为有效防护作用，防护林的防护范围，迎风面应在林带高的 5～10 倍范围，背风面应在林带高度的 25～60 倍。防护林的宽度、长度和高度，以及防护林带与主要有害风的偏角都影响防风效果和防风范围。通常把防止主要有害风的较宽林带，称为主林带(宽约 20 m)。主林带与主要有害风垂直，垂直于主林带设置较窄的林带(宽约 10 m)，称为副林带，以防护其他方向的风害。主林带间距一般为 500～800 m，林带的配置常以高大乔木和亚乔木及灌木组成，行距 2～2.5 m，株距 1～1.5 m。北方乔木多用杨树(毛白杨、沙杨、新疆杨、银白杨、箭杆杨)、泡桐、水杉、臭椿、皂角、榆树、柳树、枫树、水曲柳、白蜡。灌木有紫穗槐、沙枣、把柳、桑条、程柳。为防止防护林带遮阳，树根串入桃园影响桃树生长，一般要求防护林带南面距桃树 10～15 m，防护林带北面距桃树 20～30 m。为了经济用地，通常将桃园的路、渠、林带相结合配置。在桃园附近不易种的树有刺槐、梧桐等。

(五)建筑物的配置

辅助建筑物包括管理用房、机械、果品、种子、农用机具等的贮藏库、包装场、配药池、畜牧场和积肥场等。管理用房和各种库房，最好靠近主路交通方便、地势较高、有水源的地方。包装场、配药池等最好位于桃园或作业区的中心部位，有利于果品采收集散和药液运输。畜牧场、积肥场则以水源方便、运输方便的地方为宜。山地桃园，包装场在下坡，积肥场在上坡。

(六)品种选择与配置

桃树品种很多，如何根据当地实际情况正确选择品种，是建立桃园时必须慎重对待的问题。品种选择的依据有：生态适应性原则、地域优势原则、目标市场原则、优质丰产性原则、低成本高效益原则等。

三、定植方式与密度

(一)定植方式

桃树定植方式有长方形栽植、正方形栽植、三角形栽植、宽窄行栽植和等高栽植等。

(二)定植密度

定植密度对桃园单位面积产量有直接影响。合理密植增加了单位面积的株数,提高了对光能和土地的利用率,因而是提高单位面积产量的重要途径。

桃是喜光树种,栽植过密就会由于通风透光不良而造成花芽分化质量差,坐果率低,病虫害容易发生,果实着色不良等后果。一般栽植密度为(3～4) m×5 m,不能栽植过密。

四、定植

定植就是将果树苗木按一定的方式和株行距正式栽植在事前准备好的园地里。

1. 整地

丘陵或山地等高撩壕和梯田种植,平地则深沟高畦种植。

2. 定植方式

桃的栽植应充分考虑果园的坡度和朝向,有长方形、三角形和正方形 3 种。以长方形栽植最为理想,因其种植行距大,太阳光照充足,便于治虫防病及中耕除草。

3. 定植时间

一般在 2 月上旬定植为好。定植穴宽 100 cm、深 75 cm,土质差的土壤,先在穴中填熟土 100 kg,而后筑成龟背形(高出地面 20 cm),每株施有机肥 20 kg,磷肥 100 g,覆泥待种。

4. 定植质量

选择健壮苗木,苗要直立,根部向四周舒展,埋直不弯曲,将嫁接部位露出土表,嫁接口需朝主风向。

5. 定植密度

定植密度因品种和土质而异。一般长势旺的品种,在土壤肥沃地方,每亩栽 33～42 株;长势中庸的品种,在土壤较瘠薄地方,每亩栽 42～55 株。平地按前者种植,山地按后者种植,株行距可为 5 m×5 m、5 m×4 m、4 m×4 m、4 m×5 m 不等。每穴施 50 kg 厩肥、1 kg 磷肥,种时先剪去过长主根,种后定干,高度 40 cm 左右。

五、栽植后的管理

加强定植后的管理是确保苗木成活及加速生长发育的主要环节。

1. 定干

定植后应及时定干。若采用自然开心形,干高可控制在 30～40 cm 处;若采用纺锤形,干高可控制在 50 cm 处;若采用二主枝开心形,干高可控制在 40～60 cm 处。如自然开心形主干以上错落着生 3 个主枝,相距 15 cm 左右;纺锤形在中心干上着生 8～10 个主枝;二主枝开心形主干上着生两个主枝，长势相近，反向延伸。

2. 追肥、灌水

秋季9、10月施入基肥，基肥以有机肥为主，施肥量以“斤果斤肥”为标准，施肥方法以放射沟或条沟施为宜，深度40 cm左右。第一次追肥在萌芽前，以速效性氮肥为主；第二次追肥在硬核期，以钾、氮肥为主；第三次在果实采收前，以钾、氮肥为主，三要素肥配合施用。其他时间根据树体和果实的生长情况酌情决定。

新梢旺盛生长、幼果膨大时需水量最多，应及时灌水。硬核期对水分敏感，缺水或水分过多都易引起落果。7、8月成熟的中、晚熟桃，果实成熟期正值高温干旱季节，叶面蒸发量大，容易干旱，应注意灌水。

3. 抹芽

4月下旬，桃树发芽后及时将多余的芽抹除；6—9月，每隔20 d左右，检查一下芽的萌发情况，多余的芽再发再抹；检查新梢的生长情况，在保证枝叶量的情况下，对多余的新梢要及时疏除。

4. 病虫防治

桃树的主要病害有缩叶病、流胶病、炭疽病、褐腐病、细菌性穿孔病、细菌性根癌病等，虫害有蚜虫、一点叶蝉、刺蛾、桃蛀螟、梨小食心虫、红颈天牛、介壳虫等。病虫害防治的方法有农业防治、物理防治、生物防治和化学防治等。桃园防治病虫害要坚持“预防为主，综合防治”的原则。抓好春季萌芽前石硫合剂的喷施、萌芽后蚜虫的防治以及果实套袋前杀虫杀菌剂的喷施。近年来，由于全球气候的变暖以及雨水的不均衡供应，缩叶病、细菌性穿孔病以及果实病害时有发生，尤其是果实病害呈现越来越重的趋势，应根据具体情况加强防治。

流胶病为南方地区主要的病害之一，主要危害主干和主枝，造成茎枝“疱斑”累累，严重时导致树势衰退，叶片黄化，甚至死亡。昆虫侵害、排水不良、修剪过重、栽植过深、土壤黏重、连作重茬等均能引起流胶病。目前还没有有效的药剂防治措施，主要防治方法为加强树体管理，田间及时排水，增施有机肥，改善土壤理化性状，禁忌桃园连作，如果实在避免不了连作，应尽量避开原栽植点。

在进行化学防治时，禁止使用剧毒、高毒、高残留农药以及致畸、致癌、致突变农药，提倡使用生物源农药、矿物源农药和新型、高效、低毒、低残留农药，并注意药剂的交替使用，以免产生抗性。

任务十　桃采收、分级包装与贮藏

课前思考

1. 桃果实采收期影响贮藏的质量，不同成熟度的桃果有哪些特点，如何辨别？

2. 贮藏技术影响果品储存时间、品质及病害发生，如何进行桃果的贮藏？

基础知识 〉〉〉

一、采收

桃果实不耐贮运，必须根据运输与销售的要求适时采收。目前生产上将桃的成熟度分为以下 4 个等级。

1. 七成熟

底色绿，果实充分发育。果面基本平展无坑洼，中、晚熟品种在缝合线附近有少量坑洼痕迹，果面毛茸较厚。

2. 八成熟

绿色开始减退，呈淡绿色，俗称发白。果面丰满，毛茸减少，果肉稍硬。有色品种阳面有少量着色。

3. 九成熟

绿色大部褪尽，呈现品种本身应有的底色，如白、乳白、橙黄等。毛茸少，果肉稍有弹性，芳香，表现品种风味特性。有色品种大面积着色。

4. 十成熟

果实毛茸易脱落，无残留绿色。软溶质桃果肉柔软多汁，硬肉桃果肉开始变面，不溶质桃果肉呈现较大弹性。

一般就近销售的桃果实在八至九成熟时采收，远距离销售的桃果实在七至八成熟时采收。硬肉桃、不溶质桃可适当晚采，而溶质桃，尤其是软溶质桃必须适当早采。加工用桃应根据具体加工要求适时采收。采收桃果必须极其仔细，用手掌握全果轻轻掰下，切不可用手指压捏果实。桃果的包装容器一般用纸箱，纸箱的强度要足够大，在码放和运输过程中不能变形。

二、分级包装

桃果实分级主要包括人工分级与机器分级两种。人工分级是通过人工选果，去除病虫果、损伤果，凭人的视觉与经验将成熟度差异明显、果实大小差异较大的果实分别放置在不同的分组堆中。机器分级主要依据果实纵横径大小、果形、质量、果色、表面缺陷以及生物物料特性(色泽、果肉质地、内含物成分等)研制特定的分级机械，进行自动化、智能化分级，是比较先进的现代分级方式(表 10-10-1)。

根据桃采后所处的不同阶段，将包装分为运输贮藏单位和销售单位两种类型。运输贮藏单位包装可采用 10～15 kg 的果箱、果筐，或临时周转箱等。在木箱或纸箱上需打孔，以利于通风。销售单位包装则是直接面向消费者，根据市场需求可分为大包装与精细包装两类，大包装与运输贮藏单位相似。精细包装一般每箱重量为 2.5～10 kg，有的每箱重箱为 1～2.5 kg，甚至双个或单个果品包装。果实装入容器中要彼此紧接，妥善排列。同时在包装箱上要注明品种、等级、重量、规格、数量等产品特性，并贴上产地标签。

表 10-10-1　桃果实分级表

类型		级别		
		特等	一级	二级
普通桃	大果型	≥300	≥250	≥200
	中果型	≥250	≥200	≥150
	小果型	≥150	≥120	≥120
油桃和蟠桃	大果型	≥200	≥150	≥120
	中果型	≥150	≥120	≥100
	小果型	≥120	≥100	≥90

三、贮藏

桃在低温贮藏中易遭受冷害，在－1 ℃就有受冻的危险。因此，桃的贮藏适温为 0 ℃，适宜相对湿度为 90%～95%。在这种储藏条件下，桃可贮藏 3～4 周或更长时间。然而桃在低温下长期贮藏，风味会逐渐变淡，不适低温下冷藏还会使桃子产生冷害，果肉褐变，特别是桃移到高温环境中后熟时，果肉会变干、发绵、变软，果核周围的果肉明显褐变，冷害严重时，桃的果皮色泽暗淡无光。在冷库内采用塑料薄膜小包装可延长贮期。

在生产中通常采用气调贮藏的方法。桃在 0 ℃和 2%O_2＋5%CO_2下，可贮藏 6～8 周或更长的时间，并能减轻低温伤害。如果在气调帐或气调袋中，加入浸过饱和高锰酸钾溶液的砖块或氟石吸收乙烯则效果更佳。

低温结合简易气调和防腐措施，可提高桃的耐贮性。将八至九成熟的桃，采后单果包纸后装入内衬无毒聚氯乙烯薄膜袋或聚乙烯薄膜袋的纸箱或竹筐内，或不包纸直接装入上述袋中，立即进行预冷，果实降温后，在袋内加入一定量的仲丁胺熏蒸剂和乙烯吸收剂及二氧化碳脱除剂，将袋口扎紧，封箱、码垛。使库温保持在 0～2 ℃，大久保、白凤桃贮藏 50～60 d 好果率在 95%以上，基本保持原有硬度和风味；深州蜜桃、绿化 9 号、北京 14 号效果次之；岗山白耐贮性最差。

计 划 单

<table>
<tr><td colspan="2">学习领域</td><td colspan="6">情　景　篇</td></tr>
<tr><td colspan="2">模　块　十</td><td colspan="6">桃标准化生产技术</td></tr>
<tr><td colspan="2">计划方式</td><td colspan="6">小组讨论、成员之间团结合作，共同制订计划</td></tr>
<tr><td>序号</td><td colspan="5">实施步骤</td><td colspan="2">使用资源</td></tr>
<tr><td></td><td colspan="5"></td><td colspan="2"></td></tr>
<tr><td></td><td colspan="5"></td><td colspan="2"></td></tr>
<tr><td></td><td colspan="5"></td><td colspan="2"></td></tr>
<tr><td></td><td colspan="5"></td><td colspan="2"></td></tr>
<tr><td></td><td colspan="5"></td><td colspan="2"></td></tr>
<tr><td></td><td colspan="5"></td><td colspan="2"></td></tr>
<tr><td></td><td colspan="5"></td><td colspan="2"></td></tr>
<tr><td></td><td colspan="5"></td><td colspan="2"></td></tr>
<tr><td></td><td colspan="5"></td><td colspan="2"></td></tr>
<tr><td></td><td colspan="5"></td><td colspan="2"></td></tr>
<tr><td></td><td colspan="5"></td><td colspan="2"></td></tr>
<tr><td></td><td colspan="5"></td><td colspan="2"></td></tr>
<tr><td></td><td colspan="5"></td><td colspan="2"></td></tr>
<tr><td colspan="2">制订计划说明</td><td colspan="6"></td></tr>
<tr><td colspan="2" rowspan="3">计划评价</td><td>班　级</td><td></td><td>第　组</td><td colspan="2">组长签字</td><td></td></tr>
<tr><td>教师签字</td><td colspan="2"></td><td colspan="2">日　期</td><td></td></tr>
<tr><td colspan="6">评语：</td></tr>
</table>

决　策　单

<table>
<tr><td>学习领域</td><td colspan="8">情　景　篇</td></tr>
<tr><td>模 块 十</td><td colspan="8">桃标准化生产技术</td></tr>
<tr><td colspan="9">方案讨论</td></tr>
<tr><td rowspan="7">方案对比</td><td>组号</td><td>任务耗时</td><td>任务耗材</td><td>实现功能</td><td>实施难度</td><td>安全可靠性</td><td>环保性</td><td>综合评价</td></tr>
<tr><td>1</td><td></td><td></td><td></td><td></td><td></td><td></td><td></td></tr>
<tr><td>2</td><td></td><td></td><td></td><td></td><td></td><td></td><td></td></tr>
<tr><td>3</td><td></td><td></td><td></td><td></td><td></td><td></td><td></td></tr>
<tr><td>4</td><td></td><td></td><td></td><td></td><td></td><td></td><td></td></tr>
<tr><td>5</td><td></td><td></td><td></td><td></td><td></td><td></td><td></td></tr>
<tr><td>6</td><td></td><td></td><td></td><td></td><td></td><td></td><td></td></tr>
<tr><td>方案评价</td><td colspan="8">评语：</td></tr>
<tr><td>班　　级</td><td></td><td>组长签字</td><td></td><td>教师签字</td><td></td><td colspan="3">月　　日</td></tr>
</table>

材料工具清单

学习领域	情景篇						
模块十	桃标准化生产技术						
项目	序号	名称	作用	数量	型号	使用前	使用后
所用仪器仪表							
所用材料							
所用工具							
班级		组长签字		教师签字		月　日	

实 施 单

学习领域	情 景 篇	
模 块 十	桃标准化生产技术	
实施方式		
序号	实施步骤	使用资源
1	基本理论讲授	在线开放平台和多媒体
2	桃常见栽培品种	校内外实训基地
3	桃园土肥水管理措施	校内外实训基地
4	桃园病虫害防治措施	校内外实训基地
5	桃园的建立	虚拟仿真软件、校内外实训基地
6	桃园的花果管理措施	校内外实训基地
7	桃树整形修剪实训	校内外实训基地
8	桃树苗木繁殖技术实训	校内外实训基地
9	桃周年标准化生产计划制定	校内外实训基地

实施说明：

利用在线开放平台和多媒体资源，进行理论学习，了解桃生产概况及常见栽培品种。

通过对桃树生物学特性的学习，掌握桃园土肥水管理措施、桃园花果管理措施及病虫害防治技术，掌握生产优质桃的技术。

通过本地桃园生产情况调查，了解本地桃园栽培技术，结合本地气候特点，规划建设桃园和桃树苗木繁殖苗圃，并制订桃周年标准化生产计划。

通过理论知识学习，结合实训能够掌握桃树整形修剪的技术要点，并能够合理地完成桃园的树体修剪任务。

班　　级		组长签字		教师签字		月　　日

作 业 单

学习领域	情 景 篇
模 块 十	桃标准化生产技术
作业方式	

1. 简述国内外桃栽培历史及现状。

2. 通过地方调查，写出地方常见桃树品种及其品种特性。

3. 桃园建园需要注意哪些问题？

4. 简述桃园土肥水管理技术要点。

5. 如何进行有效的桃树花果管理？

6. 简述桃树整形修剪的技术要点。

7. 思考如何能够有效地减轻南方桃树流胶的现象。

<table>
<tr><td rowspan="3">作业评价</td><td>班　级</td><td></td><td>组长签字</td><td></td><td>月　日</td></tr>
<tr><td>教师签字</td><td></td><td>教师评分</td><td colspan="2"></td></tr>
<tr><td colspan="5">评语：</td></tr>
</table>

检　查　单

<table>
<tr><td>学习领域</td><td colspan="4">情　景　篇</td></tr>
<tr><td>模 块 十</td><td colspan="4">桃标准化生产技术</td></tr>
<tr><td>检查项目</td><td colspan="2">检查内容</td><td>学生自查</td><td>教师检查</td></tr>
<tr><td rowspan="4">思政素养</td><td colspan="2"></td><td></td><td></td></tr>
<tr><td colspan="2"></td><td></td><td></td></tr>
<tr><td colspan="2"></td><td></td><td></td></tr>
<tr><td colspan="2"></td><td></td><td></td></tr>
<tr><td rowspan="4">技能素养</td><td colspan="2"></td><td></td><td></td></tr>
<tr><td colspan="2"></td><td></td><td></td></tr>
<tr><td colspan="2"></td><td></td><td></td></tr>
<tr><td colspan="2"></td><td></td><td></td></tr>
<tr><td rowspan="4">理论素养</td><td colspan="2"></td><td></td><td></td></tr>
<tr><td colspan="2"></td><td></td><td></td></tr>
<tr><td colspan="2"></td><td></td><td></td></tr>
<tr><td colspan="2"></td><td></td><td></td></tr>
<tr><td rowspan="3">检查评价</td><td>班　　级</td><td></td><td>组长签字</td><td></td></tr>
<tr><td>教师签字</td><td></td><td>日　　期</td><td></td></tr>
<tr><td colspan="4">评语：</td></tr>
</table>

评 价 单

学习领域	情 景 篇				
模 块 十	桃标准化生产技术				
评价类别	项目	子项目	个人评价	组内互评	教师评价
专业能力(60%)	咨询(10%)	搜集信息(5%)			
		引导问题回答(5%)			
	计划(10%)	计划可执行度(4%)			
		调查方案设计(3%)			
		方案合理度(3%)			
	实施(15%)	桃园生产技术调查(10%)			
		正确进行栽培品种识别(5%)			
	检查(10%)	识别准确度(5%)			
		分类准确度(5%)			
	过程(5%)	认真程度(5%)			
	结果(10%)	准确制订桃园周年标准化生产计划(10%)			
思政能力(20%)	团队协作(10%)	小组成员合作良好(5%)			
		对小组的贡献(5%)			
	敬业精神(10%)	学习纪律性(5%)			
		爱岗敬业、吃苦耐劳(5%)			
方法能力(20%)	计划能力(10%)	考虑全面(10%)			
	决策能力(10%)	决策果断(10%)			
评价评语	班 级		组长签字		总 评
	教师签字		日 期		
	评语：				

学习小结

<table>
<tr><td>学习领域</td><td colspan="4">情　景　篇</td></tr>
<tr><td>模　块　十</td><td colspan="4">桃标准化生产技术</td></tr>
<tr><td>学习小结</td><td colspan="4"></td></tr>
<tr><td rowspan="3">教师评价</td><td>班　　级</td><td></td><td>组长签字</td><td></td></tr>
<tr><td>教师签字</td><td></td><td>教师评分</td><td></td></tr>
<tr><td colspan="4">评语：</td></tr>
</table>

学习笔记

模块十一

梨标准化生产技术

模块导读

模块介绍

梨是主要水果品种之一，也是一种具备着较高经济价值的水果。梨不仅味道鲜美，还具有良好的保健效果，含有多种维生素与纤维素，食用梨利于消化、止咳去火，对心脑血管也有很好的保护作用。随着世界人口规模的不断扩大，对于梨的需求也日益增加。本模块主要包括九个子任务，学习梨的生产概况、梨的种类和主要品种、梨的生物学特性、梨树苗木繁殖、梨园建立、梨园土肥水管理、梨病虫害防治、梨树整形修剪及梨的花果管理理论知识和操作技能。以任务驱动的方式引导学生对我国梨生产概况和梨的主要种类及品种了解学习，进而学习梨树生物学特性、梨树苗木繁殖、梨的土肥水管理、梨病虫害防治、梨树整形修剪、梨的花果管理等相关优质梨生产的知识，最终要求学生通过学习，能够科学合理的规划梨园建设，全面掌握优质梨生产的整个产业链，从种植到市场，满足优质梨生产的技术技能要求，为技术推广和服务乡村振兴培养专业技术人员。

模块目标

知识目标

1. 了解梨产业的现状及其发展趋势。
2. 了解梨种类与主要栽培品种特性。
3. 掌握梨树植物学特性、生物学习性及环境对梨生长的影响。
4. 掌握梨园土肥水管理、树体整形修剪、保花育果及病虫害防治等管理技术。

技能目标

1. 依据梨种类及品种特性，正确识别不同梨的种类及品种。
2. 依据梨产业发展趋势及其植物学特性、生物学特性和本地环境条件，正确选择适宜的品种，做到适地适栽。
3. 综合运用栽培管理措施，正确制订梨园周年生产管理方案并组织实施。

素质目标

1. 培养学生热爱梨生产、投身梨产业发展的信念，能够全身心投入本模块课程学习。
2. 培养学生的团队合作精神，在分组学习中能够相互配合，有效地完成学习任务。
3. 引导学生树立安全意识和生态文明持续发展理念，能够做到适地适栽，不乱用农业投入品，在学习过程中不发生任何安全事件。

任务描述

了解梨生长习性及对环境的要求，了解梨常见的栽培品种，掌握梨园基本生产管理技术，掌握梨园土肥水管理技术，能够进行梨园病虫害防治，能够正确制订梨园周年生产管理计划。具体任务要求如下：

1. 利用在线开放平台和多媒体播放课件，了解梨生长习性及对环境条件的要求、常见的梨栽培品种，掌握梨园基本生产管理技术。
2. 通过互联网相关资料，了解梨生长发育规律。
3. 分组对本地梨园生长管理情况进行调查，掌握本地梨园的生产管理措施。
4. 制订本地梨园周年标准化生产计划。

任务一　梨的生产概况

课前思考

1. 梨起源于中国，是我国最为古老的果树之一，梨栽培区域分布广泛，了解国内梨主产区的栽培现状。

2. 梨作为传统优势果树是助推乡村产业兴旺、农民生活富裕的主要经济支柱，了解梨的经济意义。

梨生产概述及品种

基础知识

一、梨的经济意义

梨是世界五大水果之一，是我国传统的优势果树。梨的果实含有多种营养物质，果肉脆嫩汁多(含有 80%以上的水分)，酸甜可口，有的还具有芳香气味，风味极佳。梨果除可供生食外，还可加工制作梨干、梨脯、梨膏、梨汁、梨罐头，并可酿酒，制醋。另外还有煮梨、冰糖梨等各种食法。梨果具有帮助消化、润肺清心、消痰止咳等功能。

我国梨树种类和品种极多，南北各梨产区都拥有适应各地区栽培的、不同成熟期的成套品种。其中一些晚熟品种极耐贮藏和运输，直到翌年 5—6 月仍可吃到鲜梨。梨对土壤的适应能力很强，不论山地，还是丘陵、沙荒、洼地、盐碱地和红壤地，都能生长结果。梨树寿命长、经济利用年限久，我国南北各地产区，100～150 年生的梨树很多，200～300 年生的梨树也屡见不鲜，不仅仍然枝叶繁茂，而且结果较多，有的单株产量可达 1 000～1 500 kg 及以上，经济效益高。

二、梨的栽培历史

我国是梨属植物的中心发源地之一，生产中主要栽培的白梨、沙梨和秋子梨都原产我国。关于梨树在我国的栽培历史，多见于古书记载。根据古代文献《诗经》(周朝)、《夏小正》(春秋，公元前 8 世纪至公元前 5 世纪)记载和近代考古资料分析，梨在我国的栽培至少应在 3 000 年以前。后魏贾思勰所著《齐民要术》中，对梨树嫁接、栽植、采收、贮藏等均有较详尽的记载，这充分说明我国古代对栽培技术的重视和达到的水平。我国栽培的西洋梨原产于地中海沿岸至小亚细亚的亚热带地区。

三、梨的栽培现状

我国梨树主栽省为河北、山东、辽宁、安徽、湖北、陕西、甘肃、四川、云南、吉林、江苏，其栽培面积占全国梨树总面积的70%。其中河北、辽宁、山东三省居前3名。河北、山东、湖北、安徽、陕西、辽宁、江苏、四川、河南、甘肃梨树产量占全国梨树总产量的83%。其中砀山酥梨的栽培面积占梨总面积的35%左右，鸭梨占22%左右。

我国梨树四大产区为渤海湾（辽宁、河北、北京、天津、山东）、华中及黄河故道（湖北、河南、安徽、江苏）、黄土高原（新疆、甘肃、陕西、山西）、西南冷凉地区（四川、重庆、云南、贵州）。其梨树栽培面积分别占我国梨树栽培总面积的37.29%、15.78%、17.26%、12.54%，其产量分别占我国梨总产量的48.16%、23.45%、12.22%、7.4%，渤海湾产区梨树栽培面积和产量均居首位。

目前，我国已形成了多个以名优品种为特色的栽培区。如河北中南部鸭梨、雪花梨栽培区；山东胶东半岛茌梨、长把梨、栖霞大香水梨栽培区；黄河故道及陕西乾县、礼泉、眉县酥梨栽培区；辽西秋白梨、小香水等秋子梨栽培区；长江中下游早酥、黄花、金川雪梨栽培区；四川金川、苍溪等地金花、金川雪梨、苍溪雪梨栽培区；新疆库尔勒、喀什等地库尔勒香梨栽培区；吉林延边、甘肃河西走廊苹果梨栽培区等。

我国梨进口量较小，出口量较大（约占梨总量的2%），主要出口到东南亚各国并销往我国香港、澳门地区，占世界梨出口总量的10%。梨出口品种主要为鸭梨、砀山酥梨和库尔勒香梨，其出口量约占我国梨品种出口总量的90%。河北省梨出口量最多，占我国梨出口总量的40%，其次为山东、陕西、安徽、新疆等地。

近年来，我国引种的日本、韩国梨和国内培育的早熟品种如黄冠、中梨1号等出口量逐年增加。

任务二　梨的种类和主要品种

课前思考

1. 在生产上将梨树分为4个系统，了解各系统的产业分布及其优良品种。
2. 了解国内梨主产区现有哪些主栽种类及优良品种。

基础知识 〉〉〉

一、种类

梨属有30多个种，主要原产于我国、地中海和高加索地区。我国生产上利用的主要梨种有10个：秋子梨、新疆梨、麻梨、西洋梨、木梨、白梨、沙梨、杜梨、豆梨和褐梨。

在生产上把梨树分为4个系统（图11-2-1）：

1. 秋子梨系统

本系统的品种主要分布在辽宁、吉林及河北北部沿长城一带。果实较小，多为扁球形，果皮黄绿色或黄色，需经后熟才能食用，且风味有显著增进。代表品种为南果梨和京白梨等。

2. 白梨系统

本系统的品种主要分布在长江流域以北，北至河北长城一带及辽西地区。果实大，果皮黄色，肉质细脆多汁，不经后熟即可食用。代表品种有河北鸭梨和莱阳茌梨。

3. 沙梨系统

本系统的品种主要分布在长江流域以南，但长江以北白梨分布地区内也有不少。果实大，果皮黄绿色，肉质脆，略粗，石细胞较少或多，汁多，酸甜可口，品质上乘。优良品种有日本梨和安徽的砀山酥梨等。

4. 西洋梨系统

本系统的品种主要分布在山东胶东地区、辽宁大连地区和黄河故道地区。果实多瓢形，采收后需经后熟方可食用。后熟后肉质柔软易融，绝大多数不耐贮藏。我国生产上栽培的品种以巴梨、伏茄梨为主。

秋子梨　白梨　沙梨　西洋梨

图11-2-1　梨4个系统代表品种

二、主要优良品种

1. 七月酥

中国农业科学院郑州果树研究所用幸水与早酥梨杂交育出。7月初成熟，是我国成熟较早的优良品种。果实黄绿色，卵圆形，平均单果重200 g。肉质细嫩酥脆，汁多，味甘甜，品质优良，但不耐贮藏。适合于白梨、沙梨和部分川梨分布区栽培(图 11-2-2)。

2. 早美酥

中国农业科学院郑州果树研究所用新世纪梨与早酥杂交育成。果实 7 月中下旬成熟。卵圆形，黄绿色，果面光滑洁净，外观美，平均单果重 250 g，肉质细脆，风味甜，汁液多，较耐贮，易丰产(图 11-2-3)。

图 11-2-2　七月酥

图 11-2-3　早美酥

3. 翠冠

浙江农业科学院等单位用幸水梨与单系(杭青×新世纪)杂交育成。果实 7 月中下旬成熟，淡绿褐色，近圆形，平均单果重 250 g，果肉细嫩松脆，汁液丰富，果心小，石细胞少，不耐贮存(图 11-2-4)。

4. 西子绿

浙江农业大学用母本新世纪和父本 71—3—55 杂交育成。果实 7 月底至 8 月初成熟，扁圆形，平均单果重 210 g，果面光滑具蜡质，果肉淡绿色，肉质细脆，汁多味甜。适宜江南湿润地区种植(图 11-2-5)。

图 11-2-4　翠冠

图 11-2-5　西子绿

5. 绿宝石

中国农业科学院郑州果树研究所用新世纪与早酥杂交育出。7 月下旬成熟，近扁圆形，黄绿色，肉细脆，风味甜，汁液多。结果早，丰产稳产，较耐贮(图 11-2-6)。

6. 新世纪

日本梨的优良品种。果实 8 月上中旬成熟，扁圆形，果皮黄褐色，平均单果重 200 g，果肉淡黄白色，肉质细脆稍紧，汁液中等，较耐贮，树冠紧凑，结果早，坐果率高，丰产稳产，易管理(图 11 2 7)。

图 11-2-6 绿宝石

图 11-2-7 新世纪

7. 幸水

日本梨品种，系早生幸藏与菊水梨的杂交后代。果实 8 月上中旬成熟，扁圆形，黄绿色，平均单果重 180 g，肉质细嫩稍软，风味甘甜浓香，汁液中多，果心极小，不耐贮运(图 11-2-8)。

8. 丰水

日本梨品种，亲本为菊水和八云。果实 8 月中旬成熟，平均单果重 200 g，卵圆形，黄褐色，果面粗糙，果肉淡黄白色，肉质细嫩稍软，汁多，味甜，石细胞少，品质优于黄花梨，不耐贮藏，丰产(图 11-2-9)。

图 11-2-8 幸水

图 11-2-9 丰水

9. 黄花

浙江农业大学杂交育成。果实中等大，单果重为 130～200 g，果实圆锥形，果皮黄绿色，覆以褐色锈。果心中等大，果肉黄白色，肉质较细，松脆，汁多味甜，品质上等。在浙江杭州 8 月中旬成熟。该品种优质较丰产，适应性较强，宜在南方梨产区发展(图 11-2-10)。

10. 砀山酥

原产安徽砀山。果实近圆柱形，顶端平截稍宽。果实大，平均单果重 300 g，近圆柱形，果皮黄绿色，贮存后金黄色。果皮光滑，果点小而密。果肉白色，肉较粗(有石细胞)，酥脆爽口，汁多味甜，果心小,品质中上。9 月上旬成熟,耐贮藏。较抗寒、抗旱,适于较冷凉地区栽培(图 11-2-11)。

图 11-2-10　黄花

图 11-2-11　砀山酥

11. 鸭梨

原产河北,主要分布在华北地区。果实中大,单果重为 150～200 g,倒卵形,因梨梗部突起,状似鸭头而得名。果皮绿黄色,贮藏后呈黄色,皮薄,近梗部有锈斑,微有蜡质,果梗先端常弯向一方。果肉白色,肉质细而脆,汁多味甜,有香气,品质上,9 月中旬成熟,耐贮藏。适应性较强,宜在干燥冷凉地区栽培(图 11-2-12)。

12. 韩国圆黄梨

果实圆形,平均单果重 290 g,最大单果重 960 g,果皮金橙色,细腻无锈,果肉细嫩多汁,糖度高,无石细胞,香气浓郁。品质远远优于黄金梨和丰水梨,系梨中上品。成熟期 9 月上中旬(图 11-2-13)。

图 11-2-12　鸭梨

图 11-2-13　韩国圆黄梨

13. 新高

日本梨品种。果实黄褐色,扁圆形,平均单果重 300 g,8 月下旬成熟,果肉乳白色,肉质细脆稍软,汁多无渣,味浓甜,具香气,果心小,不耐贮。结果早,易丰产(图 11-2-14)。

14. 黄金

韩国品种,用新高与二十世纪梨杂交育成。果实 9 月中下旬成熟,金黄色,卵圆形,果肉细嫩酥脆,汁液丰富,风味酸甜可口,具香气,极耐贮运。树势中庸偏弱,早实性强,坐果率高,需疏花疏果。适宜黄淮和华北地区栽培(图 11-2-15)。

图 11-2-14　新高

图 11-2-15　黄金

任务三　梨的生物学特性

课前思考

1. 梨树根系器官在土壤根际的分布及深度。
2. 梨树有哪些类型枝条及其有何特性?
3. 梨树生长发育对哪些环境条件有要求?

梨生物学特性

基础知识

一、生长结果习性

梨树经济寿命很长,可达 200～300 年。定植后一般 2～3 年开始结果,盛果期树单株产量可高达 1 500 kg。结果期一般可维持 50～100 年,也有 100～200 年老树产量仍然很高。

梨树枝条分生角度小,树姿直立,骨干枝抱合生长,形似尖塔,进入盛果期以后,树冠一般比较开张。

(一)芽的种类及其特性

梨芽均为单芽,花芽为混合芽。花芽萌发后,先抽生一段短枝称为果台,有时这一短枝极短而无叶片,在其顶部着生花序,开花结果。

1. 叶芽

梨叶芽分为顶芽和侧芽,一般情况下,顶芽较大、较圆,侧芽较小、较尖。梨侧芽和顶芽在形成的第二年,大多都能萌发长成枝条,第二年不能萌发的称为隐芽(图 11-3-1)。

梨树萌芽力比苹果强，而成枝力较苹果弱。顶芽及其附近的1～2个侧芽能抽生长而粗壮的发育枝，中部及下部的侧芽可萌发一些中、短枝和叶丛枝。

梨的叶芽上一年形成，第二年春萌发，其发育过程可分为芽原基出现期、鳞片分化期、质变期、夏季休眠期、冬季休眠前雏梢分化期、冬季休眠期、冬季休眠后雏梢分化期。在新梢生长的同时，叶腋出现新的侧芽原基，在新梢停止生长前，由新梢顶端形成顶芽原基。侧芽原基出现后，即开始鳞片分化。新梢停止生长时即是顶芽鳞片的分化期。鳞片分化期之后，即为质变期，也就是芽鳞的生理分化期。一个新形成的芽，能否分化为花芽，主要决定于鳞片分化期之后的1个多月的时期，如果内外条件适合，芽就分化为花芽，否则芽即进入夏季休眠期，直到秋季以后，芽进入冬季休眠前雏梢分化期(图11-3-2)。

图 11-3-1　梨的潜伏芽及叶芽

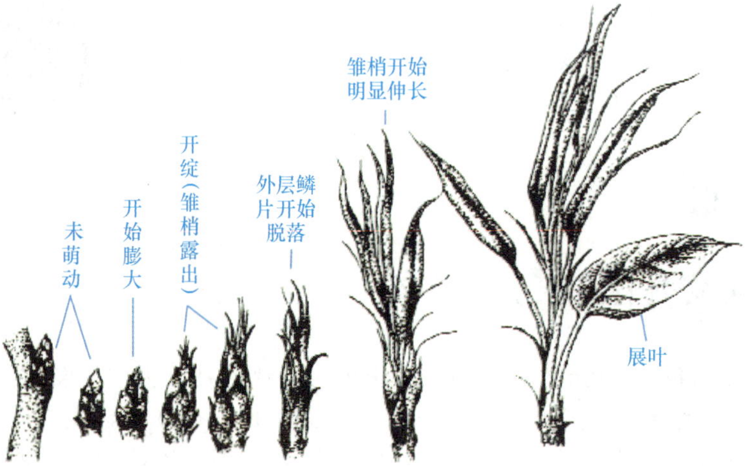

图 11-3-2　梨的枝芽特性

2. 花芽

梨树的花芽多为混合芽(图11-3-3)，以顶花芽为主，有些品种也容易形成腋花芽。顶花芽坐果率高，果实也较大。

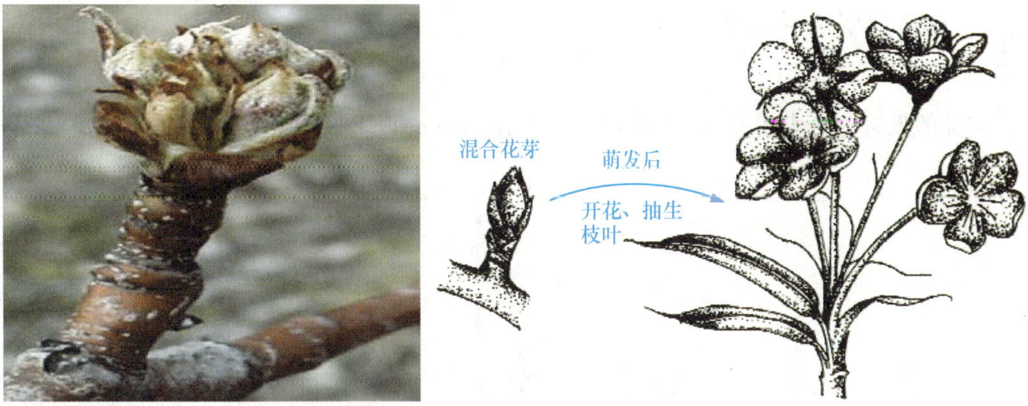

图 11-3-3　梨的花芽(混合芽萌发)

梨花芽分化分为 3 个时期,即生理分化期、形态分化期和性细胞形成期。第一时期的分化与叶芽没有区别,此期形成芽的鳞片大小、多少是芽好坏的标志。鳞片多而大,则芽的质量基础较好。白梨的顶芽鳞片为 14～19 片,茌梨长梢顶芽鳞片为 12～15 片,短梢为 15～17 片。节上叶片大的,芽发育好,鳞片多。鳞片因品种、营养状况、枝龄、树势和芽分化生长发育时期的长短等不同而有差异,所以鳞片的多少、大小,又是母枝好坏、树势强弱以及营养状况的一种形态指标。在生理分化期后,如果芽的基础较好,营养状况也较好,则进入形态分化期,反之仍然是叶芽。

梨大部分品种的花芽分化自 6 月中下旬开始,6 月底到 8 月中旬为大量分化阶段。鸭梨、酥梨的花芽分化从 7 月上旬开始;茌梨从 6 月上旬开始,9 月中旬结束,少数在 10 月上旬结束。凡短枝上叶片多而大、枝龄较低、母枝健壮、生长停止早的芽,开始花芽分化就早,花芽的生长发育也好。中长梢中停长早、枝条充实健壮的,花芽分化早,反之则迟。不论花芽分化早晚,到休眠期停止分化时,大部分的花芽都形成了雌蕊原基。花芽分化开始迟的,则分化速度快,这样才能使花期表现一致。花芽分化开始迟的,因分化及发育的时间短,营养不足,开花时花朵数少,坐果能力差,果个也小。因此,在梨树的生产管理中,应重点抓好 5 月下旬前的肥水管理,防止因肥水不足造成花芽分化不良而影响第二年的产量(图 11-3-4)。

图 11-3-4　梨花芽特性

(二)枝的类型及其特性

1. 营养枝

无花芽的发育枝为营养枝，按长度可分为长枝(30 cm 以上)，中枝(5～30 cm)，短枝(5 cm 以下)3 种。

2. 结果枝

结果枝按长度可分为长果枝(15 cm 以上)、中果枝(5～15 cm)和短果枝(5 cm 以下)3 种(图 11-3-5)。

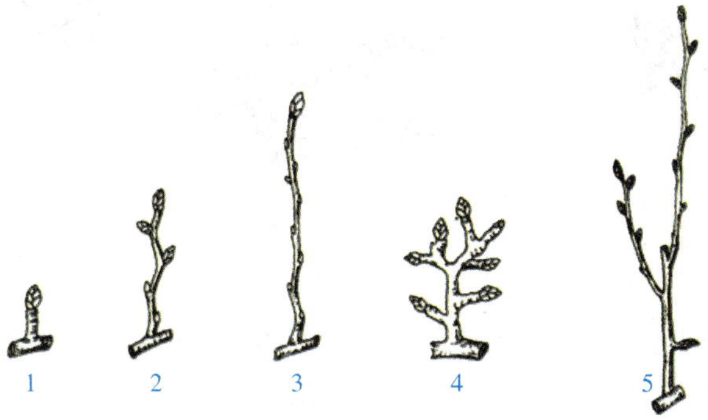

1. 短果枝；2. 中果枝；3. 长果枝；4. 短果枝群；5. 腋花芽果枝

图 11-3-5 梨的各种结果枝

梨树结果枝结果后留下的膨大部位称为果台，果台上的侧生分枝称为果台副梢或果台枝。

梨树外围的健壮果枝结果后，果台上一般能抽生 1～2 个中、长果台副梢，其他部位的果台，只能抽生 1～2 个短果枝。短果枝结果后，果台分生较短的果台枝有连续结果和更新能力，经过数年抽生分化，形成短果枝群。

(三)叶的特性

1. 叶的生长

梨从展叶到叶面积形成，不同品种、不同种类、不同枝类的时间不同。以单叶生长期来看，叶片小的品种，生长期短。从对茬梨、鸭梨、香水梨不同类型新梢叶片生长的观察来看，单叶的生长期为 16～28 d，短梢叶片生长时间最长，中梢次之，长梢最短。不同类型新梢全枝叶面积的形成期，中、短梢一般不超过 40 d，长梢 60 d。叶片在生长过程中表现为叶面无光泽，但在叶片停止生长时，即展叶后 25～30 d，约在 5 月下旬，全树的叶片在几天内比较一致地显出油亮的光泽，生产上称为“亮叶期”。亮叶期表示中、短枝的叶面积已经形成，是叶片功能最强的时期，又是中、短枝顶芽鳞片形成期，表明芽已经进入质变期。凡是为了促进花芽分化或果实膨大的管理措施，都应在亮叶期前或亮叶期进行，才可以起到较好的作用。

2. 叶量

叶面积形成的早晚和大小，不仅影响当年的产量和枝条的生长，而且还影响当年的花芽分化和贮藏物质的积累。花芽的形成与短枝叶片的数量有关，通常 4～6 片叶的无果短枝，当年即可以形成花芽。坐果情况也与叶片数目的多少紧密相关，具有 3 片叶的短果枝开花后均未坐果，4 片叶的短果枝的结实率为 10%，5 片叶以上的短果枝的结实率为 80%。根据梨树叶片生长快、停长早的特点，必须加强梨树春季的肥水管理，以保证当年生长和结果良好，有利于促进花芽分化和树体内养分的积累。

(四)结果特性

梨树的花为伞房花序(图 11-3-6)。4 月上旬开花，每个花芽一般有 7～10 朵花。边花先开，中心花后开，先开的花坐果好。梨的自花结果率多数很低，栽培时必须配置授粉品种。梨树一般以短果枝和短果枝群结果，管理较好、修剪适当的短果枝群，连续结果能力可达 10 年左右。故修剪上应注意及时进行更新复壮，以维持其生长势，延长结果年限。

（五）根的特性

梨实生砧木由主根发达，侧根少，经移栽或苗木定植后，侧根增加。新定植幼树，1～2 年，垂直根生长占优势，以后水平根生长逐年转强。大树以后，基本无明显的主根，幼树时形成的垂直根，有的已经枯死，即使存在，粗度也不及水平根。大树根系向土壤下层的分布主要是水平根上发生的垂直根或斜生根。

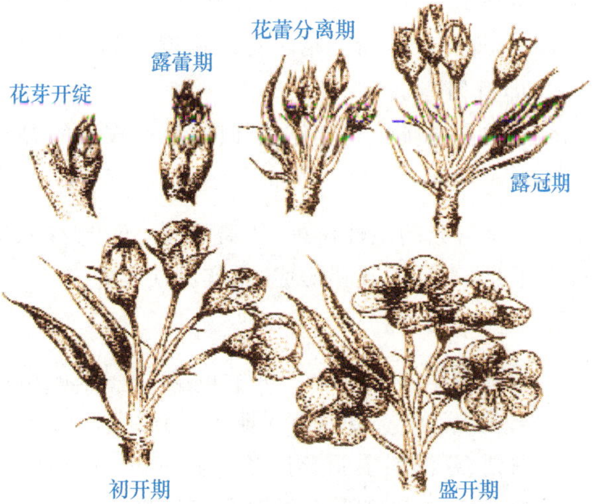

图 11-3-6　梨的花芽开花过程

梨的根系分布比较深，可达 2 m 以上，大量的水平骨干根和须根分布在距地面 15～40 cm 处，50 cm 以下须根逐渐减少。根据调查，距树干 1 m 处，根主要分布在地面下 10～30 cm 的土层中；距树干 3 m 处，根主要分布在地面下 20～50 cm 的土层中（图 11-3-7）。

图 11-3-7　梨根系

梨的根系每年有两次生长高峰。春季土壤解冻，土温达 0.5 ℃时，根开始微弱生长；当土温达到 5～6 ℃时，新根开始生长。春季根的生长约比新梢生长早 1 个月，开始生长缓慢，随地上部中、短梢叶片大量形成，根的生长明显加快，到长梢生长停止时，约 6 月上、中旬，根的生长出现第一次高峰。以后生长减弱，至 9—10 月果实采收后，根的生长转强，出现第二次高峰。但第二次高峰比第一次无论在生长速度还是发根数量方面都弱得多。以后随气温的下降和落叶、根的生长逐渐减弱至停止。

二、对环境条件的要求

1. 温度

温度是决定梨品种地理分布，制约梨树生长发育好坏的首要因子。由于各种梨原产地不同，在长期适应原产地条件下而形成了对温度的不同要求。

秋子梨的耐寒力较强，可耐－35～－30 ℃的低温，白梨可耐－25～－23 ℃的低温，沙梨和西洋梨耐寒力较弱，可耐－20 ℃的低温。

在确定品种时，首先要根据不同品种类型对自然条件的要求进行选择，做到适地适栽。气温稳定在 10 ℃以上，梨花即开放，14 ℃时，开花增快，15 ℃以上连续 3～5 d，即完成开花，16 ℃时，44 h 即完成授粉受精过程。温度过高或过低，对授粉受精都不利，气温高于 30 ℃ 或低于 5 ℃，即有伤害。

夏季高温影响光合作用强度，秋季较大的温差有利于提高果实品质。

2. 光照

梨是喜光的阳性树种，年需日照 1 600～1 700 h。一天之内，梨树枝叶宜有 8～14 h 光照。光照不足，不利于花芽形成，果实品质也差。

3. 水分

梨的需水量为 350～600 mm，既耐旱又耐涝，但树种、品种间有区别，沙梨需水量最多，在年降水量 1 000～1 800 mm 地区，仍能生长良好。

白梨、西洋梨主要产在降水量 500～600 mm 地区，秋子梨最耐旱，对水分不敏感。久雨、久旱都对梨生长不利，要及时旱灌涝排。

4. 土壤

梨对土壤要求不严格。无论是壤土、黏土、沙土，或是一定程度的盐碱地，梨都有较强的耐适力。

任务四　梨树苗木繁殖

课前思考

1. 了解梨的砧木种类及其生物学特性。
2. 了解梨树砧木苗无性繁殖的方式。

基础知识

培育和栽植壮苗是实现梨丰产优质的基础，没有品种优良、砧木适宜、根大干壮的优质苗木，也不可能建成早果、丰产、长寿的梨园。

一、砧木种类

梨树多用嫁接法繁殖，能供嫁接用的砧木种类较多，常用的有以下几种。

1. 杜梨

杜梨又称棠梨。对土壤适应性较强，抗旱、耐涝、耐盐碱，是我国广泛应用的主要砧木。

2.豆梨

豆梨与西洋梨亲和力强，是西洋梨的优良砧木。

3.矮化砧木

梨矮化砧木在我国梨的密植栽培中应用不多，其研究和应用远远落后于苹果。其主要原因是缺乏适宜的矮化砧木。

欧美各国生产上利用榅桲A和榅桲C作梨的矮化砧木，但这些砧木只适合西洋梨的一些品种。我国从20世纪80年代开始研究，认为云南榅桲可作梨的矮化砧木，但榅桲存在不抗寒、与很多梨品种不亲和、不抗盐碱、固地性差等问题，使应用受到限制。

近十多年来，中国农业科学院果树研究所贾敬贤等通过杂交、矮化潜力嫁接鉴定，筛选出了极矮化、矮化、半矮化系列砧木类型，经各地试栽应用，反映良好，有广阔应用前景，如中国农业科学院果树研究所选育的PDR（极矮化砧木）、S系列（矮化、半矮化）类型。

二、嫁接苗培育

（一）砧木苗的繁殖

目前生产中的梨砧木繁殖多采用无性繁殖法（又称营养繁殖法），如扦插、压条、组织培养等，也有的用高接的方法来繁殖矮化砧木。

1.扦插法

扦插前土壤深翻、施足底肥，起垄栽培畦宽1 m，长10 m，土层厚度为15 cm，平后浇透水，待水下渗后即可扦插。扦插枝条选用一年生正常发育枝为宜，插条剪成15 cm枝段，上剪口平滑，距顶芽0.8 cm；下剪口在芽眼的背面呈斜马耳形。按株距15 cm，行距30～40 cm，插条与地面呈45°插入土中，顶端芽露出地面，顶部剪口涂接蜡或覆土。待生根和枝条长到一定长度时，将覆盖物除去。

2.压条法

压条法分直立压条和水平压条两种。

（1）直立压条　选择地势平坦，排水良好，土壤肥沃的地块作压条圃。用生根良好的砧木苗，按行距1.5～2 m，株距30 cm，开沟定植。为将来培土方便，可采用深沟浅埋的方法栽植。栽植后，砧木苗剪留3～5个芽，当新梢长到10～15 cm时，进行第一次培土，培土高度达新梢高度的1/2。当新梢长到20 cm以上时再继续培土，直到新梢覆土深度达到20～25 cm或更高时为止。秋季将土堆扒开，切取生根的新梢。按植株大小、生根状况分级定植于苗圃，作为砧木苗使用。

（2）水平压条　用一年生生根良好的砧木苗，按株距60～90 cm，行距1.5～2 m定植。按行向与地面呈45°栽植。生长开始前对生长旺枝进行轻短截，弱枝重短截。沿行向挖一条5 cm深的浅沟，宽度以植株弯倒后能容纳全株为宜。把植株水平卧倒在沟中并且用枝钩固定。芽萌动前覆2.5 cm细土，萌芽后，新梢被迫穿过这层土壤长出来，幼嫩新梢茎部得不到光照，起到黄化作用，有利于生根。以后管理可参照直立压条法培土。

3.组织培养

用压条和扦插方法繁殖砧木，繁殖系数低，时间长，受季节限制大。近年来用组织培养技术进行繁殖，可以大大提高繁殖系数，在短时间内获得大量的组培砧木苗。组织培养繁殖的程序是：外植体(常用茎尖)→接种→分化丛芽→继代增殖→生根→移栽。

4.高接

梨树矮化中间砧可以采用在5～6年生树上高接的方法，增加枝条的繁殖系数。对母本树每年采取较重的修剪方式，多施肥，多浇水，促进母本树旺盛生长。

(二)嫁接方法

梨树嫁接的方法主要有芽接和枝接，嫁接操作方法和其他果树相同，嫁接时间有所不同。

1.芽接

一般在7月上旬进行。

2.枝接

一般3月上中旬进行。

任务五　梨园建立

课前思考

1.根据梨的生长习性特点在梨园建设时如何选择园地条件?

2.阐述目前生产中梨树的栽植方式。

3.阐述梨栽植后的管理技术。

基础知识

建园时应根据当地的立地条件、市场需求等全面考虑，制订长期规划，分步实施，逐步形成地区性的产业。

一、园地选择

1.气候条件

梨树喜温，生育需要较高温度，休眠期则需一定低温。梨树适宜的年平均温度为4～12 ℃，超过30 ℃或低于0 ℃时停止生长。四川省的气候条件最适宜沙梨系统品种。

2.土壤条件

要求土壤肥沃，有机质含量>1%。土层深厚，活土层厚度>50 cm。地下水位<1 m，土壤pH为6～8，含盐量≤0.2%。

3. 地形地势

要求坡度<15°，坡度在 6°～15°的山区、丘陵，坡向以东到西南为宜，并修筑梯田。

4. 园地规划

平地和 6°以下的缓坡地，栽植行为南北向；6°～15°的坡地，栽植行沿等高线延长。配备必要的道路、排灌设施和建筑物。

二、品种的选择

品种的选择应根据区域化和良种化的原则，按照梨树种植区划，结合当地自然条件，选择优良品种和砧木，实行适地适栽。

三、栽植

1. 栽植方式与密度

平地和 6°以下的缓坡地为长方形栽植；6°～15°的坡地为等高栽植。根据土壤肥水、砧木和品种特性确定栽植密度，一般为(2～3) m×(3～4) m。

2. 授粉树配植

主栽品种和授粉品种果实经济价值相仿时，可采用等量成行配植，否则实行差量成行配植，主栽品种和授粉树的栽植比例为(4～5)∶1。同一果园内栽植 2～3 个品种。

四、栽植时间

冬季温暖、湿润的地区适宜秋栽。气候寒冷、干旱和多风的地区，多采用春栽。

五、定植后管理

1. 定干

定植后应及时定干。若采用小冠疏层形可在 60 cm 处定干；若采用多主枝自然形式，可在 60～70 cm 处定干；若采用纺锤形，可在 60 cm 处定干。定干后在合理的位置选留 3～4 个芽进行刻芽，促进发枝。病虫为害较重的地块应在定干后及时套上塑料袋，防止病虫为害定干后保留的芽。

2. 追肥、灌水

定植当年，幼树要在 5 月上旬施一遍速效性肥料，每亩可以用尿素或磷酸二铵 25～50 kg，追肥后立即浇水，并划锄覆膜，7 月底至 8 月上旬用带尖的木棍，在距树干 30～40 cm 的地方，打 3～4 个深达 10 cm 的洞，每个洞内施氮、磷、钾三元复合肥 0.25 kg，施肥后用泥土把洞口封住，并灌满水。

3.抹芽

4 月下旬，梨树发芽后及时将多余的芽抹除；6—9 月，每隔 20 d 左右检查一下芽的萌发情况，多余的芽再发再抹；并检查新梢的生长情况，在保证枝叶量的情况下，对多余的新梢要及时疏除。

4.病虫防治

对梨木虱、介壳虫、潜叶蛾、蚜虫、螨类要及时防治。尤其注意对黑星病、黑斑病、白粉病、褐斑病的防治，药物的选用以甲基托布津、杀菌优、多菌灵等为主。

任务六　梨园土肥水管理

课前思考

1.土壤是梨树茁壮生长的基础，如何管理土壤才能生产优质梨果？

2.梨树不同生育期对肥料种类及施肥量需求不同，依据梨树生长特性如何科学合理施肥？

3.树体营养吸收及运输均需要水分，梨生育期对土壤含水量需求各异，如何管理梨园水分才能满足梨树不同生育期需水量？

梨土肥水管理

基础知识

一、土壤管理

图 11-6-1　梨园深翻改土

1.深翻改土

幼树定植后，从定植穴外缘开始，每年秋季结合秋施基肥向外深翻扩穴 0.6～1 m。土壤回填时混以有机肥，使表土放在底层，底土放在上层，然后灌足水，使根系密接（图 11-6-1）。

2.种植绿肥或行间生草

行间提倡间作三叶草、花生等作物，通过花期翻压、覆盖等方法将其转变为梨园有机肥。有灌溉条件的果园提倡果园生草制（图 11-6-2）。

图 11-6-2　梨园行间生草

3. 中耕与覆草

清耕制果园生长季节降雨或灌水后应及时中耕松土，保持土壤疏松无杂草。中耕深度 5～10 cm。覆草制果园应于春季进行，通常用作物秸秆或杂草等覆盖在树盘下，厚度 10～15 cm，上压少量土(图 11-6-3)。

图 11-6-3　梨园覆草

二、果园施肥

以土壤肥力确定施肥量。以有机肥为主，氮、磷、钾肥配合施用，保持或增加土壤肥力及土壤微生物活性。

1. 秋施基肥

秋季采收后，结合深翻改土以沟施为主进行。以有机肥为主，在树冠投影范围内挖放射状沟或在树冠外围挖环状沟，沟深 40～60 cm。幼树每株施有机肥 25～50 kg，结果树按每生产 1 kg 梨果施有机肥 1 kg 以上的比例施用，并施入少量的速效氮肥和全年所需磷肥。

这一时期氮肥(主要是指有机肥中的氮肥)的施用量应达到全年用量的 50%左右。

2. 合理追肥

萌芽前 10 d 左右，追施全年氮肥用量的 20%。落花后追施全年氮肥用量的 20%和全年钾肥用量的 60%。果实膨大期施入钾肥用量的 40%和全年氮肥用量的 10%。其他时期应根据具体情况而定。

施肥方法是在树冠下开沟，沟深 15～20 cm，追肥后及时灌水。根外追肥常结合喷药掺入 0.3%～0.5%速效肥料，以补充树体必要的营养需求。

三、水分管理

1. 灌水

灌水时期应根据土壤墒情而定，通常包括萌动水、花后水、果实膨大水和安全越冬水等 4 个时期。灌水后应立即松土。水源缺乏的果园还应用作物秸秆等覆盖树盘，以利于保墒。

春季灌水可有效地提高坐果率，增强抗霜冻能力。秋季干旱可使果实减少，果小，品质差，旱后遇雨易裂果。梨园灌水的原则是“春旱必灌，花前适量，花后补墒，严防秋旱，采后冻前必灌”。

根据梨树的生长发育规律，灌水一般有 4 个时期：①萌芽开花前。主要是补充土壤水分，促进萌芽开花，促进新梢的生长发育，扩大叶面积，增加坐果率。②落花后和新梢加速生长期。梨树在此期需水最多，供水不足会引起大量落花落果，同时春梢的生长量也会大大减少。③果实加速生长期。灌水主要促进果实发育和花芽分化，对当年的产量和翌年的产量都有很大的影响。④休眠期灌水。

2. 排水

排水是指当果园积水时，利用沟渠或机械及时排水。

在梨树栽培中，多雨季节或一次降雨过大，造成梨园积水成涝，使地下水位高于梨树根系的分布层，土壤黏重、渗水性差，或在根系分布区下有不透水层时应及时进行排水。另外，盐碱地梨园，因下层土壤的含盐量高，会随水的上升而到达表层，若经常积水，因地表水分不断蒸发，下层水上升不断补充，造成土壤次生盐渍化。因此必须利用雨水淋洗，使雨水向下层渗漏，然后汇集在一起排走。在经常有积涝或次生盐碱化威胁的梨园，可以采用较先进的地下管道排水法，即在梨园地下一定深度的土层内，安装能渗水的管道，让多余的水分从管道排走。

任务七　梨病虫害防治

课前思考

1. 如何在物候期进行有效的病虫害防治？
2. 梨树常见的病害有哪些，如何进行科学有效的防治？
3. 梨树常见的虫害有哪些，如何进行科学有效的防治？

基础知识

我国梨栽培面积大，分布范围广，品种比较多，在种植的时候，梨树很容易发生各种病虫害，造成减产或树势衰弱，为了生产出优质、高产、健康、经济的梨果实，根据梨的生长发育规律和病虫害发生的条件和规律制订科学合理的“预防为主，防治结合”的防治方案在梨生产中至关重要。

一、物候期防治

（一）休眠期

梨树落叶后萌芽前是梨树的冬季休眠期，是防治各种病虫害的重要时期。

1. 防治对象

腐烂病、干腐病、枝干轮纹病和叶螨等。

2. 防治措施

结合冬剪，清除落叶、剪除病虫枝梢、病虫果、刮除老粗翘皮、病瘤、病斑等，集中深埋或烧毁。树体喷布一次 1 °Be 石硫合剂，以树干滴水为准。

(二)展叶期

落花量达 80%以上。

1. 防治对象

黑星病、黑斑病、二叉蚜、梨茎蜂、梨大食心虫、梨蚜、梨木虱、天牛和吉丁虫等。

2. 防治措施

①刮除病斑和病瘤。②喷施苯醚甲环唑、吡唑醚菌酯防治黑星病、黑斑病和梨锈病等。③喷施噻嗪酮·螺虫乙酯、阿维菌素、噻虫·高氯氟、螺虫乙酯等防治梨木虱、梨二叉蚜。④人工捕杀天牛、吉丁虫及梨大食心虫幼虫。

(三)幼果期

花后的 20～45 d 要完成果实套袋。

1. 防治对象

梨木虱、梨小食心虫、蚜虫、梨网蝽、黑斑病、黑星病等。

2. 防治措施

(1)对梨木虱的防治可用 20%的氰戊菊酯进行喷施防治；梨小食心虫则可用 1.8%阿维菌素乳油；黑星病可用青菌唑 300 倍液或者是醚菌酯等进行喷施防治。

(2)以梨炭疽病为主要防治目标，兼防梨黑星病、黑斑病等病害。使用内吸性杀菌剂，25%溴菌腈可湿性粉剂 1 500 倍液、10%苯醚甲环唑水分散粒剂 1 500 倍液、70%甲基硫菌灵可湿性粉剂 1 200 倍液、43%戊唑醇可湿性粉剂 4 000 倍液、50%咪鲜胺锰盐可湿性粉剂 1 500 倍液。一般需施药 4～5 次，用药间隔期 10～13 d，雨天应适当缩短间隔期，干旱少雨时可适当延长。并注意及时查找并摘除病果，剪除病枝。

(3)使用 1.8%阿维菌素乳油 4 000～5 000 倍液＋20%乙酰甲胺磷乳油 1 000～1 500 倍液，防治梨木虱若虫及康氏粉蚧，并兼治绿盲蝽象、黄粉蚜及各种螨类等。

(4)使用 10%吡虫啉可湿粉 2 000～3 000 倍液、啶虫脒乳油 3 000～4 000 倍液等喷雾，防治黄粉蚜越冬卵孵化为若虫，防止其转移至果实上为害。

(5)套袋，通常在 4 月下旬至 5 月上旬进行，最迟不能超过 5 月下旬，套袋前一定要喷施一次杀虫杀菌剂，待药剂干后再进行套袋。如果果园面积比较大，可以喷一部分，套袋一部分，然后再喷一部分套一部分，逐步进行。套袋前所喷的药物不要用乳化剂或乳油，可使用水剂或者粉剂，以免果面引起果锈。

(四)果实膨大期

6 月下旬至 8 月中下旬，此时梨果进入迅速膨大期，果实组织疏松，容易遭受病虫为害，尤其高温、高湿、多雨的天气，最有利于病害暴发流行。

1. 防治对象

这一时期炭疽病进入发病高峰，轮纹病陆续开始发病，两种病害常混合发生，引起大量烂果，防治上应以这两种病害为重点，兼防黑星病、黑斑病、褐腐病、白粉病等。虫害主要有梨小食心虫、梨木虱、叶螨等。

2. 防治措施

(1)对于病害的防治可将前一期所用农药交替使用，同时注意保护性杀菌剂与治疗性杀菌剂复配使用。

(2)在梨园内挂梨小食心虫诱芯诱杀成虫，一般每亩挂 3～5 个，同时可作为预报的依据。7 月中旬后卵量增加较快，是此期防治的重点，同时兼防梨木虱、椿象、黄粉虫、康氏粉蚧、叶螨等，药剂可选用 1.8%阿维菌素乳油 4 000 倍液或 10%吡虫啉可湿性粉剂 2 500 倍液，或 2.5%三氟氯氰菊酯乳油 2 000 倍液。

(3)进入 8 月份园内梨小食心虫卵量迅速增加，若此期雨天多，则梨小食心虫蛀果量增加迅速。尤其是桃、梨混栽园最易暴发成灾，是防治的重中之重，兼防梨木虱、黄粉虫、康氏粉蚧、蟏蚜等害虫。杀虫剂可选用 2.5%三氟氯氰菊酯乳油 2 000 倍液、25%灭幼脲 3 号悬浮剂 1 500 倍液、0.6%苦参碱水剂 600 倍液或 35%氯虫苯甲酰胺水分散粒剂 12 000 倍液喷雾，一般 7～10 d 喷 1 次药。

(五)果实成熟采收期

1. 防治对象

黑星病为主要防治对象，兼防黑斑病、轮纹烂果病、炭疽病、白粉病等。虫害主要有梨木虱、黄粉蚜、绿盲蝽象和螨类等

2. 防治措施

(1)采收前 20 d，喷施 50%多菌灵可湿性粉剂 600 倍液＋80%乙磷铝可湿性粉剂 600 倍液＋4.5%高效氯氰菊酯乳油 1 500 倍液。

(2)喷施阿维菌素、高效氯氰菊酯吡虫啉等防治梨木虱、黄粉蚜、绿盲蝽象等虫害。

二、梨主要病虫害综合防治

(一)梨黑星病

梨黑星病又称疮痂病、梨雾病、梨斑病，全国均有分布，是由梨黑星病菌侵染引起的，发生在梨树上的主要病害。主要作用在叶片、果实、嫩梢及芽鳞等部位，常引起早期大量落叶，削弱树势，果实畸形、早落，严重地影响果实品质和产量，病情严重时梨园有绝收的危险。

1. 危害症状

新梢及叶柄被感染在基部形成黄褐色长椭圆形病斑，逐渐产生黑霉层向上扩展。叶片发病时，多在叶背沿支脉或中脉发生圆形或不规则病斑。果实染病后，病部果实变黑、变硬(图 11-7-1)。

2. 发病规律

以菌丝体和分生孢子在病芽鳞片上越冬，第二年发芽时，借雨水传播造成叶片和果实的初侵染；一般 4 月下旬至 5 月上旬开始发病；7—8 月进入雨季，叶、幼果发病；8 月下旬至 9 月上

图 11-7-1　梨黑星病症状

旬，近成熟的梨果发病重。降雨早、雨量大，该病会提早流行。梨树过密或枝叶过多也会加重病情。地势低洼，树冠茂密，通风不良，树势衰弱，易发病。前一年发病重，田间菌量多的田块，发病重。

一年中有 3 个发病高峰，第 1 个高峰是 5 月中旬至幼叶幼果期；第 2 个高峰是 7 月中下旬至进入成果期；第 3 个高峰是 9 月上中旬至采收前。3 个关键时期的降水量决定着病害的流行与否。

3. 致病因素

(1)品种因素　梨不同品种间抗病性有较大的差异。一般日本梨、韩国梨比中国梨抗病，沙梨、褐梨、西洋梨较抗病。酥梨系总体抗病性较差。

(2)气候条件　影响梨黑星病发生与流行的主导因素是气候条件，尤其是湿度。一般雨季早而持续时间长，阴雨天气多、日照不足、空气湿度大等气候因素容易引起病害流行。根据生产调查，梨黑星病的病菌孢子侵入，要求有 1 次 5 mm 以上降雨，并连续 48 h 以上连阴雨天气。此外，温度对病害的发生也有一定影响。病菌入侵的最低日均温度为 8～10 ℃，最适流行温度为 17～20 ℃。

(3)栽培管理水平　种植在地势低洼处、河滩地，湿度大、树冠密闭通风透光不良、管理水平不高、树势衰弱、树龄大的梨园容易发病。未彻底清除落叶、落果的梨园发病重。

(4)病原菌基数　越冬病原菌基数是病害发生的前提。梨黑星病在梨树整个生育期均可发生，只要有菌源，只要外界条件适宜，可以随时侵染。

4. 综合防治

(1)选用优质抗病品种及健壮苗木　这是防治梨黑星病最经济有效的措施。对黑星病抗性较强的品种有沙梨、密梨、香水梨、胎黄梨、西洋梨、巴梨等。建园时应优先考虑使用抗病新品种苗木，挑选健壮、无病虫害的苗木，定植前再对苗木进行全面消毒。保持合理的栽植密度，栽植过密会导致田间通风透光差，果园湿度大，从而引发病害发生蔓延。

(2)清除菌源　结合清园清除病虫枯枝、病果，摘除僵果，铲除杂草，集中烧毁，减少越冬和早期侵染菌源；开花前后、结果初期，及时摘除病梢、病花、病叶、病果，带出园外烧毁或深埋，减少病菌传染。

(3)合理修剪　通过合理修剪，去除过密、过长的内膛枝和病虫枝，去除外围强旺、直立枝，可有效改善树体通透性。梨树落花后,病芽梢出现期,结合疏花疏果剪除病梢,对控制全年黑星病发生有很大作用。

(4)加强肥水管理　生产实践证明,树势强健,病虫害轻;树势衰弱,病虫害重。合理施肥,重施腐熟有机肥,增施磷钾肥,不偏施氮肥,必要时补充中微量元素肥,保证营养到位,能促进梨树生长,增强树势,提高树体抗病性。5 月中旬至 6 月中旬可根外喷施 0.3%尿素溶液 2～3 次,在 6 月至 7 月下旬结合病虫防治用药加入 0.3%磷酸二氢钾,能增强树势,有效防治黑星病。

(5)果实套袋　果实套袋既能提高果实品质、降低农药残留,又能防止套袋后病菌侵害梨果,确保果皮细嫩光洁。选用质量可靠的果袋,在定果后均匀喷布 1 次内吸保护性杀菌剂,然后规范套袋。

(6)药剂防治　抓住关键时期用药。一般在花序露白时喷 1 次 3 °Be 石硫合剂。花谢后(4 月中下旬)喷 1 次保护性杀菌剂,70%甲基托布津 1 000 倍液。6 月中下旬至 8 月下旬根据降雨及发病情况间隔 10～15 d 喷 1 次药。喷药时,保护性杀菌剂和治疗性杀菌剂交替使用效果最佳。常用药剂可选 70%丙森锌可湿性粉剂 600～800 倍液、70%甲基托布津 1 000 倍液、10%苯醚甲环唑(世高)水分散粒剂 2 000～3 000 倍液、12.5%烯唑醇可湿性粉剂 2 000～2 500 倍液、25%腈菌唑乳油 4 000 倍液等,交替喷施。

(二)梨锈病

梨锈病又称赤星病、羊胡子,是梨产区常见的一种病害。其分布很广,自北向南,新疆、甘肃、湖南、贵州等地均有梨锈病发生。但以南方梨区发病较重,主要为害梨树的幼嫩叶片、叶柄、新梢和幼果,造成落叶落果,树势降低,严重影响果树产量和品质。除为害梨树外,还为害山楂、海棠等,但梨锈病不为害苹果。

梨锈病是一种典型的转主寄生性病害,其转主寄主主要为桧柏及其变种和栽培种,没有种植桧柏的果区梨锈病基本上不会发生。

1. 为害症状

该病害主要为害叶片(图 11-7-2),也为害果实、果柄、叶柄、新梢等部位。果树展叶时病菌就可侵染新叶,叶片受害,叶正面形成橙黄色、有光泽的小斑点,稍后逐渐扩大为 5～10 mm 的圆形黏性橙黄色斑,边缘淡黄色,病斑外围有黄绿色晕斑,病斑上密生橙黄色针尖大的小点,为性孢子器,点内溢出黄褐色黏液;再后病组织逐渐肥厚,正面的小黄点渐变为黑色,病斑正面向下凹陷,背面稍显隆起,一片叶子上可产生多个病斑;最后,叶背面隆起的病斑上长出成丛的淡黄色至黄褐色的毛状物,称为"羊胡子",为锈孢子器,毛状物破裂后散出黄褐色粉末,为锈孢子。叶柄感染该病后形成稍隆起的纺锤形病斑。嫩枝受害时病部凹陷、龟裂易断。幼果染病后形成近圆形病斑,起初橙黄色,随后变为黄褐色,病部稍微肥肿,上面产生黑色小点,即性孢子器,在其周围产生黄色毛状锈孢子器,病果生长停滞,病部坚硬,多畸形早落(图 11-7-3)。该病害在桧柏上主要发生在刺状叶上,也为害绿色和木质小枝,冬季一般在感病叶面、叶腋处出现淡黄色斑,后病部稍显肿胀。早春,逐渐形成锈褐色角状突起的冬孢子堆,突破寄主表皮而外露。受害小枝往往略肿大呈梭形。冬孢子堆成熟后,遇水浸润膨胀成橘黄色胶质块,似花朵状,俗称"胶花"。

2. 发病规律

梨锈病菌以多年生菌丝体在桧柏病部组织中越冬。一般在翌年的春季开始显露冬孢子

图 11-7-2　梨锈病为害叶片症状

角。春季降雨时，冬孢子角吸水膨胀，成为舌状胶质块。冬孢子萌发后，产生有隔膜的担子，并在其上形成担孢子，担孢子随风飘散。从梨树发芽到幼果形成这一段时间内，担孢子散落在嫩叶、新梢、幼果上，遇到适宜的条件就萌发，产生侵染丝，直接从表皮细胞中侵入，也可以从气孔中侵入，侵入的过程需要几个小时。当气温达到 15 ℃时，并在有水的条件下，担孢子需要 1 h 完成侵染。梨树自展叶开始到展叶 20 d 内容易感染，展叶 25 d 以上，叶片一般不易感染。

图 11-7-3　梨锈病为害幼果症状

3. 发病原因

(1)品种抗性　梨树树木的种类和品种不同，抵御锈病的能力也不同，并有很大的差别。一般西洋梨抵抗锈病的能力最强，日本梨次之，中国梨最容易感染该病菌。

(2)气候因素　温度、降雨、风力、风向是影响病菌侵染的四大因素。春季梨树萌芽展叶时雨天多，雨量大，多雨温暖，温度在 17 ℃以上时，冬孢子迅速萌发，产生大量的担孢子，借助风雨快速传播，引起锈病流行，发病严重。

(3)转主寄生　梨锈病病菌有寄生越冬的特性，必须在转主寄主，如桧柏、龙柏、欧洲刺柏等树木上越冬，才能完成其生活史。因此，若梨园附近栽植有桧柏、龙柏、欧洲刺柏等树木，易导致梨锈病的暴发。

4. 综合防治

(1)品种选择　选择抗病品种，不从病区购买苗木和接穗，通常西洋梨等品种对锈病的抗性较强。

(2)合理建园　规划建设新梨园时,选址应尽量远离转主寄主植物,梨树园区方圆 5 km 以内不要栽植桧柏、龙柏类树木。若是老果园更新,有条件的情况下,应彻底铲除果园附近 5 km 范围内的松柏类植物,锈病没有了转主寄主,没有了初侵染源,就不会再发生或者极少发生。

(3)控制病菌传播　如不能彻底清除梨园附近的桧柏、龙柏类树木,应在 3 月上中旬梨树发芽前,先剪除桧柏、龙柏类等转主寄主的菌瘿,然后对桧柏、龙柏类树木上下喷洒 4～5 °Be 的石硫合剂或 20%粉锈宁 500 倍液,以抑制冬孢子萌发,消灭越冬菌源。也可使用 0.3%五氯酚钠和 1 °Be 石硫合剂混合药液喷洒桧柏、龙柏类树木,效果亦佳。

(4)套袋　在花后的 40～50 d,对果实进行全园套袋,能有效防止梨锈病的发生,同时提高果实的外观品质,降低农药和有害粉尘对梨果的污染。

(5)化学防治　梨树的喷药时间,一般在梨树发芽至展叶后 20 d 内比较好。第 1 次用药选择在梨树萌芽期,以后间隔 10 d 用药 1 次,连喷 3～4 次。树木长出新叶后,在雨水来临前喷施 1 次粉锈宁乳油,间隔 2 星期后再防治 1 次,可有效抑制锈病侵染梨树。若未控制住锈病发生,须追加 20%氟硅唑咪鲜胺 800 倍液防治。

(三)梨大食心虫

梨大食心虫又称梨云翅斑螟蛾,俗称“梨大”“吊死鬼”,属鳞翅目,螟蛾科,是梨树的主要害虫之一。我国各梨产区均普遍发生。以幼虫蛀食芽、花簇、叶簇和果实,为害时从芽基部蛀入,造成芽枯死。幼果期蛀果后,常用丝将果缠绕在枝条上,蛀入孔较大,孔外有虫粪,被害果果柄和枝条脱离,但果实不落。

1. 形态特征

成虫体长 10～12 mm,翅展 24～26 mm,全身暗灰褐色,触角褐色,复眼浓黑,前翅带有紫色光泽,内外缘各有 1 条灰白色横波状纹,中间有 1 灰白色肾状纹,后淡灰褐色(图 11-7-4)。越冬幼虫长约 3 mm,褐紫色,化蛹前 20 mm 左右,头部褐色,胸腹部绿褐色,前胸背板、臀板以及第 12 节背面的一斑纹均为黑色。蛹长约 13 mm 左右,黄褐色,近羽化时黑褐色,腹部末端具 6 根顶端弯曲的钩刺,横排 1 列(图 11-7-5)。

图 11-7-4　梨大食心虫成虫

图 11-7-5　梨大食心虫幼虫、蛹

图 11-7-6　梨大食心虫为害新芽、幼果症状

2. 为害症状

(1)有虫梨芽干瘪,外有虫粪。

(2)出蛰幼虫蛀食新芽,此芽暂不死,开花后花朵全部凋萎。

(3)幼虫蛀食梨果,果实变黑,枯干至冬不落(图 11-7-6)。

3. 发生规律及习性

以 1～2 龄幼虫在芽内结灰白色小茧过冬。幼虫出蛰后转害花芽,先在花芽基部吐丝结网,遮掩虫体,随即在丝下蛀入芽里。花序抽出后,幼虫在叶簇基部为害,用丝将鳞片连住不使其脱落,直至凋萎、干枯。当梨果有指头大时,幼虫由果顶附近蛀入为害梨果,并排出黑褐色虫粪附着虫孔外,被害果虫道里常充满水液,之后逐渐干枯。1 头幼虫为害 1～3 个果后,吐丝化蛹,被害果干缩变黑,但不脱落,故有“吊死鬼”之称,幼虫在被害果内化蛹,蛹期 11～12 d,成虫 5 月下旬开始羽化,羽化后白天静伏,黄昏时开始活动,交尾多在天亮前后,夜间产卵,卵产于果台和果的萼凹附近,散产,每处 1～3 粒,每头雌蛾可产卵 2 000 多粒,卵期 5～7 d,幼虫孵化后为害果、芽。第 1 代幼虫 6 月下旬出现,为害当年的芽和果,并在果中化蛹,第 2 代幼虫一部分为害芽,8 月中旬在芽内作茧过冬,另一部分为害果实,老熟幼虫在果内化蛹。成虫对黑光灯有较强的趋性。

4. 综合防治

（1）人工防治　结合冬季修剪，彻底剪除或摘掉虫芽，清除病、虫枝，落叶、虫果和杂草并集中深埋或烧毁，再进行涂白。

（2）诱杀成虫　根据梨大食心虫成虫对黑光灯有较强的趋性，每亩地可设置 3～5 盏黑光灯诱杀成虫。据郑州果树所试验，对梨大食心虫进行性引诱，用 10 个雌虫当量（每毫升二甲烷溶液内含有 10 个雌蛾性激素量）诱杀雄蛾效果好，使用 11 d 有效。

（3）保护天敌　梨大食心虫的天敌主要有黄眶离缘姬蜂、瘤姬蜂、离缝姬蜂等。对其的抑制作用很大，特别能控制后期的为害。因此，在天敌繁殖季节，尽量不用或少用剧毒农药，减轻对天敌的伤害，保护天敌。

（4）化学防治　化学防治应抓住越冬幼虫的出蛰转芽期和转果为害期 2 个关键的时期进行喷药防治。一般应采用高效、低毒、残留期较短的农药，可选用灭幼脲 3 号、除虫脲、溴氰菊酯等药剂，果实采收之前 10 d 必须停止喷药。

任务八　梨树整形修剪

课前思考

1. 适宜树形是梨树优质生产的条件之一，常见的树形有哪些？具有什么特征？

2. 不同树龄的梨树整形修剪要遵循什么原则和依据？

梨树整形修剪技术

基础知识

一、适宜树形

定植后根据栽植密度选定适宜的树形后进行定干或拉梢。

1. 小冠疏层形

通常树高 3 m，干高 0.6 m，冠幅 3～3.5 m。第一主枝 3 个，层内距 30～40 cm；第二层主枝 2 个，层内距 20 cm；第三层主枝 1 个或无（图 11-8-1）。

主枝的一二层间距为 80 cm，二三层间距为 60 cm，主枝上不配备侧枝，直接着生大中小型枝组。适于树势强的品种。

2. 多主枝自然形

无明显中心干，树干较高，主干高 60～70 cm，主干上端向四周分生主枝 4～6 个。每个主

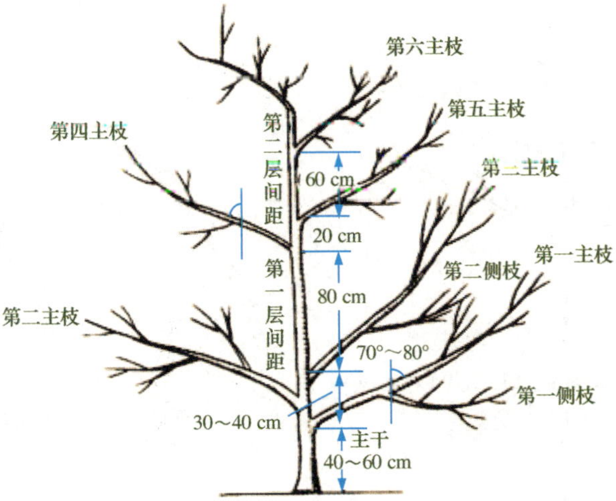

图 11-8-1　梨的小冠疏层形树体结构

枝上着生几个侧枝，一般平侧、背斜侧配置，能均匀分布、合理利用空间即可。该树形整形容易，成形较快，但因主枝不分层，通风透光差，内膛易光秃，多形成表面结果。这种树形宜于应用在直立性强、成枝力低、树冠较小的品种上，如大多数日本梨品种(图 11-8-2)。

3. 纺锤形

树高不超过 3 m，主干高 60 cm 左右，中心干上着生 10～15 个小主枝，小主枝围绕中心干螺旋式上升间隔 20 cm，小主枝与主干分生角度为 80°左右，小主枝上直接着生小枝组，其特点是只有一级骨干枝，树冠紧凑，通风透光好，成形快，结果早(图 11-8-3)。

图 11-8-2　梨的多主枝自然开心形树体结构

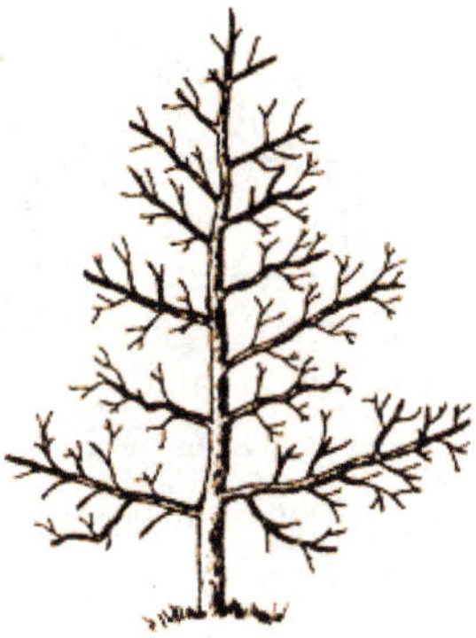

图 11-8-3　梨纺锤形树体结构

二、修剪

1. 幼树和初结果期树

此期的修剪原则是“轻剪、长放、少疏枝”。冬季选好骨干枝，延长枝头，进行中度剪截，促发长枝，培养树形骨架，加快长树扩冠。夏季或冬季拉枝开角，调节枝干角度和枝间主从关系，平衡树势，并促进花芽形成和枝组培养(图 11-8-4)。

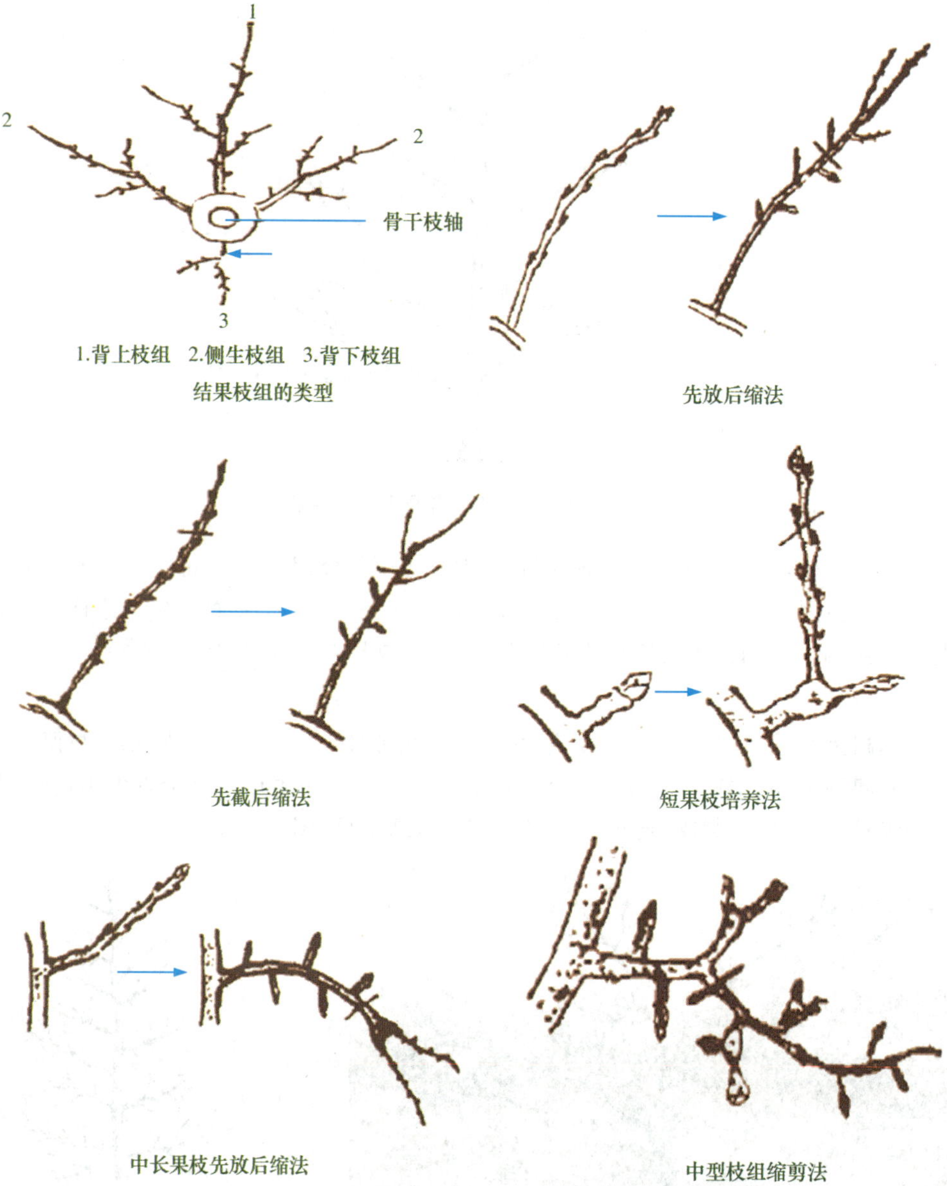

图 11-8-4　梨树枝组类型及培养方法示意图

2. 盛果期树

采用适宜的修剪方法，调节树势至中庸状态，并及时落头开心，疏除外围密生枝和控制背上直立旺枝，改善冠内光照。

对枝组或短果枝群做到选优去劣，去强留弱，使修剪过后枝组疏密适当，达到 3 年更新，5 年归位，树老枝幼，年年丰产。

3. 衰老期树

当产量降至每公顷不足 15 000 kg 时，对梨树进行更新复壮。每年更新 1～2 个大枝，3 年更新完毕，同时也要做好小枝的更新。

任务九 梨的花果管理

课前思考

1. 授粉管理是保证梨树挂果及产量的重要方法，梨树授粉方式及要求有哪些？

2. 梨树进行疏花疏果有什么要求？

3. 梨树果实套袋的工序有哪些？

梨树花果管理技术

基础知识

一、授粉

在种植过程中，为了保证梨树的挂果及产量，需要进行授粉管理。除自然授粉外，采用人工点授、机械喷粉及蜜蜂传粉等方法辅助授粉是十分必要的，以确保产量。以下是授粉的前期准备工作。

(一)花粉的收集

1. 采花

选择花粉量大的适宜授粉品种，采集花瓣已松散而尚未开放的大铃铛花，梨不采中心花且留 1～2 个边花。花多的树多采，花过多，结合疏花序。采花量根据授粉量而定，一般每 2.5 kg 鲜花可出干花粉 0.5 kg，能供 20～30 亩盛果期树授粉用。

2. 采花药

刚采下的梨鲜花不宜堆放或装在透气性较差的塑料袋内，要及时在室内将花蕾倒入细铁丝筛中，用手轻轻揉搓花药。然后将搓下的花药用簸箕簸一遍，去掉杂质后烘干制粉。

3. 制粉

将花药摊晾在干燥、通风、温暖而又洁净的室内白纸光面，温度保持在 22～25 ℃，经 1～2 d 花药即裂开散粉，然后将花粉过细锣，去除杂物，制粉后，将花粉装在暗色瓶内。密封后放在冰箱内备用。

(二)授粉方式

1. 人工授粉

(1)毛巾棒滚授法　毛巾棒制作：先将新毛巾裹上麦秸或旧棉絮等填充物，缝好边缘使之成为圆柱形，长 40～50 cm，直径 9 cm 左右。然后把竹竿插入毛巾棒中，并用细绳捆紧下口即可。

滚授方法：当梨开花达 40%左右时，先在授粉树上滚动使用毛巾棒沾满花粉，然后到主栽品种花丛上轻轻滚动。花稀处慢滚，滚 2 遍，花密处快滚，滚 1 遍。一般沾一棒花粉可授大树 10 株左右。

(2)喷粉法　用 1 份花粉，加 100 份滑石粉充分混合进行喷授。方法有 2 种：一是用喷粉器喷粉。二是用纱布震粉。可将已稀释过的花粉装入有 2～3 层纱布的袋中，用细绳把袋口扎紧，系在长竹竿上。将袋子高举到树冠上和树冠内，轻敲竹竿，花粉即可由袋中飞散后进行授粉。

(3)喷雾法　先将白糖 500 g、尿素 30 g、水 10 kg 配成混合液，临喷雾前再加入 25 g 干花粉和 10 g 硼砂，用 2～3 层纱布滤出杂质。花粉水溶液要随配随用。在苹果、梨花开 25%左右时，气温在 22～25 ℃时喷授最好。

2. 机械喷粉

机械喷粉的效率较高，节省时间，适用于大面积的授粉，但需用的花粉量多。所以，在应用机械喷粉的时候，必须加入 50～200 倍液的填充剂。同时，也可把花粉配成粉液，利用机械喷洒。粉液配置的比例为水 10 kg、砂糖 1 kg、尿素 30 g、花粉 50 g，使用前可再加硼砂 10 g，增加花粉的活力。

3. 蜜蜂授粉

花期放蜂对提高坐果效果显著，放蜂应安排在花期，保证每 3 亩果园至少有一箱蜂。放蜂期要注意禁止使用农药，并合理备好壁蜂的蜂箱和蜂管，以及备好取土水湾，抓好阴雨天气蜂箱的遮盖与防风防天敌工作。遇到阴雨低温，壁蜂不出来授粉，要及时采取应对措施。

二、疏花疏果

疏花疏果越早越好。通常每隔 20 cm 左右留 1 个花序，每个花序留 1 个发育良好的果实。

按照去劣留优的疏果原则，树冠中后部多留，枝梢先端少留，侧生背下果多留，背上果少留，以提高单果重和果实的整齐度。

三、果实套袋

套袋通常于落花后 30～35 d 进行。若个别品种实施 2 次套袋，应在落花后 25 d 先套小袋，30 d 后再套大袋。套袋前喷 1～2 次防虫治病的药剂，药干后立即实施套袋。

套袋时一只手拿袋，另一只手伸进袋内，并用手指将袋底撑开，以防纸袋贴近果皮。除红色品种应于采收前 30 d 除袋外，其他颜色的品种一般在果实采收时连同纸袋一并摘下。

四、果实采收

梨果实的采收是梨园管理的最后一个环节。梨果实采收的好坏，直接决定梨园效益的高低。若采收不当，不仅降低果品质量，而且降低果实耐贮存性，还会影响翌年的产量。在梨树的管理过程中必须重视采收工作。采后的果品不能直接销售的，要及时将其贮藏。目前较为先进并且常用的贮藏方法有两种：一种是冷风库贮藏，另一种是气调贮藏。在贮藏过程中，要严格控制贮藏期间的病害。

在采收前的 20～30 d，做好产量的估产工作。根据产量的高低，准备采收用的工具和材料。因为梨果实皮薄、水大、单果重，所以不能用编织袋、麻袋等软材料来装梨果，否则会造成梨果的外皮损伤，形成次果，降低果实的耐贮存性。在短期贮存梨果的地方，要搭建凉棚，以免光照太强，造成发热烂果。

采收期的早晚直接影响果实的产量、品质、耐贮性。采收早，产量下降、品质差、梨果实达不到应有的风味、降低果实的商品价值；采收晚，果实的硬度降低，果实不耐贮存，而且影响树体养分的贮存和翌年梨树的产量。可根据梨果的不同用途和目的，选用不同标准适时采收。

1. 梨果采收的要求

在采收前要喷一次高效低毒的杀菌剂，如多菌灵、甲基托布津等，以铲除梨果表面或皮孔内的病原菌，减轻贮存期间的为害；在采收过程中要求避免一切的机械损伤，如指甲划伤、跌撞伤、碰伤、擦伤、挤压伤等，并且要轻拿轻放；梨果的果柄要完整，既不能损伤果柄又不能损伤果台及果台枝，以免影响当年商品果率及翌年的产量。装放梨果的容器要求用硬的材料，如塑料周转箱或竹筐、柳条筐等，箱或筐的里面要用软的发泡塑料膜或麻布片作内衬，以免在采收过程中碰伤梨果。

2. 梨果采收方法

一般采用人工采收。采收时要求左手紧握果台枝，右手握紧梨果的果柄，向一侧将梨果轻轻掰下。要求果柄完整，因为果柄不完整的话，将影响梨果的耐贮存性。采收一般应按自下而上，先外后内的顺序，以免碰伤其他果实，减少人为的经济损失。采后的梨果要立即将果柄剪掉，以免果柄划伤其他梨果。在剪果柄时，一定要避免剪刀划伤果皮。新的果柄剪在使用前要将先端轻轻打磨，将其尖端打平。修剪果柄时要将果柄剪轻轻落下，不要用力过大，否则将划伤果皮造成伤害，形成次果。如果采后直接入冷库的，要在周转箱内直接放入塑料保鲜膜，并避免多次倒箱，碰伤梨果。在采运的过程中要避免“挤、压、抛、碰、撞”。

3. 采后处理

按鲜梨的国家标准、行业标准完成水洗、消毒、单果套保鲜膜、分级、包装等程序。

计 划 单

学习领域	情 景 篇
模块十一	梨标准化生产技术
计划方式	小组讨论、成员之间团结合作，共同制订计划

序号	实施步骤	使用资源

制订计划说明	

计划评价					
	班　　级		第　　组	组长签字	
	教师签字			日　　期	
	评语：				

决　策　单

学习领域	情　景　篇							
模块十一	梨标准化生产技术							
方案讨论								
方案对比	组号	任务耗时	任务耗材	实现功能	实施难度	安全可靠性	环保性	综合评价
	1							
	2							
	3							
	4							
	5							
	6							
方案评价	评语：							
班　　级		组长签字		教师签字		月　　日		

材料工具清单

学习领域	情　景　篇						
模块十一	梨标准化生产技术						
项　目	序号	名称	作用	数量	型号	使用前	使用后
所用仪器仪表							
所用材料							
所用工具							
班　级		组长签字		教师签字		月　日	

实　施　单

学习领域	情　景　篇	
模块十一	梨标准化生产技术	
实施方式		
序号	实施步骤	使用资源
1	基本理论讲授	在线开放平台和多媒体
2	梨常见栽培品种	校内外实训基地
3	梨园土肥水管理措施	校内外实训基地
4	梨园病虫害防治措施	校内外实训基地
5	梨园的建立	虚拟仿真软件、校内外实训基地
6	梨园的花果管理措施	校内外实训基地
7	梨树整形修剪实训	校内外实训基地
8	梨树苗木繁殖技术实训	校内外实训基地
9	梨周年标准化生产计划制订	校内外实训基地
10		

实施说明：

利用在线开放平台和多媒体资源，进行理论学习，了解梨生产概况及常见栽培品种。

通过对梨树生物学特性的学习，掌握梨园土肥水管理措施、梨园花果管理措施及病虫害防治技术，掌握生产优质梨的技术。

通过本地梨园生产情况调查，了解本地梨园栽培技术，结合本地气候特点，规划建设梨园和梨树苗木繁殖苗圃，制订梨周年标准化生产计划。

通过理论知识学习，结合实训能够掌握梨树整形修剪的技术要点，并能够合理地完成梨园的树体修剪任务。

班　　级		组长签字		教师签字		月　　日

作 业 单

学习领域	情 景 篇
模块十一	梨标准化生产技术
作业方式	

1. 简述梨园建园条件及规划。

2. 简述梨常见树形及树体结构要点。

3. 简述梨疏花的意义、时期与方法。

4. 简述梨园土肥水管理技术要点。

5. 简述梨花果管理技术要点。

6. 如何做好梨套袋，简述套袋的意义、时期和方法，并说明套袋的注意事项。

7. 简述梨树整形修剪技术要点及修剪流程。

作业评价	班 级		组长签字		月 日
	教师签字		教师评分		
	评语：				

检　查　单

<table>
<tr><td>学习领域</td><td colspan="4">情　景　篇</td></tr>
<tr><td>模块十一</td><td colspan="4">梨标准化生产技术</td></tr>
<tr><td>检查项目</td><td colspan="2">检查内容</td><td>学生自查</td><td>教师检查</td></tr>
<tr><td rowspan="4">思政素养</td><td colspan="2"></td><td></td><td></td></tr>
<tr><td colspan="2"></td><td></td><td></td></tr>
<tr><td colspan="2"></td><td></td><td></td></tr>
<tr><td colspan="2"></td><td></td><td></td></tr>
<tr><td rowspan="4">技能素养</td><td colspan="2"></td><td></td><td></td></tr>
<tr><td colspan="2"></td><td></td><td></td></tr>
<tr><td colspan="2"></td><td></td><td></td></tr>
<tr><td colspan="2"></td><td></td><td></td></tr>
<tr><td rowspan="4">理论素养</td><td colspan="2"></td><td></td><td></td></tr>
<tr><td colspan="2"></td><td></td><td></td></tr>
<tr><td colspan="2"></td><td></td><td></td></tr>
<tr><td colspan="2"></td><td></td><td></td></tr>
<tr><td rowspan="3">检查评价</td><td>班　　级</td><td></td><td>组长签字</td><td></td></tr>
<tr><td>教师签字</td><td></td><td>日　　期</td><td></td></tr>
<tr><td colspan="4">评语：</td></tr>
</table>

评价单

学习领域	情景篇				
模块十一	梨标准化生产技术				
评价类别	项目	子项目	个人评价	组内互评	教师评价
专业能力(60%)	咨询(10%)	搜集信息(5%)			
		引导问题回答(5%)			
	计划(10%)	计划可执行度(4%)			
		调查方案设计(3%)			
		方案合理度(3%)			
	实施(15%)	梨园生产技术调查(10%)			
		正确进行栽培品种识别(5%)			
	检查(10%)	识别准确度(5%)			
		分类准确度(5%)			
	过程(5%)	认真程度(5%)			
	结果(10%)	准确制订梨园周年标准化生产计划(10%)			
思政能力(20%)	团队协作(10%)	小组成员合作良好(5%)			
		对小组的贡献(5%)			
	敬业精神(10%)	学习纪律性(5%)			
		爱岗敬业、吃苦耐劳(5%)			
方法能力(20%)	计划能力(10%)	考虑全面(10%)			
	决策能力(10%)	决策果断(10%)			

评价评语						
	班级		组长签字		总评	
	教师签字		日期			
	评语：					

学习小结

<table>
<tr><td>学习领域</td><td colspan="4">情　景　篇</td></tr>
<tr><td>模块十一</td><td colspan="4">梨标准化生产技术</td></tr>
<tr><td>学习小结</td><td colspan="4"></td></tr>
<tr><td rowspan="3">教师评价</td><td>班　　级</td><td></td><td>组长签字</td><td></td></tr>
<tr><td>教师签字</td><td></td><td>教师评分</td><td></td></tr>
<tr><td colspan="4">评语：</td></tr>
</table>

学习笔记

模块十二

猕猴桃标准化生产技术

模块导读

模块介绍

猕猴桃为猕猴桃科猕猴桃属多年生落叶藤本植物，是20世纪由野生到人工商业化栽培驯化最为成功的果树种类之一，迄今已有一百余年的栽培历史。猕猴桃因其独特的风味，富含维生素C，被誉为水果之王，深受消费者青睐。本模块主要包括四个子任务，学习、了解和掌握猕猴桃生产概况、猕猴桃常见品种、猕猴桃生物学特性及猕猴桃的栽培技术的理论知识。以任务驱动的方式引导学生对我国猕猴桃的生产现状和常见品种进行系统了解学习，进而要求学生掌握猕猴桃的生物学特性，重点学习猕猴桃的栽培技术，为我国猕猴桃生产技术推广及服务乡村振兴的人才需求培养专业技术人员。

模块目标

知识目标

1. 了解猕猴桃产业的现状及其发展趋势。
2. 了解猕猴桃种类与主要栽培品种的特性。
3. 掌握猕猴桃植物学特性、生物学特性及环境对猕猴桃生长的影响。
4. 掌握猕猴桃园土肥水管理、树体整形修剪、保花育果及病虫害防治等管理技术。

技能目标

1. 依据猕猴桃种类及品种特性，正确识别不同的猕猴桃种类及品种。
2. 依据猕猴桃产业发展趋势及其植物学特性、生物学特性和本地环境条件，正确选择适宜的品种，做到适地适栽。
3. 综合运用栽培管理技术，正确制订猕猴桃园周年生产管理方案并组织实施。

素质目标

1. 培养学生热爱猕猴桃生产、投身猕猴桃产业发展的信念，能够全身心投入本模块课程学习。
2. 培养学生的团队合作精神，在分组学习中能够相互配合，有效地完成学习任务。
3. 引导学生树立安全意识和生态文明持续发展理念，能够做到猕猴桃适地适栽，不乱用农业投入品，在学习过程中不发生任何安全事件。

任务描述

了解猕猴桃生长习性及对环境条件的要求，了解常见的猕猴桃栽培品种，掌握猕猴桃园基本生产管理技术，掌握猕猴桃园土肥水管理技术，能够进行猕猴桃园病虫害防治，能够正确制订猕猴桃园周年生产管理计划。具体任务要求如下：

1. 利用在线开放平台和多媒体播放讲解课件，了解猕猴桃生长习性及对环境条件的要求、常见的猕猴桃栽培品种，掌握猕猴桃园基本生产管理技术。
2. 通过互联网相关资料，了解猕猴桃生长发育规律。
3. 分组对本地猕猴桃园生长管理进行调查，掌握本地猕猴桃园的生产管理技术措施。
4. 制订本地猕猴桃园周年标准化生产计划。

任务一　猕猴桃生产概况

课前思考

1. 目前猕猴桃的栽培现状如何？

2. 猕猴桃果实具有哪些利用价值？

基础知识

猕猴桃为原产我国的一种浆果类藤本落叶果树，广西发现的猕猴桃叶片化石距今有2 000 万到 2 600 万年，我国古籍《诗经》《山海经》《尔雅》中均有关于猕猴桃的记载。

猕猴桃营养丰富，号称“水果之王”“维生素 C 之冠”。猕猴桃全株均可药用，中医认为其果性寒，味酸、甘，能调理中气、生津润燥、解热除烦、通淋，用于治疗消化不良、食欲缺乏、呕吐、烧烫伤；其根、根皮性寒，味苦涩，能清热解毒、活血消肿、祛风利湿，用于治疗肝炎、水肿、风湿性关节炎、跌打损伤、痢疾、丝虫病、淋巴结核、痈疖肿毒、带下、胃癌、乳腺癌等。

猕猴桃分布范围广，耐寒，易栽培，抗病虫，结果早，丰产性强，寿命长（≥100 年），经济价值高，具有良好的发展前景。20 世纪 70 年代至 90 年代初，猕猴桃商业栽培生产飞速发展，2021 年世界猕猴桃种植面积和产量基本稳定在 28 万 hm^2 和 400 多万 t，我国猕猴桃栽培面积达到 20 万 hm^2，居世界首位，新西兰、意大利、智利等国的产量居世界前列（图 12-1-1）。

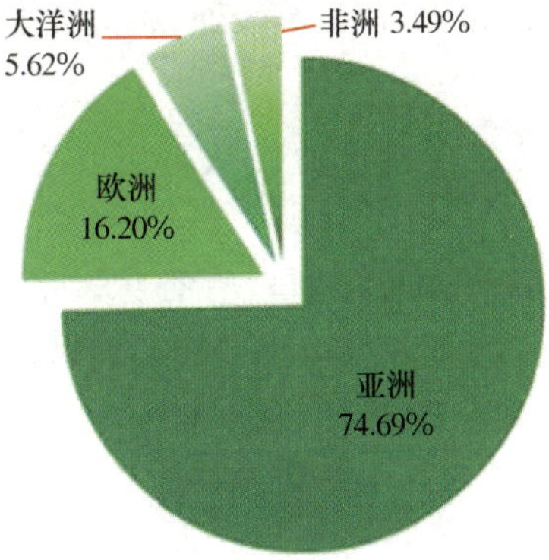

图 12-1-1　猕猴桃种植全球分布情况

任务二　猕猴桃常见品种

课前思考

1. 了解国内猕猴桃产业主栽种类及优良品种。
2. 市场上猕猴桃主栽品种有哪些？
3. 市场上受欢迎的猕猴桃品种具有什么特点？

猕猴桃主要品种和果园建立

基础知识

现经济栽培的主要是美味猕猴桃和中华猕猴桃及少量的软枣猕猴桃和毛花猕猴桃。

一、美味猕猴桃系

1. 海沃德

1942年，新西兰从1904年引自湖北宜昌的美味猕猴桃中选育而成，是目前世界猕猴桃商业栽培的主要品种，我国自20世纪80年代从日本引入。果实近椭圆形，果皮绿褐色，被有褐色硬毛。果形整齐、美观，平均单果重80 g，最大单果重150 g，果肉绿色，酸甜适中，有浓香。鲜果中维生素C含量50 mg/100 g，耐贮运，货架期长，贮藏软化后不发酵。

海沃德猕猴桃是一种极具食用价值的高级营养水果，除含有丰富的果胶、糖以及钙、钾、硒、锌和其他人体所需的微量元素和17种氨基酸外，还富含维生素、葡萄酸、果糖。

2. 秦美

陕西省果树研究所与周至县猕猴桃试验站从野生实生苗中选出，1986年经品种鉴定、命名。

果实近椭圆形，果肉绿色、多汁、酸甜适口、有香味。平均单果重102.5 g，最大单果重160 g，纵径5.6～6.0 cm，横径4.7～5.3 cm。每100 g鲜果肉中含维生素C 190～354.6 mg，可溶性固形物含量14%～15%，含总糖11%，有机酸1.2%。以鲜食为主，可作加工用。果实在冷藏条件下可存放5个月。在陕西其萌芽期为4月上中旬，初花期5月中旬，盛花期5月中下旬，果实成熟期10月上中旬。

栽后第二年挂果，第三年株产6.7 kg，最高株产50 kg，平均每公顷产果5 527.5 kg。秦美的早果性、丰产性、抗旱性、抗寒性、耐土壤高pH等综合评价居所有品种之首，是目前我国北方栽培区最受欢迎的品种之一。

3. 红阳

四川省苍溪县从自然杂交植株中选出，经品种审定、命名。

果实中等大、整齐，平均单果重 68.8 g，最大单果重 87.0 g。果实圆柱形，平均纵径 4.2 cm，横径 4 cm，果皮绿褐色。果肉紫红色，沿果心呈放射状条纹，果汁多，香甜味浓，口感好。含可溶性固形物 16%，总糖 8.97%，有机酸 0.11%，100 g 鲜果肉含维生素 C 250 mg，品质上等。鲜食、加工品质均佳，耐贮性较强。芽萌动期多在 3 月上旬，开花期多在 4 月下旬，果实成熟期多在 9 月上旬。

树势旺，萌芽、成枝力强。夏梢生长旺，长达 3 m，枝径一般在 3 cm 以上，多数是翌年的结果母枝。该品种耐寒、耐瘠薄、抗褐斑病、叶斑病，容易栽培，适应范围广。

4. 徐香

江苏省徐州果园培育的品种，从海沃德实生苗中选出。

果实圆柱形，果皮黄绿色，被黄褐色茸毛，皮薄，易剥离。果实纵径 5.8 cm，横径 5.1 cm，平均单果重 75～110 g，最大单果重 137 g。果肉绿色，汁多，味酸甜适口，有浓香，100 g 鲜果肉中含维生素 C 99.4～123.0 mg，可溶性固形物 13.3%～19.8%，有机酸 1.42%。采后在常温下可存放 30 d 左右，在 0 ℃冷库可放 100 d，货架期 8～14 d。萌芽期多在 3 月下旬，展叶期多在 4 月上旬，花期多在 5 月中旬，果实采收期多在 10 月上中旬。

结果初期以中、长果枝结果为主，盛果期以短果枝为主。嫁接后第二年挂果，第三年株产 7.5 kg，第四年株产 38 kg。其结果性、丰产性均优于海沃德，但贮藏性和货架期不及海沃德。

5. 徐冠

江苏省徐州市果园从海沃德实生苗中选出，经鉴定、命名。

果实长圆锥形，果皮黄褐皮，皮薄易剥离。果实纵径 7.5 cm，横径 5.5 cm，平均单果重 102 g，最大单果重 180.5 g。果肉翠绿色，质细汁多，酸甜适口，有香气，100 g 鲜果肉中含维生素 C 107～120 mg，可溶性固形物 12%～15%，有机酸 1.24%。果实耐贮藏，在室温 12～14 ℃条件下，相对湿度 75%，可贮存 32 d。果实采收期和后熟期均比海沃德早。萌芽期多在 3 月下旬，展叶期多在 4 月上旬，花期多在 5 月中旬，果实采收期多在 10 月中旬，采前有落果现象。

结果初期以徒长性长果枝和长果枝结果，占结果总数 55%。每一结果枝平均着生花 3.3 朵，多为单花。嫁接后第三年挂果，第四年平均株产 22.5 kg。树势强健，丰产性能超过海沃德。

6. 华美 2 号

河南省西峡县培育的品种。

果实长圆锥形，被有棕色硬毛。平均单果重 112 g，最大单果重 205 g。果肉黄绿，质细多汁，酸甜可口。含可溶性固形物 14.6%、总糖 8.88%、总酸 1.76%、维生素 C 152 mg/100 g。9 月上中旬成熟，耐贮性好。

7. 金魁属

由湖北通山县猕猴桃开发总公司育成，1998 年通过审定。

果个较大，平均单果重 97.4 g，最小单果重 82 g；果肉绿色，酸甜适口，有香味；完全成熟时可溶性固形物含量高达 24.5%，维生素 C 含量 242.18 mg/100 g。在湖北，果实 10 月中旬成熟，果形与海沃德相近。

8. 米良1号

湖南省吉首大学从自然群体中选育的品种。

早果，丰产，稳产，抗性强，适合于我国南方湿润气候区栽培。果个较大，平均单果重95 g；果肉黄绿色，汁多，酸甜适口，有芳香，维生素C含量217 mg/100 g，可溶性固形物含量16.5%。在湖南果实10月上旬成熟，采后常温下可存放1个月。

9. 贵长

贵州省培育的品种。

果实长圆柱形，果皮褐色，被有灰黄色长茸毛。果实纵径8.3 cm，横径5.0 cm，平均单果重78 g。果肉绿色，质细，汁液较多，甜酸适度，清香可口，100 g鲜果肉中含维生素C 113.4 mg，可溶性固形物16%，总酸1.45%。品质优，是鲜食、加工兼用的品种。

树势强，新梢生长旺，适应性强，较耐旱。丰产性能好，嫁接后第2年挂果，平均株产5.6 kg。在贵阳，萌芽期多在3月中旬，展叶期多在3月下旬，花期多在5月中下旬，果实成熟期多在10月下旬至11月上旬，是贵州省主栽品种。

10. 周园1号

周园1号又称哑特，陕西省周至县猕猴桃试验站选育。

果实圆柱形，果皮褐色，密被棕褐色糙毛。果肉翠绿，果心小，果实10月下旬成熟。平均单果重87 g，100 g鲜果肉含维生素C 150～280 mg。以中、长果枝结果为主，结果枝多着生在结果母枝的第5～11节，早果性差，但进入结果期后很丰产，嫁接苗栽后第五年平均株产22 kg。树体健壮，抗逆性强，耐旱、耐高温、耐瘠薄、耐北方干燥气候。

11. 川猕1号

四川省苍溪县培育的品种，1987年经鉴定、命名。

果实椭圆形，皮浅棕灰色，易剥离，被有糙毛。果实整齐，平均单果重75.9 g，纵径6.5 cm，横径4.7 cm。果肉翠绿色，质细多汁，甜酸味浓，有清香，100 g鲜果肉中含维生素C 124.2 mg，可溶性固形物14.2%，总酸1.37%。果实常温下可贮藏15～20 d。

该品种树势强健，萌芽率74.2%，成枝率87.1%～100%。结果枝在结果母枝上第5～18节着生，花序产生于结果枝的第1～7节上，坐果率80.1%以上。嫁接苗定植后第二年挂果，在四川萌芽期多在3月上旬，花期多在5月下旬，果实成熟期多在9月下旬。

同时各地栽培的还有93-1、通山5号、川号、华美1号、皖翠、沪美1号、沁香、华美2号、洛阳4号、秦翠、新观2号等品种。

二、中华猕猴桃系

1. 早鲜

江西省培育的品种，1985年经鉴定、命名。

果实圆柱形，外形美观，果皮绿褐色或灰褐色，密被茸毛，毛不易脱落。平均单果重75.1～94.4 g，最大单果重132 g，纵径5.5～6.3 cm，横径4.7～4.8 cm。果肉绿黄色或黄色，总糖7.02%～9.08%，柠檬酸0.91%～1.25%，100 g鲜果肉中含维生素C 73.5～97.8 mg，多汁，酸甜，风味浓，微有清香。果实较耐贮藏，常温下可存放10～20 d，在冷藏条件下可存放4个月以上，货架期10 d。树势生长旺，萌芽率51.7%～67.8%，成枝率86.1%～100%，结果枝率 91.3%～100%，以短缩果枝和短果枝结果为主，坐果率一般为 75%，有采前落果现象，及时采收即可避免。萌芽期多在 3 月中旬，展叶期多在 3 月下旬至 4 月上旬，开花期多在 4 月下旬至 5 月上旬，采收期多在 8 月中下旬至 9 月上旬。定植后第三年挂果，进入盛果期株产可达 11～14 kg，最高株产 17.5 kg。

该品种抗风、抗旱、抗涝性均较差，宜以调节市场和占领早期市场为目的，近城市小面积发展。

2. 魁蜜

江西省培育的品种，1985 年经鉴定、命名。

果实近圆形，果皮绿褐色或棕褐色，茸毛短，易脱落。平均单果重 92～110 g，最大单果重 155 g，纵径 5.6～5.8 cm。果肉黄色或绿黄色，质细多汁，酸甜味浓，有香味，100 g 鲜果肉中含维生素 C 119.5～147.5 kg，总糖 8.86%～11.21%，柠檬酸 1.07%～1.49%。魁蜜较丰产稳产，嫁接苗定植后第二年挂果，第三年平均株产 5～5.5 kg，到第五年平均株产 17 kg。果实较耐贮藏，在冷藏条件下可贮藏 4 个月以上。萌芽期多在 3 月中旬到下旬，展叶期多在 3 月下旬至 4 月上旬，开花期多在 4 月下旬至 5 月上旬，采收期多在 9 月下旬。

魁蜜对风、虫、高温、干旱抗性较强。植株生长势中等，萌芽率 40%～65%，成枝率 82.5%～100%，结果枝率 53%～97%，以短缩果枝和短果枝结果为主。

3. 庐山香

江西省培育的品种，1985 年经鉴定、命名。

果实近圆柱形，整齐均匀，果皮棕黄色，被有稀疏容易脱落的短柔毛，果实外形美观。平均单果重 87.5 g，最大单果重 140 g，纵径 6.0 cm，横径 5.2 cm。果肉淡黄色，质细多汁，稍有香味，100 g 鲜果肉中含维生素 C 159.4～170.6 mg，总糖 12.6%，总酸 1.48%，风味甜酸。果实在冷藏条件下可存放 4 个月，货架期 5 d，适宜加工果汁。萌芽期多在 4 月上旬，展叶期多在 4 月中旬，开花期多在 5 月下旬至 6 月上旬，果实采收期多在 10 月中旬。

庐山香较丰产，嫁接苗定植后第二年株产 6.2 kg，第三年 13 kg。树生长势强，以中、短果枝结果为主，各占 40%和 45.1%。

4. 金丰

江西省培育的品种，1985 年经鉴定、命名。

果实椭圆形，整齐均匀，果皮褐绿色或黄褐色，被有较多茸毛，毛易脱落，落后果皮显得粗糙。平均单果重 81.8～107.3 g，纵径 6.1～6.8 cm，横径 4.1～5.1 cm。果肉黄色，质细多汁，味甜酸，微香，100 g 鲜果肉中含维生素 C 103.4 mg，总糖 7.07%～8.29%，柠檬酸 1.06%～1.65%。鲜食兼加工，适宜作糖水切片罐头。

金丰树势较强，萌芽率 49.4%～67%，成枝率 92.7%～100%，以中、长果枝结果为主，果枝连续结果能力强。该品种抗风，耐高温，适应范围广，可广泛栽培。

5. Hort-16A

商品名 Zespritmgold，由新西兰园艺研究所培育，是目前国际公认的果实品质较佳的品种。果实圆顶倒锥形，平均单果重 80～105 g，果皮金褐色。果肉金黄色，质细汁多，极香甜，每 100 g 鲜果肉含维生素 C 120～150 mg。此品种是一个较好的鲜食、加工两用品种。

各地栽培的还有贵密、庆元秋翠、皖蜜、华光 2 号、秋魁、厦亚 1 号、翠玉、素香、武植 3 号、贵海 4 号等品种。软枣、毛花猕猴桃系有魁绿、8134、江山娇、沙农 18、天源红等优良品种。

任务三　猕猴桃生物学特性

课前思考

1. 从生长特性和结果特性两方面简述猕猴桃的生物学特性。
2. 生态环境条件是如何影响猕猴桃的生长发育的？

基础知识

一、生长特性

猕猴桃是一种落叶藤本果树，长枝先端具有逆时针缠绕性，能攀附于其他植物或支架上生长。新梢年生长量很大，有时可达 3 m 以上，故能很快布满架面，生长后期顶端自枯。根系带肉质性，主根不发达，侧根分布较浅而广，须根特别发达，不耐旱涝。

二、结果习性

一般栽植后 3～5 年开始结果。幼树达到结果年龄后，一年生枝上极易形成花芽，除徒长性枝蔓外，其余枝条都可成为结果母枝，于第二年抽梢开花结果。长而壮的结果母枝从基部第 2～3 节开始，直到 20 节以上的叶腋间都可形成混合芽，以中部混合芽抽生的结果新梢结果最好，15 节以后结果新梢的发生率便降低。猕猴桃为雌雄异株植物，偶有雌雄异花同株的。形态上虽均为两性花，但雄株上的花小，子房退化而花粉多，雌株上的花大而雄蕊退化。雌花多单生于结果新梢的叶腋间，以第 2～6 叶腋间居多。雌花授粉受精后一般都能着果，极少生理落果。每个结果新梢上可结 2～5 个果实，中、长果枝结果后常能成为第二年的结果母枝而连续结果。无论长、中、短结果枝，其上的结果部位结果后，都会因叶腋中无芽而成为盲(芽)节。

三、对生态环境条件的要求

猕猴桃性喜温暖，自然分布区年均温 11.0～17.9 ℃，北方产区易受大风和霜冻危害，尤其春季应注意防风和晚霜伤害。猕猴桃喜光但怕暴晒，比较耐阴，年日照时数不低于 1 900 h 均能正常生育。猕猴桃自然分布区年降水量 800 mm 以上，但对空气湿度有较强适应能力，喜潮湿而不积水的山地土壤，干旱地区栽培应有灌溉条件。猕猴桃喜土层深厚、疏松肥沃、湿润而又排水良好的微酸或中性土壤，pH 以 5.5～7.0 为宜。

任务四　猕猴桃的栽培技术

课前思考

1. 猕猴桃建园对园址的选择有什么要求？

2. 移苗后猕猴桃如何进行周年管理？

3. 生产上猕猴桃的病虫害种类繁多，主要病虫害的病症是什么，如何防治？

猕猴桃整形修剪与土肥水管理

基础知识

一、建园

猕猴桃适应性广，在平原或山地均可种植，以海拔400～800 m的地域最为适宜。建园时选择水源充足，背风向阳且土壤疏松肥沃、富含有机质的地方，以利于根系的生长发育。开沟改良土壤栽前挖宽1 m、深0.6 m的定植沟，生土和熟土分放两边，日晒20 d后，中下部放秸秆1 000 kg/亩。中上部回填熟土，浇透水2次，沉实土壤。

二、栽植

选择根系良好，无根结线虫病，茎粗0.8 cm以上，有3～5个饱满芽的健壮苗木栽植。株行距2 m×4 m，雌雄树比例为8∶1，栽后留3个饱满芽短截，浇足水。秋栽封冻前需培土防寒。猕猴桃多采用单篱壁“T”形架式栽培。建园时应沿猕猴桃栽植行正中，每隔80～100 cm立1水泥支柱，立柱直径12 cm，全高2.8 m，埋入土中0.8 m，柱上共拉8～10号防锈铁丝三层，第一层距地面60 cm，以后每隔70 cm牵拉一层铁丝。

三、土肥水管理

合理施肥，每年10月下旬至11月上旬结合扩穴开沟施基肥，幼龄期每亩施土杂肥2 000 kg、饼肥50 kg、碳铵50 kg、过磷酸钙50 kg；盛果期每亩施土杂肥3 000 kg、饼肥50 kg、复合肥40 kg、生物钾10 kg、过磷酸钙100 kg。每年追肥3次，即于2月下旬、4月下旬、6月上旬每亩追尿素2～3 kg。同时结合病虫害防治多次喷施0.3%尿素和磷酸二氢钾。适时灌水，猕猴桃怕旱怕涝，要求萌芽前、开花前后、果实膨大期及封冻前各浇1次透水，汛期注意排涝。

四、整形修剪

夏季修剪。定植当年，苗木新梢长至 20～30 cm 时，选留 1 个强旺枝引绑，其他摘心或抹除。当保留枝蔓长至 80～100 cm 时摘心，以后任其生长。秋冬季修剪时，从饱满芽处剪截。第二年将主蔓引绑上扶，当其长至架顶 30 cm 左右时摘心，其他枝留 4～6 片叶摘心。主蔓摘心后可萌发 3～4 个侧枝，对侧枝在 10～12 片叶处摘心，对 3～4 年生的初结果树，摘心时间适当提前，一般结果枝在着果节以上留 3～5 片叶摘心，营养枝留 3～4 片叶摘心，二次枝留 8～10 片叶摘心，三次枝留 2～3 片叶重摘心。对 5 年生以上盛果期树，重点控制徒长枝，对位置不当的及时疏除，其余一律留 3～5 片叶重摘心，其抽生的二次枝留 10～12 片叶摘心，作为下一年的结果母枝。冬季修剪，疏去过密枝、交叉枝、重叠枝、并生枝、病虫枝。长果枝留 10～12 个芽短截，中果枝和一般发育枝留 7～8 个芽短截。总的原则是粗枝多留芽，细枝、弱枝少留甚至从基部疏去，所留枝条分布要均匀，枝距要求 40～50 cm。

五、病虫害防治

猕猴桃主要病虫害防治

1. 溃疡病

9 月中旬叶面喷施多菌灵可湿性粉剂 400～600 倍液。冬剪后及时喷施 3～4 °Be 的石硫合剂，喷施部位为主枝、枝条及剪锯伤口。发芽之前全园喷施 3～5 °Be 的石硫合剂或链霉素 1 000 倍液，螯合铜制剂，3 月中旬再喷 1 次。若 3 月出现伤口或病斑，可用小刀刮除病斑（深达木质部），伤口上下各超出 1～2 cm，用毛刷蘸强力克菌灵（噻菌灵）50 倍液在刀口挤压，迫使药液渗入发挥作用。

发病盛期，且病灶较大时，可用原液少量涂抹，以利于快速杀菌。再严重点的可选用凡士林拌杀毒矾，刮去病部坏组织后涂抹，既能保护伤口，又能促进皮层生长。

2. 花腐病

尽量改善花蕾部的通风透光条件，加强园地肥水的管理，及时摘除染病的花蕾和花朵。萌芽前、萌芽至开花前、采果后各喷药防治一次，药剂可用 100 mg/L 的农用链霉素。

3. 褐斑病

冬季彻底清园，病枝病叶要集中烧毁，减少来年病原基数。施足基肥，避免偏施氮肥，增施磷、钾肥，适量施用硼肥。注意架面要通风透光。发病初期喷施 70％甲基托布津 1 000 倍液，80％大生 M-45（代森锰锌）可湿性粉剂 1 000 倍液。每隔 7～10 d 喷施 1 次，连喷 3 次。常用的杀菌剂还包括以下几种。

（1）25％嘧菌酯悬浮剂 2 000 倍液。

（2）10％苯醚甲环唑水分散颗粒剂 1 500～2 000 倍液。

（3）75％百菌清可湿性粉剂＋70％多菌灵可湿性粉剂（1∶1）500 倍液。

（4）75％百菌清可湿性粉剂＋50％速克灵可湿性粉剂（1∶1）1 000 倍液。

4. 灰霉病

及时清除病残体，整理藤蔓，降低果园湿度，加强水肥管理，提高植株抗病性。盛花末期用50%多菌灵可湿性粉剂800倍液、75%百菌清可湿性粉剂600倍液、50%扑海因可湿性粉剂800倍液、70%代森锰锌可湿性粉剂600～800倍液，每隔7～10 d喷施1次。注意轮换用药，贮藏期可以采用硫酸氢钠缓慢释放二氧化硫气体，达到防病保鲜目的。

5. 炭疽病

冬季清园，加强水肥管理，重施有机肥，合理负载，科学修剪，维持良好的通风条件。萌芽前全园喷施1次5 °Be的石硫合剂，谢花后和套袋前各施药一次。

常用药剂：25%扑菌唑(咪鲜胺乳油)800～1 500倍液、25%吡唑醚菌酯乳油2 000倍液、25%嘧菌酯悬浮剂1 000～1 500倍液、50%多菌灵600倍液或70%甲基硫菌灵800～1 000倍液。

6. 软腐病

冬季清园，清扫落叶落果，加强果园管理，重施基肥，及时追肥，增强树势。维持果园通风光照条件，果实进行套袋，采收运输中避免果实碰伤。春季萌芽前与其他病害一起防治，可喷施3～5 °Be的石硫合剂。谢花后两周至果实膨大期喷80%的甲基托布津(有效成分：甲基硫菌灵)可湿性粉剂1 000倍液或80%敌菌丹(四氯丹)可湿性粉剂1 000倍液。

7. 黑斑病

冬季清园，结合修剪，彻底清除枯枝落叶，剪除病枝，消灭引起侵染性病害的病原。施足基肥，增强树势，提高免疫力。春季萌芽前喷施3～5 °Be的石硫合剂。幼果期套袋前，施用70%甲基托布津可湿性粉剂1 000倍液、25%嘧菌酯悬浮剂2 000倍液或10%苯醚甲环唑水分散颗粒剂1 500～2 000倍液。

8. 菌核病

科学夏剪。及时疏除细弱枝和病虫枝，防止果园郁蔽，改善通风透光条件，减少病害发生。冬季修剪、清园，施肥后，翻埋表土10～15 cm，使土表菌核深埋于土中不能萌发侵染。

发病初期可选喷乙烯菌核利、菌核净、嘧霉胺、腐霉利、多抗霉素、抑菌脲等，间隔7～10 d喷1次(注意轮换使用药剂)，喷2～3次。

9. 膏药病

萌芽至抽梢期根据土壤每平方米施1 g硼砂，同时喷施0.2%硼砂液防治粗皮、裂皮、藤肿等现象。另外还要注意防治介壳虫。刮出菌膜，涂抹3～5 °Be的石硫合剂或三灵膏(凡士林50 g、多菌灵2.5 g、赤霉素0.05 g调匀)，也可用1∶20的生石灰浆涂抹伤口。

10. 藤肿病

合理增施磷肥和农家肥，利用磷硼互补的规律，保持土壤高磷(速效磷含量40～120 mg/kg)、中硼(速效硼含量达0.3～0.5 mg/kg)的比例。每年花期喷硼砂液1～2次(浓度为0.2%)。根际土壤施用硼肥，每隔2年左右，在萌芽至新梢抽生期(4—5月)地面施用硼砂，每亩0.5～1 kg，将土壤速效硼含量提高到0.3～0.5 mg/kg，枝梢全硼含量达到25～35 mg/kg。

11.根腐病

雨季做好开沟排水工作，定植不宜过深，施肥要施腐熟的有机肥。在易积水的地势建园，定植时可选择起垄栽植。灌溉时尽量避免大水漫灌和串灌，果园翻耕时可进行喷药防治。树盘施药在3月和6月中下旬，用60%代森锌0.5 kg加水200 kg灌根。防治腐霉菌引起的根腐病也可选用58%甲霜灵锰锌可湿性粉剂500倍液灌根。翻耕时可选用40%安民乐乳油400～500倍液进行土壤处理。

物理防治：清扫落叶残体，深翻树盘，早春发芽前刮除树体老翘皮，集中烧毁或深理。冬春季深翻树盘，清除有病残体。随时清扫园内枯枝落叶和落花落果，并铲除杂草。化学防治：冬季和早春喷3～5 °Be石硫合剂，防治越冬病虫。用50%多菌灵、50%甲基托布津、75%百菌清500倍液，每隔7～10 d喷1次，连喷2～3次，防治早期落叶病。用10%克线磷或10%克线丹每亩3～5 kg，施于树下环形沟内，然后浇水覆土，防治根结线虫。用农用链霉素、5%DT 500倍液或45%代森铵乳剂1 000倍液，每隔7～10 d交替喷雾1次，防治溃疡病。用50%甲基托布津可湿性粉剂800～1 000倍液，65%代森锌可湿性粉剂500倍液于初次出现病菌孢子时开始，每10～15 d喷1次，连喷3～5次，防治炭疽病。用50%马拉硫磷乳油1 500倍液、40%氧化乐果乳油1 500～2 000倍液、50%散敌长乳油500～1 000倍液防治桑白蚧、斑衣蜡蝉、金龟子等害虫。

计　划　单

学习领域	情　景　篇
模块十二	猕猴桃标准化生产技术
计划方式	小组讨论、成员之间团结合作，共同制订计划

序号	实施步骤	使用资源

制订计划说明	

<table>
<tr><td rowspan="3">计划评价</td><td>班　　级</td><td></td><td>第　　组</td><td>组长签字</td><td></td></tr>
<tr><td>教师签字</td><td colspan="2"></td><td>日　　期</td><td></td></tr>
<tr><td colspan="5">评语：</td></tr>
</table>

决 策 单

<table>
<tr><td>学习领域</td><td colspan="8">情 景 篇</td></tr>
<tr><td>模块十二</td><td colspan="8">猕猴桃标准化生产技术</td></tr>
<tr><td colspan="9">方案讨论</td></tr>
<tr><td rowspan="7">方案对比</td><td>组号</td><td>任务耗时</td><td>任务耗材</td><td>实现功能</td><td>实施难度</td><td>安全可靠性</td><td>环保性</td><td>综合评价</td></tr>
<tr><td>1</td><td></td><td></td><td></td><td></td><td></td><td></td><td></td></tr>
<tr><td>2</td><td></td><td></td><td></td><td></td><td></td><td></td><td></td></tr>
<tr><td>3</td><td></td><td></td><td></td><td></td><td></td><td></td><td></td></tr>
<tr><td>4</td><td></td><td></td><td></td><td></td><td></td><td></td><td></td></tr>
<tr><td>5</td><td></td><td></td><td></td><td></td><td></td><td></td><td></td></tr>
<tr><td>6</td><td></td><td></td><td></td><td></td><td></td><td></td><td></td></tr>
<tr><td>方案评价</td><td colspan="8">评语：</td></tr>
</table>

班　级		组长签字		教师签字		月　日

材料工具清单

学习领域	情　景　篇						
模块十二	猕猴桃标准化生产技术						
项　目	序号	名称	作用	数量	型号	使用前	使用后
所用仪器仪表							
所用材料							
所用工具							
班　级		组长签字		教师签字		月　日	

实　施　单

学习领域	情　景　篇	
模块十二	猕猴桃标准化生产技术	
实施方式		
序号	实施步骤	使用资源
1	基本理论讲授	在线开放平台和多媒体
2	猕猴桃常见栽培品种	校内外实训基地
3	猕猴桃园土肥水管理措施	校内外实训基地
4	猕猴桃园病虫害防治措施	校内外实训基地
5	猕猴桃周年标准化生产计划制定	校内外实训基地
6		
7		
8		
9		

实施说明：

利用在线开放平台和多媒体资源，进行理论学习，了解猕猴桃生长发育规律及常见栽培品种。

掌握猕猴桃园土肥水管理技术措施及病虫害防治技术，掌握猕猴桃园周年管理技术。

通过本地猕猴桃园生产情况调查，了解本地猕猴桃园栽培技术，制订猕猴桃周年标准化生产计划。

班　　级		组长签字		教师签字		月　　日

作　业　单

学习领域	情　景　篇
模块十二	猕猴桃标准化生产技术
作业方式	

1. 简述国内外猕猴桃生产发展现状。

2. 通过调研，简述本地常见猕猴桃品种及品种特性。

3. 从生长特性和结果特性两个方面简述猕猴桃的生物学特性。

4. 猕猴桃的生产对生态环境条件有什么要求？

5. 从建园到管理，简述猕猴桃生产管理技术要点。

6. 在猕猴桃生产中，常见的病虫害有哪些，如何进行有效的防治？

<table>
<tr><td rowspan="3">作业评价</td><td>班　　级</td><td></td><td>组长签字</td><td></td><td>月　　日</td></tr>
<tr><td>教师签字</td><td></td><td>教师评分</td><td colspan="2"></td></tr>
<tr><td colspan="5">评语：</td></tr>
</table>

检　查　单

学习领域	情　景　篇		
模块十二	猕猴桃标准化生产技术		
检查项目	检查内容	学生自查	教师检查
思政素养			
技能素养			
理论素养			
检查评价	班　　级		组长签字	
	教师签字		日　　期	
	评语：			

评　价　单

学习领域	情　景　篇				
模块十二	猕猴桃标准化生产技术				
评价类别	项目	子项目	个人评价	组内互评	教师评价
专业能力（60%）	咨询（10%）	搜集信息（5%）			
		引导问题回答（5%）			
	计划（10%）	计划可执行度（4%）			
		调查方案设计（3%）			
		方案合理度（3%）			
	实施（15%）	猕猴桃园生产技术调查（10%）			
		正确进行栽培品种识别（5%）			
	检查（10%）	识别准确度（5%）			
		分类准确度（5%）			
	过程（5%）	认真程度（5%）			
	结果（10%）	准确制订猕猴桃园周年标准化生产计划（10%）			
思政能力（20%）	团队协作（10%）	小组成员合作良好（5%）			
		对小组的贡献（5%）			
	敬业精神（10%）	学习纪律性（5%）			
		爱岗敬业、吃苦耐劳（5%）			
方法能力（20%）	计划能力（10%）	考虑全面（10%）			
	决策能力（10%）	决策果断（10%）			
评价评语	班　　级		组长签字		总　　评
	教师签字		日　　期		
	评语：				

学习小结

学习领域	情　景　篇			
模块十二	猕猴桃标准化生产技术			
学习小结				
教师评价	班　　级		组长签字	
	教师签字		教师评分	
	评语：			

模块十三

枇杷标准化生产技术

模块导读

模块介绍

枇杷营养丰富、风味甘甜、品质细腻，被誉为“嘉果珍味”，春末夏初成熟，深受市场青睐和消费者的喜爱。枇杷起源于中国，目前全世界有30多个国家栽培，集中分布在南、北纬20°～35°地区。本模块主要包括四个任务，了解、学习和掌握枇杷生产概述、枇杷常见品种、枇杷的生长结果习性及枇杷的栽培技术。以任务驱动的方式引导学生对我国枇杷的生产现状和常见品种进行系统了解学习，进而要求学生掌握枇杷的生物学特性，重点学习枇杷的栽培技术，为我国枇杷生产技术推广及服务乡村振兴的人才需求培养专业技术人员。

模块目标

知识目标

1. 了解枇杷产业的现状及其发展趋势。
2. 了解枇杷种类与主要栽培品种特性。
3. 掌握枇杷植物学特性、生物学特性及环境对枇杷生长的影响。
4. 掌握枇杷园土肥水管理、树体整形修剪、保花育果及病虫害防治等管理技术。

技能目标

1. 依据枇杷种类及品种特性，正确识别不同的枇杷种类及品种。
2. 依据枇杷产业发展趋势及其植物学特性、生物学特性和本地环境条件，正确选择适宜的品种，做到适地适栽。
3. 综合运用栽培管理措施，正确制订枇杷园周年生产管理方案并组织实施。

素质目标

1. 培养学生热爱枇杷生产、投身枇杷产业发展的信念，能够全身心投入本模块课程学习。
2. 培养学生的团队合作精神，在分组学习中能够相互配合，有效地完成学习任务。
3. 引导学生树立安全意识和生态文明持续发展理念，能够做到枇杷适地适栽，不乱用农业投入品，在学习过程中不发生任何安全事件。

任务描述

了解枇杷生长习性及对环境条件的要求，了解常见的枇杷栽培品种，掌握枇杷园基本生产管理技术，掌握枇杷园土肥水管理技术，能够进行枇杷园病虫害防治，能够正确制订枇杷园周年生产管理计划。具体任务要求如下：

1. 利用在线开放平台和多媒体播放课件，了解枇杷生长习性及对环境条件的要求、常见的枇杷栽培品种，掌握枇杷园基本生产管理技术。
2. 通过互联网相关资料，了解枇杷生长发育规律。
3. 分组对本地枇杷园生长管理进行调查，掌握本地枇杷园的生产管理措施。
4. 制订本地枇杷园周年标准化生产计划。

任务一 枇杷生产概述

课前思考

1. 简述国外枇杷生产发展现状。
2. 简述国内枇杷生产发展趋势。

枇杷生产概述及品种

基础知识

枇杷是原产于我国的亚热带常绿果树，主要分布在长江流域及其以南地区，有 2 000 多年的栽培历史。枇杷初夏果熟时，正值水果淡季，产品畅销，经济效益高。果实柔软多汁，酸甜可口，营养丰富，不仅富含多种营养成分，还具有较高的医用价值，如叶片可入药，制成枇杷露、枇杷膏等润肺止咳良药，也是城乡绿化、美化、果化、发展农村经济的优良树种。

我国是世界上枇杷生产第一大国，我国枇杷种植面积和产量均占世界枇杷栽培面积和产量的 80%左右。我国枇杷主产区为福建、浙江、江苏、安徽、四川、湖南、湖北、江西、广西等地。国外以日本、印度、巴西、意大利、西班牙和土耳其等国栽培较多。

据不完全统计，我国枇杷栽培面积在国际上占绝对优势，而且枇杷还是至今为止未受外来同类果品直接冲击的少数果树树种之一。种植规模四川最大、福建其次；产量以福建最高，其次是四川，重庆、云南、浙江、广东、江苏等地也有较大生产规模。

生产上栽培面积大于 10 万亩的品种有“大五星”“早钟 6 号”“解放钟”等。但各地的主栽品种不同，如福建的“早钟 6 号”“解放钟”占 90%以上，四川以“大五星”“早钟 6 号”等为主。因早熟品种的推广应用以及不同生态栽培区的发展，加上北方设施栽培技术的解决，使我国枇杷鲜果上市期从传统的 3～6 个月扩展至基本实现周年生产。

近年来，极端气候已成为影响大部分枇杷产区产量的主要因素之一，但低温冻害仍是主要限制因子。如 2016 年 1 月份的低温寒害，福建枇杷产量损失 60%以上，莆田及以北产区基本绝收，云霄县等南亚热带生态区的产量损失 50%以上，冻害较轻微的鲜果肉质变硬、风味下降。浙江、江苏、四川、福建等部分产区小面积推广设施栽培，在一定程度上降低了自然灾害风险，但仍缺乏系统、配套的设施栽培技术。

任务二　枇杷常见品种

课前思考

1. 栽培种植枇杷品种选择的依据是什么?
2. 市场上枇杷主栽品种有哪些?
3. 市场上受欢迎的枇杷品种具有什么特点?

基础知识

枇杷属蔷薇科枇杷属植物。该属共有30多种,具有重要经济价值的仅普通枇杷1个种。通常依果肉色泽分成红肉(俗称“红沙枇杷”)和白肉(俗称“白沙枇杷”)两大类。枇杷栽培品种很多,依生态条件分热带型品种和温带型品种;依果肉色泽分红肉类、白肉类。

1. 白玉

该品种主产于江苏苏州。平均单果重33 g,最大单果重可达38 g,果面淡橙黄色,果肉洁白,肉质细腻易溶、汁多、风味清甜、品质佳,含可溶性固形物12%~14%。本品种树势强健,生长旺盛,枝条粗长,易抽长夏梢,树冠呈高圆头形,果实成熟期为5月底至6月初(图13-2-1)。

图 13-2-1　白玉枇杷

2. 冠玉

该品种主产于江苏苏州。果实大、圆球形或椭圆形,平均单果重52.5 g,最大单果重达70 g以上,果面乳黄色或淡黄色,阳面稍有斑。果肉白色或乳黄色,含可溶性固形物13.4%,果实成熟期为6月上旬(图13-2-2)。

3. 青种

该品种主产于江苏苏州。果实6月上旬成熟，平均单果重33.2 g，最大单果重可达50 g，果肉淡黄橙色，肉质细、易溶、汁多、风味浓，甜酸适口，可溶性固形物含量11.6%、果皮薄、易剥离，可食率66.5%～72.9%。抗逆性强，丰产性好(图13-2-3)。

图13-2-2 冠玉枇杷

图13-2-3 青种枇杷

4. 大五星

该品种主产于四川成都。果大，平均单果重79 g，最大单果重194 g；色泽金黄，商品性好，果核小，肉厚，含可溶性固形物13.5%，5月上、中旬成熟。丰产性好(图13-2-4)。

5. 解放钟

该品种主产于福建莆田。果实呈倒卵形或梨形，平均单果重70～80 g，最大单果重172 g。果皮橙红色、果粉多，果锈少，易剥皮；果肉厚，橙红色，质地细致，甜酸可口，风味浓，含可溶性固形物8.5%～12%，可食率71.46%，耐贮运，丰产。果实5月上、中旬成熟(图13-2-5)。

图13-2-4 大五星枇杷

图13-2-5 解放钟枇杷

6. 大红袍

该品种主产于浙江余杭。果圆形，平均单果重37 g，皮色浓橙红，表面具有细薄茸毛，阳面有白色、紫色斑点。果皮强韧易剥、肉厚、橙色、质地粗，汁液中等，品质上等。6月上旬成熟，耐贮运。适于鲜食和制罐(图13-2-6)。

此外，生产上还有早钟6号、洛阳青、软条白沙、太城4号、金丰1号、红灯笼、单边种、大种、长红3号、香钟11号、夹脚、田中、茂木等优良品种。

图 13-2-6　大红袍枇杷

任务三　枇杷的生长结果习性

课前思考

1. 影响枇杷各器官生长发育的因素有哪些？
2. 枇杷的生长发育对生态环境条件有什么要求？
3. 枇杷具有什么样的结果习性？

枇杷的生物学特性

基础知识

一、枇杷的生长特性

1. 根系

枇杷根系分布一般较浅，易受旱害和风害，根系一年中有3～4次生长高峰，与枝梢生长交替进行，一般比枝梢早两周。第一次是1月底至2月底，第二次在5月中旬至6月中旬，第三次在8月中旬至9月中旬，第四次在10月底至11月底。

枇杷根系的主要特点是枇杷细根多，粗根少，需氧量大，不耐湿，横向分布小(图13-3-1)。

图 13-3-1 枇杷根系

2. 芽与枝

枇杷芽萌发率较低，成枝力较强，树冠的层性明显。花芽为混合芽，多为顶生。顶芽抽生的中心枝常粗短，而由邻近腋芽抽生的侧生枝则多细长，成年的幼树上还会发生冬梢。春梢一般粗短，叶大色深；夏梢较细长，叶小色淡，多出自春季扩展树冠的枝条。在长江流域，枇杷每年抽梢 3 次，分别为春梢、夏梢和秋梢，在冬暖地区的幼树上则还会发生冬梢。

二、枇杷的结果习性

枇杷定植后 3～4 年开始结果，6～10 年进入盛果期，40 年后产量开始下降，一般寿命 70～100 年。

1. 结果母枝

枇杷的结果母枝种类主要有春梢、夏梢、秋梢。一般以春梢和一次夏梢结果最好，花穗大，花数多，坐果率高。夏梢是枇杷主要的结果母枝，采取有效的综合措施，促进夏梢抽发和发育充实，是获得丰产的重要途径。根据抽生部位不同，结果母枝分为顶芽枝结果母枝和侧芽枝结果母枝。顶芽枝结果母枝短而粗壮，花穗形成早而大，开花也早；侧芽枝结果母枝枝长、节间长、叶片小、花穗形成迟，开花迟。

2. 花芽分化

枇杷花芽分化到开花结果是连续进行的，一般在夏梢停长后 7—8 月间开始形成，为夏秋连续分化型，花芽为混合芽。

3. 开花结果

枇杷的花穗为圆锥复总状花序，顶生。每个花序上有花数十朵甚至百朵以上，结果以春梢顶芽抽生的短粗母枝为最好，花穗大而花量多，开花早而果实大。在温暖地区，自采果后的结果枝上发生的夏梢也常是主要的结果母枝，结实良好。枇杷开花不齐，花期长达 3～4 个月，可粗略分为头花、二花和三花。在枇杷经济栽培的北缘地区，冬春常有冻害，头花果最易受冻，晚花果因开花结实迟，不易受冻，从实际结果率来看，这些地区往往是中期的二花果收成最有保证。

4. 果实发育

枇杷果实是假果，由子房、萼片及花托发育而成，食用部分为花托。枇杷果实在冬季发育，树上越冬。果实发育前期因受气温限制，幼果发育缓慢，中期生长迅速，4 月中旬达到最高峰，然后逐渐变缓慢(图 13-3-2)。因此,加强春季管理,多施速效性肥料,对枇杷当年产量的提高有显著效果。

图 13-3-2 枇杷果实发育

三、枇杷对生态环境条件的要求

1. 气候条件

枇杷性喜温暖,凡年平均温度 15 ℃以上,冬季最低温度不低于－5 ℃,幼果期温度不低于－3 ℃的地区,栽培枇杷都能获得好结果。枇杷要求年降水量在 1 000 mm 以上,过分干燥的土壤和空气不利于新梢、果实发育和花芽分化,但雨量过多、排水不良的园地积水霉根,早期落叶,影响花芽分化。果实成熟期多雨,果实着色差、味淡、易裂果(图 13-3-3)。

2. 土壤

枇杷对土壤选择不严,一般土壤都能生长结果,但以表土疏松透气、排水良好的富含腐殖质的砂质壤土或砂质壤土为佳,土壤 pH 以 6～6.5 为宜。

3. 坡向

枇杷要求阳光充足,以南向或西南向(苏州洞庭山果农称“阳山”)栽培枇杷为宜,生长健壮,果实着色好,早熟,品质佳,但昼夜温差大,易受冻害。北向或东北向山坡果色白嫩,汁液多,但风味淡,成熟迟,昼夜温差小,有时不易受冻害。

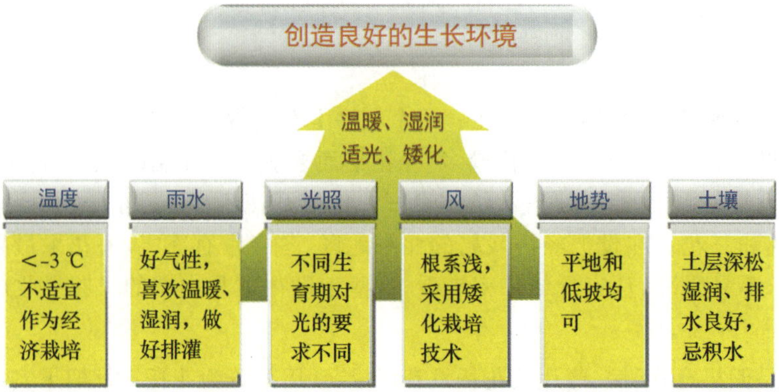

图 13-3-3 枇杷生长良好的环境条件

4. 风

枇杷开花期微风飘拂，可以帮助授粉，提高坐果率；冬季有风吹动，减少冷空气的沉积，可以减轻冻害。但是枇杷根系浅，须根少，根冠比小，抗风能力差，易被强风吹倒。所以在枇杷园的风口处要设置防风林带。生产上可采用整形、修剪和拉枝等矮化栽培技术来预防强风对枇杷树的伤害。

任务四　枇杷的栽培技术

课前思考

1. 枇杷果园对园址选择有哪些要求？
2. 如何进行枇杷从建园到种植的管理，简述枇杷生产周年管理技术要点。
3. 目前生产中枇杷主要有什么病虫害，主要的病虫害病症是什么，如何进行防治？

基础知识

一、建园

栽植一般用1～2年生嫁接苗。苗木应带土或沾泥浆，并剪去部分叶片，以减少水分蒸腾。栽后立即浇水，1～2周内如无降雨，应持续灌水至成活。栽植期在冬暖地区宜在秋季，北缘较冷地区宜在春季萌芽前。枇杷根系浅，叶片大，多风地区栽植后应在株旁立支柱防止倾倒。

二、土肥水管理

成年枇杷树一年施肥3次。第一次肥在采果前后1周施入，目的是恢复树势和早发夏梢，防止大小年。第二次花前肥在北缘栽培区最好选用热性羊粪，以提高防寒效果。两次肥料占全年施肥量的70%。第三次壮果肥在疏果后施入，主要是促进春梢的抽发和幼果发育，施肥量占全年的30%，这次肥料应防止偏施氮肥，以免降低果实品质。

枇杷土肥水管理

结合施肥，对树盘周围的土壤应经常中耕除草，保持松软通气状态。夏秋高温多雨季节，根系易遭受旱害或涝害，高温干旱时要浇水抗旱，或在树盘下覆草，降雨过多时，则应及时排除积水，否则成熟期易发生裂果，秋季会影响花芽的正常分化。

三、整形修剪

枇杷整形修剪技术

枇杷整形依品种干性强弱而异,或采用变则主干形,或采用层式杯状形树形。干性较强的品种多用变则主干形,如白玉、青枇杷,整形时植株顶芽任其向上延伸,成为中心干而不加剪截。其下每年选留3个预备主枝成一层,随树龄增大和分枝增多选留其中的1个作为永久性主枝。在每个选定的主枝上再配置侧枝2～3个,全树最后留4～6个主枝落头开心。这种树形也可每年随中心干的伸展选留1个主枝,其余附近芽梢在萌芽时抹除,最后落头开心完成树形。层式杯状形树形用于干性较弱、枝条开张的品种,如冠玉枇杷,顶芽向上延伸成为中心干,其上保留主枝2～3层,层间相距1～1.2 m,每层留3～4个主枝,最后将中心干除去,即成所要求的树形。

枇杷树形完成后,修剪较简单易行,除适度疏剪分枝过密的枝条及徒长枝外,其余枝条的修剪一般从轻。老的结果母枝可根据其长势强弱,结合采果进行疏剪,或留2～3芽缩剪,促进更新。当年发生的结果母枝过于稠密时,也应去弱留强,适当疏除。结果枝过多时,需将部分由侧芽形成的后生结果枝除去。枇杷隐芽较多,树体老衰后,可扩塘施肥,重回缩修剪,利用隐芽重新抽梢结果。

四、花果管理

枇杷花果管理技术

枇杷花量大,且结实率高,需疏花疏果,促进果实增大,提高品质,这是克服大小年结果的有效措施。具体疏除时,可根据树势、枝势,在花蕾期先疏去部分花穗,去弱留强,多疏树冠顶部及外围的花穗,留出30%～40%的空头,以利发梢。也可根据结果母枝的强弱、叶片多少,每枝留1～3穗,并在开花时掐去部分穗尖。此外2～3年生幼树始花时,宜疏花以养树,待树体稍大、枝叶较多时再开始挂果。同时,在北缘有冻害的地区,一般不疏花穗。

着果稳定后,应及早疏果。根据品种果个大小每穗留果2～5个。在北缘有冻害的地区,因受冻果与好果一时难以区分,疏果宜迟。为防止枇杷果实发生病害、日灼和裂果,有条件时最好在定果后对果穗进行套袋保护。套袋还有利于提高果实品质。

五、主要病虫害及其防治

1. 病害

枇杷主要有枝干癌肿病、芽枯病和灰斑病。癌肿病主要为害枝干,引起疣状突起和皮部组织枯死,病菌多由伤口侵入。防治方法主要是减少各种伤口,并在春梢生长期喷布160～200倍石灰等量式波尔多液。芽枯病在降雨过多时容易发病,使新梢停长,叶片致畸。防治方法是剪除被害枝叶,集中烧毁或深埋,同时在新梢发病期喷布波尔多液数次。灰斑病感染叶片及果实,造成落叶和烂果,病菌借雨水传播。防治方法可参照芽枯病,同时做好清园工作,使树冠通风透光。

2. 虫害

枇杷的虫害主要有枇杷黄毛虫及天牛等。枇杷黄毛虫也叫枇杷瘤蛾，以幼虫吃食嫩芽、幼叶，食量很大。江苏洞庭山一年发生 4 代，以幼虫结茧集中在树干中下部越冬。可用钢丝刷刷下，收集烧毁，并在每次新梢抽发后初龄幼虫发生盛期喷布 90%敌百虫 1 000 倍液或 20%速灭杀丁乳油 3 000 倍液防治。天牛的防治可参考苹果。

六、主要防冻措施

在枇杷栽培的北缘地区，除选用迟花抗寒的品种及花前施用热性冬肥外，入冬后要做好防寒工作。枇杷枝干的耐寒性一般较强，在花蕾、花和幼果 3 种器官中，以幼果最不耐寒。具体防寒措施：一是冬前将花穗及幼果用下部的叶片束裹保护；二是花前晾根 7～10 d，使花期延迟以避冻；三是遇有霜冻天气，夜晚至清晨前进行熏烟防霜；此外，雪后应敲落树上积雪，防止折枝和花果受冻。

七、采收

枇杷果实无后熟作用，必须充分成熟才能表现良好风味。当果面充分呈现固有的橙色或黄色时，便是成熟的标志，应及时采收。需要远运的，可在果实八九成成熟时适当提前采摘。全树果实，甚至同一果穗上的果实，成熟度常不一致，可采熟留青，分批采收。枇杷果皮薄，易碰伤，采收应细致。采果期宜选晴天无露水时，果实用枝剪剪下后，放在内有细软衬垫材料的采果容器中，切忌用手指任意拿捏，以免造成碰压伤，或将果面茸毛和果粉擦去。

枇杷果实极不耐贮藏。家庭少量短期贮藏时，应采适度成熟的果实，并选择完整无损的放在竹篮内，挂置在阴凉通风处，可贮藏 2 周左右。果实不宜低温冷藏，否则甜香变淡，风味受损。

计 划 单

学习领域	情 景 篇
模块十三	枇杷标准化生产技术
计划方式	小组讨论、成员之间团结合作，共同制订计划

序号	实施步骤	使用资源

制订计划说明	

计划评价	班 级		第 组	组长签字	
	教师签字			日 期	
	评语：				

决　策　单

学习领域	情　景　篇							
模块十三	枇杷标准化生产技术							
方案讨论								
方案对比	组号	任务耗时	任务耗材	实现功能	实施难度	安全可靠性	环保性	综合评价
	1							
	2							
	3							
	4							
	5							
	6							
方案评价	评语：							
班　级		组长签字		教师签字		月　日		

材料工具清单

学习领域	情　景　篇						
模块十三	枇杷标准化生产技术						
项　目	序号	名称	作用	数量	型号	使用前	使用后
所用仪器仪表							
所用材料							
所用工具							
班　级		组长签字		教师签字		月　日	

实　施　单

学习领域	情　景　篇	
模块十三	枇杷标准化生产技术	
实施方式		
序号	实施步骤	使用资源
1	基本理论讲授	在线开放平台和多媒体
2	枇杷常见栽培品种	校内外实训基地
3	枇杷园土肥水管理措施	校内外实训基地
4	枇杷园病虫害防治措施	校内外实训基地
5	枇杷园花果管理措施	校内外实训基地
6	枇杷周年标准化生产计划制订	校内外实训基地
7		
8		
9		
10		

实施说明：

利用在线开放平台和多媒体资源，进行理论学习，了解枇杷生长发育规律及常见栽培品种。

掌握枇杷园土肥水管理技术、花果管理及病虫害防治技术，掌握枇杷园周年管理措施。

通过对本地枇杷园生产情况的调查，了解本地枇杷园栽培管理技术，并制订枇杷周年标准化生产计划。

班　级		组长签字		教师签字		月　日

作　业　单

学习领域	情　景　篇
模块十三	枇杷标准化生产技术
作业方式	

1. 简述我国枇杷生产现状。

2. 通过调研,说出本地主要枇杷品种,并简述各品种的特性。

3. 简述枇杷整形修剪技术要点。

4. 如何对枇杷进行花果管理?

5. 枇杷对环境条件的要求是什么? 如何做好土肥水管理?

6. 枇杷常见的病虫害有哪些? 如何有效防治?

作业评价	班　　级		组长签字		月　　日
	教师签字		教师评分		
	评语:				

检　查　单

<table>
<tr><td>学习领域</td><td colspan="4">情　景　篇</td></tr>
<tr><td>模块十三</td><td colspan="4">枇杷标准化生产技术</td></tr>
<tr><td>检查项目</td><td colspan="2">检查内容</td><td>学生自查</td><td>教师检查</td></tr>
<tr><td rowspan="4">思政素养</td><td colspan="2"></td><td></td><td></td></tr>
<tr><td colspan="2"></td><td></td><td></td></tr>
<tr><td colspan="2"></td><td></td><td></td></tr>
<tr><td colspan="2"></td><td></td><td></td></tr>
<tr><td rowspan="4">技能素养</td><td colspan="2"></td><td></td><td></td></tr>
<tr><td colspan="2"></td><td></td><td></td></tr>
<tr><td colspan="2"></td><td></td><td></td></tr>
<tr><td colspan="2"></td><td></td><td></td></tr>
<tr><td rowspan="4">理论素养</td><td colspan="2"></td><td></td><td></td></tr>
<tr><td colspan="2"></td><td></td><td></td></tr>
<tr><td colspan="2"></td><td></td><td></td></tr>
<tr><td colspan="2"></td><td></td><td></td></tr>
<tr><td rowspan="3">检查评价</td><td>班　　级</td><td></td><td>组长签字</td><td></td></tr>
<tr><td>教师签字</td><td></td><td>日　　期</td><td></td></tr>
<tr><td colspan="4">评语：</td></tr>
</table>

评 价 单

学习领域	情 景 篇				
模块十三	枇杷标准化生产技术				
评价类别	项目	子项目	个人评价	组内互评	教师评价
专业能力（60%）	咨询（10%）	搜集信息（5%）			
		引导问题回答（5%）			
	计划（10%）	计划可执行度（4%）			
		调查方案设计（3%）			
		方案合理度（3%）			
	实施（15%）	枇杷园生产技术调查（10%）			
		正确进行栽培品种识别（5%）			
	检查（10%）	识别准确度（5%）			
		分类准确度（5%）			
	过程（5%）	认真程度（5%）			
	结果（10%）	准确制订枇杷园周年标准化生产计划（10%）			
思政能力（20%）	团队协作（10%）	小组成员合作良好（5%）			
		对小组的贡献（5%）			
	敬业精神（10%）	学习纪律性（5%）			
		爱岗敬业、吃苦耐劳（5%）			
方法能力（20%）	计划能力（10%）	考虑全面（10%）			
	决策能力（10%）	决策果断（10%）			

评价评语	班 级		组长签字		总 评	
	教师签字		日 期			
	评语：					

学习小结

<table>
<tr><td>学习领域</td><td colspan="4">情 景 篇</td></tr>
<tr><td>模块十二</td><td colspan="4">枇杷标准化生产技术</td></tr>
<tr><td>学习小结</td><td colspan="4"></td></tr>
<tr><td rowspan="3">教师评价</td><td>班 级</td><td></td><td>组长签字</td><td></td></tr>
<tr><td>教师签字</td><td></td><td>教师评分</td><td></td></tr>
<tr><td colspan="4">评语：</td></tr>
</table>

学习笔记

模块十四

草莓标准化生产技术

模块导读

模块介绍

草莓为蔷薇科草莓属多年生草本植物，适应性强，是世界上栽培面积最广的水果之一。果实鲜红色，柔软、多汁，具有极高的营养、药用价值和抗衰老功效，素有“水果皇后”之美称。本模块主要包括六个子任务，了解、学习和掌握草莓生产概述、草莓常见品种、草莓育苗、草莓定植栽培、草莓栽培管理及草莓病虫害防治理论与技术。以任务驱动的方式引导学生对我国草莓的生产现状和常见品种进行系统的了解学习，进而要求学生掌握草莓的育苗和定植栽培技术，重点学习草莓的栽培管理技术和病虫害防治技术，为我国草莓生产技术推广及服务乡村振兴的人才需求培养专业技术人员。

模块目标

知识目标

1. 了解草莓产业的现状及其发展趋势。
2. 了解草莓种类与主要栽培品种特性。
3. 掌握草莓植物学特性、生物学特性及环境对草莓生长的影响。
4. 掌握草莓园土肥水、植株整形修剪、保花育果及病虫害防治等管理技术。

技能目标

1. 依据草莓种类及品种特性，正确识别不同的草莓种类及品种。
2. 依据草莓产业发展趋势及其植物学特性、生物学特性和本地环境条件，正确选择适宜的品种，做到适地适栽。
3. 综合运用栽培管理措施，正确制订草莓园周年生产管理方案并组织实施。

素质目标

1. 培养学生热爱草莓生产、投身草莓产业发展的信念，能够全身心投入本模块课程学习。
2. 培养学生的团队合作精神，在分组学习中能够相互配合，有效地完成学习任务。
3. 引导学生树立安全意识和生态文明持续发展理念，能够做到草莓适地适栽，不乱用农业投入品，在学习过程中不发生任何安全事件。

任务描述

了解草莓生长习性及对环境条件的要求，了解常见的草莓栽培品种，掌握草莓园基本生产管理技术，掌握草莓园土肥水管理技术，能够进行草莓园病虫害防治，能够正确制订草莓园周年生产管理计划。具体任务要求如下：

1. 利用在线开放平台和多媒体播放课件，了解草莓生长习性及对环境条件的要求、常见的草莓栽培品种，掌握草莓园基本生产管理技术。
2. 通过互联网相关资料，了解草莓生长发育规律。
3. 分组对本地草莓园生长管理进行调查，掌握本地草莓园的生产管理措施。
4. 制订本地草莓园周年标准化生产计划。

任务一　草莓生产概述

课前思考

1. 目前国外草莓生产现状及其发展趋势。
2. 目前国内草莓主产区的种植面积及产量，其发展趋势如何？

草莓优质生产技术（上）

草莓优质生产技术（下）

基础知识

草莓属于蔷薇科草莓属，为宿根性多年生常绿草本植物，原产于南美洲、中国及欧洲等地广为栽培。草莓浆果鲜红艳丽，芳香多汁，酸甜可口，营养丰富，富含维生素 C，享有“水果皇后”之美誉，有较高的医疗保健价值。草莓果实除鲜食外，还可以制成许多加工产品，如草莓酱、草莓汁、草莓罐头、草莓饮料、草莓果茶、草莓蜜饯、草莓酒和草莓冰激淋等。

草莓适应性广，栽培容易，生长周期短、结果早、见效快，分布广，从热带到北极附近都可栽种。秋季定植，设施栽培当年结果，露地栽培翌年 3—4 月开花结果，且繁殖迅速，结果稳定，管理得好，亩产在 1 000 kg 以上。我国是草莓栽种的大国，北起黑龙江，南到广东，东起山东，西到新疆都有草莓栽培，其中主要分布在河北、江苏、辽宁、上海、浙江、山东、北京等地。

草莓营养丰富，浆果柔软多汁，色泽鲜艳，甜酸适度，芳香味美，含水分 80%～90%、糖 6%～12%、有机酸 1.0%～1.5%、果胶 1.0%～1.7%、蛋白质 0.4%～0.6%、无机盐及粗纤维 1.4%以及多种矿物质和维生素。其中每百克鲜果中含有维生素 C 50～120 mg，比柑橘高 3 倍，比苹果高 10 倍，含铁 1.1 mg、磷 41 mg、钙 32 mg。草莓既可鲜食又可加工成果酱、罐头、饮料、冰激凌等多种制品，且有保健价值。如草莓胺，对治疗白血病、再生障碍性贫血等有奇效；草莓中鞣酸含量较多，在体内可吸附和阻止致癌化学物质的吸收，具有防癌作用。

草莓具有喜光、喜肥、喜水、怕涝等特点，园地应选择地势较高、平坦、土质疏松、土壤肥沃、酸碱适宜、排灌方便、通风良好、远离污染源并且产地水、土、气均无污染的地块，环境条件符合绿色食品草莓生产要求。

草莓生产发展的趋势是，品种上选用优质大果型；栽培上采用新设备、新技术，实现周年生产供应；种苗向无毒化、果品向无公害化、贮藏保鲜和加工向现代化发展，注重提高产量和质量。

任务二　草莓常见品种

课前思考

1. 查询资料，了解目前国内外草莓主产区栽培品种。
2. 国内哪些草莓主栽品种具有市场潜力及该品种具有什么品质？

基础知识

1. 佐贺清香

由日本引进的果大、优质、耐贮运新品种，2000 年由日本引入东港，经 4 年栽培，综合性状优良。植株生长健强，柄粗、叶大，叶片伸张角度比丰香小，匍匐茎抽生能力好于丰香，开花结果期比丰香早 5～7 d；花序总花量比丰香少，花序连续抽生能力强，果实圆锥形，果面鲜红色平整有光泽，畸形果和沟棱果少，一级序果均重 35 g，最大单果重 52.5 g，品质极优，可溶性固形物含量 10.2%，可滴定酸含量 0.94%，果实硬度为 0.762 kg/cm^2，明显优于丰香，较抗白粉病，平均亩产可达 2 500 kg 以上，适宜北方日光温室和南方拱棚栽培，是替代丰香的最理想品种。

2. 幸香

日本培育的新品种，以丰香做母本，爱美为父本杂交选育而成。该品种植株生长势强，植株半直立，匍匐茎抽生能力强，果为圆锥形，果型正，无畸形果，果色鲜红色，果实硬度好(是目前日本品种中最好的 1 个)。我国于 2000 年栽培试验表明，该品种综合性状优于丰香，产量比丰香高 50%以上，该品种在日本有取代“丰香”的趋势。

3. 枥乙女

由日本引进的中熟品种，亲本为久留米 49 号×枥峰，植株生长势强旺，叶色深绿，叶大而厚，大果型品种，果实圆锥形，鲜红色，有光泽，果面平整，果肉淡红，果心红色，酸甜适口，品质优，果实较硬，抗病性较强。

4. 章姬

日本特早熟品种，休眠期浅，生长势强，聚伞形花序，花序抽生量大，果为长圆锥形，口味甜香，品质特好，果质细腻，产量较高，苗期易感叶部病害，应注意防治，可作为近市场地区栽植品种，亩植 9 000 株左右。

5. 港丰

港丰也称丰香变异，植株生长势健强，植株半开张，叶片椭圆形，较大，叶色浓绿，匍匐茎抽生能力特强，花序抽生量大，平于或高于叶面，果色鲜红，果肉浅红，果实甜香，口感好，果实硬度好，可长距离运销。一级序果均重 42 g，最大单果重 98 g，该品种对白粉病抗性较强，适宜温室栽培，亩产可达 3 000～3 500 kg。

6. 明宝

日本早熟品种，植株生长势强，株态较开张且高大，花序抽生量大，果为圆锥形或宽楔形，果色鲜红，果肉细腻，有复合香味，可溶性固形物含量 12%以上，适宜日光温室栽培，一般亩产可达 3 000 kg。

7. 图德拉（米赛尔）

图德拉也称米赛尔，西班牙早熟品种，1997 年 3 月由东港市果树技术推广站引入，植株生长势旺健，繁殖力强，抗逆性强，叶片较大，颜色浓绿光亮，株型较杜克拉紧凑，花序多为单枝抽生，平于叶面，果为长楔形或长圆锥形，稍有棱沟，果面深红有光泽，果味酸甜，硬度好，种子黄色微凹入果面，第一序果平均重 45 g，最大单果重可达 98 g，亩产 2 t 以上，温室最高亩产量可达 4 t，休眠期比杜可拉浅，适合保护地栽培，日光温室栽培同等条件下，比杜可拉早熟 15～20 d，亩栽苗 9 000～10 000 株。

8. 杜克拉（A）

杜克拉也称费杰利亚，西班牙早熟品种，植株生长势强，幼苗细弱，叶色淡绿，定植后植株生长由弱转强，叶卵圆形，叶片较大，叶色浓绿光亮，匍匐茎抽生能力强。日光温室栽培可连续抽生 5～6 次花序，花序平于叶面，结果时间长达 5 个月，一级序果为长楔形，二级序果为长圆锥形，果面深红色，有光泽，果味酸甜，硬度好，耐贮运，被誉为“铁果”，种子黄色，微凹入果面。一级序果平均果重 42 g 左右，最大单果重 80 g，一般亩产 2 t 以上，日光温室最高可达 5 t，适宜日光温室栽培，亩栽苗 9 000～10 000 株。

9. 丰香

日本早熟品种，植株开张，长势旺盛，繁殖力中等，叶片圆形，色绿。花序较直立，低于叶面。果实圆锥形较大，一级序果均重 42 g，最大单果重 65 g，亩产量 2 t 以上。种子微凹果面，颜色鲜红，有光泽。果肉白色，肉质细腻，风味甜多酸少，香味浓，品质上乘，是鲜食最佳品种，休眠期浅，打破休眠需 5 ℃以下低温 50～70 h，适合日光温室和冷棚栽培，亩栽苗 9 000 株左右。

栽培特点：此品种休眠期浅，应提早扣棚加温，防止花早期受低温伤害。抗白粉病能力较差，苗期开始应该注意防治白粉病；显蕾后叶发生慢，应注意多保留功能叶。

10. 卡尔特一号

卡尔特一号也称玛丽亚，为西班牙中熟品种，植株长势强，叶片较厚，呈椭圆形，叶缘锯齿浅，颜色浓绿，抽生匍匐茎能力较弱，但成苗率较高，常规苗易感蛇眼病，果实圆锥形，果面鲜红色，有光泽，肉质淡黄色，风味芳香酸甜，硬度好，耐运输。一级序果均重 35 g 左右，最大单果重 70 g，温室亩产 2 t 以上。休眠期较深，5 ℃以下低温 500～600 h 可打破休眠，适宜露地、冷棚和日光温室延期加温栽培，亩栽苗 8 000～9 000 株。

11. 鬼怒甘

日本早熟品种，植株高，叶片大，生长势极度旺盛，几乎无生长衰弱期，繁殖力很强，花序低于叶面，果为圆锥形，种子红色微凹果面，果色浓红，有光泽，果肉细腻味甜，香味浓，品质佳，一级序果均重 40 g，最大单果重 70 g。一般亩产 2 t 左右，硬度较好，休眠期浅，打破休眠所需 5 ℃ 以下低温 70 h 左右，极耐寒和抗高温，适宜各种形式栽培，亩栽苗 9 000 株左右。

12. 达思罗

该品种生长稳健，叶片较大，果实长圆锥形，种子平于或凸于果面，果色鲜红，有光亮，口感复合香甜，花序抽生量大，产量较高，适宜温室尤其是早春大拱棚栽培。

13. 森加拉

德国中晚熟品种，植株生长势强，抗逆性强，匍匐茎抽生能力强，果色浓红，果质细腻有香味，是目前深加工的极佳品种。

14. 哈尼

美国中早熟品种，植株生长势较强，株态半开张，繁殖力强，抗蛇眼病。叶片中等偏大，叶较厚，深绿色，光滑。果实圆锥形，果面深红色，有光泽，果肉全红，口味酸甜有香味，果实硬度好，耐运输。较丰产，果个大，一级序果均重 19 g，最大单果重 38 g，亩产 1.5 t 以上。适应性强，既可露地栽培，也可温室栽培，是深加工极佳品种，亩栽苗 10000～12 000 株。

15. 安娜

西班牙四季性品种，抗病，生长势中等，植株紧凑，繁殖力较弱。叶片呈椭圆形，深绿色。果实长圆锥形或宽楔形，果实红色，味酸甜，硬度强，几乎不需休眠，夏季也能开花，一级序果均重 25 g，最大单果重 48 g，亩产可达 1～1.5 t，是日光温室一年两茬栽培或室内盆栽理想品种，亩栽苗 10 000 株左右。

任务三　草莓育苗

课前思考

1. 进行草莓母株选择的要求和原则是什么？
2. 草莓移苗栽植后如何进行周期管理？

基础知识

一、母株选择

选择品种纯正、健壮、无病虫害的红颜、将军草莓作为繁殖用苗的母株。

二、母株定植及管理

在日平均气温达到 12 ℃以上时定植母株。定植时摘除枯叶和花蕾，并带土移栽。将母株单行定植在畦中间，株距 50～60 cm，行距 100～110 cm。植株在栽植时做到深不埋心、浅不露根。

定植后要保证充足的水分供应，保持地面湿润，利于子苗扎根，促使母株早抽、多抽匍匐茎。匍匐茎发生后，将匍匐茎在母株四周均匀摆布，并在生苗的节位上培土压蔓，促进子苗生根。整个生长期要及时人工除草，见到花序立即去除。

三、假植育苗技术

假植时期：根据定植时期确定，通常在定植前1～2个月内进行。

假植苗的选用：假植苗应选用具有2～3片展开叶，且初生根多而强健的幼苗。

假植要求：带土移栽，边移栽边浇水，保证根与土壤紧密结合，缩短缓苗时间，移栽的株行距一般以15 cm×20 cm为宜，也可以营养钵假植育苗。

栽后管理：栽后要及时遮阳，并在栽后1周内早、晚各浇水1次，以保持土壤湿润，促苗成活。成活后可以用稀粪水点根，以促进幼苗迅速生长。在此过程中，要及时摘除老叶和黄叶，及时除草和进行病虫害防治，控制氮肥的使用。

任务四　草莓定植栽培

课前思考

1. 草莓定植时，对栽培畦有何要求？
2. 科学定植是草莓果品品质、产量的保障，生产中如何定植草莓？

基础知识

一、秧苗准备

草莓栽培能否获得高产，壮苗是基础，精细管理是关键。壮苗标准是：品种纯正的无病毒苗，有4～5片发育健全的无病虫害的完整叶，根茎粗1～1.5 cm，有20条以上，粗度1 mm以上的新根。植株矮壮，单株重量25～30 g。

二、施肥作畦

8月中旬结合整地，每亩施入腐熟粪肥8 000 kg、硫酸钾复合肥40 kg（氮磷钾比例为16∶10∶16）作为基肥，撒匀后深耕25～30 cm，耙细、整平、作畦。采用高垄栽培，垄宽60 cm，垄高15～20 cm，垄间距30 cm。

三、定植

草莓定植时，要按草莓苗的大小分开，选用壮苗。当日平均气温降至 22～23 ℃时定植，保证入冬休眠前形成发达的根系，贮存更多营养，为优质高效打下基础。每垄栽 2 行，株距 15～20 cm，小行距 30～35 cm，每亩定植 8 000～9 000 株。定植时覆土深度以苗心基部与土面齐平为宜，并使根系在土壤中充分伸展。定植时还应注意草莓苗的定植方向，草莓植株根茎部肥大弯曲凸面朝向垄外侧，这样移栽可确保草莓果结在外侧，便于管理。随栽随浇透水，并注意遮阳以促进缓苗。

任务五　草莓栽培管理

课前思考

1. 草莓定植后扣棚前有什么管理要求？
2. 如何进行草莓定植后保温防寒工作？
3. 精细管理是生产优质草莓果品的关键，设施扣棚后如何进行草莓生产管理？

基础知识

一、定植后扣棚前的管理

定植浇透水，待水渗下后及时检查处理埋心苗、露根苗，小水勤浇保持土壤湿润促进缓苗。缓苗后要减少浇水次数，保持土壤见干见湿，中耕蹲苗促进根系发育。保持 5～6 片叶，摘去下部老叶和匍匐茎，进一步促进秧苗生长和花芽分化。待秋末气温下降时，开始控制水分，抑制地上部的生长，促进养分向根系转移。11 月上旬浇 1 次透水，每亩穴施硫酸钾复合肥 10 kg，保证植株发育对水肥的需要。

二、扣棚后的田间管理

11 月中旬草莓保护地实施地膜全覆盖，同时扣棚膜，夜间棚膜外覆保温被保温。

1. 田间清理及温湿度控制

待地温回升，先清除地膜上的杂物，增加地膜的透光性，提高地温。待植株恢复生长，在苗上方的薄膜上打孔，把秧苗掏出，并用土将孔的四周压实。扣棚初期地温升高且稳定后室内温度白天保持在 28～32 ℃，夜间 9～10 ℃，维持 10 d 以打破休眠。待植株展开两片新叶时，逐渐降至 25 ℃，夜间不低于 7 ℃。开花期视天气状况适当加大通风量，防止温室内湿度过大，影响授粉受精，产生畸形果，相对湿度保持在 20%～50%。果实膨大期室温白天控制在 20～23 ℃，夜间 5～8 ℃，室内相对湿度 60%～70%。果实成熟期室温白天控制在 18～22 ℃，夜间 5～8 ℃。

2. 肥水管理

11 月下旬，秧苗开始生长，应结合施肥浇 1 次透水，每亩穴施硫酸钾复合肥 10 kg。12 月下旬，新叶大量增生，并陆续开花，需水量增大，如土壤缺水可浇 1 次小水，保证花器官的发育。1 月中下旬草莓进入开花盛期和果实膨大期，植株需水量较大，在管理上如土壤缺水应掌握浇小水，满足生长发育所需。在采收前 5 d，停止浇水，以提高果实的耐贮运能力，每次采果后，在傍晚或早上浇一次小水。

3. 疏花疏果、植株整理及其他管理

在草莓花序上，先开的花结果好、个大、成熟早，后开的花结果小，甚至无商品价值，因此应及时摘除花序上后期开的花和小果，以使养分集中供应到先开放的花，增加单果重，使果实整齐一致，成熟早。及时摘除老叶、黄叶，保留植株主芽及 2～3 个健壮侧芽。辅助授粉提倡用荷兰熊蜂授粉，蜂源不足可暂用壁蜂、蜜蜂，或在 12～14 时用鸡毛掸进行人工授粉。

任务六 草莓病虫害防治

课前思考

1. 目前草莓生产中主要有什么病害？
2. 目前草莓生产中主要有什么虫害？
3. 草莓的病虫害防治措施有哪些？

基础知识

草莓的主要病害有白粉病、灰霉病等，主要虫害有蛴螬等地下害虫。防治原则应以农业防治为主，化学防治为辅。

一、草莓常见病害

1. 炭疽病，褐斑病，蛇眼病等

这类真菌性病害的防治农药相似，建议选用苯醚甲环唑、丙环唑、已唑醇、咪鲜胺锰盐、咪鲜胺（注意丙环唑、咪鲜胺、咪鲜胺锰盐用量多了会抑制生长），或者可选用溴菌腈、啶氧菌酯、二氰蒽醌、吡唑醚菌酯等。苯醚甲环唑可以预防，但治疗效果一般。

生产中以预防为主，综合防治。交替使用农药，不要连续使用同一种农药，这也是植保的基本原则。

2. 白粉病

治疗建议选用醚菌酯、乙嘧酚、乙嘧酚磺酸酯、肟菌酯，交替使用。这些产品安全性高，效果好，成本高，预防的时候可以减少用量，喷雾时要打遍打透。也可以用三唑类农药治疗，如丙环唑、氟硅唑、腈菌唑、戊唑醇、己唑醇等，这些产品成本低，但是注意用量过多或者使用次数过多均会抑制生长，易出现烧花、畸形果、叶片发硬(开花结果后不建议使用)等现象。

四氟醚唑、几丁聚糖、大黄素甲醚等的成分较安全，但是治疗效果一般，建议早期预防使用或者治疗时混合上述治疗型产品使用。苯醚甲环唑和嘧菌酯防治白粉病效果不好，预防可以。

如果是设施栽培要控制湿度，阴雨天使用烟雾剂可控制病情发展。一定要禁用十三吗啉、氟环唑、三唑酮粉锈宁等的三唑类农药，以及硫黄、多硫黄胶悬剂、石硫合剂等药物，其副作用较大，得不偿失。切记生产中要以预防为主，综合防治。

3. 灰霉病

各地条件不同，对灰霉病的抗性不一样，建议选用咯菌腈、异菌脲、木霉菌、腐霉利、丁子香酚、啶酰菌胺、嘧菌环胺(注意瓜类慎用嘧菌环胺)等进行防治，交替使用。施药要打遍打透，选择安全性高的剂型，如水剂、水分散颗粒剂、微乳剂等。

保护地栽培要控制湿度，阴雨天可以结合使用腐霉利等杀菌烟雾剂。严重的病果、病叶，应尽早用塑料袋包着拿出去。

4. 草莓疫霉果腐病

建议选择安全性高、农残低、污染果面轻的农药剂型进行防治，如烯酰吗啉颗粒剂、霜霉威盐酸盐水剂、烯酰吗啉霜脲氰颗粒剂水剂等。

5. 草莓苗子红中柱根腐病

草莓苗子红中柱根腐病又称红心病或者疫霉根腐病，建议选用烯酰吗啉锰锌、霜脲锰锌、甲霜灵锰锌、霜霉威盐酸盐、甲霜灵·恶霉灵、咯菌腈甲霜灵，喷雾＋喷淋茎基部，灌根效果最好，交替使用农药，间隔 4～5 d 打 1 次。也可以同时混合有机肥料，使用调节剂效果更好。

6. 根腐病

土传病害，建议选用恶霉灵、咯菌腈、申嗪霉素、络氨铜等灌根，或者喷淋茎基部防治。

二、草莓常见虫害

1. 甜菜夜蛾、斜纹夜蛾等咀嚼式口器害虫

建议选用甲维盐系列防治，如甲维盐＋高氯或者茚虫威，也可以选用阿维菌素系列防治，如阿维菌素＋高氯，或者氯虫苯甲酰胺＋有机硅助剂。如果有蜜蜂，建议使用阿维菌素、氯虫苯甲酰胺、氟脲防治(有蜜蜂，搬离 1 d)。

2. 草莓蚜虫、白粉虱

建议使用纯品啶虫脒、噻虫啉、吡蚜酮、呋虫胺等防治，成本低，性价比高，对蜜蜂相对安全。菊酯类对蜜蜂毒性大。保护地栽培也可以结合使用黄色板诱杀，或者异丙威烟雾剂(有蜜蜂，搬离 1 d)防治。

3.蓟马

建议使用乙基多杀菌素或者呋虫胺等防治，对蜜蜂相对安全。

4.草莓红蜘蛛螨类

对防治草莓红蜘蛛螨类害虫建议使用阿维菌素＋乙螨唑或者螺螨酯，注意用量，避免高温；或者5-丁氟螨酯和联苯肼酯交替使用。如果是设施栽培，严重的也可以结合哒螨灵烟雾剂。有蜜蜂，搬离1 d。

农业防治：选用抗病虫品种或使用脱毒种苗。加强肥水管理，培育壮苗。

5.地下害虫

10月上旬用40%辛硫磷乳油每亩60 mL兑水灌根防治。

三、草莓采收

草莓果实以鲜食为主，必须在90%以上果面呈现红色时采收。采摘应在上午8～10时或下午4～6时进行，不摘露水果和晒热果，以免腐烂变质。采摘时要轻摘、轻拿、轻放、不要损伤花萼，只采摘果面洁净的果实。

计　划　单

<table>
<tr><td>学习领域</td><td colspan="6">情　景　篇</td></tr>
<tr><td>模块十四</td><td colspan="6">草莓标准化生产技术</td></tr>
<tr><td>计划方式</td><td colspan="6">小组讨论、成员之间团结合作，共同制订计划</td></tr>
<tr><td>序号</td><td colspan="4">实施步骤</td><td colspan="2">使用资源</td></tr>
<tr><td></td><td colspan="4"></td><td colspan="2"></td></tr>
<tr><td></td><td colspan="4"></td><td colspan="2"></td></tr>
<tr><td></td><td colspan="4"></td><td colspan="2"></td></tr>
<tr><td></td><td colspan="4"></td><td colspan="2"></td></tr>
<tr><td></td><td colspan="4"></td><td colspan="2"></td></tr>
<tr><td></td><td colspan="4"></td><td colspan="2"></td></tr>
<tr><td></td><td colspan="4"></td><td colspan="2"></td></tr>
<tr><td></td><td colspan="4"></td><td colspan="2"></td></tr>
<tr><td></td><td colspan="4"></td><td colspan="2"></td></tr>
<tr><td></td><td colspan="4"></td><td colspan="2"></td></tr>
<tr><td></td><td colspan="4"></td><td colspan="2"></td></tr>
<tr><td></td><td colspan="4"></td><td colspan="2"></td></tr>
<tr><td></td><td colspan="4"></td><td colspan="2"></td></tr>
<tr><td>制订计划说明</td><td colspan="6"></td></tr>
<tr><td rowspan="3">计划评价</td><td>班　　级</td><td></td><td>第　　组</td><td>组长签字</td><td colspan="2"></td></tr>
<tr><td>教师签字</td><td colspan="2"></td><td>日　　期</td><td colspan="2"></td></tr>
<tr><td colspan="6">评语：</td></tr>
</table>

决　策　单

<table>
<tr><td>学习领域</td><td colspan="8">情　景　篇</td></tr>
<tr><td>模块十四</td><td colspan="8">草莓标准化生产技术</td></tr>
<tr><td colspan="9">方案讨论</td></tr>
<tr><td rowspan="7">方案对比</td><td>组号</td><td>任务耗时</td><td>任务耗材</td><td>实现功能</td><td>实施难度</td><td>安全可靠性</td><td>环保性</td><td>综合评价</td></tr>
<tr><td>1</td><td></td><td></td><td></td><td></td><td></td><td></td><td></td></tr>
<tr><td>2</td><td></td><td></td><td></td><td></td><td></td><td></td><td></td></tr>
<tr><td>3</td><td></td><td></td><td></td><td></td><td></td><td></td><td></td></tr>
<tr><td>4</td><td></td><td></td><td></td><td></td><td></td><td></td><td></td></tr>
<tr><td>5</td><td></td><td></td><td></td><td></td><td></td><td></td><td></td></tr>
<tr><td>6</td><td></td><td></td><td></td><td></td><td></td><td></td><td></td></tr>
<tr><td>方案评价</td><td colspan="8">评语：</td></tr>
<tr><td>班　级</td><td></td><td>组长签字</td><td></td><td>教师签字</td><td></td><td colspan="3">月　日</td></tr>
</table>

材料工具清单

学习领域	情　景　篇						
模块十四	草莓标准化生产技术						
项　目	序号	名称	作用	数量	型号	使用前	使用后
所用仪器仪表							
所用材料							
所用工具							
班　级		组长签字		教师签字		月　日	

实　施　单

学习领域	情　景　篇	
模块十四	草莓标准化生产技术	
实施方式		
序号	实施步骤	使用资源
1	基本理论讲授	在线开放平台和多媒体
2	草莓常见栽培品种	校内外实训基地
3	草莓园土肥水管理措施	校内外实训基地
4	草莓园病虫害防治措施	校内外实训基地
5	草莓育苗技术实训	校内外实训基地
6	草莓建园规划设计实训	虚拟仿真软件和校内外实训基地
7	草莓周年标准化生产计划制订	校内外实训基地
8		
9		
10		

实施说明：

利用在线开放平台和多媒体资源，进行理论学习，了解草莓生长发育规律及常见栽培品种。

掌握草莓园土肥水管理措施、花果管理及病虫害防治技术，掌握草莓园周年生产技术管理措施。

通过本地草莓园生产情况调查，了解本地草莓园栽培技术，并制订草莓周年标准化生产计划。

班　　级		组长签字		教师签字		月　　日

作　业　单

学习领域	情　景　篇
模块十四	草莓标准化生产技术
作业方式	

1. 简述我国草莓栽培种植现状、常见品种及品种特性。

2. 草莓常见病虫害有哪些？如何进行有效防治？

3. 草莓种植如何科学合理地进行土肥水管理？

4. 规划设计草莓建园，以本地为例，选择适地适栽品种，并说明理由。

5. 结合本地气候特点，为草莓设施栽培提出有效种植建议。

作业评价	班　　级		组长签字		月　　日
	教师签字		教师评分		
	评语：				

检　查　单

<table>
<tr><td>学习领域</td><td colspan="4">情　景　篇</td></tr>
<tr><td>模块十四</td><td colspan="4">草莓标准化生产技术</td></tr>
<tr><td>检查项目</td><td colspan="2">检查内容</td><td>学生自查</td><td>教师检查</td></tr>
<tr><td rowspan="4">思政素养</td><td colspan="2"></td><td></td><td></td></tr>
<tr><td colspan="2"></td><td></td><td></td></tr>
<tr><td colspan="2"></td><td></td><td></td></tr>
<tr><td colspan="2"></td><td></td><td></td></tr>
<tr><td rowspan="4">技能素养</td><td colspan="2"></td><td></td><td></td></tr>
<tr><td colspan="2"></td><td></td><td></td></tr>
<tr><td colspan="2"></td><td></td><td></td></tr>
<tr><td colspan="2"></td><td></td><td></td></tr>
<tr><td rowspan="4">理论素养</td><td colspan="2"></td><td></td><td></td></tr>
<tr><td colspan="2"></td><td></td><td></td></tr>
<tr><td colspan="2"></td><td></td><td></td></tr>
<tr><td colspan="2"></td><td></td><td></td></tr>
<tr><td rowspan="3">检查评价</td><td>班　　级</td><td></td><td>组长签字</td><td></td></tr>
<tr><td>教师签字</td><td></td><td>日　　期</td><td></td></tr>
<tr><td colspan="4">评语：</td></tr>
</table>

评　价　单

学习领域	情　景　篇				
模块十四	草莓标准化生产技术				
评价类别	项目	子项目	个人评价	组内互评	教师评价
专业能力(60%)	咨询(10%)	搜集信息(5%)			
		引导问题回答(5%)			
	计划(10%)	计划可执行度(4%)			
		调查方案设计(3%)			
		方案合理度(3%)			
	实施(15%)	草莓园生产技术调查(10%)			
		正确进行栽培品种识别(5%)			
	检查(10%)	识别准确度(5%)			
		分类准确度(5%)			
	过程(5%)	认真程度(5%)			
	结果(10%)	准确制订草莓园周年标准化生产计划(10%)			
思政能力(20%)	团队协作(10%)	小组成员合作良好(5%)			
		对小组的贡献(5%)			
	敬业精神(10%)	学习纪律性(5%)			
		爱岗敬业、吃苦耐劳(5%)			
方法能力(20%)	计划能力(10%)	考虑全面(10%)			
	决策能力(10%)	决策果断(10%)			

评价评语	班　级		组长签字		总　评	
	教师签字		日　期			
	评语：					

学习小结

学习领域	情　景　篇			
模块十四	草莓标准化生产技术			
学习小结				
教师评价	班　　级		组长签字	
	教师签字		教师评分	
	评语：			

学习笔记

参考文献

[1] 郗荣庭.果树栽培学总论.北京:中国农业出版社.2009.
[2] 傅秀红.果树生产技术(南方本).北京:中国农业出版社.2007.
[3] 袁卫明.果树生产技术.苏州:苏州大学出版社.2015.
[4] 于泽源.果树栽培.北京:高等教育出版社.2010.
[5] 许邦丽.果树栽培技术(南方本).北京:中国农业大学出版社.2020.
[6] 郭正兵,吴红.果树栽培技术(南方本).北京:中国农业出版社.2021.
[7] 蔡冬元,等.果树栽培(南方本).北京:中国农业出版社,2001.
[8] 韩振海,陈昆松.实验园艺学.北京:高等教育出版社,2006.
[9] 林尤奋,等.果树生产技术与实训.北京:中国劳动社会保障出版社,2005.
[10] 张彦萍.设施园艺.北京:中国农业出版社,2002.
[11] 曲泽洲,等.果树种类论.北京:中国农业出版社,1990.
[12] 中国农业科学院.中国果树栽培学.北京:中国农业出版社,1987.
[13] 刘权.南方果树整形修剪大全.北京:中国农业出版社,2000.
[14] 王少敏,赵峰.水果套袋栽培新技术.北京:中国农业出版社,2005.
[15] 张兴旺.云南果树栽培实用技术.昆明:云南科技出版社,1994.
[16] 汪景彦,等.苹果优良品种及其丰产优质栽培技术.北京:中国林业出版社,1993.
[17] 张力,等.梨优良品种及其丰产优质栽培技术.北京:中国林业出版社,1993.
[18] 陈忠杰.果树栽培学各论(南方本).3版.北京:中国农业大学出版社,2003.
[19] 农业部发展南亚热带作物办公室组.中国热带、南亚热带果树.北京:中国农业出版社,1998.
[20] 李金和,施清.果树栽培(南方本).北京:中国农业出版社,2001.
[21] 梁立峰.果树栽培学实验实习指导(南方本).北京:中国农业出版社,2001.
[22] 蒋际谋,陈秀萍.枇杷优质栽培百问百答.北京:中国农业出版社,2006.
[23] 吴少华,等.枇杷无公害高效栽培.北京:金盾出版社,2004.
[24] 徐宏汉,周绂.南方梨优良品种与优质高效栽培.北京:中国农业出版社,2001.
[25] 杨健.梨标准化生产技术.北京:金盾出版社,2007.
[26] 赵瑞艳.果树栽培.北京:高等教育出版社,2005.
[27] 曹玉芬,聂继云.梨无公害生产技术.北京:中国农业出版社,2003.
[28] 杨庆山.果品无公害生产技术.郑州:河南出版集团中原农民出版社,2007.
[29] 田莉莉,等.落叶果树芽休眠调控研究进展.中国南方果树,2003(6):61-62.
[30] 刘一民,等.早春枇杷成熟期调节技术.中国南方果树,2004(2):44-45.
[31] 杨治元.美人指葡萄促早熟栽培措施及效果简介.中国南方果树,2006(2):57.
[32] 边卫东.桃栽培实用技术.北京:中国农业出版社,2000.

[33] 卜庆雁,周晏起.图说葡萄栽培关键技术.北京:化学工业出版社,2014.
[34] 蔡冬元,果树栽培(南方本).北京:中国农业出版社,2001.
[35] 车艳芳,曹花平.果树修剪整形嫁接新技术.石家庄:河北科学技术出版社,2014.
[36] 冯杜章,赵善陶.果树生产技术(北方本).北京:化学工业出版社,2007.
[37] 郭继英,赵剑波,姜全,等.图解桃树整形修剪.北京:中国农业出版社,2012.
[38] 郭晓成,邓琴凤.桃树栽培新技术.咸阳:西北农林科技大学出版社,2005.
[39] 蒋锦标,卜庆雁.果树生产技术.北京:中国农业大学出版社,2011.
[40] 李金和,施清.果树栽培(南方本).北京:中国农业出版社,2001.
[41] 刘权.南方果树修剪技术.北京:中国农业出版社,1995.
[42] 覃文显,陈杰.果树生产技术(南方本).2 版.北京:中国农业出版社,2000.
[43] 沈兆敏.中国柑橘区划与柑橘良种.北京:中国农业科学技术出版社,1988.
[44] 沈兆敏.中国柑橘技术大全.成都:四川科学技术出版社,1992.
[45] 施泽彬,胡征龄.梨优质高效栽培技术.北京:中国农业出版社,2020.
[46] 石健全,沈丽娟.脐橙高产栽培技术.南宁:广西科学技术出版社,1998.